Birkhäuser Architekturführer
Schweiz

Birkhäuser Architekturführer
20. Jahrhundert

Es liegen vor
Deutschland
Japan

In Vorbereitung
Spanien
Niederlande, Belgien, Luxemburg
Skandinavien
USA

Birkhäuser Architekturführer Schweiz

20. Jahrhundert

Mercedes Daguerre

Mit einem Beitrag von
Roman Hollenstein

Birkhäuser Verlag
Basel · Berlin · Boston

Die italienische Ausgabe erschien 1995 unter dem Titel „Guida all'architettura del Novecento Svizzera" bei Electa, Milano
© 1995 by Electa, Milano.
Herausgeber der Reihe: Sergio Polano
Redaktion der italienischen Ausgabe: Fiorella Bulegato
Fotodokumentation: Carlos Heras

Aus dem Italienischen übersetzt von Ulrike Jauslin-Simon

Danksagung der Autorin:
Allen Freunden, die mich auf meiner helvetischen Rundreise begleitet und mir Gastrecht gewährt haben, möchte ich Dank sagen. Sie alle namentlich zu nennen, ist an dieser Stelle nicht möglich. Besonders dankbar erwähnt seien jedoch Sergio Polano für die zahlreichen Hinweise und Thomas Hegi und Alfredo Mumenthaler für ihre wertvolle Mitarbeit.

Für Carlos

Die Deutsche Bibliothek — CIP-Einheitsaufnahme
Daguerre, Mercedes:
Birkhäuser Architekturführer Schweiz – 20. Jahrhundert / Mercedes Daguerre. Mit einem Beitr. von Roman Hollenstein. – Basel ; Berlin ; Boston : Birkhäuser, 1997
 (Birkhäuser Architekturführer 20. Jahrhundert)
 Engl. Ausg. u.d.T.: Daguerre, Mercedes: Birkhäuser architectural guide
 Switzerland – 20th century
 ISBN 3-7643-5712-6

Dieses Werk ist urheberrechtlich geschützt. Die dadurch begründeten Rechte, insbesondere die der Übersetzung, des Nachdrucks, des Vortrags, der Entnahme von Abbildungen und Tabellen, der Funksendung, der Mikroverfilmung oder der Vervielfältigung auf anderen Wegen und der Speicherung in Datenverarbeitungsanlagen, bleiben, auch bei nur auszugsweiser Verwertung, vorbehalten. Eine Vervielfältigung dieses Werkes oder von Teilen dieses Werkes ist auch im Einzelfall nur in den Grenzen der gesetzlichen Bestimmungen des Urheberrechtsgesetzes in der jeweils geltenden Fassung zulässig. Sie ist grundsätzlich vergütungspflichtig. Zuwiderhandlungen unterliegen den Strafbestimmungen des Urheberrechts.

© 1997 der deutschsprachigen Ausgabe: Birkhäuser – Verlag für Architektur, Postfach 133, CH-4010 Basel, Schweiz.
Dieses Buch ist auch in englischer Sprache erschienen (ISBN 3-7643-5713-4)
Umschlaggestaltung: Ott + Stein, Berlin
Gedruckt auf säurefreiem Papier, hergestellt aus chlorfrei gebleichtem Zellstoff. TCF
Printed in Italy
ISBN 3-7643-5712-6

9 8 7 6 5 4 3 2 1

Inhalt

7	Aufbau und Benutzung des Architekturführers
13	Karte der Schweiz
14	Kanton Zürich
86	Kanton Schaffhausen
88	Kanton Thurgau
92	Kanton St. Gallen
100	Kanton Appenzell
102	Fürstentum Liechtenstein
104	Kanton Aargau
	Kanton Basel
120	Basel-Stadt
146	Basel-Land
150	Kanton Solothurn
154	Kanton Bern
170	Kanton Glarus
172	Kanton Schwyz
173	Kanton Zug
180	Kanton Luzern
	Kanton Unterwalden
198	Obwalden
200	Nidwalden
202	Kanton Uri
204	Kanton Jura
206	Kanton Neuchâtel
216	Kanton Fribourg
222	Kanton Waadt
248	Kanton Genf
284	Kanton Wallis
292	Kanton Graubünden
304	Kanton Tessin
380	Aktuelle Schweizer Architektur *von Roman Hollenstein*

407 Literatur

409 Verzeichnis der Architekten und ihrer Bauten

441 Verzeichnis der Orte

443 Bildnachweis

Aufbau und Benutzung des Architekturführers

Der vorliegende Führer zur Architektur der Schweiz im 20. Jahrhundert ist das Ergebnis einer schrittweisen Auswahl aus über eintausend Bauten. Unter rund 450 Einträgen werden mehr als 550 Werke dargestellt. Die intensiven Recherchen und die schließlich getroffene Auswahl, welche in erster Linie als Wegleitung für architekturinteressierte Reisende sowie als Anstoß für Entdeckungen und Quelle von Informationen dienen wollen, ohne dabei den Anspruch einer Bilanz der Schweizer Architektur zu stellen, stützen sich auf die einschlägigen Werke zur Architekturgeschichte, die überregionale und die lokale Forschung, die neueren Beiträge zur Stadtgeschichte und nicht zuletzt auf die vielen Architekturführer, welche mit unterschiedlichem Engagement die Dokumente der Schweizer Baukultur zusammengetragen haben. Bei der Auswahl wurde nicht versucht, einen kontinuierlichen Zusammenhang zwischen den einzelnen Bauwerken aufzuzeigen; vielmehr sind die Werkbeschreibungen als autonome Texte konzipiert. Auch will die Darstellung – abgesehen davon, daß die Aufnahme als solche schon eine gewisse Wertung bedeutet – kein Qualitätsurteil abgeben. Der Architekturführer versucht, für die unterschiedlichen Dimensionen einen gemeinsamen Nenner zu finden, und strebt eine angemessene Gleichbehandlung von großen Städten und kleinen Gemeinden, städtischen und ländlichen Kantonen, infrastrukturell starken und schwachen Regionen an. Einzelne Lücken weisen jedoch auf ein gravierendes Problem hin: Bewußt ausgeklammert sind Werke, welche durch spätere Umbauten entscheidend verändert oder verunstaltet worden sind – Fälle also, bei denen das Desinteresse und die Vernachlässigung zum Verschwinden wichtiger Zeugnisse des Baukultur zumal

Vorwort

der ersten Jahrhunderthälfte führen können und die ein dringendes Eingreifen erfordern.

Wir bitten den Leser um Nachsicht bei eventuellen Fehlern oder Ungenauigkeiten. Auch ist nicht auszuschließen, daß uns trotz aller Sorgfalt bei der Vorbereitung das eine oder andere bedeutende Werk entgangen ist.

Die ideale Reiseroute durch die Eidgenossenschaft beginnt im Kanton Zürich und führt von Norden nach Süden und von Westen nach Osten; sie endet im Tessin. Dabei sollte die Architektur des kulturhistorisch eng mit der Schweiz verbundenen Fürstentums Liechtenstein nicht aus dem regionalen helvetischen Kontext ausgeklammert werden. Bei einer derartigen Reise durch das ganze Land wird die Vielfalt der Formensprache deutlich. Es werden sowohl die Besonderheiten des helvetischen Funktionalismus (der seine historischen Wurzeln in der deutschen Architektur hatte, dort auch seine moderne Ausprägung fand und in der Zeit zwischen den beiden Weltkriegen das kulturelle Panorama Mitteleuropas wesentlich mitbestimmte) als auch die aus dem Nebeneinander der verschiedenen autonomen Regionen erwachsenen, zentripetalen und regionalen Strömungen sichtbar. Was die Bauten der letzten Jahre betrifft, die bei der internationalen Architekturkritik ein so großes Echo hervorgerufen haben – zu nennen sind hier vor allem die zahlreichen Beiträge aus dem Tessin und die Arbeiten einer neuen Architektengeneration in der deutschen Schweiz, der Romandie und im Bündnerland –, so werden sie im Hauptteil nicht hervorgehoben, sondern stellvertretend für die sich in ihnen manifestierenden Tendenzen gezeigt in der Absicht, ein Bild von der Qualität, dem Reichtum und der Vielfalt der zeitgenössischen Architektur in der Schweiz zu geben.

In seinem Aufbau orientiert sich das Buch an den Kantonen bzw. Halbkkantonen sowie an den drei wichtigsten Kulturre-

gionen der Schweiz, dem deutsch-, französisch- und italienischsprachigen Gebiet. Innerhalb der Kantone wurden die Bauwerke nach ihren in alphabetischer Reihenfolge aufgeführten Standorten eingeordnet. Dies gilt auch für Orte, die zu den Agglomerationen um die großen Städte gehören, welche größer als die Stadtgemeinden sind. Innerhalb einer Ortschaft werden mehrere Bauwerke nach ihren jeweiligen Planungs- und Realisierungsdaten chronologisch geordnet (wobei die wenigen Fälle zeitlicher Koinzidenz von Fall zu Fall unterschiedlich, je nach Zweckmäßigkeit und Lesbarkeit gelöst wurden). Mehrere im selben Ort befindliche Werke derselben Architekten wurden zu einem Eintrag zusammengefaßt (was zu geringfügigen Abweichungen vom genannten chronologischen Ordnungsprinzip führen kann).
Jeder Eintrag hat einen Titelkopf, einen beschreibenden Teil und eine Bibliographie. Der Titelkopf enthält folgende Angaben:

Ort
Name des Bauwerks
Anschrift
Planungs- und Bauzeit
Architekt
ggf. Mitarbeiter

In der Beschreibung sind oftmals weitere interessante Werke entweder in der näheren Umgebung oder von denselben Architekten erwähnt. Die Photographien sind in der Regel jüngeren Datums; nur in seltenen Fällen wurden historische Aufnahmen herangezogen.
Die abschließenden knappen bibliographischen Angaben nennen weiterführende Literatur aus der Entstehungszeit des betreffenden Werkes wie auch aus späteren Jahren und sollen eine vertiefte Auseinandersetzung erleichtern.

Vorwort

Das Namenverzeichnis führt die Architekten sowie die jeweils im Buch enthaltenen Werke auf, beides in alphabetischer Reihenfolge.

Vorbemerkung zur deutschen Ausgabe

Für die deutsche Ausgabe wurde dieser Architekturführer in vielerlei Hinsicht überarbeitet und erweitert.
An erster Stelle ist hier die Bestandsaufnahme zur „Aktuellen Schweizer Architektur" von Dr. Roman Hollenstein zu nennen, der die Entwicklungen seit der Mitte der neunziger Jahre beschreibt.
Bei der Überarbeitung der anderen Texte wurde weitgehend darauf verzichtet, Begriffe aus der französischen und italienischen Sprache zu übernehmen, und statt dessen eine Vereinheitlichung in deutscher Sprache angestrebt, jedoch unter Berücksichtigung spezifischer regionaler Benennungen. Die redaktionelle Bearbeitung der Projektbeschreibungen erfolgte unter Mitwirkung von Dr. Haila Ochs und Dr. Annette Ciré. Ulrike Jauslin-Simon gab bei ihrer Übersetzung zahlreiche wertvolle Sachhinweise.
Bei den bibliographischen Hinweisen zu den einzelnen Einträgen wurde zum Zwecke der raschen weitergehenden Orientierung die Aufnahme der Gebäude in einige neuere, weitverbreitete Standardwerke verzeichnet. Das wichtigste, für den an der Schweizer Architektur des 20. Jahrhunderts interessierten Leser unverzichtbare Referenzwerk ist der von Willi E. Christen in drei Bänden im Werk Verlag herausgegebene „Schweizer Architekturführer". Hinzu kommen die Bände von Peter Disch über die Architektur in der deutschen Schweiz und im Tessin, unter den Städteführern insbesondere der Architekturführer Basel von Dorothee Huber.
Die bibliographischen Angaben zu den genannten Bänden und weiterer allgemeiner Literatur zur Schweizer Architektur des 20. Jahrhunderts finden sich in der Bibliographie im Anhang. Dort wurde darauf verzichtet, die über viele in diesem

Vorwort

Buch genannten Architekten vorliegenden Monographien über deren Lebenswerk oder Teile davon aufzunehmen, weil sie im Lauf der Zeit häufig veralten und von neueren Publikationen überholt werden und darüber hinaus leicht aufzufinden sind. Dies gilt auch für die lokalen Führer zu einzelnen Städten, Kantonen und Regionen.

Im Falle eventueller Fehler oder Versäumnisse bittet der Verlag um Nachricht.

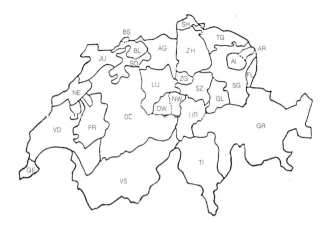

Aargau (AG)
Appenzell: Ausserrhoden, Innerrhoden (AR, AI)
Basel: Basel-Stadt, Basel-Land (BS, BL)
Bern (BE)
Fribourg (FR)
Genf (GE)
Glarus (GL)
Graubünden (GR)
Jura (JU)
Luzern (LU)
Neuchâtel (NE)
St. Gallen (SG)
Schaffhausen (SH)

Schwyz (SZ)
Solothurn (SO)
Tessin (TI)
Thurgau (TG)
Unterwalden: Obwalden, Nidwalden (OW, NW)
Uri (UR)
Waadt (VD)
Wallis (VS)
Zug (ZG)
Zürich (ZH)

Fürstentum Liechtenstein (FL)

Kanton Zürich

Dietlikon
Arbeiterwohnheim „Casa Maria"
Aufwiesenstrasse 22
1982–83
Livio Vacchini mit Mario Piatti
Mitarbeit: M. Vanetti, C. Bodmer, M. Tognola
Dieser in einem Industriegebiet an der Peripherie von Zürich gelegene, nach innen gekehrte Komplex enthält je Geschoß vier Gruppen von Arbeiterunterkünften mit gemeinschaftlichen Hygiene- und Aufenthaltsräumen. Das Thema des Hauses mit Hof wird so interpretiert, daß aus dem würfelförmigen Baukörper zwei Seitenhöfe ausgeschnitten werden, deren Erdgeschoßbereiche als Gemeinschaftsräume dienen. Mit seiner Tragstruktur aus unverputztem Kalksandstein und Betonscheiben weist der Bau sowohl in seiner Materialbehandlung als auch durch den gleichmäßigen Rhythmus der quadratischen, mit der Oberfläche bündig gesetzten Lochfensteröffnungen eine einheitliche Fassadengestaltung auf.
Lit.: Archithese 3/1983; Rivista Tecnica 10/1983 und 7–8/1988; Lotus international 44/1984; a + u, architecture and urbanism 176/1985; Parametro 141/1985.

Erlenbach
Einfamilienhaus
Kappelistrasse 20
1932
Ernst F. Burckhardt
Das Haus liegt an einem steilen Hang, mit dem Eingangsbereich zur Straße und den Wohnräumen auf den tiefer gelegenen Wald hin orientiert. Das Obergeschoß wird von einem Kubus aus Holz gebildet, der auf dem verputzten Untergeschoß aufliegt; ein auskragender Baukörper schafft Raum für einen auf den Garten gerichteten überdachten Sitzplatz.
Erwähnt sei von Burckhardts Werken ferner das 1930 gebaute Wohn- und Geschäftshaus Pestalozzi & Co. in Zürich (Seestrasse 323).
Lit.: Neues Bauen in der Schweiz, Führer zur Architektur der 20er und 30er Jahre, Blauen 1985.

Fällanden
Jugendherberge „Im Rohrbuck"
Maurstrasse 33
1937
Emil Roth
Der quer zu Straße und Seeufer gestellte Holzbau, der sich mit großzügigen Fensterreihen an der Südseite zu einer großen Wiese öffnet, zählt zu den typischen Schweizer Vertretern des Neuen Bauens in den dreißiger Jahren. Die reizvolle Einbettung in die Landschaft am Hang über dem Greifensee, die funktionale Aufteilung der Räume und die qualitätvolle Gestaltung bis in die Details brachten der Jugendherberge bereits zur Erbauungszeit positive Kritik ein. Von vergleichbarer Qualität sind z.B. das Haus Schlehstud, 1933 von Hans Fischli in Meilen erbaut (Schumbelstrasse, s. S. 20), und das 1934 von Carl Hubacher und Rudolf Steiger in Zürich-Witikon errichtete Teehaus Mühlehalde (Trichtenhausenfussweg).
Lit.: Schweizerische Bauzeitung 112/1938; Werk 1/1943; Max Bill u.a., Moderne Schweizer Architektur 1925–1945, Basel 1947; Domus 752/1993; Schweizer Architekturführer 1920–1990, Band 1, 511, S. 117.

Zürich

Arbeiterwohnheim „Casa Maria"

Einfamilienhaus

Jugendherberge „Im Rohrbuck"

Zürich

Horgen
Fabrik der Feller AG
Bergstrasse 70
1952–57
Hans Fischli
Das Entwurfskonzept betonte die formale Gestaltung, die zum Kennzeichen dieser Elektrogerätefabrik wurde: Ein Sheddach deckt den großen Fabrikationsraum, während die vertikal gegliederten prismatischen Verglasungen die Gebäudehülle transparent machen. Die Lichtführung wird damit zum gestalterischen Leitmotiv des Gebäudes.
Lit.: Bauen und Wohnen 3/1953; Werk 6/1953; H. und T. Maurer, R. Lohse (Hrsg.), Neue Industriebauten, Ravensburg 1954; W. Rotzler, Der Mensch und das Licht, Zürich 1960; Schweizer Architekturführer 1920–1990, Band 1, 515, S. 119.

Kilchberg
Einfamilienhaus
Lärchenweg 5
1932–33
William Dunkel
Das nördlich des Neubühlquartiers am Hang gelegene, als Wohnhaus des Architekten entworfene Haus ist formal ein Quader, welcher durch die Herauslösung und Drehung des Wohnraums zum Garten hin aufgebrochen wird. Bemerkenswert sind die technische Lösung der Schiebetüren aus Glas, die einen fließenden Übergang von Innen- und Außenraum ermöglichen, die verschiedenen Maßnahmen zur kontrollierten Nutzung der Sonneneinstrahlung – wie etwa eine gelbliche Tönung der Fensterscheiben – und die durchdachte Installation der Zentralheizung im Wohnraum.

Zürich

Ein weiterer interessanter Bau von Dunkel ist auch das Wohnhaus am Holbeinplatz in Basel aus dem Jahr 1939.
Lit.: Schweizerische Bauzeitung 113/1939; Max Bill u.a., Moderne Schweizer Architektur 1925–45, Basel 1947; R. Winkler, Das Haus des Architekten, Zürich 1955; Schweizer Architekturführer 1920–1990, Band 1, 516, S. 119

Küsnacht-Itschnach
Rebhaus
Zumikerstrasse 20
1929
Haus Sunnebüel
Itschnacherstich 1
1929–30
Haus Mendel
Itschnacherstich 3
1931
Lux Guyer
Diese vom Studium der englischen Wohnkultur beeinflußten *cottages* von Lux Guyer, der ersten Schweizer Architektin mit eigenem Architekturbüro, machen sich die Forderungen von Muthesius nach einem „klaren, luftigen und einfachen Stil" zu eigen. Funktionalität in der Raumaufteilung, Rationalität der Konstruktion, Einsatz hochwertiger Materialien, Fliminierung des Überflüssigen beherrschten seit dem ersten Jahrzehnt des 20. Jahrhunderts die Diskussion um die Erneuerung des Wohnhausbaus, auch wenn die Kritik dies im vorliegenden Fall oft nur als Ausdruck eines „weiblichen" Zugangs interpretierte.
Ein weiteres Werk der Architektin in Küsnacht ist die Villa Im Düggel 3 aus den Jahren 1929–31.
Lit.: Schweizerische Bauzeitung 10/1931; Werk 12/1936; Werk, Bauen und Wohnen 11/1983; Schweizer Architekturführer 1920–1990, Band 1, 519, S. 121.

Rebhaus

Haus Sunnebüel   Haus Mendel

Küsnacht
Wohnkolonie Heslibach
Gartenstrasse 6–16/
Untere Heslibachstrasse 63–63a–65
1931–51
Ernst F. und Elsa Burckhardt
Die im Verlaufe von zwanzig Entstehungsjahren gesammelte Entwurfserfahrung manifestiert sich in einer Kombination verschiedener Haustypen (Reihenhaus, Laubenganghaus, freistehendes Einfamilienhaus, Atelierhaus), die sich zu einem Ensemble mit heterogener Bewohnerstruktur zusammenfügen. Die orthogonale Anordnung der verschiedenen Baukörper um eine zentrale Grünzone im Siedlungsinneren folgt dem Verlauf der angrenzenden Straßen.
Lit.: Max Bill u.a., Moderne Schweizer Architektur 1925–1945, Basel 1947; Bauen und Wohnen 2/1953; Werk 1/1953; R. Winkler, Das Haus des Architekten, Zürich 1955; Schweizer Architekturführer 1920–1990, Band 1, 520, S. 122.

Küsnacht-Goldbach
Villa Streiff
Zürichstrasse 21
1929–30
Otto Zollinger
Kennzeichnend für diesen Bau sind die weit auskragenden, abgerundeten Balkone und im Inneren das runde Eßzimmer mit seinen gebogenen Schiebeöffnungen zum Garten hin. Der ursprünglich schwarz, heute weiß gestrichene Baukörper aus Eisenbeton steht auf einem mit roten Tonfliesen verkleideten Sockel.
Lit.: Innendekoration 3/1932; Werkarchithese 23–24/1978; Domus 752/1993; Schweizer Architekturführer 1920–1990, Band 1, 522, S. 123.

Küsnacht-Goldbach
Haus Koellreuter
Goldbachstrasse 64
1931–32
Max Ernst Haefeli
Das Haus gehört zu den bekanntesten Dokumenten des Neuen Bauens in der Agglomeration Zürich. Der nach Südwesten orientierte Bau mit L-förmigem Grundriß paßt sich dem abfallenden Gelände an und öffnet sich zum Garten hin. Durch die in jüngster Zeit angebrachte Isolationsverkleidung sind die ursprünglichen Proportionen verändert worden.
Haefeli ist auch der Architekt des etwa gleichzeitig in unmittelbarer Nachbarschaft entstandenen Hauses Baumann (Goldbachstrasse 72) und des Hauses Ernst in Kilchberg (Mönchhofstrasse) von 1930.
Lit.: Werk 1/1935; 6–7/1941; A. Roth, Die Neue Architektur, Zürich 1940; Max Bill u.a., Moderne Schweizer Architektur 1925–1945, Basel 1947; Archithese 2/1980; Schweizer Architekturführer 1920–1990, Band 1, 523, S. 124.

Haus Koellreuter, Grundriß

Zürich

Wohnkolonie
Heslibach

Villa Streiff

Haus Koellreuter

Zürich

Langnau a. Albis
Wohnhaus mit Atelier
Oberrenggstrasse 4
1985–87
Marianne Burkhalter und Christian Sumi

Die Architekten orientierten sich an der modernen Holzarchitektur der Zwischenkriegsjahre mit den thematischen Schwerpunkten Vorfabrikation und Bau von Wohnzellen und der diese bedingenden Rationalisierung und Detailgenauigkeit; so arbeitet der Entwurf mit den Gestaltungsmöglichkeiten des Materials. Das Haus besteht aus zwei Baukörpern mit unterschiedlichen Funktionen: Das rückwärtige Volumen enthält die Schlafräume, das vordere die Wohnräume und das Atelier.

Ein ähnliches Konzept liegt dem kleinen, 1984–85 in Eglisau, Hinterer Stadtberg, gebauten Haus und dem Forstwerkhof in Turbenthal, Ramsbergstrasse, von 1991–92 zugrunde.

Lit.: Casabella 549/1988; Rivista Tecnica 1–2/1988; Werk, Bauen und Wohnen 9/1989; P. Disch (Hrsg.), Architektur in der deutschen Schweiz 1980–1990, Lugano 1991; Frammenti, interfacce, intervalli paradigmi della frammentazione nell'arte svizzera, Genua 1992; Lotus international 73/1992; Schweizer Architekturführer 1920–1990, Band 1, 524, S. 124.

Meilen
Wohnhaus Schlehstud mit Atelier
Schumbelstrasse, Hohenegg
1932–33
Hans Fischli

Das für drei Wohnungen und ein Atelier (letzteres für den Architekten selbst, der Maler und Bildhauer war) konzipierte Haus ist ein kleines Meisterwerk der Schweizer Architektur dieses Jahrhunderts. Der in erster Linie aus Holz und einem Metallgerüst bestehende Baukörper wird von der Eingangstreppe flankiert, einem bedeutenden Formelement, das die dem Weg oberhalb des Hauses zugewandte Fassade bestimmt. Die harmonische Einbettung in das Landschaftsgefüge und die kunstvolle Komposition bieten dem Betrachter ein dynamisches Spiel perspektivischer Verkürzungen. Außen und innen findet die Formensprache immer neue Variationen.

Ein weiteres Werk von Fischli ist die 1961–62 in Herrliberg gebaute Villa Guggenbühl.

Wohnhaus mit Atelier

Zürich

Lit.: C. A. Schmidt (Hrsg.), Schweizer Holzbau, Zürich und Leipzig 1936; Schweizerische Bauzeitung 108/1936; Werk 10/1936; Max Bill u.a., Moderne Schweizer Architektur 1925–1945, Basel 1947; Lotus international, 73/1992; Schweizer Architekturführer 1920–1990, Band 1, 525, S. 125.

Meilen
Hallenbad
Toggwilerstrasse 38
1974–78
Ernst Gisel

Das Bad ist Teil eines großen Komplexes mit Schul- und Sportzentrum und macht sich die schöne Panoramasituation des Grundstücks zunutze. Das Pultdach, die Glasflächen, die unbearbeiteten Materialien spiegeln das Bemühen um die Herstellung klarer Beziehungen zur umgebenden Landschaft.

Lit.: Bauen und Wohnen 2/1975; a + u, architecture and urbanism 8/1977; Rivista Tecnica 1/1982; Werk, Bauen und Wohnen 7/1982.

Wohnhaus Schlehstud
mit Atelier

Hallenbad, Grundriß
und Ansicht

Zürich

Meilen
Feuerwehrstation
Bruechstrasse 7
1984–90
Theo Hotz und Heinz Moser
Mitarbeit: D. Boermann, P. Kaufmann
Das Gebäude steht an der Kantonsstraße und macht sich die Möglichkeiten des steil abfallenden Grundstücks für die Raumverteilung zunutze. Auf der Rückseite nehmen die aneinandergereihten Nebenräume über die Dachluken Beziehung zur oberen Straße auf, während auf der Vorderseite der Ausstellungsraum für die Spritzenautos durch die geschwungene Fassade des Eingangsvolumens und das vorspringende Metalldach einen besonderen Akzent erhält.
Das für die Architektur von Hotz bezeichnende technische Raffinement der Details findet sich auch in seinem Industrie- und Handwerksgebäude für die Buchbinderei Burkhardt in Mönchaltorf (Isenrietstrasse 21) von 1983–85, während er mit den Eigentumswohnungen Wetzikon-Robenhausen (Buchgrindelstrasse 4) einen originellen Beitrag zur Wohnungsbautypologie leistete.
Lit.: P. Disch (Hrsg.), Architektur in der deutschen Schweiz 1980–1990, Lugano 1992, S. 221.

Schlieren
Postzentrum Mülligen
Zürcherstrasse 161
1981–85
Theo Hotz
Mitarbeit: R. Blaser, B. Casagrande, H. Moser, R. Steinemann, H. Speli, H. Suter
Das in einem Wettbewerb von 1970 an projektierte Ensemble ist in zwei Berei-

Feuerwehrstation   Postzentrum
                        Mülligen

che geteilt: einen horizontalen Bau für den eigentlichen Postbetrieb und einen Turm für ein Dienstleistungszentrum. Der auf einer Modulkonstruktion basierende Komplex verwendet vorfabrizierte Elemente und zeigt eine äußerst technikbezogene Formensprache.
Gleichfalls von Hotz ist die 1982–84 gebaute Lok-Remise Mülligen.
Lit.: Werk 11/1987; P. Disch (Hrsg.), Architektur in der deutschen Schweiz 1980–1990, Lugano 1991, S. 176; Schweizer Architekturführer 1920–1990, Band 1, 532, S. 129.

Wädenswil
Siedlung Gwad
Im Gwad 15–65
1943–44
Hans Fischli und Oskar Stock
Die in nur viereinhalb Monaten auf einer gemeindeeigenen Parzelle errichtete Arbeitersiedlung stellt eine bedeutende Etappe im Bemühen um eine optimale Lösung für den öffentlich geförderten Bau preiswerter Eigenheime dar. Sie umfaßt 28 auf einem Nordosthang terrassenförmig angeordnete, ursprünglich mit Holz, heute mit Eternit verkleidete Häuser; jede Wohneinheit hat ein eigenes Niveau.
Lit.: Werk 7/1943; 9/1945; Max Bill u.a., Moderne Schweizer Architektur 1925–1945, Basel 1947; G. E. Kidder Smith, Switzerland Builds, New York und Stockholm 1950; H. Volkart, Schweizer Architektur, Ravensburg 1951; J. Maurizio, Der Siedlungsbau in der Schweiz 1940–1950, Erlenbach 1952; Bauen und Wohnen 12/1972; Archithese 5/1985; 6/1989; Schweizer Architekturführer 1920–1990, Band 1, 536, S. 131.

Siedlung Gwad, Ansicht, Schnitt und Grundriß

Winterthur
Gebäude auf dem Fabrikareal der Sulzer AG
Zürcherstrasse 9
**Produktionshallen
(ehem. Großgießerei)**
1834, 1931
Baubüro der Sulzer AG
Kesselhaus
1954–57
Suter & Suter
**Sitz der Architekturschule
(ehem. Kesselschmiede)**
Tössfeldstrasse 11
1924–25/1991
*Hermann Eppler und Stephan Mäder,
Baubüro Sulzer, Abt. IBB*

Die Maschinenfabrik Sulzer und die Schweizerische Lokomotiv- und Maschinenfabrik SLM bildeten im 19. Jahrhundert einen der größten städtischen Industriekomplexe der Schweiz. Das sukzessiv gewachsene Ensemble ist ein eindrückliches Beispiel für die Entwicklung der Bautechnik: von den Holzfassungen der Fensteröffnungen Mitte des 19. Jahrhunderts zu den gänzlich verglasten Metallkonstruktionen, die seit 1909 den funktionalen Bedürfnissen entsprechend entwickelt wurden. Das in den fünfziger Jahren von Suter und Suter gebaute Kesselhaus demonstriert eine weitere Etappe in der technologischen Entwicklung, während mit der Umnutzung der ehemaligen Kesselschmiede als provisorische Ausbildungsstätte für die Architekturstudenten des Technikums Winterthur eine sinnvolle und zeitgemäße Lösung gefunden wurde, die der Tendenz, industrielle Produktionsstätten in die städtischen Randgebiete mit ausreichendem Expansionspotential zu verlagern, entspricht. 1992 gewann Jean Nouvel das Wettbewerbsprojekt zur Umnutzung der alten Großgießerei.
Lit.: Bauen und Wohnen 1/1954; Werk 7/1954; 10/1990; Hochparterre 8–9/1990; Werk, Bauen und Wohnen 6/1992; Schweizer Architekturführer 1920–1990, Band 1, 602, S. 142f.

Winterthur
Kunstmuseum und Stadtbibliothek
Museumsstrasse 52
1913–16
Robert Rittmeyer und Walter Furrer
Erweiterung 1996
Annette Gigon und Mike Guyer
Verwaltungsgebäude der Gebr. Volkart
St. Georgplatz 2
1927–28
Robert Rittmeyer und Walter Furrer

Besondere Beachtung verdienen unter den zahlreichen Arbeiten von Rittmeyer und Furrer in Winterthur das Museums- und Bibliotheksgebäude mit seiner vornehmen Ausstrahlung und das Verwaltungsgebäude Volkart – ehem. Sitz eines der ältesten Import-Export-Unternehmen in Europa –, das durch seine regelmäßige, kraftvolle Gestalt und die Wahl einer strengen, wenngleich gelegentlich mit Jugendstilelementen arbeitenden Formensprache die angestrebte repräsentative Wirkung erreicht.
Gleichfalls von Rittmeyer und Furrer ist das Rothaus (1907–32) an der Marktgasse 37.
Lit.: Schweizerische Bauzeitung 193/1929; Werk 11/1930; Archithese 6/1983; 1/1993; Schweizer Architekturführer 1920–1990, Band 1, 604, S. 145.

Zürich

Oben links:
Architekturschule,
ehem. Kesselschmiede Sulzer AG.
Oben rechts:
Kesselhaus Sulzer AG
Links:
Ehem. Großgießerei Sulzer AG

Kunstmuseum und Stadtbibliothek

Verwaltungsgebäude Gebr. Volkart

Zürich

Winterthur
Siedlung Unterer Deutweg
Weberstrasse 12–42
1923–25
Hans Bernoulli und Adolf Kellermüller
Siedlung Selbsthilfe
Schwimmbadweg/Eigenheimweg/
Oberer Deutweg
1925–29
Adolf Kellermüller und Franz Scheibler
Siedlung Stadtrain
Frauenfelderstrasse/
Thalwiesenstrasse
1928–43
Adolf Kellermüller und Hans Hofmann

Im sozialen städtischen Wohnungsbau der zwanziger Jahre wurde der Typus des Reihenhauses mit Garten demjenigen des Mehrfamilienhauses meist vorgezogen. Auch Hans Bernoulli – einflußreicher Verfechter der Gartenstadtidee – stand diesem Siedlungskonzept positiv gegenüber. Er hat es am Unteren Deutweg – wie auch in der Siedlung Eichliakker (Klosterstrasse/ Strittackerstrasse/ Bütziackerstrasse), die er 1924 ebenfalls zusammen mit Kellermüller baute – umgesetzt. Eingeschossige Reihenhäuser mit ausgebauten Keller- und Dachgeschossen, von Vor- und Nutzgärten umfaßt, werden von öffentlichen Freiflächen ergänzt. In der Siedlung „Selbsthilfe" wurde über die Typisierung der Kleinhäuser und die Rationalisierung des Bauprozesses hinaus die Eigenleistung der zukünftigen Bewohner zur Senkung der

Siedlung Unterer Deutweg

Siedlung Selbsthilfe

Siedlung Stadtrain

Baukosten bereits in die Planung mit einbezogen. Die Siedlung „Stadtrain" umfaßt 377 Wohnungen, die in Ein- und Mehrfamilienhäusern untergebracht sind. Zur Kosteneinsparung wurden hier „Kreuzreihenhäuser" eingesetzt, bei denen je zwei Hausreihen rückseitig aneinander gebaut sind, so daß eine Wohnstraße zwei Reihen erschließt und alle Häuser durch ihre Gärten von der Straße abgesetzt sind.
Lit.: Werk 15/1928; 5/1933; Archithese 6/ 1983; H. P. Bärtschi, Die Siedlungsstadt Winterthur, in: Schweizerischer Kunstführer, Bern 1989; Schweizer Architekturführer 1920–1990, Band 1, 601, S. 144; 605, S. 146.

Winterthur
Kantonsschule
Rychenbergstrasse 140
1926–28; 1960–63
Otto und Werner Pfister;
Erik Lanter
Dem monumentalen Bau der Brüder Pfister, dessen klassischer Grundriß die verschiedenen Funktionen in einem einzigen Baukörper zusammenfaßte, setzte Lanter in den sechziger Jahren eine offene Komposition entgegen, die die Topographie berücksichtigte und den neuen pädagogischen Forderungen entsprach.
Lit.: Schweizerische Bauzeitung 80/1922; 52/1965; Werk 11/1928; 9/1965; Detail 2/ 1964; Schweizer Architekturführer 1920– 1990, Band 1, 603, S. 145.

Kantonsschule der Brüder Pfister und Erweiterungsbau

Winterthur
Siedlung Leimenegg
Leimeneggstrasse 27–35, 43–45
1930–32
Hermann Siegrist

Diese für die Mittelschicht konzipierte Siedlung besteht aus 5 Reihenhauseinheiten und einem Doppelwohnhaus. Die Anlage – wohl das wichtigste Werk des Architekten – vereinigt eine Vielzahl der für Siegrists Werk bezeichnenden Themen, die ganz den Vorstellungen des Neuen Bauens entsprachen: Kuben aus Sichtbeton, die von Fensterbändern horizontal gegliedert werden und sich am Dachabschluß in Terrassen öffnen; Funktionalität der Raumaufteilung, Fließen der Räume und Helligkeit.

Lit.: Schweizerische Bauzeitung 101/1933; Archithese 6/1983; Dreissiger Jahre Schweiz – ein Jahrzehnt im Widerspruch, Ausstellungskatalog, Zürich 1981; H. P. Bärtschi, Die Siedlungsstadt Winterthur, in: Schweizerischer Kunstführer, Bern 1989; F. Mehlau, A. Rüegg, R. Tropeano (Hrsg.), Schweizer Typenmöbel 1925–1935, Sigfried Giedion und die Wohnbedarf AG, Zürich 1989; Schweizer Architekturführer 1920–1990, Band 1, 606, S. 146.

Winterthur
Fußgängerbrücke über die Töss bei Wülfingen
Schlosstalstrasse
1933
Robert Maillart mit W. Pfeiffer

Leichtigkeit und Schlankheit der Konstruktion, deren Volumen auf ein Mini-

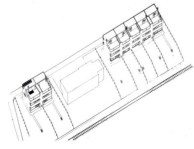

mum reduziert ist (bei einer Spannweite von 38 m beträgt die Betondicke des Versteifungsträgers lediglich 14 cm), zeichnen dieses Werk als eines der elegantesten von Maillart aus.
Lit.: Robert Maillart, Brückenschläge, Zürich 1990; D. P. Billington, Robert Maillart und die Kunst des Stahlbetonbaus, Zürich und München 1990, Schweizer Architekturführer 1920-1990, Band 1, 608, S. 147; Gesellschaft f. Ingenieurbaukunst (Hrsg.), Robert Maillard, Betonvirtuose, Ausstellungskatalog ETH Zürich, Zürich 1996.

Winterthur
Schulhaus Lindberg
Bäumlistrasse 39
1934-36, 1947

Hans Hohloch
Die Schule war der erste öffentliche Bau in Winterthur, der die Forderung des Neuen Bauens umzusetzen suchte. Die lineare Anordnung der Baukörper parallel zum nach Süden abfallenden Hang interpretiert die Topographie des Ortes. Die Raumdisposition wird vom Lichteinfall bestimmt, die Terrasse kann als Unterrichtsraum im Freien genutzt werden. Die klare Gliederung der Fassaden und technische Details, wie z. B. die Konstruktion der Drehflügelfenster, sind die Kennzeichen der Moderne. Der Anbau im Südwesten des Gebäudes entstand 1947.
Lit.: Archithese 6/1983; Schweizer Architekturführer 1920-1990, Band 1, 607, S. 147.

Schulhaus Lindberg

Fußgängerbrücke über die Töss bei Wülfingen

Winterthur
Großsiedlung Grüzefeld
Hulfteggstrasse/Strahleggweg
1961–67
Claude Paillard und Peter Leemann
Mitarbeit: E. Schmid, H. Böhringer
Das von den Architekten Anfang der fünfziger Jahre in der Siedlung In der Au in Zürich-Schwamendingen (Opfikonstrasse) erörterte Thema des sozialen Wohnungsbaus wird in dieser 370 Wohnungen umfassenden Anlage erneut diskutiert. Der Entwurf basiert auf der Wiederholung eines identischen Wohnungsmoduls in einer gestaffelten Folge von zwei- bis zwölfgeschossigen Wohnblöcken aus vorgefertigten Betonelementen. Durch die Ausprägung der Großform als bewegte Hochhauslandschaft sowie eine betont plastische Ausbildung der Fassaden versucht der Entwurf den einer Hochhaussiedlung inhärenten Problemen zu begegnen.
Auch bei den Zürcher Siedlungen Heuried von 1969–74 (Talwiesenstrasse) und Hirzenbach von 1971–84 (Altwiesenstrasse) setzten die Architekten sich mit der Aufgabe des verdichteten Wohnungsbaus auseinander.
Lit.: Werk 10/1968; S. von Moos, J. Bachmann, New Directions in Swiss Architecture, New York 1969; H. P. Bärtschi, Die Siedlungsstadt Winterthur, in: Schweizerischer Kunstführer, Bern 1989; Schweizer Architekturführer 1920–1990, Band 1, 611, S. 149.

Zollikerberg
Siedlung Rietholz
Rietholzstrasse 56/Im Ahorn 2
1962
Hans und Annemarie Hubacher, Peter Issler
Die am Waldrand der Zürcher Vorortgemeinde gelegene Siedlung umfaßt in ihren drei- bis fünfgeschossigen Wohnblöcken insgesamt 300 Wohnungen. Das Konzept ist geprägt von den Bemühungen um eine Verbindung von typologischer Vielgestaltigkeit und konstruktionstechnischer Rationalisierung durch den Einsatz von vorgefertigten Bauelementen.
Lit.: Werk 8/1963; A. Altherr, Neue Schweizer Architektur, Teufen 1965; Schweizer Architekturführer 1920–1990, Band 1, 545, S. 136.

Zumikon
Drei Wohnhäuser
Rebhusstrasse 23–25–27
1954–56
Oskar Burri
Das Konzept der drei parallelen, am Hang gelegenen Hausblöcke orientiert sich typologisch an Modellen, die einer ländlichen Lebensweise entsprechen. Dies zeigt sich in der Wahl der konstruktiven Systeme und traditionellen Baumaterialien. Das Wohnhaus mit Atelier für einen Bildhauer und die zwei Einfamilienhäuser (eines davon das Eigenheim des Architekten) zeigen eine schlichte Raumanordnung mit zweigeschossigem Wohnraum und einer Galerie mit Blick auf die Landschaft.
Lit.: Werk 3/1956; Schweizer Ingenieur und Architekt 104/1986; A. Hablützel, V. Huber, Innenarchitektur in der Schweiz 1942–1992, Sulgen 1993; Schweizer Architekturführer 1920–1990, Band 1, 546, S. 135.

Zürich

Großsiedlung Grüzefeld,
Ansicht und Grundriß

Siedlung Rietholz

Wohnhäuser
Rebhusstrasse

Zürich

Zumikon
Wohnhaus Gisel
Wengi 6
1965–67
Ernst Gisel

Eine ausgeprägte Raumgestaltung kennzeichnet das auf einem Hügel gelegene Eigenheim des Architekten. Zur Straße hin geschlossen, umschließt das in Sichtbeton gebaute Haus einen Hof und manifestiert mit Entschlossenheit seine Präsenz in der Landschaft.
In Zumikon baute Gisel 1953 und 1982 zwei weitere Wohnhäuser mit Atelier (Küsnachterstrasse 41–45 und Langwiesstrasse 13); aus jüngster Zeit zu erwähnen sind seine Doppeleinfamilienhäuser in Erlenbach (Rietstrasse 7–13) von 1988–91.
Lit.: Bauwelt 48/1968; a + u, architecture and urbanism 8/1977; Werk, Bauen und Wohnen 5,7/1982.

Zumikon
Wohnhaus und Atelier Bill
Rebhusstrasse 50
1967–68
Max Bill

Im Gegensatz zu seinem ersten Haus, das er 1932–33 in Zürich-Höngg mit bescheidenen Mitteln errichtet hatte, konnte Max Bill nun – auf dem Höhepunkte seines Erfolges als Maler, Bildhauer und Architekt – sein Wohn- und Atelierhaus ganz nach seinen persönlichen Bedürfnissen planen. Auf einem 2,5 ha großen Gelände baute er ein Gebäude, das von der Straße aus betrachtet nichts von seiner Größe und Struktur preisgibt. Hangabwärts nach Süden gerichtet, öffnet sich der Bau stufenartig; geschichtete Kuben sind in die Landschaft eingefügt. Den Übergängen der Räume im Inneren

Wohnhaus Gisel, Ansicht und Grundriß

Wohnhaus und Atelier Bill

und der Verbindung zwischen Innen und Außen ist besondere Aufmerksamkeit gewidmet: Breite Treppen und große Glasflächen beziehen den gestalteten Gartenraum ein. Ein 100 m² großer Wohnraum bildet das Zentrum des Hauses, ein zweigeschossiges Atelier und

andere Arbeitsräume sind an der Nordostseite untergebracht. Trotz seiner Größe hat Max Bill das Haus nicht auf Repräsentation ausgelegt, sondern konsequent seine Grundsätze Abstraktion, geometrische Formgebung, Funktionalität, Sparsamkeit und konstruktive Logik angewendet.
Lit.: du, Juni 1976 (Sonderheft Max Bill); Eduard Hüttinger, Max Bill, Zürich 1977; Um 1930 in Zürich, Ausstellungskatalog, Zürich 1977; Eva Bechstein, Die Häuser von Max Bill in Zürich-Höngg und Zumikon, in: E. Hüttinger (Hrsg.), Künstlerhäuser, Zürich 1986; Max Bill, Ausstellung Schirn Kunsthalle Frankfurt/M. 1987; Faces 15/1990.

Zürich
Kunstmuseum
Heimplatz 1
1904–10, 1944–58, 1969–75
Karl Moser – Hans und Kurt Pfister – Erwin Müller
Der strenge, von Karl Moser als „Tempel der Kunst" konzipierte, 1907–10 (Wettbewerb 1902–04) errichtete erste Museumsbau folgt typologisch noch ganz der Tradition des 19. Jahrhunderts. In der äußeren Gestaltung der zwei Bauteile für Sammlung und Ausstellung orientierte sich Moser am reduzierten Klassizismus mit zurückhaltenden Jugendstilelementen, wie er in der Zeit etwa bei Peter Behrens oder den Wiener Sezessionisten zu finden ist. 1924–26 konnte ein schlichter Erweiterungsbau Mosers realisiert werden. 1954–58 (Wettbewerb 1944) entstand der Ausstellungstrakt auf der Nordwestseite durch die Brüder Pfister, dem 1969–75 auf der Südostseite ein weiterer Anbau durch Erwin Müller folgte.
Lit.: Schweizerische Bauzeitung 41, 42/ 1903; 49/1907; 53, 54 /1909; 55, 56 / 1910; 89/ 1927; Deutsche Kunst und Dekoration 27/1910–11; Schweizer Baublatt 63/ 1942; U. Jehle-Schulte Strathaus, Das Zürcher Kunsthaus, ein Museumsbau von Karl Moser, Basel 1982; Werk, Bauen und Wohnen 5/1983; Schweizer Architekturführer 1920–1990, Band 1, 749, S. 194.

Kunstmuseum
links: Erweiterungsbau von Erwin Müller
oben: Hauptfassade mit Karl Mosers Bau

Zürich
Warenhaus Brann
Bahnhofstrasse 75/
Linth-Escher-Gasse 2
1910–11, 1928–29
Münzhof
Bahnhofstrasse 45
1914–17
Otto Pfleghard und Max Haefeli
Das Architekturbüro Pfleghard und Haefeli war zu Beginn des Jahrhunderts eines der renommiertesten in Zürich; die Architekten sind Urheber zahlreicher Bauten und Projekte für die Stadt. 1910–11 errichteten sie einen Neubau für das seit 1899 an der Bahnhofstrasse ansässige Warenhausunternehmen Brann. Der dreigeschossige Eckbau mit steilem Dach und auffälligen Gauben wurde 1928/29 von Otto Pfleghard umgebaut. Die aus der Neugotik entwickelte stilisierte Pfeilerstruktur der Fassade blieb erhalten, der Bau selbst wurde um zwei Geschosse erhöht und das Innere vollständig verändert und mit einem eleganten Lichthof und fünfarmiger Haupttreppe komplett ausgestattet.
Ebenfalls an der Bahnhofstrasse bauten Pfleghard und Haefeli den „Münzhof", Sitz der Union Bank of Switzerland (UBS). Der wuchtige Neoklassizismus der Sandsteinfassade mit sechs dorischen Dreiviertelsäulen, die über drei Geschosse reichen und den Eingangsbereich markieren, entspricht dem Repräsentationsbedürfnis der Bauherren. Die Säule als obligatorisches Fassadenelement einer Bank ist Ausdruck für Wertbeständigkeit und Tradition. Direkt nebenan (Bahnhofstrasse/Pelikanstrasse) steht Max Bills „Pavillon-Skulptur" von 1979–83, ein Geschenk der Bankgesellschaft an die Stadt Zürich.
Lit.: Schweizerische Bauzeitung 69/1917; 74/1919; 99/1932; 25 Jahre Bauen, Zürich 1928; Werk 1968; W. Baumann, Zürich-Bahnhofstrasse, Zürich 1972; E. Leisi, Zürcher Fassaden: 60 kommentierte Portraits, Zürich 1987.

Zürich
Kirche Fluntern
Gellertstrasse
1913–20
Karl Moser (Curjel & Moser)
Einen großen Stellenwert im Werk von Karl Moser nahm zu Beginn des Jahrhunderts der Kirchenbau ein. Nach der 1905–08 an der Neptunstrasse errichteten St. Antonius-Kirche in Zürich – im Basilikastil mit neoromanischer Fassade und einer betonten Mauergestaltung sowie Dekorationselementen, die sich an einem strengen Jugendstil orientieren – entwarf Moser 1913–15 die Kirche Fluntern, die 1918–20 ausgeführt wurde. Sie liegt inmitten eines Villenviertels auf dem Zürichberg über der Stadt. Abweichend vom Wettbewerbsentwurf ist der ausgeführte Bau in seiner Axialität durch einen Sockel mit Treppenaufgang und einen imposanten Glockenturm mit Eingangsportikus betont und akzentuiert damit seine außergewöhnliche städtebauliche Lage.
Gleichfalls von Curjel & Moser ist die Villa Müller von 1918 an der Kantstrasse 12–14 in unmittelbarer Nachbarschaft der Kirche.
Lit.: Schweizerische Bauzeitung 76/1920; Heimatschutz 156/1917; E. Fehr, Die neue Kirche Fluntern, Zürich 1922; Werk-Archithese 65/1978; Wilfried Rössling, Curjel & Moser, Karlsruhe 1986.

Zürich

Warenhaus Brann

Münzhof

Max Bill, Pavillon-Skulptur

Kirche Fluntern,
Glockenturm, frühe
Entwurfsskizze

Zürich

Zürich
Wohnkolonie Bergheim
Witikonerstrasse
1908–09
Gartenstadt Im Kapf
Kapfstrasse/Witikonerstrasse
1910–11
Otto und Werner Pfister

Der Bebauungsplan dieses aus zwei Siedlungen bestehenden Quartiers – der Wohnkolonie Bergheim (südlich der Witikonerstrasse in der 1. Bauphase entstanden) und der nur zwei Jahre später fertiggestellten Siedlung Im Kapf – ist ein Beispiel des Engagements der Brüder Pfister für die Gartenstadtidee. Das erste Projekt basiert auf zwei Varianten des Doppeleinfamilienhaustyps; aus der Repetition dieses Schemas entwickelten die Architekten in der 2. Phase die Reihenhaussiedlung an der Straße mit Gärten auf der Rückseite.
Etwa gleichzeitig (1908–10) bauten O.

Wohnkolonie Bergheim
Links: Ansicht
Oben: Aufriß einer
Wohneinheit

Gartenstadt Im Kapf
Mitte: Aufriß einer
Wohneinheit
Unten: Ansicht

und W. Pfister in Zürich das Schulzentrum an der Limmatstrasse 80–90.
*Lit.: Schweizerische Baukunst 55/1910;
Schweizerische Bauzeitung 9/1910;
Archithese 1/1993.*

Zürich
Universitätsgebäude
Künstlergasse 16
1907–14; 1976–91
*Karl Moser, Robert Curjel, Robert Maillart;
Ernst Gisel*
Als Sieger des 1907 ausgeschriebenen Wettbewerbs bauten Curjel und Moser 1911–14 dieses für Zürich äußerst wichtige Gebäude, das zusammen mit Gottfried Sempers benachbartem Bau der Eidgenössischen Technischen Hochschule von 1859–64 die Stadtsilhouette prägt. Zwei vierflügelige Baukörper, die je einen Hof umschließen, sind durch einen Turm zusammengefaßt. Der strenge neobarocke Bau hat in seinem Inneren interessante konstruktive Details vorzuweisen. Eisenkonstruktionen, insbesondere unterzuglose Eisenbetondecken, die von dem Ingenieur Robert Maillart stammen, treten jedoch nirgends offen in Erscheinung. Im Lichthof des Kollegiengebäudes II hat Ernst Gisel 1976–91 im Zuge von Ausbau und Sanierung der Universität ein von vier Eisenbetonstützen getragenes Auditorium eingefügt. Der über fünf Geschosse reichende Einbau grenzt sich klar von der alten Bausubstanz ab; entlang den Umfassungsmauern des Hofes fällt Tageslicht bis ins Erdgeschoß.
*Lit.: Werk 4/1914, 55/1968;
Schweizerischer Kunstführer, Basel 1980;
Abitare 206/1982, Peter Disch (Hrsg.),
Architek-tur in der Deutschen Schweiz 1980–1990, Lugano 1991, S. 196; I. Noseda,
Bauen an Zürich, Zürich 1992; Domus 752/1993; A. Hablützel, V. Huber,
Innenarchitektur in der Schweiz 1942–1992,
Sulgen 1993.*

Universitätsgebäude

Zürich

Zürich
Peterhof
Bahnhofstrasse 30–32/Paradeplatz
1912–14
St. Annahof
Bahnhofstrasse 57
1912–14
Nationalbank
Börsenstrasse 15–17/
Fraumünsterstrasse
1919–22
Otto und Werner Pfister

St. Annahof wie Peterhof sind typische Beispiele für die Suche nach einer architektonischen Gestalt des Warenhauses. Bei beiden ist ein zentraler überdachter Lichthof das den Grundriß bestimmende Element, während die repräsentative Fassade an der Zürcher Bahnhofstrasse auf die hierarchische städtebauliche Ordnung einwirken will. Das Nationalbankgebäude lehnt sich an den florentinischen Palazzo des 15. Jahrhunderts an und entspricht damit der Tradition des 19. Jahrhunderts; sein formaler Ernst zeugt vom Willen, sich gegen die benachbarten Gebäude abzugrenzen.
Interesse verdienen auch die von Hermann Herter entworfenen Tramwartehallen Paradeplatz (1928) und Bellevue (1937–38).

Lit.: Schweizerische Bauzeitung 50/1907; W. Baumann, Zürich Bahnhofstrasse, Zürich 1972; H. Rebsamen, Bauplastik in Zürich 1890–1990, Zürich 1989; Archithese 1/1993.

Peterhof   St. Annahof

Zürich
Bahnhof Enge
Tessinerplatz 10–12
1923–26
Otto und Werner Pfister

1923 wurden vier Zürcher Architekturbüros von der Schweizerischen Bahnverwaltung (SBB) zur Vorlage eines Entwurfs für die Bebauung des neuen Bahnhofes Enge eingeladen. Der siegreiche Vorschlag der Brüder Pfister konnte 1925–26 realisiert werden. Das Bahnhofsgebäude mit der zentralen Schalterhalle nahm in seinem südlichen Teil Warte- und Diensträume für die Bahn auf, der nördliche Flügel diente als Geschäftshaus mit glasgedeckter Ladenpassage und Post. Die Straßenfassade mit rundbogiger Arkadenstellung und Mauerwerk aus grauem Granit faßt den halbrunden Vorplatz an der Seestraße ein. Mit Ausnahme der Bahnhofsuhr über dem Haupteingang, die von zwei Genien in Eisenguß getragen wird (1927, Carl Fischer), vermeidet die Fassade jeglichen Schmuck und jede Profilierung.

Lit.: *Schweizerische Bauzeitung 89/1927; Werk 3/1927;* W. Stutz, *Bahnhöfe der Schweiz,* Zürich 1976: H. Rebsamen, *Bauplastik in Zürich 1890–1990,* Zürich 1989; *Schweizer Architekturführer 1920–1990,* Band 1, 702, S. 161.

Nationalbank

Bahnhof Enge

Zürich

Siedlung Oberstrass
Winterthurerstrasse/Langmauerstrasse/Zanggerweg/Scheuchzerstrasse
1923–27
Otto Gschwind
Lit.: Werk 5/1929; Kommunaler und genossenschaftlicher Wohnungsbau in Zürich, Zürich 1990; Schweizer Architekturführer 1920–1990, Band 1, 701, S. 162 f.

Wohnkolonie
Hardturmstrasse 200–394
1924–29
Hans Bernoulli
Lit.: Werk 12/1924; Archithese 6/1981; Parametro 140/1985; Domus 752/1993; Schweizer Architekturführer 1920–1990, Band 1, 701, S. 162 f.

Siedlung Erismannhof
Seebahnstrasse/Hohlstrasse/Erismannstrasse/Stauffacherstrasse
1926–28
Kündig & Oetiker
Lit.: Werk, 5/1929; 13/1975; Schweizerische Bauzeitung 96/1930; R. Schilling, Architektur in Zürich 1980–90, eine Auswahl von 100 Objekten, Zürich 1990; Schweizer Architekturführer 1920–1990, Band 1, 701, S. 162 f.

In den zwanziger Jahren entstanden – im Rahmen der städtischen Wohnungsbaupolitik, welche Förderungen und günstige Baudarlehen bereitstellte, um die enorme Wohnungsnot der Nachkriegszeit zu beheben – zahlreiche Genossenschafts- und Sozialbausiedlungen. Unter Bevorzugung der traditionellen Formensprache erprobte man systematisch verschiedene typologische Grundmuster: halboffene Bauweise (Oberstrass), Blockrandbebauung mit Innenhof (Erismannhof) und Einfamilien-Reihenhäuser (Hardturmstrasse).

Zürich

In der von Hans Bernoulli selbst angeregten und entworfenen Wohnkolonie Hardturmstrasse, die sich am Gartenstadtmodell orientiert, nimmt Bernoullis soziale Idealvorstellung vom kleinen Einfamilienhaus konkrete Gestalt an: Jeweils zwei einander gegenüberliegende Einfamilienhauszeilen bilden zwischen sich eine Sackgasse und damit einen Eingangshof. Da die Gärten an den Rückseiten der Häuserzeilen einander ebenfalls gegenüberliegen, wirkt der Grünraum vergrößert.

Von Interesse ist in diesem Zusammenhang auch die 1926–27 von Lux Guyer gebaute Frauenwohnkolonie Lettenhof (Wasserwerkstrasse 106–108/Imfeldsteig 2–4–6).

Zürich
Kantonales Verwaltungsgebäude
Walcheplatz
1933–35
Otto und Werner Pfister
Der kürzlich sorgfältig restaurierte Bau wurde Anfang der dreißiger Jahre auf dem Areal des früheren Schlachthofes im Rahmen einer städtebaulichen Gesamterneuerung (beim 1927 ausgeschriebenen Wettbewerb teilten die Brüder Pfister den ersten Platz mit Hermann Herter) errichtet. Die volumetrische Komposition der drei Kuben – zwei horizontale und ein vertikaler – schafft einen bewußten Übergang vom Limmatufer zum Hügel der Stadt. Den Vorgaben des Bauprogramms antwortet der Bau mit der kargen Sprache des Sichtbetons und einer gleichmäßigen Folge der Öffnungen.

Die Brüder Pfister bauten ferner 1930 das Sanitas-Verwaltungsgebäude (Limmatstrasse/Kornhausbrücke/Sihlquai), 1934–36 die Schwesternschule (Klosbachstrasse 112–116) und 1937–39 das Verwaltungsgebäude der Rentenanstalt (General Guisan-Quai 40).
Lit.: Schweizerische Bauzeitung 100/1932; Werk 11/1935; Domus 752/1993; Schweizer Architekturführer 1920–1990, Band 1, 722, S. 176.

Kantonales
Verwaltungs-
gebäude

Gegenüber:
Siedlung Oberstrass

Wohnkolonie a.d.
Hardturmstrasse

Siedlung
Erismannhof

Zürich
Rotach-Musterhäuser
Wasserwerkstrasse 27–31
1928–29
Max Ernst Haefeli
Restaurierung 1988
Ruggero Tropeano, Cristina Pfister, Christian Stamm

Der Komplex entstand im Rahmen des 1927 von Alfred Altherr (für die Ausstellung *Das neue Heim II*, die 1928 im Zürcher Kunstgewerbemuseum stattfand) ausgeschriebenen Einladungswettbewerbs, an dem zehn junge Zürcher Architekten teilnahmen. Der Entwurf, der auch die Innenausstattung betraf – das Mobiliar stammte gleichfalls von Haefeli – und die neueste technologische Entwicklung (Zentralheizung, Küchen mit Gas- und Elektro-Installationen, Warmwasserbereitung) berücksichtigte, wurde durch die Rotach-Wohngenossenschaft ausgeführt. Die drei auf einem Hügel gegenüber der Grünanlage des Platzspitz' errichteten, aneinandergebauten Baukörper sind etwas versetzt und öffnen sich mit Terrassen und grossflächigen Fenstern zur Limmat hin. Sie bestehen aus zwei Einfamilienhäusern und zwei kleinen Wohnungen mit gemeinschaftlich nutzbaren Räumen und Waschküche. Ihre Restaurierung von 1988 bedeutete eine wichtige Erfahrung für die Denkmalpflege im Umgang mit den Baudokumenten der historischen Moderne.

Rotach-Musterhäuser

Lit.: S. Giedion, Befreites Wohnen, Zürich und Leipzig 1929; Architese 2/1980; 1/1988; M. E. Haefeli, Häuser an der Wasserwerkstrasse 1928, Zürich 1986; E. Blättler (Hrsg.), Neue Architektur in Zürich, Heiden 1989; F. Mehlau, A. Rüegg, R. Tropeano (Hrsg.), Schweizer Typenmöbel 1925–1935, Sigfried Giedion und die Wohnbedarf AG, Zürich 1989; Rivista Tecnica 12/1992; Domus 752/1993; Schweizer Architekturführer 1920–1990, Band 1, 704, S. 164.

Zürich
Alte Börse
Bleicherweg 5/Talstrasse 9–25
1928–30
Walter Henauer und Ernst Witschi

Die Vertikalität des hohen Zylinders, der die Aufgänge enthält und die Ecke der städtebaulichen Situation akzentuiert, bildet einen Kontrapunkt zu den Seitenflügeln, deren langgestreckte Horizontalität durch die Fensterbänder noch unterstrichen wird. Im Inneren sind die Büroräume um den großen, zentralen Börsensaal angeordnet. 1989–92 entstand an der Selnaustrasse 32 ein Neubau von Suter & Suter für die Abwicklung des Börsengeschäfts.

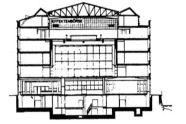

Lit.: Schweizerische Bauzeitung 92/1928; 101/1933; Werk 4/1931; E. Blättler (Hrsg.), Neue Architektur in Zürich, Heiden 1989; H. Rebsamen, Bauplastik in Zürich 1890–1990, Zürich 1989; Schweizer Architekturführer 1920–1990, Band 1, 705, S. 164.

Zürich

Zürich-Wollishofen
Siedlung Neubühl
Nidelbadstrasse/Ostbühlstrasse/Westbühlstrasse/ Kalchbühlstrasse
1929–32
Carl Hubacher, Max Ernst Haefeli, Werner Max Moser, Rudolf Steiger, Emil Roth, Paul Artaria, Hans Schmidt
Renovation 1983–86
ARCOOP Ueli Marbach, Arthur Rüegg

Sieben Schweizer Architekten, Mitglieder des Schweizerischen Werkbundes und 1927 an der Stuttgarter Weissenhofsiedlung beteiligt, gründeten 1929 die Genossenschaft Neubühl mit dem Ziel, in einem Siedlungsprojekt am Rande Zürichs die neuen Entwicklungen im Wohnungsbau umzusetzen. Mit einer Ausstellung präsentierte sich die Siedlung 1931 der Öffentlichkeit als Manifestation des Neuen Bauens in der Schweiz. Aufgrund hoher Grundstücks- und Erschließungskosten konnten hier keine Wohnungen für das Existenzminimum entstehen, so daß die Siedlung von Anfang an für den Mittelstand konzipiert war und die Bemühung um ein modernes Wohnideal einen hohen Stellenwert hatte. Auf einem Hügel am Westufer des Zürichsees staffeln sich 28 Hausreihen mit 105 Einfamilienhäusern und 90 Wohnungen in Geschoßwohnbauten. Insgesamt gibt es 9 Wohnungstypen unterschiedlicher Größe. Die Häuserzeilen sind quer zum Hang und zu den Straßen angeordnet und entsprechend der Neigung des Geländes in der Höhe abgestuft, so daß sich alle Wohnungen nach Süden orientieren und der Blick auf See und Berge frei bleibt. Als Gemeinschaftseinrichtungen gibt es Kindergarten, Spielplatz, Gymnastiksaal, Künstlerateliers, Läden und eine zentrale Heizungs- und Warmwasserversorgung. 1983–86 wurde die Siedlung durch die Architekten Ueli Mar-

Siedlung Neubühl

bach und Arthur Rüegg vorbildlich und denkmalgerecht renoviert.
Lit.: Schweizerische Bauzeitung 93/1929; 98/1931; Werk 6/1930; 9/1931; A. Roth, Die Neue Architektur, Zürich 1940; Max Bill u.a., Moderne Schweizer Architektur 1925–1945, Basel 1947; Archithese 2/1980; 1/1988; U. Marbach, A. Rüegg, Werkbundsiedlung Neubühl, Zürich 1990; Schweizer Architekturführer 1920–1990, Band 1, 708, S. 168.

Zürich
Doppelwohnhaus in der Eierbrecht
Wehrenbachhalde 20–22
1930–31
Haus Fleiner
Forsterstrasse 72
1932–33
Werner Max Moser
Die Wohnhäuser Werner M. Mosers gehören zu den besten Beispielen des Neuen Bauens in der Schweiz vor dem Zweiten Weltkrieg. Das am Zürichberg gelegene Doppelhaus für Moser selbst und für Adolf Guggenbühl, Redakteur des *Schweizer Spiegels*, hat an seiner dem Zürichsee zugewandten Südseite große Fenster mit fortlaufenden Brüstungen und ein vorspringendes Band von Balkonen, die von leichten Eisenstangen gefaßt sind. Analoge Fassadengliederungen zeigen das Haus Fleiner wie auch die Villa Hagmann (Hegibachstrasse 131) von 1928–31. Die Öffnung des Gebäudes zur Landschaft mit großen Fensterflächen und Balkonen sowie der direkte Zugang zum Garten im Untergeschoß wird in allen drei Häusern durch eine Eisenständerkonstruktion der Wand ermöglicht, die übrigen Außenwände sind konventionell gemauert.
Lit.: Bauwelt 25/1931; 1/Werk 1932; Baumeister 2/1933; Bauen und Wohnen 11/1987; Archithese 2/1980; Domus 752/1993; Schweizer Architekturführer 1920–1990, Band 1, 707, S. 166.

Siedlung Neubühl, Reihenhäuser

Doppelwohnhaus in der Eierbrecht

Haus Fleiner

Zürich
Zett-Haus
Badenerstrasse 16–18
1930–32
Carl Hubacher und Rudolf Steiger
Das Zett-Haus hat als Wohn- und Geschäftshaus ein typisch großstädtisches Bauprogramm: Läden, Büros, Restaurant, Tiefgarage, ein Kinosaal im Innenhof und eine Dachterrasse mit Schwimmbassin. Im zurückgesetzten Dachgeschoß befinden sich auch 14 Apartments, die von einem Laubengang erschlossen werden. Die gebogene, der Straßenführung folgende Fassade, deren Glasflächen einen Kontrast zur Monumentalität der City-Geschäftshäuser bilden, hat eine dynamische Wirkung. Der ausgefeilte Entwurf enthält interessante technische Details, so etwa ein aufklappbares Kinodach. Zwar weist der Bau immer noch originale Züge auf, doch haben im Laufe der Jahre Um- und Anbauten seine ursprüngliche formale Reinheit beeinträchtigt.
Lit.: Schweizerische Bauzeitung 101/1933; Werk 1/1934; 6/1935; 55/1968; archithese 2/1980; I. Noseda, M. Steinmann, Zeitzeichen, Schweizer Baukultur im 19. und 20. Jahrhundert, Zürich 1988; E. Blättler (Hrsg.), Neue Architektur in Zürich, Heiden 1989; Domus 752/1993; Schweizer Architekturführer 1920–1990, Band 1, 712, S. 170.

Zürich
Hotel Rigihof und Post
Universitätsstrasse 101
1931–32
Hermann Schneider und Otto Tschumper
Der langgestreckte Baukörper mit abgerundeten Ecken, zurückspringendem Dachgeschoß und Ladenzone im Erdgeschoß beherbergt neben Hotel und Post auch Wohnungen. An der rückwärtigen

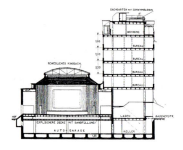

Zett-Haus

Fassade betonen durchgehende Balkone die Horizontale, die Straßenseite wird durch Reihen querrechteckiger Fenster, die an den Ecken der Rundung des Gebäudes folgen, akzentuiert.
Lit.: Werk-archithese 23–24/1978; Schweizer Architekturführer 1920–1990, Band 1, 717, S. 174.

Zürich
Wohnhaus und Atelier Bill
Limattalstrasse 383
1932–33
Max Bill, Robert Winkler
1932–33 baute sich Max Bill als 24jähriger sein erstes Wohn- und Atelierhaus in Höngg bei Zürich. Die von Bill postulierte „Ästhetik des Nützlichen" – klare, zweckorientierte Formen und der Verzicht auf überflüssige Dekorationselemente – bestimmt den Entwurf. Der zweigeschossige Bau wird von der Straße an seiner Nordseite erschlossen und öffnet sich zum nach Süden abfallenden Hang. Das über beide Geschosse reichende Atelierfenster an der Eingangsseite ist durch Stahlsprossen gegliedert, ein Oberlicht im flach geneigten Kupferblechdach erhellt den Arbeitsraum zusätzlich. Der Hauptwohnbereich mit offener Galerie zum Atelier befindet sich im Obergeschoß. Im Untergeschoß schafft eine Loggia den Übergang zwischen Haus und Garten.
Sehenswert von Max Bill ist in Zürich außerdem das 1967–68 entstandene Gebäude von Radio DRS mit Büros und Aufnahmestudios (Brunnenhofstrasse 30).
Lit.: Eva Bechstein, Die Häuser von Max Bill in Zürich-Höngg und Zumikon, in: E. Hüttinger (Hrsg.), Künstlerhäuser, Zürich 1986; Max Bill, Ausstellung Schirn Kunsthalle Frankfurt/M. 1987; Faces 15/1990.

Hotel Rigihof

Wohnhaus und
Atelier Bill, Ansicht
und Grundriß

Zürich
Sportanlage und Musikpavillon Sihlhölzli
Manessestrasse 1
1927–32
Hermann Herter und Robert Maillart

Strandbad Wollishofen
Seestrasse 451
1939
Hermann Herter

Städtisches Hallenbad
Sihlstrasse 71
1939–41
Hermann Herter und Robert Maillart
Renovation 1978–80
Frank Bolliger, Heinz Hönger, Werner Dubach

1927–32 entstand am Sihlufer auf einer neu aufgeschütteten Fläche eine Parkanlage mit Uferallee und Sportzentrum. Sportplatz, Spielflächen, ein Turnhallengebäude mit Pilzdecken von Robert Maillart und der elegante Musikpavillon, dessen muschelförmige Betonschalenkonstruktion ebenfalls von Maillart stammt, boten ein großzügiges Freizeitangebot. Die Forderung nach Licht, Luft und Sonne für die Bevölkerung erfüllten 1939 zwei weitere Projekte von Hermann Herter: das Strandbad Wollishofen und das Hallenbad an der Sihlstrasse. Das Freibad am See ist durch ein langgestrecktes Garderobengebäude von der Straße abgeschirmt. Ein weit auskragendes Betondach über der Liegeterrasse und die schwingenden Freitreppen zum Rasen hinunter schaffen eine heitere Freizeitatmosphäre. Bei Zürichs erstem Hallenbad unterstreichen die Wahl der Baumaterialien Glas und Keramik und die großzügige Beleuchtung des Raums mit Tageslicht die moderne Wirkung.

Sehenswert ist ferner das 1939–49 entstandene Tramdepot (Elisabethenstrasse 15–43) von Herter und die Sihlpost (Kasernenstrasse 95–99) von Maillart und Adolf und Heinrich Bräm aus den Jahren 1927–30.

Lit.: Schweizerische Bauzeitung 101/1933; 105/1935; 125/1945; Neues Bauen in der Schweiz, Führer zur Architektur der 20er und 30er Jahre, Blauen 1985; I. Noseda, M. Steinmann, Zeitzeichen, Schweizer Baukultur im 19. und 20. Jahrhundert, Zürich 1988; Schweizer Architekturführer 1920–1990, Band 1, 731, S. 182; 733, S. 183.

Zürich
Schule und Museum für Gestaltung
Ausstellungsstrasse 60
1930–33
Adolf Steger und Karl Egender

Der aus zwei Wettbewerben von 1925 und 1927 hervorgegangene Bau ist eine Komposition von drei unterschiedlichen Volumen: ein sechsgeschossiger Bau für die Schule, ein Verbindungstrakt mit Basilikagrundriß und der über dem Eingang liegende Vortragssaal. Wegen seiner Funktionalität und Ökonomie der Mittel ist das Werk aus heutiger Sicht eine programmatische Antwort auf das Thema des öffentlichen Baus.

Lit.: Um 1930 in Zürich, Ausstellungskatalog Zürich 1977; Dreissiger Jahre Schweiz – ein Jahrzehnt im Widerspruch, Ausstellungskatalog Zürich 1981; I. Noseda, M. Steinmann, Zeitzeichen, Schweizer Baukultur im 19. und 20. Jahrhundert, Zürich 1988; E. Blättler (Hrsg.), Neue Architektur in Zürich, Heiden 1989, Domus 752/1993; Schweizer Architekturführer 1920–1990, Band 1, 714, S. 171.

Zürich

Sportanlage
Sihlhölzli

Strandbad
Wollishofen

Städtisches
Hallenbad

Schule und Museum
für Gestaltung

Zürich

Zürich
Volkshaus Limmathaus
Limmatstrasse 118
1930–31
Adolf Steger und Karl Egender
Umbau und Modernisierung
1989–90
Felix Schwarz und Frank Gloor
Das Bauprogramm des im Zürcher Industriequartier gelegenen Gebäudes war typisch für die sozialdemokratische Einrichtung der Volkshäuser. Es verlangte einen Festsaal, Versammlungsräume für Gewerkschaften und Nachbarschaftsvereine, möblierte Zimmer (später Hotel), Post, Restaurant, Bäder und Toiletten. Das Limmathaus wurde kürzlich modernisiert und umgebaut.
Lit.: Das Volkshaus Limmathaus im Industriequartier, Zürich 1930; Archithese 3/1988; Schweizer Architekturführer 1920–1990, Band 1, 711, S. 170.

Zürich-Oerlikon
Hallenstadion
Wallisellenstrasse 45
1938–39
*Karl Egender und Robert Naef
Mitarbeit: B. Giacometti*

Volkshaus
Limmathaus

Mit einem Fassungsvermögen von ca. 12000 Zuschauern war das Hallenstadion seinerzeit das größte Mehrzweckgebäude Europas. Die Stahlkonstruktion ist jedoch nur im Inneren sichtbar. Die von Stützpfeilern rhythmisierte Fassade wird von einem mit Fenstern versehenen Rahmenwerk definiert, während die technischen Einrichtungen eine Vielzahl von Nutzungsmöglichkeiten zulassen (Radsport, Eishockey, Konzerte usw.).

Ein weiteres Werk von Egender ist das Geschäftshaus Sihlgarten (Talacker 41) von 1947–48.

Lit.: *Schweizerische Bauzeitung 126/1945;* Max Bill u.a., *Moderne Schweizer Architektur 1925–1945*, Basel 1947; G. E. Kidder Smith, *Switzerland Builds*, New York und Stockholm 1950; H. Volkart, *Schweizer Architektur*, Ravensburg 1951; *Bauen und Wohnen 11/1957;* I. Noseda, M. Steinmann, *Zeitzeichen, Schweizer Baukultur im 19. und 20. Jahrhundert*, Zürich 1988; *Domus 753/ 1993; Schweizer Architekturführer 1920– 1990*, Band 1, 729, S. 181

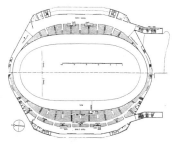

Hallenstadion, Ansicht und Grundriß

Geschäftshaus Sihlgarten

Zürich

Maschinenlabor und Fernheizwerk der Eidgenössischen Technischen Hochschule ETH
Sonneggstrasse 3
1930–35
Otto Rudolf Salvisberg
Aufstockung des Maschinenlabors
1947/48
Alfred Roth
Erweiterung des Maschinenlabors
Tannenstraße
1970
Charles Eduard Geisendorf
Lehr- und Forschungsgebäude
Clausiusstrasse
1987–94
Benno Fosco, Jacqueline Fosco-Oppenheim, Klaus Vogt
Mitarbeit: S. Zopp, H. Remondino, I. Baldinger, P. Monod, M. Bosshard

Einer der bedeutendsten modernen Bauten Zürichs ist der 1932/33 fertiggestellte Komplex für die ETH von Otto Rudolf Salvisberg, der den Neubau von Maschinenhalle und Heizwerk sowie den Um- und Anbau eines Vorlesungsgebäudes umfaßte. Vor allem der lichte Raum der stützenfreien Maschinenhalle mit ihrem begehbaren Eisenbeton-Glas-Dach und der Turm des Heizwerks sind baulicher Ausdruck des Maschinenzeitalters und prägen die Stadtsilhouette bis heute. Für das Vorlesungsgebäude wurden die Fenster des Altbaus (von Recordon, 1896) verbreitert, die Fassade geglättet und wie der Neubau mit Kalksteinplatten verkleidet, so daß ein Unterschied zwischen den Bauteilen kaum wahrnehmbar ist. Der klar gegliederte Baukörper mit der eleganten Rasterfassade wurde mit einem leich-

Fernheizkraftwerk und Maschinenlabor

Forschungs- und Lehrgebäude der ETH, Modell

ten, zurückgesetzten Dachgeschoß aufgestockt.
Lit.: *Schweizerische Bauzeitung 102/1933; 103/1934; Baumeister 5/1935; Werk 8/1935; Moderne Bauformen 3/1936; H. Volkart, Schweizer Architektur, Ravensburg 1951; Werk, Bauen und Wohnen 5/1983; Parametro 140/1985; Schweizer Architekturführer 1920–1990, Band 1, 715, S. 172.*

Zürich
Universitätszentrum ETH-Hönggerberg
Einsteinstrasse
1957–84
Albert Heinrich Steiner
Mitarbeit: A. Stocker, W. Gehry
Abteilung für Chemie
1991–
Mario Campi und Franco Pessina
Der ETH-Komplex ist als ein von Grünzonen durchzogener, auch für die Züricher Bevölkerung offener Campus angelegt. In einem ca. 46 ha großen Gelände auf dem ursprünglich zur Landwirtschafts- und Erholungszone gehörenden Hönggerberg sind die Lehr- und Forschungsgebäude der verschiedenen Fakultäten um großzügige, vom Autoverkehr freigehaltene Grünräume angeordnet. Die meist niedrigen kubischen Baukörper gestatten eine enge Verzahnung zwischen überbauten Flächen und Freiflächen. Der Bau von Campi und Pessina mit fünf Institutstrakten, einem Hörsaalgebäude und separaten kleineren Bauteilen ermöglicht bei einer Trennung der Funktionen Lehre und Forschung eine effektive Verbindung mit kurzen Distanzen.
Lit.: *Schweizerische Bauzeitung 21/1968; 18/1974; Werk 2/1976; Hochschulbauten ETH-Hönggerberg Zürich, Zürich 1987; Kristin Feireiss (Hrsg.), Mario Campi, Franco Pessina, Berlin 1994.*

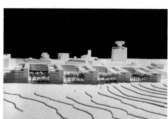

ETH-Hönggerberg, Luftaufnahme

Abteilung für Chemie, Modell und Schnitt

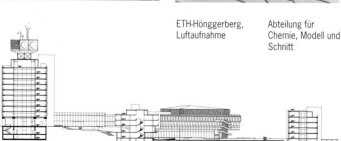

Zürich
Warenhaus Jelmoli
Seidengasse 1
1931–61
Stadler und Usteri; Otto Pfleghardt und Max Haefeli und J.E. Schaudt; J.P. Mongeaud; Roland Rohn
Dieser „Glaspalast" im Herzen von Zürich, 1898/99 von Stadler und Usteri erbaut, zeigt mit seinen verschiedenen Um- und Erweiterungsbauten die typologisch und ökonomisch bedingte Anpassung an eine stets sich verändernde Situation. Seine derzeitige Großform ist bestimmt von Veränderungen der dreißiger Jahre: dem Erweiterungsbau von Pfleghardt und Haefeli sowie dem Berliner Warenhausarchitekten Schaudt und dem Turm an der Ecke zum Steinmühleplatz vom Pariser Architekten Mongeaud. Aus der Nachkriegszeit stammen die Aufstockung an der Uraniastrasse (1947), das Verwaltungsgebäude (1957) sowie der Umbau des Nordwestflügels Seidengasse/Uraniastrasse (1961, Roland Rohn).
Lit.: Schweizerische Bauzeitung 115/1940; W. Baumann, Zürich-Bahnhofstrasse, Zürich 1972; Schweizer Architekturführer 1920–1990, Band 1, 716, S. 173.

Zürich
Schulhaus Kappeli
Badenerstrasse 618
1935–37
Alfred und Heinrich Oeschger
Zwei rechtwinklig einander zugeordnete Flügel inmitten weiträumiger Rasenflächen mit Spiel- und Turnplätzen und reichem Baumbestand bilden das Schulgebäude. Die beiden zweige-

schossigen Bauteile mit Flachdach sind ihren Funktionen gemäß getrennt: Der Nord-Süd-Trakt beinhaltet die Klassenräume und die Aula, der Ost-West-Trakt reiht zwei Turnhallen mit Nebenräumen aneinander. Der kubische Bau mit seinen hell gestrichenen Wandflächen und eleganten Fensterreihen folgt den Prinzipien des Neuen Bauens. Die konsequente Orientierung der Klassenräume nach Osten und deren Abwendung von Straße, Eingängen und Spielplätzen gewährleisten optimale Unterrichtsbedingungen.

Lit.: Schweizerische Bauzeitung 99/1932, 110/1937; Werk 7/1938, 55/1968; Max Bill u.a., Moderne Schweizer Architektur 1925–1945, Basel 1947; G. E. Kidder Smith, Switzerland Builds, New York und Stockholm 1950; Um 1930 in Zürich, Ausstellungskatalog, Zürich 1977; Schweizer Architekturführer 1920–1990, Band 1, 724, S. 178.

Zürich
Wohnhaus Hauser
Schreberweg 8
1937–38
Albert Heinrich Steiner
Mitarbeit: G. Ammann
Die drei wichtigsten Wohnräume im Erdgeschoß (Eßzimmer, Herrenzimmer, Wohnzimmer) gehen mit großen Fensteröffnungen auf den Garten; der Schlafbereich liegt im Obergeschoß. Die fließende Raumanordnung und die kombinatorische Flexibilität wurden auch durch technische Neuerungen wie z. B. Deckenheizung, Metallschiebefenster und Stahlstützen für die Decke der Gartenhalle auf der Nordwestseite ermöglicht. Von Steiner stammt in Zürich ferner das 1963 gebaute Mehrfamilienhaus Billrothstrasse 14.

Lit.: Landschaften und Bauten – Neues Bauen und Wohnen, Basel 1947; Die neue Stadt 3/1950.

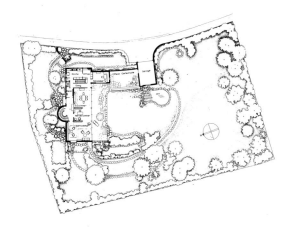

Gegenüber:
Warenhaus Jelmoli

Schulhaus Kappeli

Wohnhaus Hauser,
historische
Aufnahme

Wohnhaus Hauser,
Grundriß

Zürich
Genossenschaftswohnungen mit Kindergarten
Zentralstrasse 105/Zurlindenstrasse
1928–32
Hans Hofmann und Adolf Kellermüller
Die Anlage mit Genossenschaftswohnungen entspricht der konventionellen Blockrandbebauung mit Innenhof. Sie enthält 3- bis 5-Zimmerwohnungen. Der L-förmige Bau des aus einem Wettbewerb von 1928 hervorgegangenen Kindergartens definiert die Anlage nach Nordosten. Sein Entwurf entsprach seinerzeit dem neuesten Wissensstand der Pädagogik und Hygieneforschung.
Lit.: Baumeister 11/1932; Werk 10/1932; 6/1935; Um 1930 in Zürich, Ausstellungskatalog, Zürich 1977; Parametro 140/1985; Schweizer Architekturführer 1920–1990, Band 1, 718, S. 174.

Zürich
Doldertalhäuser
Doldertal 17–19
1935–36
Alfred und Emil Roth; Mitarbeit: Marcel Breuer, Carl Hubacher
Die im Rahmen der Wohnbauausstellung 1936 im Doldertal gebauten dreigeschossigen Mehrfamilienhäuser entsprachen ganz den Vorstellungen ihres Bauherrn, des Kunsthistorikers und CIAM-Sekretärs Sigfried Giedion (1888–1968): Weiße kubische Baukörper mit großzügigen Fensterflächen und Terrassen sowie Wohnungen mit dank der Stahlskelettkonstruktion variablen Grundrissen folgen den Prinzipien der internationalen Moderne. Beide Häuser bieten je eine 1-, eine 5- und eine 6-Zimmerwohnung in den beiden Hauptgeschossen, zwei Atelierwohnungen im zurückgesetzten Dachgeschoß sowie Garage und Abstellräume im Erdgeschoß. Die Drehung der Bauten schräg zur Baulinie ermöglichte die Orientierung der Wohnräume mit ihren großen Fensterfronten nach Süden und das Abrücken der Schlafräume von der Straße.
In unmittelbarer Nachbarschaft, an der Bergstrasse 71 resp. 67, entstanden 1960–61 Alfred Roths eigenes Wohnhaus mit Atelier und Studentenappartements und 1959 das Haus von Rudolf und Peter Steiger. Marcel Breuer entwarf zusammen mit Robert Winkler die Geschäftsräume der Wohnbedarf AG (1932–33), ein Umbau eines bestehenden Lokals an der Talstrasse 11.
Lit.: Max Bill u.a., Moderne Schweizer Architektur 1925–1945, Basel 1947; G. E. Kidder Smith, Switzerland Builds, New York und Stockholm 1950; L'Architecture d'aujourd'hui 103/1962; L'Architettura, cronache e storia 541/1962; A. Altherr, Neue Schweizer Architektur, Teufen 1965; Um 1930 in Zürich, Ausstellungskatalog, Zürich 1977; Werk, Bauen und Wohnen 5/1983; E. Blättler (Hrsg.), Neue Architektur in Zürich, Heiden 1989; Schweizer Architekturführer 1920–1990, Band 1, 723, S. 177.

Zürich

Genossenschaftswohnungen mit Kindergarten

Mitte:
Doldertalhäuser,
Ansicht und Schnitt

Unten:
Wohnhaus mit
Atelier und
Appartements,
Ansicht und
Grundriß

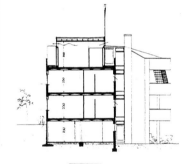

Zürich
First Church of Christ, Scientist
Merkurstrasse 2–4
1937–38
Hans Hofmann und Adolf Kellermüller
Der einschiffige Kultraum hat einen trapezförmigen Grundriß. Ein Stahlskelett mit feinen, leicht aufstrebenden Stützen bestimmt den vertikalen Rhythmus der Pilaster, die die Außenfassade gliedern. Interesse verdient ferner Hans Hofmanns Bau des AJAG-Verwaltungsgebäudes von 1955–56 (Klausstrasse 5).

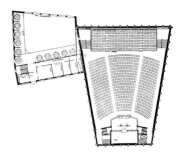

Lit.: Werk 1/1940; G. E. Kidder Smith, Switzerland Builds, New York und Stockholm 1950; H. Volkart, Schweizer Architektur, Ravensburg 1951; Schweizer Architekturführer 1920–1990, Band 1, 725, S. 178.

Zürich
Kongresshaus
Claridenstrasse 3–7
1936–39
Max Ernst Haefeli, Werner Max Moser, Rudolf Steiger
Anläßlich der Schweizerischen Landesausstellung 1939 wurde das Kongresshaus an prominenter Stelle am Zürichsee errichtet. Vorgabe bei der Planung war es, Teile der alten Tonhalle von 1895 in den Neubau einzubeziehen. Den Architekten gelang es, das vielfältige Bauprogramm des großen Saalbaukomplexes (u.a. mehrere Kongress- und Bankettsäle) zu erfüllen und trotzdem durch eine Aufgliederung und Staffelung der Baumassen zum Seeufer eine harmonische Verbindung zwischen Architektur und Gelände zu schaffen. Der Altbau wurde in seiner Ausstattung vereinfacht erneuert, die Neubauten fügen sich an zwei Seiten nahtlos an. Die Fassaden erhielten durch eine Verkleidung mit Travertinplatten und bronzene Tür- und Fensterrahmen ein schlichtes, aber festliches Äußeres. Das Kongresshaus ist Ausdruck des Bemühens, eine repräsentative Form für eine architektonische Moderne zu finden, die sich in einer „volkstümlichen" Sprache artikuliert. In den achtziger Jahren wurde es teilweise umgebaut.
Haefeli, Moser und Steiger bauten in Zürich auch 1951–53 die Wohnanlage Hohenbühl (Hohenbühlstrasse 2–8) und das Menschenaffenhaus des Zoologischen Gartens (1954–59, 1985 von Rudolf Zürcher umgebaut). 1956–57 entstand die von M. E. Haefeli und W. M. Moser gebaute Wohnsiedlung Farbhof (Badenerstrasse 742).

Lit.: Schweizerische Bauzeitung 121/1943; Werk 3/1937; 5/1939; G. E. Kidder Smith, Switzerland Builds, New York und Stockholm 1950; H. Volkart, Schweizer Architektur, Ravensburg 1951; J. Gubler, Nationalisme et internationalisme dans l'architecture moderne de la Suisse, Lausanne 1975; Archithese 2/1980; 1/1983; Parametro 140/1985; Schweizer Architekturführer 1920–1990, Band 1, 728, S. 180.

Zürich

Gegenüber:
First Church of
Christ, Scientist
Grundriß

First Church of
Christ, Scientist,
Ansicht

Kongresshaus,
Ansichten

Zürich
Freibad Allenmoos
Ringstrasse 79
1938–39
*Max Ernst Haefeli, Werner Max Moser
Mitarbeit: G. Ammann*

Die Bauten verteilen sich um eine mehr als 20000 m² große Grünzone, wobei die Einheitlichkeit der unterschiedlichen, nach ihrer jeweiligen Funktion gestalteten Baukörper durch die Materialwahl und -behandlung gewährleistet wird. Das Projekt ging aus einem drei Jahre vor Baubeginn von der Stadt ausgeschriebenen Wettbewerb hervor; Haefeli und Moser hatten ihr Interesse an dieser Thematik schon durch ihre Mitarbeit an der von R. Steiger und S. Giedion im Zürcher Kunstgewerbemuseum organisierten Ausstellung *Das Bad gestern und heute* unter Beweis gestellt.

Die Aufgabe wurde ein weiteres Mal 1948 von den beiden Architekten im Freibad Im Moos (Schulstrasse 8) in Zürich-Schlieren angegangen; andere interessante Beispiele sind Max Frischs Freibad-Anlage Letzigraben (Dennlerstrasse) von 1947–48 und das Freibad Oberer Letten (Lettensteg), das 1951–52 von Ernst und Elsa Burckhardt gebaut wurde.

Lit.: A. Roth, Die Neue Architektur, Zürich 1940; M. Bill u.a., Moderne Schweizer Architektur 1925–1945, Basel 1947; G. E. Kidder Smith, Switzerland Builds, New York und Stockholm 1950; Archithese 1980, 2; E. Blättler (Hrsg.), Neue Architektur in Zürich, Heiden 1989; S. von Moos u. a., Das Neue Bauen in der Ostschweiz, St. Gallen 1989; Schweizer Architekturführer 1920–1990, Band 1, 730, S. 182.

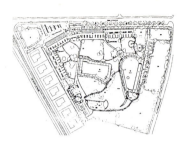

Freibad Allenmoos, Grundriß

Zürich
Evangelisch reformierte Kirche Altstetten
Pfarrhausstrasse
1937–41
Werner Max Moser

Die Kirche liegt neben der alten, ins 13. Jahrhundert zurückdatierbaren Dorfkirche; durch die Errichtung einer neuen Piazza stellt sie den Bezug zu ihr her und nimmt den kontrastreichen Dialog mit einem asymmetrischen Grundriß und einer differenzierten Materialgestaltung (Eisenbeton und Kalksandsteinverkleidung) auf. Die Gitterblenden vor den Fenstern, welche das Licht im Inneren dämpfen, und der Verzicht auf Orthogonalität (bei den Mauern wie auch beim Dach) tragen zu einer optimalen Akustik bei.

Lit.: Schweizerische Bauzeitung 120/1942; Werk 2/1943; M. Bill u.a., Moderne Schweizer Architektur 1925–1945, Basel 1947; G. E. Kidder Smith, Switzerland Builds, New York und Stockholm 1950; Archithese 2/1980; Schweizer Architekturführer 1920–1990, Band 1, 727, S. 179.

Zürich

Freibad Allenmoos,
Ansicht

Evangelisch
reformierte Kirche
Altstetten, Ansicht
und Schnitt

Zürich
Haus Salvisberg
Restelbergstrasse 97
1930–31
Otto Rudolf Salvisberg
Poliklinik des Kinderspitals, Erweiterungstrakt
Steinwiesstrasse 75
1937–39; 1964–69
*Otto Rudolf Salvisberg;
Rudolf und Peter Steiger*
Bürohaus Bleicherhof
Bleicherweg 18–20
1939–41
Otto Rudolf Salvisberg

Am steil abfallenden Südwesthang des Zürichbergs kragt der Haupttrakt des eigenen Wohnhauses von O. R. Salvisberg einige Meter über die Stützmauern hinaus und ermöglicht einen atemberaubenden Blick aus dem scheinbar freischwebenden Wohnraum. Der niedrigere Seitenflügel verläuft parallel zum Hang und öffnet sich mit einer Loggia zum Schwimmbecken im Garten. Beim Erweiterungsbau des Kinderkrankenhauses, der aufgrund von Um- und Erweiterungsbauten nur noch in Teilen erkennbar ist, ging es Salvisberg darum, ein Krankenhausgebäude zu schaffen, das ganz auf Körpermaß und Psyche der Kinder ausgerichtet ist. Der Bettentrakt von Rudolf und Peter Steiger stammt aus den sechziger Jahren. Das letzte Werk Salvisbergs (gestorben 1940) ist das Geschäftshaus Bleicherhof. Der leicht geschwungene Baukörper mit Ladenfront hinter vorgestelltem Säulengang an der Straße, einem verglasten Zwischengeschoß darüber, einer Rasterfassade vor den Bürogeschossen und einem zurückgesetzten Dachgeschoß wurde richtungweisend für die Büro- und Geschäftsbauten nach dem Zweiten Weltkrieg.

Lit.: Baumeister 3/1932; Schweizerische Bauzeitung 99/1932; Werk 8/1932; 11/1941; 7/1970; Werk-archithese 10/1977; Archithese 5/1986; 1/1993; I. Noseda, M. Steinmann, Zeitzeichen, Schweizer Baukultur im 19. und 20. Jahrhundert, Zürich 1988; E. Blättler (Hrsg.), Neue Architektur in Zürich, Heiden 1989; Hochparterre 4/1990; Schweizer Architekturführer 1920–1990, Band 1, 726, S. 179; 734, S. 184.

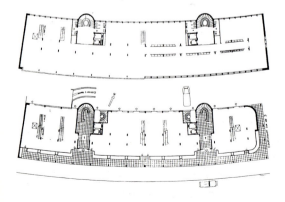

Bürohaus Bleicherhof, Grundrisse

Zürich

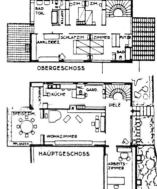

Haus Salvisberg, Ansicht und Grundrisse

Mitte:
Poliklinik des Kinderspitals

Unten:
Bürohaus Bleicherhof, Ansicht

Zürich
Kantonsspital
Rämistrasse 100
1942–53
Architektengemeinschaft AKZ: Rudolf Steiger, Hermann Fietz, Max Ernst Haefeli, Hermann Weideli, Josef Schütz, Werner Max Moser, August Arter & Martin Risch, Robert Landolt, Gottlieb Leuenberger & Jakob Flückiger

Der während des Krieges geplante und ausgeführte Komplex suchte mit seiner organischen Baukonzeption nach neuen Wegen für eine möglichst effiziente und rücksichtsvolle Krankenbehandlung. Der direkte Bezug zum Park – über Loggien und Terrassen – und die unterschiedliche Gestaltung einzelner Gebäude – hier Gebäudeblock, da freistehende Pavillons – sorgt für ausgewogene Maßstäbe und Dimensionen; zugleich wurde größte Aufmerksamkeit auf die Ausführung der Details und der technischen Einrichtungen verwandt. Der Komplex wurde mehrmals umgebaut und erweitert, so daß nur noch das Äußere des Kerngebäudes und die Inneneinrichtung des Flügels an der Rämistrasse dem ursprünglichen Zustand entsprechen.

In der Nachbarschaft, an der Plattenstrasse 10, befindet sich das 1957–59 von Jakob Zweifel gebaute Schwesternhochhaus des Kantonsspitals.

Lit.: Schweizerische Bauzeitung, 117/1941; 67/1949; Werk 4/1944; 11/1946; 11/1953; G. E. Kidder Smith, Switzerland Builds, New York und Stockholm 1950; H. Volkart, Schweizer Architektur, Ravensburg 1951; Baumeister 8/1953; Archithese 2/1980; Parametro 140/1985; Schweizer Architekturführer 1920–1990, Band 1, 736, S. 185.

Zürich
Haus de Mandrot/Haus Roth
Hadlaubstrasse 59
1943–44
Alfred Roth

Das in seiner ursprünglichen Gestalt erhaltene Haus war als Winterquartier für Hélène de Mandrot geplant, der Besit-

Kantonsspital

Haus de Mandrot/
Haus Roth

zerin von Schloß La Sarraz, wo 1928 die erste Tagung der CIAM stattfand. Die Lage und der annähernd sechseckige Grundriß des Hauses erklären sich aus der Sorge der Bauherrin um Erdstrahlen. Ein Jahr nach Fertigstellung überließ sie es dem Architekten, der es bis 1961 bewohnte.

Lit.: Werk 7/1944; Schweizerische Bauzeitung 125/1945; G. E. Kidder Smith, Switzerland Builds, New York und Stockholm 1950, H. Volkart, Schweizer Architektur, Ravensburg 1951; R. Winkler, Das Hau des Architekten, Zürich 1955; Bauen und Wohnen 11/1957; Parametro 140/1985; A. Roth, Amüsante Erlebnisse, Zürich 1988; Schweizer Architekturführer 1920–1990, Band 1, 738, S. 188.

Zürich-Seebach
Markus-Kirche
Höhenring 54–58
1946–55
Albrecht Heinrich Steiner
Ausgehend von der liturgischen Erneuerungsbewegung innerhalb der reformierten Kirche und von genauen städtebaulichen Vorgaben, basiert der Entwurf auf einem konzentrisch um die Kanzel angeordneten Zentralbau. Dieser Sakralraum kann mit Hilfe eines Systems von Schiebewänden erweitert und mit dem Gemeindesaal verbunden werden. Weitere Baukörper gestalten den Eingangshof auf der Nordseite. Die Außenansicht wird von einem rechteckigen Betonskelett mit Ausfachungen in Sandstein definiert.

Steiner baute in Zürich auch das Krematorium Nordheim (Käferholzstrasse 101) von 1963–93.

Lit.: Ferd. Pfammatter, Betonkirchen, Einsiedeln/Zürich/Köln 1948; Baumeister 7/1950; Schweizerische Bauzeitung 2/1950; H. Volkart, Schweizer Architektur, Ravensburg 1951; Werk 2/1952; World's Contemporary Architecture, Tokio 1953; Bauen und Wohnen 11/1958; Schweizer Architekturführer 1920–1990, Band 1, 739, S. 188.

Markus-Kirche

Zürich

Zürich
St. Felix und Regula-Kirche
Hardstrasse 76
1949–51
Fritz Metzger
Grundidee des Projekts war eine enge Verbindung zwischen Gemeinde und Altar. Der Sakralbereich öffnet sich weit zum Kirchenraum, der im Grundriß ein quergestelltes Oval darstellt. Seine Mittelachse ist genau auf den Altar ausgerichtet. Eine ausgewogene Komposition kennzeichnet das äußere Erscheinungsbild des runden Baukörpers und tritt damit trotz seiner geringen Höhe bewußt in Kontrast zu den Wohnbauten der Umgebung.
1948–50 entstand Metzgers Bau der St. Franziskus-Kirche in Riehen im Kanton Basel-Stadt, bei der ein segmentförmiger Gemeinderaum ins quergestellte Oval des Chores überleitet.
Lit.: Werk 1951, 8; Schweizer Architekturführer 1920–1990, Band 1, 741, S. 189.

Zürich
Siedlung Sunnige Hof
Moosacker und Sunnige Hof/
Probsteistrasse
1943
Karl Kündig
Lit.: E. Reinhard (Hrsg.), Neues Bauen und Wohnen, Basel-Olten 1946; Schweizer Architekturführer 1920–1990, Band 1, 737, S. 186 f.
Wohnkolonie Dreispitz
Wallisellenstrasse/Saatlenstrasse/
Dreispitz
1945–55
Gottlieb Leuenberger, Jakob Flückiger, Josef Schütz, Max Steiger, Carl Rathgeb

St. Felix und Regula-Kirche
Siedlung Sunnige Hof
Wohnkolonie Dreispitz

Zürich

Lit.: J. Maurizio, Der Siedlungsbau in der Schweiz 1940–1950, Erlenbach 1952; Werk 1/1957; Schweizer Architekturführer 1920–1990, Band 1, 737, S. 186 f.

Siedlung Heiligfeld
Brahmsstrasse 60–92/
Letzigraben 5+11
1954–55
Albert Heinrich Steiner
Lit.: Werk 9/1953; 1/1956; Baumeister 10/1956; L'Architecture d'aujourd'hui 66/1956; 50 Jahre Wohnungspolitik der Stadt Zürich, Zürich 1957; Schweizer Architekturführer 1920–1990, Band 1, 737, S. 186f.

1934 vergrößerte die Stadt Zürich mit der Eingemeindung von neun Vororten ihre für den Wohnungsbau verfügbare Fläche. Dank der Finanzierung durch die öffentliche Hand und unter der Planungsaufsicht des von A. H. Steiner geleiteten Stadtbauamtes erfuhr der Wohnungsbau in den vierziger Jahren einen enormen Aufschwung. Oberstes Ziel der in Grünzonen errichteten und als „Nachbarschaften" mit entsprechender Infrastruktur und Gemeinschaftsanlagen konzipierten Wohnanlagen war ihre organische Gestaltung. So liegt der Siedlung Sunnige Hof das lineare Schema einer Dorfstruktur zugrunde, während die Wohnkolonie Dreispitz neben Einfamilienhäusern auch drei- und viergeschossige Apartmenthäuser schuf. Diese Lösung zeigt auch das Heiligfeld-Quartier, bei dem noch weitere Haustypen wie Laubenganghaus und Hochhaus hinzukommen.

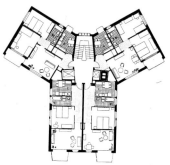

Etwa gleichzeitig (1952–54) entstand die Siedlung In der Au, Opfikonstrasse/Auzelg von Cramer, Jaray, Paillard unter Mitarbeit von Baerlocher & Unger.

Siedlung Heiligfeld

Zürich
Bürohaus „Zur Bastei"
Bärengasse 29, Bleicherweg, Talstraße
1954–55
Werner Stücheli

Die leichte Drehung des neungeschossigen Bürohauses am Ufer des Schanzengrabens landeinwärts schafft einen kleinen Vorplatz und bezieht den Wasserlauf in das Ensemble aus Hochhaus, flachem Apartmenthaus und Promenade mit einer Freitreppe zum Wasser ein. Die elegante Aluminium-Glasfassade mit großzügigen Fensteröffnungen und Brüstungsfeldern aus dunkelblauen Carraraglasplatten verleiht dem Bau eine spiegelnde Tiefenwirkung und die typische Schwerelosigkeit eines Gebäudes der fünfziger Jahre.

Lit.: Deutsche Bauzeitschrift 10/1955; Werk 10/1955; Archithese 5/1986; Schweizer Architekturführer 1920–1990, Band 1, 746, S. 192.

Zürich
Geschäftshaus
Bahnhofstrasse 46
1956–57
Rudolf Zürcher

Der sechsgeschossige Bau setzt sich bewußt von der morphologischen Kontinuität seiner Nachbarschaft ab und blickt mit einer gerasterten Aluminium- und Glas-Vorhangfassade auf die städtische Einkaufsstraße. Vorbild für den Bau war das 1952 fertiggestellte Lever House von Skidmore, Owings and Merrill/Gordon Bunshaft in New York.

Bürohaus „Zur Bastei"

Geschäftshaus

Lit.: *Bauen und Wohnen 1957, 6; Werk 1957, 11; A. Altherr, Neue Schweizer Architektur, Teufen 1965; I. Noseda, Bauen an Zürich, Zürich 1992; Schweizer Architekturführer 1920–1990, Band 1, 750, S. 195.*

Zürich
Kantonsschule Freudenberg
Steinentischstrasse 10
1956–60
*Jacques Schader
Mitarbeit: W. Blaser, R. Hofer, R. Mathys, E. Kägi*
Die Anlage gehört zu den bekanntesten Beispielen des Schulhausbaus der Nachkriegszeit. Sie gruppiert sich um ein Plateau und nutzt die Geländestruktur zu einer Komposition unterschiedlicher, die Funktionen differenzierender Baukörper (Unterrichtsräume von Gymnasium und Handelsschule, Labors und Werkstätten, Sportbereich, Aula). Die strenge Wirkung des Komplexes (Sichtbeton und Steinverkleidung) wird unterstrichen durch den horizontalen Rhythmus der Bandfenster, die den Räumen ein Maximum an Tageslicht gewähren.
Lit.: *Schweizerische Bauzeitung 72/1954; Bauen und Wohnen 9/1960; Architecture, formes + fonction 8/1961; Werk 1/1961; 1/1962; A. Altherr, Neue Schweizer Architektur, Teufen 1965; L'Architecture d'aujourd'hui 121/1965; E. Blättler (Hrsg.), Neue Architektur in Zürich, Heiden 1989; I. Noseda, Bauen an Zürich, 1992; Schweizer Architekturführer 1920–1990, Band 1, 752, S. 196.*

Kantonsschule Freudenberg,
Ansicht und Planimetrie

Zürich
Schulhaus Letzi
Espenhofweg 60
1952–59
Ernst Gisel
Jugendherberge
Mutschellenstrasse 114
1960–66
Ernst Gisel
Mitarbeit: G. Erdt
Atelier Gisel
Streulistrasse 74 a
1970–73
Ernst Gisel

Ernst Gisels Bauten trugen wesentlich zur architektonischen Entwicklung bei und prägten die Schweizer Baukunst entscheidend. Seine Arbeiten entsprechen präzisen urbanen Inhalten und stellen sich dennoch als autonome, singuläre Werke dar, die jedoch gewisse Konstanten aufweisen: Einfügung in den Ort, organisches Kompositionsmuster, Verwendung unbearbeiteter Grundmaterialien, vollständige Beherrschung des Bauprozesses und Exaktheit in der Detailbehandlung.

Zu seinen beispielhaften Schulhausanlagen gehört auch das Steinbodenschulhaus in Eglisau (Rhihaldenstrasse 60) von 1977–80, während von seinen jüngeren Bauten das Seniorenheim Stampfenbach in Zürich (Lindenbachstrasse 1) von 1983–88 und das 1989 begonnene World Trade Center an der Leutschenbachstrasse zu nennen sind.

Lit.: Werk 3/1954; 5/1958; 3/1960; 3/1967; 1/1976; Architektur-Wettbewerbe 21/1957; A. Roth, Das neue Schulhaus, Zürich 1957; K. Otto, Schulbau, Beispiele und Entwicklung, Stuttgart 1961; G. E. Kidder Smith, Moderne Architektur in Europa, München 1964; L'Architecture d'aujourd'hui 121/1965; Baumeister 7/1966; Casabella 319/1967; B. de Sivo, Architettura in Svizzera oggi, Napoli 1968; a + u, architecture and urbanism 8/1977; W. Blaser, Architecture 70/80 in Switzerland, Basel 1981; Abitare 206/1982; Rivista Tecnica 1/1982; Schweizer Architekturführer 1920–1990, Band 1, 745, S. 191; 765, S. 203.

Zürich
Kantonsschule Rämibühl
Freiestrasse 26
1966–70
Eduard Neuenschwander
Mitarbeit: D. Köhler, B.C. Thurston, A. Biro

Trotz des umfangreichen Bauprogramms und der Notwendigkeit, Räumlichkeiten für ca. 2000 Schüler zu erstellen, wurde eine Lösung gefunden, die die Schulanlage in die Umgebung mit alten Villen und reichem Baumbestand einfügt. Oberrealschule, Gymnasium und eine naturwissenschaftliche Abteilung mit Aula wurden auf drei separate Baukörper verteilt. Ein einheitliches Fassadenraster ermöglichte eine beliebige Gliederung durch Fenster und Pfeiler, so daß trotz lebhafter Variationen der Zusammenhang der Anlage gewahrt bleibt.

Lit.: Schweizerische Bauzeitung 48/1960; 19/1965; J. Bachmann und S. von Moos, New Directions in Swiss Architecture, New York 1969; Bauwelt 27/1971; Werk 8/1971; Werk, Bauen und Wohnen, 1–2/ 1980; Schweizer Architekturführer 1920–1990, Band 1, 760, S. 200.

Zürich

Schulhaus Letzi

Links unten:
Jugendherberge

Rechts unten:
Atelier Gisel,
Ansicht und
Axonometrie

Links oben:
Altersheim
Stampfenbach

Kantonsschule
Rämibühl

Zürich
Schulanlage Riedhof
Riedhofstrasse 42–43
1965–67
Alfred Roth, Mitarbeit: E. Schubiger
Der Bau stellt ein glückliches Beispiel für die typologische Weiterentwicklung des Schulhauses dar – ein zentrales Thema im Werk von Alfred Roth. Die Baukörper (Kindergarten, Klassenzimmer der Grundschule und Pausenraum, Turnhalle) sind parallel angeordnet und bilden Terrassen, die dem Verlauf des südwest-orientierten Abhangs folgen.
Lit.: Deutsche Bauzeitschrift 3/1964; Werk 6/1964; L'Architecture d'aujourd'hui 121/1965; Werk, Bauen und Wohnen 5/1983; Schweizer Architekturführer 1920–1990, Band 1, 756, S. 198.

Zürich
Mehrfamilienhaus
Eierbrechtstrasse 16
1959–60
Cramer-Jaray-Paillard: Claude Paillard und Peter Leemann
Mitarbeit: H. Tissi
Protestantische Kirche und Gemeindezentrum Saatlen
Saatlenstrasse 240
1961–64
Cramer-Jaray-Paillard-Leemann: Claude Paillard
Umbau und Erweiterung Opernhaus
Theaterplatz
1975–84
Claude Paillard, Peter Leemann & Partner: C. Paillard, W. Rafflenbeul
Der ungewöhnliche Bau an der Eierbrechtstrasse enthält autonome Woh-

Schulhaus Riedhof

Wohngebäude

nungen – darunter auch das Atelier der Architekten –, deren terrassierte Anordnung dem steilen Abhang des Geländes folgen. Beim protestantischen Kirchgemeindezentrum Saatlen wurden die Architekten mit einer Thematik konfrontiert, die sie schon 1959–65 mit dem Pfarreizentrum von Horgen (Kelliweg 21) behandelt hatten: Ein religiöser Komplex, der auch für andere kulturelle Zwecke genutzt wird, sollte der Mittelpunkt des ganzen Quartiers werden. Eine vorsichtige, bewahrende Grundhaltung, die die Schwierigkeit der Aufgabe nicht unterschätzte, stellte der Umbau und die Erweiterung des 1890–91 von den Wiener Architekten Fellner & Helmer gebauten Zürcher Opernhauses dar, dem ein Trakt mit Dienstleistungsbereich eingefügt wurde und in den auch der Neubau des Bernhardtheaters integriert wurde.

Dasselbe Architekturbüro baute auch 1979–91 im Flughafen Zürich-Kloten das Operationszentrum der Swisscontrol, dessen 3. Bauabschnitt in den neunziger Jahren fertiggestellt wurde.

Lit.: Werk 2/1961; Architecture, formes + fonction 8/1961–62; Deutsche Bauzeitschrift 2/1962; A. Altherr, Neue Schweizer Architektur, Teufen 1965; L'Architecture d'aujourd'hui 121/1965; Werk, Bauen und Wohnen 3/1986; Schweizer Architekturführer 1920–1990, Band 1, 753, S. 197; 777, S. 209.

Protestantische Kirche und Gemeindezentrum Saatlen

Opernhaus sowie Umbau und Erweiterung Opernhaus

Zürich
Wohn- und Geschäftshaus im Seefeld
Seefeldstrasse 152
1959–61
Jakob Zweifel und Heinrich Strickler
Mitarbeit: L. Flotron, B. Pfister
Ein Kubus, dessen Fassade vom komplexen Spiel der Öffnungen und vom Wechsel unterschiedlicher Texturen (Sichtbetonstreifen und Kalksandsteinflächen) gegliedert wird, macht seine innere Grundrißorganisation von außen her sichtbar. Dem Bau liegt ein zentrales Erschließungssystem für je drei Wohnungen mit zwei, vier und sechs Zimmern pro Geschoß zugrunde. Im Erdgeschoß sind Läden, Büros und Atelier angeordnet.
Lit.: Bauen und Wohnen 3/1962; Schweizer Architekturführer 1920–1990, Band 1, 754, S. 197.

Zürich
Geschäftshaus Zur Palme
Bleicherweg 33
1959–64
Max Ernst Haefeli, Werner Max Moser, Rudolf Steiger, André Studer
Mitarbeit: H. Dussy, M. Gut, F. Staub, O. Caretta
An einer wichtigen West-Ost-Achse der Zürcher Innenstadt gelegen, verkörpert der Cityblock, der ein ganzes Straßengeviert ausfüllt, zwei zentrale Leitbilder des Städtebaus der fünfziger und sechziger Jahre: die offene Bauweise als Abkehr von der Straßenrandbebauung und die Differenzierung der Bauteile in niedrige Ladengeschosse und Büroturm. Der zweigeschossige Geschäftsbereich zieht sich entlang der Straßenfronten und bildet öffentliche Fußgängerpassagen in Durchgängen und im Inneren des Blocks. Der Autoverkehr gelangt durch spiralförmige Rampen zu den Parkdecks. Das elfgeschossige Bürohaus mit Glas-Aluminium-Fassade bietet in seinem obersten Geschoß Wohnungen mit Dachgärten.
Lit.: Werk 3/1957; 12/1964; L'Architettura cronache e storia 12/1964; A. Altherr, Neue Schweizer Architektur, Teufen 1965; Architektur und Wohnform 2/1965; Schweizerische Bauzeitung 50/1965; Archithese 2/1980; I. Noseda, M. Steinmann, Zeitzeichen, Schweizer Baukultur im 19. und 20. Jahrhundert, Zürich 1988; I. Noseda, Bauen an Zürich, Zürich 1992; Schweizer Architekturführer 1920–1990, Band 1, 755, S. 198.

Zürich
Centre Le Corbusier
Höschgasse 8
1964–67
Le Corbusier
Der im Auftrag der Galeristin Heidi Weber errichtete Ausstellungspavillon liegt in einem Park am Zürichhorn. Le Cobusier entwarf ihn als *Maison de l'Homme* und legte ihm die Maße des *Modulor* zugrunde. Die Raumanordnung ist als *promenade architecturale* konzipiert, darüber zwei große Schirme, deren Metallkonstruktion als Dach dient.
Lit.: Werk 12/1967; S. von Moos, Der Corbusier-Pavillon, Neue Zürcher Zeitung 16.7.1969; J. Bachmann und S. von Moos, New directions in Swiss Architecture, New York 1969; Abitare 1982, S.206; A. Roth, E. Miltcheu, Le Corbusier und Zürich, Zürich 1987; Schweizer Architekturführer 1920–1990, Band 1, 758, S. 199.

Zürich

Wohn- und
Geschäftshaus im
Seefeld

Geschäftshaus
Zur Palme

Centre Le Corbusier

Zürich

Zürich
Haus Zentner
Aurorastrasse 56
1964–68
Carlo Scarpa
Aufgrund der Baubestimmungen blieben Teile des bestehenden Einfamilienhauses von 1914 erhalten, die der Architekt als Ausgangspunkt seines eigenständigen Entwurfes nutzte. Die Südseite zeigt eine Folge von Terrassen, während die geschlossene Straßenfassade durch unterschiedliche Materialien belebt wird. Insgesamt weist das Haus die für Scarpa typische feine Detaillierung auf.
Lit.: Werk 1/1968; Architekse 4/1983; Schweizer Architekturführer 1920–1990, Band 1, 761, S. 201.

Zürich
Fernmeldebetriebszentrum Herdern
Brennerstrasse, Aargauerstrasse 10
1972–78
Theo Hotz
Geschäftshaus Marti AG
Thurgauerstrasse 56, Zürich-Oerlikon
1982–85
Theo Hotz
Mitarbeit: Franz Romero
Geschäftshaus Apollo
Stauffacherstrasse 41
1989–91
Theo Hotz
Mitarbeit: P. Berger, T. Fausch
Geschäftshaus
Seidengasse 20/Löwenplatz
1989–93
Theo Hotz

Zugleich Maschine und Skulptur, beherrscht das Fernmeldebetriebszentrum mit seinen großflächigen Alumini-

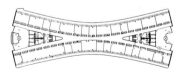

Haus Zentner

Fernmeldebetriebszentrum Herdern

Geschäftshaus Marti AG, Ansicht und Grundriß

umfassaden das Industriegebiet am westlichen Rand Zürichs. Die Konstruktionsmittel wollen zeigen, wie die Architektur die Rolle eines bloßen Gefäßes überwinden und mit Hilfe der neuesten technologischen Entwicklung Qualität erlangen kann. Optimale Ausnutzung des Baugrundes und technische Raffinesse der Metallfassade kennzeichnen das Bürogebäude in Zürich-Oerlikon, dem eine zweifach konkave Grundrißfigur Prägnanz in einer diffusen Umgebung verleiht. Dagegen behauptet sich das Geschäftshaus Stauffacherstraße in einem homogenen Großstadtquartier, indem eine zurückversetzte Wandscheibe die Straßenflucht nachzeichnet, während die nach oben langsam vorkragende Metall-Glasfassade in den Straßenraum vorschwingt.

Weitere interessante Werke von Theo Hotz sind das Wohnhaus Raussmüller/Welti (Schneckenmannstrasse 25) von 1986–87, das Bankkonferenzgebäude Grünenhof (Nüschelerstrasse 2) von 1987–91 und das 1995 fertiggestellte Geschäftshaus Feldpausch an der Bahnhofstrasse 88.

Lit.: Werk, Bauen und Wohnen 1–2/1980; 4/1980; 11/1987; 3/1994; Abitare 1982, S. 206; W. Blaser, Architecture 70/80 in Switzerland, Basel 1981; Rivista Tecnica 1/1982; 1–2/1986; Archithese 1/1986; E. Blättler (Hrsg.), Neue Architektur in Zürich, Heiden 1989; Faces 13/1989; R. Schilling, Architektur in Zürich 1980–90, Zürich 1990; P. Disch (Hrsg.), Architektur in der deutschen Schweiz 1980–1990, Lugano 1991, S. 179, 181; Hochparterre 3/1992; I. Noseda, Bauen an Zürich, Zürich 1992; Schweizer Architekturführer 1920–1990, Band 1, 766, S. 203; 779, S. 210; 789, S. 215.

Geschäftshaus Apollo

Geschäftshaus am Löwenplatz

Zürich
Wohnkomplex Manessehof
Uetlibergstrasse 20
1979–84
ARCOOP: Ueli Marbach und Arthur Rüegg
Mitarbeit: T. Schonbächler, P. Steiner
Der Eckbau orientiert sich am traditionellen städtischen Wohnblock und reagiert deutlich auf die Hierarchie der beiden anliegenden Straßen. Zwei Gebäudearme bilden einen Innenhof, so daß Wohn- und Schlafräume auf die verkehrsabgewandte Seite gelegt werden konnten. Von denselben Architekten stammt auch die Wohnanlage Balberstrasse 47 (1984–91).
Lit.: Archithese 1/1980; 4/1984; Werk, Bauen und Wohnen 12/1981; 10/1984; 3/1994; H. und M. Bofinger, Junge Architekten in Europa, Stuttgart 1983; Baumeister 5/1985; Rivista Tecnica 1–2/1986; R. Schilling, Architektur in Zürich 1980–90, Zürich 1990; P. Disch (Hrsg.), Architektur in der deutschen Schweiz 1980–1990, Lugano 1991, S. 184; I. Noseda, Bauen an Zürich, Zürich 1992; Schweizer Architekturführer 1920–1990, Band 1, 774, S. 207.

Zürich
Reihenhäuser an der Limmat REZ
Hardeggstrasse 17–23
1986
Benno Fosco, Jacqueline Fosco-Oppenheim, Klaus Vogt
Mitarbeit: A. Peissard
Die aus dem Wettbewerb eines privaten Bauherren hervorgegangene Wohnanlage erstreckt sich der Limmat entlang. Eine einheitliche Fassadengestaltung und konventionelle Baumaterialien sollen die Eingliederung in das natürliche Umfeld erleichtern. Die nebeneinanderliegenden großen Wohneinheiten können als Familienwohnungen und als Ate-

Wohnkomplex Manessehof

Reihenhäuser an der Limmat REZ

liers genutzt werden und verfügen über großzügige Dachterrassen.
Lit.: Aktuelles Bauen 4/1984; Archithese 2/1985; Schweizer Architektur 80/1987; Werk, Bauen und Wohnen 1–2/1987; E. Blättler (Hrsg.), Neue Architektur in Zürich, Heiden 1989; R. Schilling, Architektur in Zürich 1980–90, Zürich 1990; P. Disch (Hrsg.), Architektur in der deutschen Schweiz 1980–1990, Lugano 1991, S. 203; Schweizer Architekturführer 1920–1990, Band 1, 783, S. 212.

Zürich
Scheune Juchhof
Bernerstrasse 301
1982–84
Willi E. Christen
Mitarbeit: M. Weibel
Dieser konventionelle Holzbau liegt auf dem Gelände eines stadteigenen Gutsbetriebes. Nach der völligen Zerstörung des Vorläuferbaus durch einen Brand entstand er in nur 5 Monaten. Der Einsatz von vorfabrizierten Elementen schloß dabei jedoch eine sorgfältige Detailgestaltung nicht aus.
Vom selben Architekten stammt der Hauptpavillon des Zürcher Zoologischen Gartens (1986–89).
Lit.: Holz Bulletin 13/1985; Werk, Bauen und Wohnen 3/1985; Schweizer Architektur 1986, S.72; R. Schilling, Architektur in Zürich 1980–90, Zürich 1990; P. Disch (Hrsg.), Architektur in der deutschen Schweiz 1980–1990, Lugano 1991, S. 204; Schweizer Architekturführer 1920–1990, Band 1, 778, S. 209.

Scheune Juchhof, Ansicht, Fassade

Zürich

Villa Meyer

Südstrasse 41
1986
Dolf Schnebli
Mitarbeit: P. Kölliker, M. Meili, M. Wassmer

Die kleine Villa, in einer von Grün umgebenen, herrschaftlichen Wohngegend im Quartier Riesbach gelegen, ist das Ergebnis eines ungewöhnlichen architektonischen Konzepts: Ein klassischer Aufbau wird – zumal was die Höhenmaße angeht – in seinen Dimensionen eingeschränkt und mit Le Corbusiers Modulor überlegt. Es entstand ein Kubus von harmonischer Proportionalität, dem der verglaste Eingangszylinder einen markanten Akzent verleiht. Elemente wie der Dachgarten über dem Atrium, der Dachabschluß aus vorgefertigten Bauteilen, die Wahl der Materialien (Stahlbeton, Kalksandstein, Gneis aus dem Maggiatal) tragen wesentlich zur Modernität des Baus bei.

Lit.: Rivista Tecnica 3/1987; Werk, Bauen und Wohnen 3/1987; Detail 1/1988; Architecture et Techniques 1988, 380; a + u, architecture and urbanism 221/1989; Docu Bulletin 2/1990; R. Schilling, Architektur in Zürich 1980–90, Zürich 1990; The Architectural Review 1/1991; F. A. Cerver, Architectural Houses: Country Houses 7, Barcelona 1991; P. Disch (Hrsg.), Architektur in der deutschen Schweiz 1980–1990, Lugano 1991, S. 197; du 5/1992; Schweizer Architekturführer 1920–1990, Band 1, 784, S. 212.

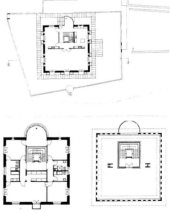

Villa Meyer, Ansicht und Grundrisse

Zürich
Erweiterung und Umbau Bahnhof Stadelhofen
Stadelhoferplatz
1983–91
Santiago Calatrava, Werner Rüeger, Arnold Amsler

Das Umbauprojekt dieses mitten in der Stadt gelegenen Durchgangsbahnhofs ist Resultat eines eingeladenen Wettbewerbs von 1983. Der Formenreichtum von Calatravas Bau mit den großen Metallrippen der Bahnsteige und der Dachkonstruktion sowie der imposanten Wölbung der unterirdischen Ladenpassage – beides offensichtlich vom menschlichen Körperbau inspiriert – stellt einen engen Bezug zum städtischen Umfeld her.

In nächster Nachbarschaft befinden sich weitere interessante Bauten der letzten Dekade, so die nahe gelegene Stadelhofer Passage (Stadelhoferstrasse 18–28, 1977–84) von Ernst Gisel und Martin Spühler und das Geschäfts- und Wohngebäude Stadelhoferstrasse 10 von Arnold und Vreni Amsler (1989).

Lit.: Detail 5//1987; Archithese 2/1990; Hochparterre 5/1990; Architettura Svizzera 94/1990; Schweizer Ingenieur und Architekt 48/1990; P. Disch (Hrsg.), Architektur in der deutschen Schweiz 1980–1990, Lugano 1991, S. 186–191; Werk, Bauen und Wohnen 3/1991; I. Noseda, Bauen an Zürich, Zürich 1992; Schweizer Architekturführer 1920–1990, Band 1, 786, S. 213.

Erweiterung und Umbau Bahnhof Stadelhofen

Zürich-Wiedikon
Seniorenheim
Sieberstrasse 22
1984–94
Martin Spühler
Mitarbeit: C. Oberholzer

Wohnbebauung Bahnhof-Selnau-Areal
Selnaustrasse/Sihlhölzlistrasse/
Sihlamtsstrasse
1985–95
Martin Spühler
Mitarbeit: D. Munz

Das Altersheim und der dazugehörige Park liegen auf dem zweigeteilten Gelände einer ehemaligen Backsteinfabrik, was eine optimale Ausrichtung des Gebäudes ermöglicht. Das zentrale Atrium wird zum Bezugspunkt für die Anordnung der Innenräume. Von Spühler stammt auch die Bebauung des Areals des wegen der Verlegung der Sihltal-Uetlibergbahn stillgelegten Bahnhofs Selnau. Auf dem dreieckigen Grundstück sind 62 Wohnungen mit Gemeinschaftseinrichtungen vorgesehen. Zu erwähnen ist auch Spühlers 1985 begonnenes Wohn- und Geschäftsgebäude nahe dem Bahnhof von Uster (Bankstrasse).
Lit.: I. Noseda, Bauen an Zürich, Zürich 1992.

Zürich
Wohnbebauung Brahmshof
Brahmsstrasse 22–24
1989–91
Walter Fischer & Partner
(Kuhn, Fischer, Hungerbühler)
Mitarbeit: K. Arn, M. Widmer, M. Comte
Lit.: Hochparterre 3/1992; I. Noseda, Bauen an Zürich, Zürich 1992; Werk, Bauen und

Seniorenheim

Wohnbebauung Bahnhof-Selnau-Areal

Zürich

Wohnen 3/1992; Faces 28/1993; Abitare 327/1994; Schweizer Architekturführer 1920–1990, Band 1, 791, S. 216; Paul Meyer (Hrsg.), Wohnbauten im Vergleich, Bd. 18: Brahmshof, Zürich 1994.

Wohnbebauung Hellmutstrasse

Hellmutstrasse/Hohlstrasse 86abc/
Brauerstrasse 75
1989–92
A.D.P. Architekten (Walter Ramseier, Beat Jordi, Caspar Angst, Peter Hofmann)

Lit.: Werk, Bauen und Wohnen 5/1989; P. Disch (Hrsg.), Architektur in der deutschen Schweiz 1980–1990, Lugano 1991, S. 192; Hochparterre 10/1991; Schweizer Architekturführer 1920–1990, Band 1, 791, S. 216, Paul Meyer (Hrsg.), Wohnbauten im Vergleich, Bd. 16: Hellmutstrasse, Zürich 1993.

Diese jüngsten Beispiele des subventionierten Wohnungsbaus weisen eine für Schweizer Verhältnisse hohe Wohndichte auf. Beide werden über Höfe mittels Laubengängen erschlossen und thematisieren so den Übergang zwischen gemeinschaftlichen und privaten Bereichen. Bemerkenswert ist die Grundrißdisposition an der Hellmutstrasse, die verschiedene Raumkombinationen und eine nachträgliche Veränderung der Wohnungsgrößen zwischen eineinhalb und sieben Zimmern zuläßt.

Oben: Wohnbebauung Brahmshof

Wohnbebauung Hellmutstrasse, Ansicht, Schnitt und Fassade

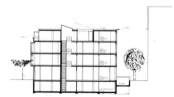

Zürich
Technopark
Pfingstweidstrasse 30
1986–93
*I + B Architekten Itten + Brechbühl,
Ruggero Tropeano
Mitarbeit: H. Gessler, G. Bölstelli*
Der auf einem Areal von 20000 m² im Westen von Zürich gelegene Technopark ist – den unterschiedlichen Funktionen entsprechend – in die drei selbständigen Bereiche Forschung, Produktion und Kommunikation gegliedert. Die das architektonische Umfeld berücksichtigende Anlage gehört zu einem umfassenden Quartiersanierungsprojekt und ist dessen wichtigstes Bezugselement. Die Anordnung der verschiedenen Baukörper folgt einem Doppelkammschema, das das Hauptgebäude für den kommunikativen Bereich mit den von vier Höfen getrennten Arbeitsräumen, die in der Art kleiner Werkstätten genutzt werden, verbindet. Die demonstrativ auf einen Betonsockel gestellten Gebäudeblöcke werden an der Stirnseite mit einem auf Pfählen ruhenden Kopfteil abgeschlossen. Der kontrapunktische Umgang mit den verschiedenen Materialien (Eternit für die Fassadenverkleidung, Fensterrahmen aus Aluminium, Eisenbalkone) soll den öffentlichen Stellenwert des Baus verdeutlichen.
Lit.: P. Disch (Hrsg.), Architektur in der deutschen Schweiz 1980–1990, Lugano 1991, S. 201; Faces 24/1992; I. Noseda, Bauen an Zürich, Zürich 1992; Domus 751/1993; Werk, Bauen und Wohnen 11/1993.

Zürich
Verwaltungsgebäude IBM
Bernerstrasse
1988 – 1995
Mario Campi und Franco Pessina
Der große quaderförmige Bau ist als Blockrandbebauung konzipiert und auf einen Innenhof als Kommunikationszentrum ausgerichtet. Der unwirtlichen Umgebung eines Industriegebietes wendet er strenge Lochfassaden zu, die zur Autobahn hin eine formale und ausdrucksmäßige Steigerung durch zwei leicht überhöhte Eckpfeiler erhalten.
Lit.: Rivista Tecnica 1–2/1990; 10/1992. Kristin Feireiss (Hrsg.), Mario Campi und Franco Pessina, Bauten und Projekte. Buildings and Projects 1962–1994, Berlin 1994.

Zürich

Technopark, Außen- und Innenansicht

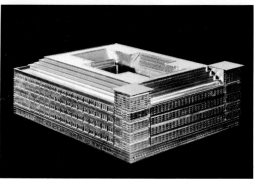

Verwaltungsgebäude IBM, Modell und Schnitt

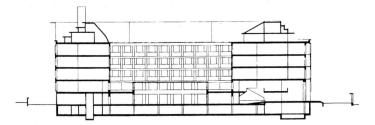

Kanton Schaffhausen

Schaffhausen
Bauten der Georg Fischer AG
Mühlentalstrasse/Amsler-Laffon-Strasse
1929; 1939–61; 1943–44; 1958–62
Karl Moser; Paul Mebes und Rudolf Bäny; Adolf Kellermüller

Die Tätigkeit des Büros Curjel & Moser für die Maschinenbaufabrik Georg Fischer begann bereits vor dem Ersten Weltkrieg mit mehreren Arbeiter- und Angestelltenwohnhäusern, einer Direktorenvilla (1908/09) und vor allem dem Umbau des Verwaltungsgebäudes von 1912. Blieben diese Bauten einem regionalistischen Heimatstil verbunden, so dokumentiert Moser mit dem zweiten Verwaltungsgebäude 1929 seinen Stilwandel zum Neuen Bauen.

Auch bei der sukzessiven Erweiterung der Industrieanlage ab Ende der dreißiger Jahre setzte die Georg Fischer AG auf anspruchsvolle Architektur als Mittel der Selbstdarstellung. Stahlgießerei (1939–41) und Gaserei (1943–44) von Paul Mebes aus Berlin und dem Leiter des Baubüros der Firma, Rudolf Bäny, erzielen mit glatten, kubischen Gesamtformen und flächigen Ziegelfronten eine monumentale Wirkung. Für die beiden Neubauten des Laborgebäudes (1958) und eines Bürogebäudes (1962) wählte Kellermüller dagegen in sich einheitliche Rasterfassaden von feinem und leichtem Charakter.

Lit.: Werk 1/1968; Wilfried Rößling, Curjel & Moser, Karlsruhe 1986; S. von Moos u.a., Das Neue Bauen in der Ostschweiz, St. Gallen 1989; Schweizer Architekturführer 1920–1990, Band 1, 010, S. 22.

Schaffhausen
Kantonsschule
Munotstrasse/Pestalozzistrasse 8
1960–66
Walter M. Förderer und Hans Zwimpfer
Bezeichnend für die Werke von Förderer ist der skulpturale Umgang mit den Betonmassen. Wie im Schulzentrum Im Gräfler (Stettmerstrasse) von 1969–74 wird auch hier durch die freie Grundrißaufteilung und die betonte volumetrische Komposition eine Standardisierung keineswegs verhindert. Die tektonische, mit dem Lichteinfall arbeitende Gestaltung der Treppe verleiht der zentralen Eingangshalle räumliche Qualität. In unmittelbarer Nachbarschaft befindet sich am Munothaldenweg 1 der 1932–33 gebaute Kindergarten am Munot von Wolfgang Müller.

Lit.: Werk 9/1965; L'Architecture d'aujourd'hui 9/1965; 53/1966; Schweizer Journal 3/1975.

Schaffhausen
Erweiterung Seniorenheim Steig
Stokarbergstrasse 21
1985–1990
Rainer und Leonhard Utt
Mitarbeit: P. Studer
Die Entwurfsstrategie für den Um- und Erweiterungsbau des heterogenen Komplexes – bestehend aus einem Hospiz aus dem 15. Jahrhundert, welches später als Altersheim diente, und den Rudimenten einer 1944 abgebrannten neugotischen Kirche – zeigt große Sensibilität für die topographische Besonderheit des Geländes. Dies zeichnet auch die Reihenhausbebauung Surbeckstieg 2–16 (1981–85) vom selben Architektenteam aus.

Kantonsschule

Erweiterung Altersheim Steig

Gegenüber:
Georg Fischer AG, Luftaufnahme, Verwaltungsgebäude von Curjel & Moser, Stahlgießerei

Kanton Thurgau

Amriswil
Schulzentrum
Egelmoosstrasse 8
1960–62
Cedric Guhl, Max Lechner, Walter Philipp und Paul Kollbrunner
Das Schulzentrum umfaßt neben der Sekundarschule auch einen Kindergarten und eine Turnhalle; es ist um ein begrüntes Atrium angeordnet, welches deutlich den Kern der Komposition bildet. Technische Gründe veranlaßten die Architekten, das Niveau des Baus anzuheben und die Funktionen auf verschiedene Geschoßhöhen zu verteilen.
Lit.: Werk 6/1964; Schweizer Architekturführer 1920–1990, Band 1, 001, S. 17.

Arbon
Geschäftssitz der Adolph Saurer AG
Schlossgasse 2
1942–43
Georges Pierre Dubois und Jakob Eschenmoser
Eine klare Volumetrie und eine feine Fassadengestaltung, bei der wieder auf natürliche Materialien zurückgegriffen wurde, kennzeichnen das Bürogebäude. Dubois baute noch weitere Gebäude für die Firma Saurer AG, so etwa 1961–62 das Informatikgebäude an der Weitegasse und 1959–60 das von der Pensionskasse der Saurer AG finanzierte Wohnhochhaus an der Brühlstrasse 63. Diese Bauten setzen radikal, mit deutlichen Anleihen bei Le Corbusier, auf die spezifische Formkraft des béton brut.
Lit.: Schweizerische Bauzeitung 124/1944; Werk, 6/1944; Max Bill u.a., Moderne Schweizer Architektur 1925–45, Basel 1947; H. Volkart, Schweizer Architektur, Ravensburg 1951; I. Noseda u. M. Steinmann, Zeitzeichen, Schweizer Baukultur im 19. und 20. Jh., Zürich 1988; Schweizer Architekturführer 1920–1990, Band 1, 003, S. 18.

Frauenfeld
Oberstufenzentrum Auen
Thurstrasse 23
1967–68, 1991–92
*Alfons Barth und Hans Zaugg
Mitarbeit: U. Wildi, H. Scheibler*
Die freie Komposition von Kuben aus Glas und Stahl wurde in den neunziger Jahren ergänzt. Edle Einfachheit, auch in der qualitätvollen Detaillierung, prägt die Atmosphäre. Flexibilität und Transparenz bestimmen die Anordnung und Ausgestaltung im Inneren.
Lit.: Bauen und Wohnen 10/1967; Werk 7/1969; Detail 2/1970; Schweizerische Bauzeitung 20/1970; Schweizer Architekturführer 1920–1990, Band 1, 005, S. 19.

Oberstufenzentrum
Auen, Grundriß

Thurgau

Schulzentrum Egelmoos

Geschäftssitz Saurer AG, historische Aufnahme

Oberstufenzentrum Auen, Modell

Thurgau

Mammern
Sommerhaus
Spannacker
1937
Alfred Roth

Als reines Sommerdomizil hatte der schlichte, langgestreckte Holzständerbau nur bescheidene Ansprüche zu erfüllen, wies aber ausgefeilte, funktionelle Details auf. So konnte man beim Wegzug im Winter die Fenster mit Klappläden leicht verschließen und eine Glaswand an der überdachten Terrasse durch ein Lattenrost schützen. Zu den wichtigen Bauwerken der dreißiger Jahre im Kanton Thurgau zählt ferner das Einfamilienhaus Rudwies 21a in Egnach, welches Ernst Schindler 1932 fertigstellte.

Lit.: *Schweizerische Bauzeitung 117–144/ 1941; Max Bill u.a., Moderne Schweizer Architektur 1925–1945, Basel 1947; G.E. Kidder Smith, Switzerland Builds, New York/ Stockholm 1950; Werk 1/1968; Schweizer Architekturführer 1920–1990, Band 1, 008, S. 21.*

Romanshorn
Mehrzweckbebauung
Alleestrasse/Hafenstrasse/Sternenstrasse
1987–93
Martin Spühler
Mitarbeit: P. Trachsler

Das Projekt steht im Zusammenhang des neuen Stadtplanungskonzepts von Romanshorn. Zentrum des ganzen Komplexes ist der als „künstlicher Gar-

Sommerhaus, historische Aufnahme

Mehrzweckbebauung in Romanshorn

ten" angelegte Hof über der Parkgarage; er ist nach Süden hin offen und von Alterswohnungen begrenzt. Im Kopfbau befinden sich, zur Straße hin orientiert, Büros und Geschäfte, während ein Durchgang den Hof mit den beiden Flügeln verbindet.

Warth
Tagungszentrum und Museum Kartause Ittingen
1978–92
Gesamtplan und Tagungszentrum: Esther und Rudolf Guyer
Museum: René Antoniol und Kurt Huber
Eine Stiftung kaufte 1977 das 1152 gegründete und 1461 vom Kartäuserorden übernommene Kloster mit seiner bedeutenden, hochbarocken Kirche in sehr schlechtem Zustand. In Zusammenarbeit mit der Denkmalpflege wurden die ehemaligen Wirtschaftsgebäude der „äußeren Kartause" zu einem Bildungs- und Tagungszentrum umgenutzt. Einziger reiner Neubau ist ein langgestrecktes Gästehaus. Der Nordflügel des Kreuzganges mit sieben, auf bestehenden Grundmauern errichteten Mönchsklausen beherbergt das Thurgauische Kunstmuseum.
Lit.: Holz Bulletin 9/1983; Deutsche Bauzeitschrift 7/1985; Detail 2/1986; P. Disch, Architektur in der deutschen Schweiz 1920–1990, Lugano 1991, S. 241; Schweizer Architekturführer 1920–1990, Band 1, 020, S.28.

Mehrzweckbebauung in Romanshorn

Tagungszentrum und Museum Kartause Ittingen

Kanton St. Gallen

Henau
Thurbrücke Felsegg
zwischen Henau und Uzwil
1933
Robert Maillart
Mit einer Spannweite von 72 m ist diese Brücke Maillarts erste offene Hohlkastenträgerkonstruktion über einem Spitzbogen. Für die Zwillingsträger wurde dasselbe Lehrgerüst zweimal verwendet. Maillart hatte anstelle der massiven Brüstung Stabgitter vorgesehen.
Lit.: Max Bill, Robert Maillart, Zürich 3. Aufl. 1969; D. P. Billington, Robert Maillart und die Kunst des Eisenbetonbaus, New York und Zürich 1990; Schweizer Architekturführer 1920–1990, Band 1, 201, S. 51; Peter Marti und Emil Honnegger, Robert Maillart – Betonvirtuose. Ausstellungskatalog ETHZ, Zürich 1996.

Oberuzwil
Katholische Kirche
Neugasse 14
1934–35
Fritz Metzger
Der imposante, mit einem Satteldach gedeckte Kirchenbau überragt das Ensemble der religiösen Bauten der Landgemeinde Oberuzwil (Pfarrhaus, Kloster und Friedhof). Das Schiff ist ganz aus armiertem Beton; die *vitraux* der weitgehend aufgelösten Seitenfassade, die das in den Innenraum einfallende Licht filtern, sind aus der engen Zusammenarbeit zwischen dem Architekten und dem Künstler Carl Roesch entstanden.
Lit.: Werk 4/1937; Max Bill u.a., Moderne Schweizer Architektur 1925–45, Basel 1947; G.E. Kidder Smith, Switzerland Builds, New York/Stockholm 1950; S. von Moos u.a., Das Neue Bauen in der Ostschweiz, St. Gallen 1989; Schweizer Architekturführer 1920–1990, Band 1, 206, S. 54.

St. Gallen
Einfamilienhaus
Sonnenhaldenstrasse 65
1931
Arthur Kopf
Kennzeichnend für den kompakten Kubus mit Dachterrasse sind die außen angehängte Treppe vom Obergeschoß zum Dach und der totale Verzicht auf schmückende Elemente. Der Bau wurde oft mit der Architektur von Adolf Loos und mit Le Corbusiers Arbeiten in Pessac verglichen.
Lit.: Das ideale Heim 11/1937; S. von Moos

Thurbrücke Felsegg

St. Gallen

u.a., *Das Neue Bauen in der Ostschweiz*, St. Gallen 1989; *Schweizer Architekturführer 1920–1990*, Band 1, 102, S. 36.

St. Gallen
Mehrfamilienhaus
Dianastrasse 15
1933
Reihenhäuser
Falkensteinstrasse 92–96b
1934–35
Moritz Hauser

Katholische Kirche

Einfamilienhaus
Sonnenhalden-
strasse

Mehrfamilienhaus
Dianastrasse

Reihenhäuser

Als Protagonist einer Ästhetik des Wesentlichen trug Hauser mit dem Miethaus an der Dianastrasse den neuen Wohnmodellen der Zeit Rechnung. Es enthält kleine Wohnungen mit Laubengängen, Sonnenterrassen und Gemeinschaftsräumen. Die Einfamilienhäuser an der Falkensteinstrasse umfassen drei parallele Reihen mit identischer Raumaufteilung in allen Häusern (Wohnbereich im Erdgeschoß, Schlafbereich im Obergeschoß).
Unter Hausers späteren Werken ist in St. Gallen das Mehrfamilienhaus Kapellenstrasse 3 (1952–53) zu nennen.
Lit.: S. von Moos u.a., Das Neue Bauen in der Ostschweiz, St. Gallen 1989; Schweizer Architekturführer 1920–1990, Band 1, 103, S. 36; 104, S. 37.

St. Gallen
Hochschule für Wirtschafts- und Sozialwissenschaften
Dufourstrasse 50
1957–63
Walter M. Förderer, Rolf Otto, Hans Zwimpfer
Bruno Gerosa

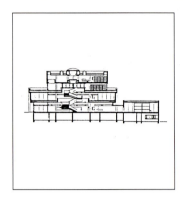

Die einzelnen Baukörper des Komplexes gruppieren sich in lockerer Anordnung um das Hauptgebäude. Man erreicht die vier Auditorien und den administrativen Bereich über ein Eingangsatrium, dessen Freitreppe ein autonomes skulpturales Element darstellt. Auch wenn auf standardisierte Elemente nicht verzichtet werden konnte, so werden diese doch nach Möglichkeit neutralisiert durch die Ausdruckskraft der Architektur, welche sich hier als eine die verschiedenen darstellenden Künste integrierende Form präsentiert: Skulpturen und Gemälde von Künstlern wie Arp, Calder, Giacometti, Miró, Tápies sind in den wichtigeren Bereichen des Gebäudeinneren wie auch des Außenraums untergebracht. Die 1986–89 von Bruno Gerosa gebaute Bibliothek fügt sich in den Gebäudekomplex ein.
Lit.: Werk 4/1962; 8/1963; 12/1964; Architecture, formes + fonction 10/1963–64; Alfred Altherr, Neue Schweizer Architektur, Teufen 1965; Schweizer Architekturführer 1920–1990, Band 1, 112, S. 41.

St. Gallen
Stadttheater
Museumstrasse 24
1961–68
Claude Paillard (Cramer-Jaray-Paillard)
Mitarbeit: H. Gügler
Das in unmittelbarer Nähe des Konzertsaales und des Kunstmuseums im Stadtpark gelegene Stadttheater ist ein imposanter und lebendig wirkender Baukörper ganz aus Sichtbeton. Die von einem Sechseck ausgehende Planimetrie öffnet sich zum umgebenden Park und ermöglicht eine fließende Lösung der Zugänge zum Foyer. Eine spiralförmige, von einer Folge von Absätzen rhythmisierte Treppe führt vom Foyer zum großen Theatersaal, dessen asymmetrische Gestalt einer fallweisen Verlagerung der Bühne in den Zuschauerraum entgegenkommt.
Lit.: Bauen und Wohnen 12/1968; Werk 12/1968; Bauwelt 1969, 17; J. Bachmann und S. von Moos, New directions in Swiss Architecture, New York 1969; Architettura Svizzera 9/1973; Werk, Bauen und Wohnen 1–2/1980; Schweizer Architekturführer 1920–1990, Band 1, 115, S. 43.

St. Gallen

Hochschule für Wirtschafts- und Sozialwissenschaften, Ansicht und, gegenüber, Schnitt

Stadttheater, Außen- und Innenansicht, Grundriß

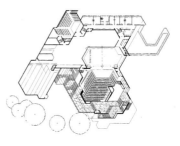

St. Gallen

Modernisierung und Erweiterung Natur- und Kunstmuseum
Museumstrasse 32
1981–87
Marcel Ferrier
Mitarbeit: C. Simmler, A. Sommer

Dem Wettbewerb für eine Modernisierung und Erweiterung des Kunstmuseums ging eine lange Debatte über den eventuellen Abriß des von Joh. Christoph Kunkler projektierten und 1877 vollendeten Baus voraus. Das siegreiche Wettbewerbsprojekt gibt sich als kritische Lektüre des bestehenden Gebäudes. Die alte *hall* im Westen wird zum Haupteingang und fungiert als Scharnier zwischen den unterirdischen Flügeln mit der naturhistorischen Sammlung und der Sammlung von Gegenwartskunst. Eine spätere Erweiterung in der Verlängerung der Längsachse des Gebäudes ist vorgesehen; auf beiden Seiten ragen zwei Räume mit konkav gebogener Außenwand – ein Saal für Wechselausstellungen und ein Mehrzwecksaal – in den Park; auf diese Weise wird die Einbettung des Neubaus in die Natur betont.

Lit.: Archithese 1/1986; Werk, Bauen und Wohnen 5/1988; 12/1989; Rivista Tecnica 1–2/1988; Schweizer Architekten, Winterthur 1990; Abitare 296/1991; P. Disch (Hrsg.) Architektur in der deutschen Schweiz 1920–1990, Lugano 1991, S. 246; Schweizer Architekturführer 1920–1990, Band 1, 119, S. 45.

Sevelen-Werdenberg
Servicestation und Autobahnüberführung
Autobahn N13
1988–90
Quintus Miller, Paola Maranta, Christoph Mathys

Modernisierung und Erweiterung Natur- und Kunstmuseum

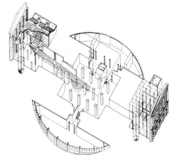

Ing. Walter Bieler
Mitarbeit: M. Schmid
Bei der Überführung handelt es sich um eine Holzpasserelle, die auf Betonstützen aufliegt und an die Tradition der überdachten Brücken zwischen alten Wachttürmen erinnert. Es ist das Verdienst des Baus, der sich mit Hilfe einfacher Konstruktionselemente artikuliert, eine oftmals banal gelöste Aufgabe elegant behandelt zu haben.
Lit.: Hochparterre 6/1990; W. Stadelmann, Holzbrücken der Schweiz, Chur 1990; Holz Bulletin 32/1992; Werk, Bauen und Wohnen 3/1992; Schweizer Architekturführer 1920–1990, Band 1, 212, S. 57.

Wattwil
Bauten der Firma Heberlein & Co.
Bahnhofstrasse/Ebnaterstrasse 79
1925; 1969–71
Ziegler & Balmer

Walter Custer, Fred Hochstrasser, Hans Bleiker
Die Textilfabrik von 1925 erinnert mit ihren hochformatigen Sprossenfenstern und den Pilzpfeilern im Innern an eine Fabrik des 19. Jahrhunderts. Auf der Höhe der Entwicklung der Industriearchitektur ihrer Zeit befinden sich dagegen Produktionshalle und Verwaltungsgebäude der expandierenden Maschinenfabrikation des Unternehmens von 1969–71: Die Grundrisse sind im Inneren flexibel, die Aluminiumfassaden weisen gitterartige Umgänge mit integrierten Sonnenschutzelementen auf, die dem Gebäude Leichtigkeit verleihen.
Lit.: Baumeister 12/1971; Schweizerische Bauzeitung 34/1971; Werk 10/1971; Werk, Bauen und Wohnen 1–2/1980; S. von Moos u.a., Das Neue Bauen in der Ostschweiz, St. Gallen 1989; Schweizer Architekturführer 1920–1990, Band 1, 216, S. 60.

Servicestation und Autobahnüberführung Werdenberg

Bauten der Firma Heberlein

St. Gallen

Wattwil
Wohn- und Atelierhaus
Volkshausstrasse 24
1930
Fritz Engler
Großes Aufsehen erregte Fritz Engler in Wattwil 1930 mit seinem in nur dreieinhalb Monaten fertiggestellten „dachlosen" Wohn- und Bürohaus. Sparsam mit Raum und Material, funktional durchdacht und ohne alle dekorativen Zutaten bildet es eines der ersten Beispiele Neuen Bauens in der Region. Interessant ist ferner in Wattwil das 1940–41 von Max Ernst Haefeli an der Eichhofstrasse 6 gebaute Haus Heberlein.
Lit.: S. von Moos u.a., Das Neue Bauen in der Ostschweiz, St. Gallen 1969; Schweizer Architekturführer 1920–1990, Band 1, 217, S. 61.

Widnau
Textilfabrik Beldona
Nöllen 13
1986–87
Suter & Suter
Der aus einem Einladungswettbewerb hervorgegangene Entwurf setzte die programmgebundenen Forderungen von Funktionalität, Flexibiltät und Effizienz um. Die äußere Wirkung des rhombischen Baukörpers wird wesentlich geprägt von einem Sheddach; sein Neigungswinkel entspricht demjenigen der abgeschrägten Fassaden, welche das einfallende Licht filtern sollen.
Lit.: Werk, Bauen und Wohnen 10/1989; Schweizer Architekturführer 1920–1990, Band 1, 220, S. 62.

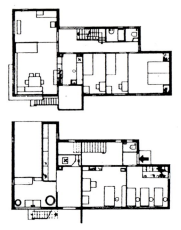

Wil
Traktorenfabrik Hürlimann
Churfirstenstrasse 54
1937–39; 1947; 1967
Paul Truniger, Fritz Vogt
Das Fabrikgebäude entstand in mehreren Abschnitten, wobei der erste Bau aus den dreißiger Jahren in seiner ebenso sauberen wie pragmatischen Ausführung die Herkunft des Bauherren aus dem Handwerk verrät. Aus dieser ersten Phase stammt auch der symmetrischen Kopfbau, in dem Büros und die Wohnungen von Eigentümer und Betriebsleiter untergebracht sind, eine Planaufteilung, die noch den alten Vorstellungen von der Kontrolle der Produktionsabläufe durch den Chef entspricht. Die sukzessiven Erweiterungsbauten suchen sich im Rahmen ihrer jeweiligen Funktionen an die ursprüngliche Matrix anzupassen.
Lit.: S. von Moos u.a., Das Neue Bauen in der Ostschweiz, St. Gallen 1969; Schweizer Architekturführer 1920–1990, Band 1, 221, S. 63.

St. Gallen

Wohn- und
Atelierhaus, Ansicht
und, gegenüber,
Grundrisse

Textilfabrik Beldona

Traktorenfabrik
Hürlimann,
historische
Aufnahme

Kanton Appenzell

Herisau
Kantonale Psychiatrische Heilanstalt
Krombach 1–15
1906–08
Rittmeyer & Furrer
Rittmeyer & Furrer begegneten den Anfoderungen des Bauprogramms mit dem inzwischen bewährten Typus des Pavillons und folgten dabei der im 19. Jahrhundert unter Medizinern und Gesundheitspolitikern weit verbreiteten Auffassung, welche Kliniken dieser Art fern von der Stadt und ins Grüne verlegt wissen wollte. Die Heil- und Internierungspavillons sind im Heimatstil gehalten.
Lit.: Schweizerische Bauzeitung 56/1910; INSA. Inventar der neueren Schweizer Architektur 1850–1920, 1, Bern 1984.

Herisau
Kantonalbank
Obstmarkt 1
1977–84
Ernst Gisel
Mitarbeit: P. Meyer, R. Cremer, W. Schlaf
Der den Obstmarkt abschließende Bau der Appenzell-Ausserrhodischen Kantonalbank reflektiert in Fassadengestaltung und Form die Appenzeller Architekturtradition. Durch die Auskragung des Obergeschoßteils über das Erdgeschoß wird der Arkadengang breiter; die Dachform bezieht sich auf diejenige der Nachbargebäude. Der Einsatz von Materialien, die mit der Zeit Patina ansetzen (Kupferverkleidung der Stützen, Bleiplatten für die Fassadenverkleidung) und die Gestaltung der abgeschrägten, die Fenster

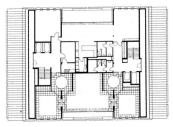

Kantonale Psychiatrische Heilanstalt

Kantonalbank, Ansicht und Grundriß

schützenden Elemente entsprechen dem Bemühen, sich der lokalen Bautradition anzunähern.
Lit.: Werk-archithese 25-26/1979; Archithese 1/1986; Detail 4/1986; Rivista Tecnica 1-2/1986; Schweizer Architekturführer 1920–1990, Band 1, 204, S. 53.

Trogen
Kinderdorf Pestalozzi
1946–49; 1959–60; 1967–68
Hans Fischli
Max Graf
Ernst Gisel
Die von dem Schweizer Philantropen Walter Robert Corti unmittelbar nach dem 2. Weltkrieg gegründete Institution wurde zum Vorbild für viele weitere Pestalozzidörfer, die Waisen- und Flüchtlingskinder ungeachtet ihrer Nationalität und Rassenzugehörigkeit aufnehmen. In der ersten Bauphase realisierte Fischli nach einem eingeladenen Wettbewerb das Wohnviertel, während Graf in den fünfziger Jahren die Schulräume und die Personalunterkünfte baute. Der Komplex fand seinen Abschluß ein Jahrzehnt später mit Gisels Holzkapelle, deren skulpturale Ausprägung die Absicht dokumentiert, ein universalen Ansprüchen dienender Raum zu sein.
Lit.: Schweizerische Bauzeitung 128/1946; 45–47/1949; L'Architecture d'aujourd'hui 25/1949; H. Volkart, Schweizer Architektur, Ravensburg 1951; J. Maurizio, Der Siedlungsbau in der Schweiz 1940–1950, Erlenbach 1952; Werk 3/1961; 3/1969; Schweizer Architekturführer 1920–1990, Band 1, 213, S. 58.

Kinderdorf Pestalozzi, Luftaufnahme

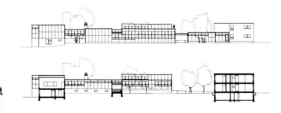

Kinderdorf Pestalozzi, Schulgebäude, Ansicht und Schnitt

Fürstentum Liechtenstein

Schaan
Schul- und Freizeitzentrum
1973–76
Walter Schindler
Der Komplex umfaßt eine Grundschule und verschiedene Freizeitanlagen, welche auf drei Kernbereiche aufgeteilt sind; diese sind miteinander durch teilweise gedeckte Wege verbunden. Der Wechsel von hohen und tiefen Baukörpern, die fächerförmige Anordnung der Öffnungen und die variablen Trennwände entsprechen einer Entwurfsstrategie, welche alle Mittel und Methoden berücksichtigt, um eine optimale Nutzung des Tageslichts und eine größtmögliche Flexibilität der Raumnutzung zu erreichen, und die dies zum Ausgangspunkt der pädagogischen Arbeit macht.

Schellenberg
Katholische Kirche
1958–63
Eduard Ladner
Mitarbeit: G. Malin, F. Weigner, R. Galizia
Die Raumgestalt der auf einem Plateau über der Talebene errichteten Kirche ist von großer Einfachheit, wodurch – zusammen mit dem spiralförmigen Weg im Inneren – der Symbolgehalt des Baus verdeutlicht wird.
Lit.: Werk 1/1965; Schweizer Architekturführer 1920–1990, Band 1, 211, S. 56.

Vaduz
Schulzentrum Mühleholz
Marianumstrasse 45
1968–90
Ernst Gisel
Mitarbeit: C. Zweifel
Die Anlage wurde 1968 aufgrund eines Wettbewerbs gebaut und in den 80er Jahren erweitert. Das Raumprogramm umfaßt u.a. Räume für die verschiedenen Gymnasialtypen und die Ingenieurfachschule, ferner Turnhalle, Bibliothek, eine Kapelle und Unterkünfte für die Ordensbrüder, welche die Schule leiten. Die Raumkörper sind einander in einer freien Komposition zugeordnet und durch Wege und Gemeinschaftszonen miteinander verbunden.
Im Fürstentum Liechtenstein baute Gisel ferner die Reihenhäuser Schalunstrasse 1–9 in Vaduz sowie 1972 das Theater von Schaan (Reberastrasse 12).
Lit.: Architettura razionale, Ausstellungskatalog, Mailand 1973; Architectural Design 8/1977; a + u, architecture and urbanism 8/1977; Costruire 109/1979; Werk-Archithese 13–14/1978; W. Blaser, Architecture 70/80 in Switzerland, Basel 1981.

Schulzentrum Mühleholz, Lageplan

Fürstentum Liechtenstein

Schul- und
Freizeitzentrum

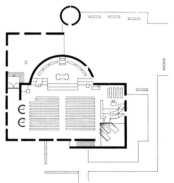

Katholische Kirche,
Innenansicht und
Grundriß

Schulzentrum
Mühleholz, Ansicht

Kanton Aargau

Aarau
Freibad
Uferpromenade/Schützenhausweg
1952
Max Ernst Haefeli, Werner Max Moser, Rudolf Steiger
Die an der Aare gelegene Anlage nimmt Themen des vor dem Krieg von demselben Architektenteam in Zürich gebauten Allenmoosbades (s. S. 60) auf; die Schwimmbecken und die Pavillons mit Restaurant und Umkleidekabinen sind in den grünen Außenraum integriert.
Lit.: L'Architecture d'aujourd'hui 121/1965.

Aarau
Bürogebäude
Laurenzenvorstadt 11
1987–92
Urs Burkard, Adrian Meyer, Max Steiger
Mitarbeit: D. Krieg, H. Nienhaus, M. Blatter, W. Tehlar
In der städtebaulichen Situation mit den heterogenen, den Rand dieses Stadtteils säumenden Gebäuden bildet der Bau mit seinem kreisförmigen Grundriß einen neuen Bezugspunkt. Der optimal gelösten funktionalen Organisation entsprechen eine glückliche Raumgestaltung, große Aufmerksamkeit beim Entwurf von Details und der sorgfältige Umgang mit jedem einzelnen Bauelement.
Lit.: Peter Disch (Hrsg.), Architektur in der deutschen Schweiz 1980–1990, Lugano 1991, S. 110.

Freibad, historische Aufnahme

Bürogebäude, Außen- und Innenansicht

Baden
Verwaltungsgebäude der NOK
Parkstrasse 23
1927–28
Otto und Werner Pfister
Ein kompakter, dreigeschossiger Bau mit Mansardendach und imposanten Granitgesimsen ist die Lösung der Gebrüder Pfister für das Verwaltungsgebäude der Nord-Ostschweizerischen Elektrizitätswerke. Die Fassaden sind durch Reihen gedrängter, geometrischer Fenster und hervorstehende, die Stockwerke markierende Bänder rhythmisch gegliedert.
Die Brüder Pfister hatten bereits 1923–24 für die NOK einen Staudamm in Wäggital im Kanton Schwyz gebaut.
Lit.: 50 Jahre Nordostschweizerische Kraftwerke AG Baden, Zürich 1965; INSA 1920–1990. Inventar der neueren Schweizer Architektur 1850–1920, 1, Bern 1984.

Baden
Postgebäude
Bahnhofstrasse 3
1929–31
Karl Moser
Sowohl in der funktionalen Disposition als auch von der Konstruktionsweise her stellt Mosers Bau einen Prototyp für Postgebäude dar. Die einzelnen Büros sind um einen gedeckten Innenhof gruppiert; die Skelettstruktur ist aus armiertem Beton, die Fassadenverkleidung aus Kunststein.
Unter den zahlreichen von Curjel & Moser Anfang dieses Jahrhunderts in Baden erstellten Bauten sind zu erwähnen: die Villa Boveri von 1899–1906 (Ländliweg 5) und die Villa Burghalde von 1904–05 (Mellingerstrasse 34).
Lit.: INSA 1920–1990. Inventar der neueren Schweizer Architektur 1850–1920, 1, Bern 1984.

Verwaltungsgebäude der NOK

Postgebäude

Baden
Verwaltungsgebäude der Städtischen Werke
Haselstrasse 15
1931–34
Robert Lang und Hans Loepfe
Renovation 1987–89
Eppler, Maraini und Partner
Dieser Bau ist einer der interessantesten der dreißiger Jahre in Baden. Er ist aus der Zusammenarbeit zwischen Robert Lang und Hans Loepfe hervorgegangen, die beim Wettbewerb von 1931 (mit Otto Salvisberg als Jurymitglied) den ersten und zweiten Preis erlangt hatten. Der Komplex besteht aus einer Folge von Baukörpern mit einer strengen Abgrenzung von Hauptgebäude, Werkräumen und Geschäftsbereich. Bemerkenswert ist das kompositorische Gleichgewicht der Fassaden mit ihrem Gegeneinander von großflächiger Verglasung und von Metallprofilen strukturierten Bandfenstern.
Lit.: Neues Bauen in der Schweiz, Führer zur Architektur der 20er und 30er Jahre, Blauen 1993; Schweizer Architekturführer 1920–1990, Band 2, 213, S. 100.

Baden
Fabrikgebäude der Brown Boveri AG
Haselstrasse/Bruggerstrasse/Wiesenstrasse
1942–46
Roland Rohn
Der Gebäudekomplex von Brown Boveri, einem der größten Maschinenbauunternehmen der Schweiz, stellt seit seinen Anfängen Ende des 19. Jahrhun-

Oben links: Verwaltungsgebäude der Städtischen Werke Baden

Brown Boveri AG: Luftaufnahme Bürogebäude an der Bruggerstrasse, historisches Foto

derts ein Grundelement der städtebaulichen Entwicklung von Baden dar. Das Konzept der von Roland Rohn in den vierziger Jahren errichteten Bauten basiert auf einer reinen Volumetrie. Die zwei Baukörper an der Haselstrasse (für Werkstätten und Büros) sind von strengen, vertikalen Öffnungen durchschnitten; im Gebäude an der Bruggerstrasse wird diese vertikale Fensterstruktur mit der horizontalen Struktur der Bandfenster kombiniert.
Lit.: Werk 7/1954; INSA 1920–1990. Inventar der neueren Schweizer Architektur 1850–1920, 1, Bern 1984; Schweizer Architekturführer 1920–1990, Band 2, 209, S. 96.

Baden
Abdankungskapelle und Kremantorium
Friedhof Liebenfels
1957
Edi und Ruth Lanners
Mitarbeit: Res Wahlen
Der am Südhang neben dem alten Friedhof in die Landschaft eingebettete, von kargen und strengen, der Bedeutung der Aufgabe angemessenen Architekturelementen bestimmte Weg führt zum rechteckigen Kirchplatz mit dem großen Bronzebecken, der Kapelle und dem Krematorium. Die Außenmauern begrenzen eine Einfriedung, aus der das Betonportal und das auskragende Dach der Kapelle hervorragen. Edi und Ruth Lanners bauten ferner 1967 die katholische Kirche neben dem römischen Amphitheater in Windisch.
Lit.: Schweizerisches Baublatt 7/1957; Werk 10/1959; Deutsche Bauzeitschrift 8/1960; Schweizer Architekturführer 1920–1990, Band 2, 215, S. 101.

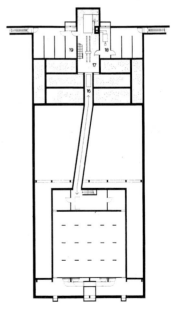

Kapelle und Krematorium

Aargau

Baden
Kantonsschule
Seminarstrasse 3
1960–64
Fritz Haller
Mitarbeit: E. Meier, A. Rigert, J. Iten
Der wegen seiner Studien zum Modulbau mit Stahlelementen bekannte Architekt Haller demonstriert hier die architektonische Umsetzung dieses Konstruktionsprinzips mit vorfabrizierten Elementen. Der Produktionsablauf und die Wahl adäquater Materialien leiteten den Architekten beim Versuch, eine neutrale Beziehung zwischen Artefakt und Funktion herzustellen, wobei eine flexible Nutzung und Variationsmöglichkeiten im Vordergrund standen. Ausgehend von der Definition des einzelnen Gebäudes, wird das ganze Ensemble dem Maßstab der Modulbauweise unterworfen. Die einzelnen Quader enthalten Klassenzimmer, Turnhalle und das Verwaltungsgebäude.
Lit.: Bauen und Wohnen 10/1964; 7–8/1981; 7–8/1992; Domus 695/1988; Schweizer Architekturführer 1920–1990, Band 2, 216, S. 101.

Baden
Wohn- und Geschäftshaus
Bahnhofstrasse 40–42
1979–83
Urs Burkard, Adrian Meyer, Max Steiger
Mitarbeit: Y. Morin, R. Dietiker, H. Nienhaus, P. Süsstrunk
Schul- und Dorfzentrum Höchi
Höchi, Dättwil
1984–88
Urs Burkard, Adrian Meyer, Max Steiger
Mitarbeit: W. Arnold, H. Nienhaus, P. Zimmermann, C. Schweizer, R. Tedeschi
Geschäftshaus mit Wohnungen
Martinsbergstrasse 40
1989–92
Urs Burkard, Adrian Meyer, Max Steiger
Mitarbeit: R. Ganz, W. Knecht, D. Bannwart
Das beim Bahnhof gelegene Mehrzweckgebäude beherbergt den Sitz der Kantonalbank, ein großes Warenhaus, Geschäfte und Wohnungen. Der in Modulbauweise konzipierte, klinkerverkleidete Bau versteht sich nicht nur als funktionale Hülle eines sehr umfangreichen Bauprogramms, sondern will im eigentlichen Sinne stadtbildend sein. Der städtebaulichen Situation entspricht eine sukzessive Schichtung, bei der Piazza, Straße und Portikus dank der perspektivischen Verkürzungen der unterschiedlichen Niveaus und Geschoßhöhen in Beziehung zueinander gebracht werden. Die Arbeiten von Burkard, Meyer, Steiger verstehen die Architektur in diesem Sinne als „Baukunst", welche nicht nur den Charakter eines einzelnen Bauwerkes, sondern auch die städtebauliche Matrix bestimmt.
Dasselbe Architekturbüro baute 1987–91 das Crédit Suisse-Bankgebäude am Bahnhofplatz in Lenzburg.
Lit.: Rivista Tecnica 1–2/1984; Domus 657/1985; Werk, Bauen und Wohnen 3/1989; P. Disch (Hrsg.), Architektur in der deutschen Schweiz 1980–1990, Lugano 1991, S. 124 und 127; Schweizer Architekturführer 1920–1990, Band 2, 218, S. 102; 222, S. 104; 219, S. 103.

Aargau

Kantonsschule,
Ansicht und
Gesamtplan

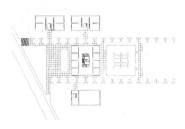

Mitte links: Wohn-
und Geschäftshaus
Bahnhofstrasse

Mitte rechts:
Geschäftshaus mit
Wohnungen

Links:
Schul- und
Dorfzentrum Höchi

Aargau

Baden-Dättwil
Wohnsiedlung
Pilgerstrasse
1985–87
Werner Egli und Hans Rohr
Mitarbeit: U. Müller, J. Meyer, R. Hofmann
Das Ensemble besteht aus sechs Reihenhäusern und einem Block mit fünf Wohnungen, der die Südostecke definiert. Mit einer Individualisierung der Wohneinheiten, dem Abschluß der Außenräume und den Dachgärten wollten die Architekten der Anonymität städtischen Wohnens entgegenwirken. Das Architektenteam entwarf auch den Erweiterungsbau von 1982–86 des Bezirksschulhauses Burghalde in Baden.
Lit.: Werk, Bauen und Wohnen 6/1988; IP. Disch (Hrsg.), Architektur in der deutschen Schweiz 1980–1990, Lugano 1991, S. 123; Schweizer Architekturführer 1920–1990, Band 2, 222, S. 104f.

Baden
Historisches Museum
Landvogteischloß
1987–92
Wilfried und Katharina Steib
Der sich unaufdringlich in die Landschaft einfügende Bau besteht aus einer konvexen Eisenbetonkonstruktion, welche sich an den rückwärtigen Berg klammert und sich zur Altstadt hin mit einer horizontal angelegten, vom kontinuierlichen Fensterband gegliederten Fassade entfaltet. Ein Fußgängersteg ist den Außenmauern entlanggeführt. Die Materialien sind von bewußter Einfachheit: Sichtbeton, Zinkblech für das Dach, Kupfer, Glas, Holz.
Lit.: P. Disch (Hrsg.), Architektur in der deutschen Schweiz 1980–1990, Lugano 1991, S. 132; Werk, Bauen und Wohnen 12/1992; Hochparterre 12/1992; Bauwelt 35/1993; Schweizer Architekturführer 1920–1990, Band 2, 221, S. 106.

Wohnsiedlung
Baden-Dättwil

Historisches
Museum

Baden
Erweiterung Schulanlage Kappelerhof
Kornfeldweg
1991–92
Dolf Schnebli
Mitarbeit: *S. Häuselmann, D. Bastianello, B. Trinkler, M. Sollberger, P. Stäuble, P. Vollenweider*

Das Hauptproblem des Erweiterungsprojektes bestand darin, in den Komplex des Neubaus die bestehende kleine Schule des Kappelerquartiers zu integrieren. Die zwei Geometrien – das orthogonale Straßennetz und der schräggestellte, nach Südosten orientierte Altbau – legten eine konkave Anordnung der Klassenzimmer nahe. Zwischen der rückwärtigen, die Anlage vor Straßenlärm schützenden Mauer und den Klassenzimmern liegt der Eingang – ein großzügiges Atrium, das Straße und Aula verbindet. Einfachheit kennzeichnet die Wahl der Materialien und die Detailausführung; die Raumerfahrung wird jedoch gesteigert durch den die Wände belebenden Lichteinfall, den Rhythmus und das ausgewogene Verhältnis zwischen den Teilen und dem Ganzen.

Eine interessante Antwort auf die Forderung, neue Strukturen in einen historischen Kontext einzufügen, zeigt im übrigen auch das Wohn- und Geschäftshaus Alte Zürcherstrasse 13 in Baden, welches Schnebli 1989–90 zusammen mit Isidor Ryser baute.

Lit.: *The Architectural Review 1/1991; du 5/1992; Werk, Bauen und Wohnen 3/1994.*

Historisches Museum, Innenansicht

Erweiterung Schulanlage Kappelerhof

Aargau

Bremgarten
Kaserne
Nordwestrand der Stadt
1959–68
Esther und Rudolf Guyer, Manuel Pauli
Mitarbeit: F. Zwahlen
Die für etwa 700 Soldaten bestimmte Kaserne zeigt eine neue Technik der bauindustriellen Vorfabrikation. Die Wiederholung der Elemente sorgt für eine gleichförmige Artikulation der Baukörper, beläßt dem Komplex jedoch seine Plastizität.
Lit.: Schweizerische Bauzeitung 10/1960; Schweizerisches Journal 11/1966; Werk 8/1968.

Brugg
Wohn- und Bürohaus Stahlrain
Stahlrain 2/am Perron
1985–93
Metron
(Ueli Rüegg, Franz Roth, Gioconda De Min)
Der zum Bahnhof orientierte Bau mit dreieckigem Grundriß ist um einen zentralen Innenhof angeordnet. Dank einer derartigen Disposition – in den Scheitelpunkten befinden sich die vertikalen Erschließungen, die gemeinschaftlich genutzten Räume und die Haustechnik – können zwei Flügel für Büros und ein dritter, nach Osten orientierter für Wohnungen genutzt werden. Die Fassaden sind mit Eternit verkleidet.
Beachtung verdient unter den neueren Arbeiten des Aargauer Architektenteams ferner das Kantonsspital Aarau von 1984–92.
Lit.: Hochparterre 9/1993; Architektur & Technik 1/1994.

Brugg-Windisch
Höhere Technische Lehranstalt
Klosterzelgstrasse
1962–66
Fritz Haller
Mitarbeit: A. Rigert, J. Iten
Das von Haller gewählte Modulsystem ermöglicht ein Entwurfskonzept für allgemeingültige Lösungen, welche dem noch nicht endgültig definierten Charakter eines im Entstehen begriffenen Werkes entsprechen. Das Baukastenprinzip gestattet eine freie Raumaufteilung und bietet den Bauherren bzw. Nutzern die Möglichkeit, die innere Organisation den jeweiligen Bedürfnissen anzupassen. Die Baukörper für die verschiedenen Bereiche sind auch in diesem Fall reine Volumina: Ein großer Kubus enthält Ausstellungsraum, Verwaltungsbüros und Konferenzsaal, während die Laborräume im Quader untergebracht sind.
Lit.: Bauen und Wohnen 8/1968; 7–8/1981; 7–8/1992; Detail 1/1969; J. Bachmann/ S. von Moos, New directions in Swiss Architecture, New York 1969; Archithese 1/1982; Fritz Haller, Bauen und Forschen, Ausstellungskatalog, Solothurn 1988; Schweizer Architekturführer 1920–1990, Band 2, 253, S. 123.

Gegenüber:
Höhere Technische
Lehranstalt

Aargau

Links: Kaserne
Bremgarten
Rechts und Mitte:
Büro- und Wohngebäude Stahlrain,
Ansicht und Schnitt

Aargau

Laufenburg
Berufsschule
Winterthurerstrasse 3
1985–92
Marianne Burkhalter und Christian Sumi
Mitarbeit: C. Amrein, A. Froelich
Der Bau ist Teil eines umfassenden Projektes, für welches 1985 ein Wettbewerb ausgeschrieben wurde und das überdies ein Altersheim und die Aufstockung eines Geschäftshauses vorsah. Die Entwurfsidee für die Schule beruht auf der Komposition dreier funktionaler Flächen, die zu einem einzigen Volumen zusammengefügt sind. Die Südfassade ist zur Straße orientiert; hier liegen der Eingang, die öffentliche Bibliothek und die Räume der Dozenten; der nach Norden gehende, von der horizontalen Anordnung losgelöste Teil enthält die auf zwei Stockwerke verteilten Unterrichtsräume. Der Reichtum der Lösungen im Inneren ist auf den anti-naturalistischen Umgang mit den Materialien zurückzuführen, welcher auch den Lichtwechsel mit großem Gespür für die Farbgebung nutzt.
Lit.: Werk, Bauen und Wohnen 12/1992; Hochparterre 11/1992; Lotus international 73/1992; Faces 27/1993; Domus 754/1993; Schweizer Architekturführer 1920–1990, Band 2, 234, S. 112.

Lenzburg
Pfarreizentrum
Bahnhofstrasse
1983–94
Luigi Snozzi mit Bruno Jenni
Mitarbeit: C. Buetti, E. Domenighini, R. Cavadini, M. Arnaboldi
Die Grundkonzeption des Projektes sieht die Errichtung einer Piazza in Verbindung mit der Bahnhofstrasse sowie die Anlage eines Parks vor, in dem das Haus mit dem „Asilo" für Gastarbeiterkinder – ein dem Charakter des Villenquartiers entsprechender Bau – liegt. Das städtebauliche Ensemble umfaßt einige bestehende Gebäude (die Kirche mit Glockenturm und das Pfarrheim), die alte Kapelle (welche restauriert und mit einem neuen Campanile versehen wurde, der den Eingang zur Piazza markiert) und das Wohnungsgebäude an der Bahnhofstrasse. Der die Gemeinschaftsräume abschließende Teil bildet ein Verbindungsglied zwischen Park und Piazza.
Lit.: Rivista Tecnica 11/1983; T. Boga, Tessiner Architekten, Zürich 1986.

Möhlin
Bat'a-Kolonie
am Rheinufer
1930–60
Hannibal Naef
Die Kolonie wurde 1930 vom tschechischen Schuhfabrikanten Tomáš Bat'a (1876–1932) gegründet, welcher von seiner Heimatstadt Zlín aus Fabrikationsdörfer in der ganzen Welt plante und mit seinen Vorstellungen auch verschiedene Entwürfe und Studien von Le Corbusier für Bat'a-Schuhfabriken und -geschäfte angeregt hat. Die Kolonie von Möhlin, welche sowohl als Produktionsstätte wie auch als Ort zum Wohnen und zur freizeitlichen Erholung konzipiert und von bemerkenswerter architektonischer Qualität ist, verdeutlicht die Strategie dieses fortschrittlichen, einem aufgeklärten, unternehmerischen Geist verpflichteten Fabrikanten, bei dem ethisch-soziale Gesichtspunkte für die Produktion mitbestimmend waren.

Gestützt auf die Vorarbeiten des firmeneigenen Bat'a Architekturbüros, das die Gesamtplanung und die Grundelemente der Kolonie definiert hatte, war Hannibal Naef für die Kolonie in den vierziger und fünfziger Jahren tätig. Von ihm stammt auch die Papierfabrik Schelling von 1949–51 in Rümlang im Kanton Zürich, Oberglattstrasse 13.

Lit.: J. L. Cohen, in: Le Corbusier, Paris 1987 (Publikation des Centre Pompidou); Katalog der Ausstellung Die Bat'a-Kolonie in Möhlin, Basel 1992; Schweizer Architekturführer 1920–1990, Band 2, 239, S. 115.

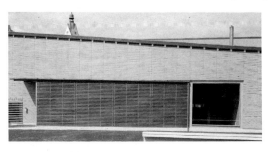

Berufsschule

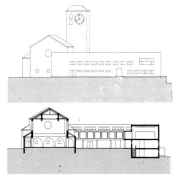

Pfarreizentrum, Modell, Fassadenansicht und Schnitt

Bat'a-Kolonie

Aargau

Mülligen
Siedlung Loh
1985–87
Metron
(Ueli Rüegg, Franz Roth, Gioconda De Min)
Mitarbeit: J. Kleiner
Die intensive Beschäftigung des Büros Metron – es wurde in den sechziger Jahren mit seinem Bestreben bekannt, die Architektur als interdisziplinäres Integrationsmoment zu definieren – mit der Thematik des Wohnungsbaus findet in zahlreichen signifikanten Beispielen ihren Niederschlag. Seine vom konstruktiven Realismus beeinflußte Arbeit orientiert sich vor allem an der Zweckmäßigkeit von Nutzung, Form und Material, die dem jeweiligen Kontext der Bauten entsprechen.
Neben der Siedlung Loh sind von Metron im Aargau die Siedlung Zelgli von 1979–81 in Brugg-Windisch (Zelglistrasse) und die Siedlung Oepfelbaum von 1984–86 in Stetten (Baumgartenstrasse) von Interesse.
Lit.: J. Bachmann und S. von Moos, Directions in Swiss Architecture, New York 1969; Werk-archithese 21–22/1978; Aktuelles Bauen 8/1980; Archithese 2/1985; Werk, Bauen und Wohnen 12/1985; 10/1989; P. Disch (Hrsg.), Architektur in der deutschen Schweiz 1980–1990, Lugano 1991, S. 122.

Siedlung Loh

Siedlung Zelgli

Siedlung Oepfelbaum

Suhr
Geschäftsgebäude
Bernstrasse-West
1984–86
Santiago Calatrava und Peter Frey
Gemeinschaftszentrum
Bärenmatte
1984–88
Santiago Calatrava mit G. Herting

Die beiden Werke sind glückliche formale Experimente von Calatrava, aus dessen skulpturale Grundauffassung zahlreiche außergewöhnliche Bauten hervorgegangen sind. Die Dachkonstruktion des Konzertsaales des Bärenmattenzentrums erinnert an ein Saiteninstrument: Die V-förmig geschnittenen Balken des eine Fläche von 25 x 40 m deckenden Daches sind mit den seitlichen Stützen verstrebt, welche durch Zugseile aus Stahl verstärkt sind. Die einen Winkel von 45 Grad bildenden Scheidewände tragen gleichfalls zur Verstärkung der Tragkonstruktion bei. Das Geschäftsgebäude hingegen ist ein großer Zylinderbau, dessen mit vorfabrizierten Betonelementen gestützte Fassade von den ringförmig um den Bau geführten Balkonreihen aus Metall skandiert wird. Der zentrale Raum im Inneren wird durch ein Oberlicht erhellt.

Lit.: Domus 705/1989, S. 705; P. Disch (Hrsg.), Architektur in der deutschen Schweiz 1980–1990, Lugano 1991, S. 111.

Geschäftsgebäude, Ansicht und Schnitt

Gemeinschaftszentrum Bärenmatte, Innenansicht

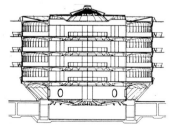

Aargau

Wohlen
Kantonsschule
Allmendstrasse
1983–88
Urs Burkard, Adrian Meyer, Max Steiger und Santiago Calatrava
Mitarbeit: D. Krieg, R. Gisiger, H. Binggeli
Vier Baubereiche – Eingangsdach, Bibliothek, Atrium und Aula –, die die Signatur von Calatravas unverwechselbarer Formensprache tragen, werden in dem von Burkard, Meyer und Steiger entworfenen Komplex zusammengefaßt. Das Dach der Bibliothek besteht aus vier Stahlbetongewölben, die in einer einzigen zentralen Stütze zusammenkommen; die Dachkonstruktion der Aula ist eine kastenträgerartige Konstruktion mit V-förmigem Schnitt; das große, sich nach außen öffnende Segel des Atriums wird aus Trägern und Stahlseilen gebildet und vermittelt die Vorstellung von einem Zelt als Begegnungsstätte für die Schüler.
Lit.: P. Disch (Hrsg.), Architektur in der deutschen Schweiz 1980–1990, Lugano 1991, S. 116; Schweizer Architekturführer 1920–1990, Band 2, 257, S. 125.

Würenlingen
Wohnsiedlung Unter der Halde
Steinbruchweg
1983–88
Dolf Schnebli und Paolo Kölliker
Mitarbeit: J. Pfyl, C. Gautschi
Das in drei Phasen gebaute Wohnquartier fügt sich mit einer Folge von Blöcken mit kostengünstigen Mietwohnungen in das Stadtgefüge ein. Die Funktionalität der Anlage, die aus der Planimetrie und den Konstruktionstechniken ersichtlich ist, beeinträchtigt die Qualität des Ensembles nicht; sie schafft gemeinschaftlich nutzbare Freiräume sowie Gärten für die Erdgeschoßwohnungen und Dachterrassen.

Kantonsschule
Wohlen

Aargau

Vom selben Architektenteam stammt auch ein weiterer interessanter Schulhausbau im Kanton Aargau: die Schule Bünzmatt in Wohlen von 1966.
Lit.: Detail 4/1984; Archithese 2/1985; Parametro 141/1985; Docu Bulletin 2/1989; Werk, Bauen und Wohnen 12/1989; 12/1990; 3/1993; P. Disch (Hrsg.), Architektur in der deutschen Schweiz 1980–1990, Lugano 1991, S. 121; du 5/1992; Schweizer Architekturführer 1920–1990, Band 2, 261, S. 127.

Zofingen
Ausstellungsraum und Wohnung
Luzernerstrasse 7
1989–93
Mario Botta
Mit einer als Baulückenschließung konzipierten Straßenfassade, aber auch als Ort der Auseinandersetzung mit der dahinter liegenden Stadt des 20. Jahrhunderts interpretiert, hat der Bau ein eher ungewöhnliches Programm: Ein großer Ausstellungsraum, der seine Besonderheit vom durch die Oberlichter gefiltert einfallenden Licht erhält, nimmt das Erdgeschoß ein und erstreckt sich auch über die am ersten Stockwerk aufgehängte Plattform. Das Obergeschoß enthält hingegen eine kleine, von seitlichen Loggien geschützte Wohnung. Die Symmetrie des Baus wird durch den tiefgreifenden Einschnitt in der Mitte markiert – ein bekanntes Stilmittel von Botta –, und zwei kompakte hohle Elemente leiten an den Seiten ins Grün des den Bau umgebenden Parks über.
Lit.: a + u, architecture and urbanism 279/1993; Raum und Wohnen 11/1993.

Wohnungsbau Unter der Halde

Ausstellungsraum und Wohnung, Außenansicht und Innenansicht

Kanton Basel-Stadt

Basel
Badischer Bahnhof
Schwarzwaldallee 200
1909–13
Karl Moser
Karl Moser, der Begründer der modernen Baukultur der Schweiz, lehnte sich bei seinem Entwurf des neuen Bahnhofsgebäudes an Saarinens Bahnhof von Helsinki (1909–13) an und verband dies mit einer moderaten Wiederbelebung des Schinkelschen Klassizismus. Ein fortlaufendes Hauptgesims folgt der Gliederung der verschiedenen Baukörper, während die Homogenität des Ensembles vom einheitlichen Material herrührt.
Lit.: W. Stutz, Bahnhöfe der Schweiz, Zürich 1976; U. Jehle-Schulte Strathaus, Bauten im 20. Jahrhundert, Basel 1977; INSA 1920–1990. Inventar der neueren Schweizer Architektur 1850–1920, 2, Bern 1986; D. Huber, Architekturführer Basel, Basel 1993, S. 144–146.

Basel
Getreidesilo
Hafenstrasse 3–7/ Kleinhüningen
1924
Hans Bernoulli und Oskar Bosshardt
Als Nutzbauten gehören die Lagerhallen, die zu Beginn des Jahrhunderts in den wichtigsten Häfen Europas und Amerikas (London, Hamburg, Chicago, Buenos Aires) emporschossen, zu den Lieblingsthemen der engagierten Geschichtsschreibung der Modernen Bewegung und wurden auch von Le Corbusier in *Vers une architecture* als beispielhaft für die neue Zeit angeführt. Charakteristikum des imposanten Baus zur Lagerung von Getreide, den Bernoulli 1924 errichtete, ist der Rückgriff auf das Potential überlieferter Formen: Wie ein Campanile lehnt sich an der Stirnseite des großen Schiffes aus Backstein mit seinen charakteristischen kleinen Öffnungen und der rhyth-

Badischer Bahnhof

Getreidesilo

mischen Folge neoromanischer Lisenen der Turm an.
Lit.: U. Jehle-Schulte Strathaus, Bauten im 20. Jahrhundert, Basel 1977; INSA 1920–1990. Inventar der neueren Schweizer Architektur 1850–1920, 2, Bern 1986.

Basel
Antoniuskirche
Kannenfeldstrasse 35
1925–27
Karl Moser mit Gustav Doppler und Sohn
Restaurierung 1981–91
Thedy Doppler, Ingenieurbüro Eglin Ristic AG

Das von Moser zu Beginn des Jahrhunderts mehrmals in historischer Manier abgewandelte Thema des sakralen Baus – so etwa mit der Antoniuskirche in Zürich 1905–08 und der Basler Pauluskirche (Steinenring 20), 1898–1901 – ist hier am eindrücklichsten realisiert. Dieser erste Schweizer Kirchenbau aus schalungsroh belassenem Beton (Ingenieur: Otto Ziegler) ist kurz nach Auguste Perrets Kirche Notre Dame in Raincy (1922–23) entstanden. Die ausgewogene Volumetrie und die Wirkung der unbearbeiteten Materialien werden durch die großen Fenster mit den Glasgemälden von Hans Stocker und Otto Steiger und dem markanten Glockenturm noch unterstrichen.
Erwähnenswert sind auch die 1905–06 von Moser und Curjel gebauten Reiheneinfamilienhäuser Schützenmattstrasse 49–53.

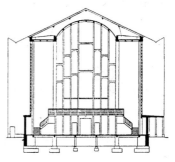

Antoniuskirche

Lit.: Werk 5/1927; Max Bill u.a., Moderne Schweizer Architektur 1925–45, Basel 1947; U. Jehle-Schulte Strathaus, Bauten im 20. Jahrhundert, Basel 1977; Die Antoniuskirche in Basel: ein Hauptwerk von Karl Moser, Basel 1991; D. Huber, Architekturführer Basel, Basel 1993, S. 298 f.; Schweizer Architekturführer 1920–1990, Band 2, 002, S. 23.

Basel
Siedlung im Vogelsang
Eugen Wullschlegerstrasse 1–65, 2–60
1924–26
Hans Bernoulli und August Künzel
Siedlung Hirzbrunnen
Hirzbrunnenschanze 1–93, 2–92/ Kleinriehenstrasse 50–76
1924–30
Hans Bernoulli, August Künzel, Paul Oberrauch, Hans von der Mühl

Die Siedlung Im Vogelsang gilt als eines der bekanntesten Beispiele in der kurzen Geschichte des Baus von Wohnkolonien; Bernoulli konnte hier einige seiner sozialen Grundprinzipien verwirklichen. Die Gartenstadtidee findet ihren Niederschlag in der Siedlung von Reiheneinfamilienhäusern, die sich am Existenzminimum orientieren; sie gehen auf die Straße, die als öffentlicher Raum *par excellence* aufgefaßt wird, und haben auf der Rückseite Gärten. Das unverputzte Backsteinmauerwerk verleiht der Anlage einen häuslichen Charakter. Das etwa gleichzeitig entstandene Hirzbrunnenquartier liegt auf der Ostseite des großen Areals mit dem Claraspital. Innerhalb der Siedlung ist besonders die 1934 von Bernoulli gebaute Reihenhauszeile an der Tüllingerstrasse zu erwähnen.

Lit.: Schweizerische Bauzeitung 72/1918; Werk 4/1929; 17/1930; Habitation 3–4/ 1945; U. Jehle-Schulte Strathaus, Bauten im 20. Jahrhundert, Basel 1977; Archithese 6/ 1981; Parametro 140/1985; INSA 1920– 1990. Inventar der neueren Schweizer Architektur 1850–1920, 2, Bern 1986; D. Huber, Architekturführer Basel, Basel 1993, S. 250–252; Schweizer Architekturführer 1920–1990, Band 2, 001, S. 24 f.

Riehen
Haus Sandreuter
Wenkenhofstrasse 29
1924–25
Rudolf Steiger und Flora Steiger-Crawford

Das Einfamilienhaus in Gemischtbauweise (Holz, Stahlbeton, Mauerwerk) dokumentiert den Anspruch der avangardistischen Schweizer Architektur an den individuellen Wohnungsbau: Rücksicht auf Terrainbeschaffenheit und Lage, Verwendung natürlicher und naturbelassener Materialien und vor allem experimentelle Anwendung neuer Konstruktionsmethoden.

Lit.: ABC 1924, I, 5; Schweizerische Bauzeitung 91/1928; J. Gubler, Nationalisme et internationalisme dans l'architecture moderne de la Suisse, Lausanne 1975; Archithese 2/1980; Schweizer Architekturführer 1920–1990, Band 2, 054, S. 59.

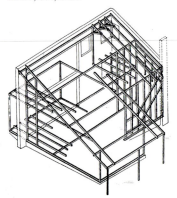

Haus Sandreuter, Axonometrie mit Konstruktionsschema

Basel

Siedlung Im Vogelsang

Siedlung Hirzbrunnen

Haus Sandreuter

Basel

Basel
Siedlung Schorenmatten
In den Schorenmatten 1–95
1927–29
Hans Schmidt, Paul Artaria, August Künzel
Siedlung Eglisee (Woba)
Im Surinam 108–138/Am Bahndamm/ Gotterbarmweg
1929–30
*A. Kellermüller und H. Hofmann, H. von der Mühll und P. Oberrauch,
E.F. Burckhardt, A.P. Steger und K. Egender, M. Braillard, E. Mumenthaler und O. Meier, K. Scherrer und P. Meier, H. Schmidt und P. Artaria, A. Hoechel, H. Bernoulli und A. Künzel, H. Baur, F. Gilliard und F. Godet, W. Moser und E. Roth*

Beide Siedlungen sind emblematische Beispiele für das Interesse der meisten Architekten der schweizerischen Avantgarde an einem neuen Wohnkonzept, das direkt an die in der Weimarer Republik entwickelten Reformideen anknüpfte. In der aus sechs Zeilen mit Reihenhäusern und einem Kindergarten bestehenden Siedlung Schorenmatten bot sich die Chance zur Entwicklung von für die Massenproduktion geeigneten

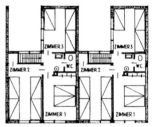

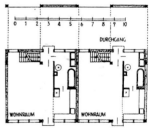

Siedlung Schorenmatten

Haustypen, wie sie von Hans Schmidt in der Zeitschrift ABC gefordert worden waren. Auf der Westseite des Areals befindet sich die Eglisee-Siedlung, welche im Rahmen der Wohnungsausstellung Basel (WOBA) und auf Initiative des Schweizerischen Werkbundes entstand. Die Beteiligung verschiedener Architekten an diesem Programm führte zu einem breiten Spektrum typologischer Experimente, die noch heute – trotz Modernisierungsarbeiten – erkennbar sind.

Östlich der Schorenmatten-Siedlung liegt das 1930–31 erbaute Strandbad Eglisee (Egliseestrasse 85), dessen Architekt Julius Maurizio auch 1938 das Basler Kinderspital (Schaffhauserrheinweg) baute.

Lit.: Das Wohnen 12/1929; 1, 3, 7, 9/1930; WOBA-Führer durch die Ausstellungs-Siedlung Eglisee, Basel 1930; Baumeister 11/1930; Schweizerische Bauzeitung 96/1930; Werk 6/1930; 10/1972; H. Baur, Das Wohnungswesen in der Schweiz, Stuttgart 1932; U. Jehle-Schulte Strathaus, Bauten im 20. Jahrhundert, Basel 1977; Werk, Bauen und Wohnen 5/1981; Archithese 5/1982; Parametro 140/1985; D. Huber, Architekturführer Basel, Basel 1993, S. 259–263; Schweizer Architekturführer 1920–1990, Band 2, 003, S. 26; 006, S. 28.

WOBA-Siedlung Eglisee, Im Surinam, Detailansicht der Laubengänge

Gesamtplan der Siedlungen

Gartenbad Eglisee

Riehen
Haus Colnaghi
Wenkenstrasse 81
1927
Hans Schmidt und Paul Artaria
Restaurierung 1990–93
T. Osolin und P. de Meuron (Beratung)
Das formale und typologische Experiment stellt eine Konstante in H. Schmidts Auseinandersetzung mit dem bürgerlichen Bauen dar. Die (erstmals in der Schweiz realisierte) Stahlskelettkonstruktion und die Zementbausteine demonstrieren Einfachheit und Funktionalität und sorgen für einen ökonomischen Konstruktionsablauf.
Von derselben Architektengemeinschaft stammen in Riehen das Einfamilienhaus Im Schlipf (Schlipfweg 22) von 1924–25 und das Atelier- und Wohnhaus Wenk (Mooshaldenweg 5) von 1926.
Lit.: Werk 10/1972; J. Gubler, *Nationalisme et internationalisme dans l'architecture moderne de la Suisse*, Lausanne 1975; J. Gubler (Hrsg.), *ABC. Architettura e avanguardia 1924–1928*, Mailand 1938; S. von Moos, *Estetica industriale*, Disentis 1992; D. Huber, *Architekturführer Basel*, Basel 1993, S. 273; *Schweizer Architekturführer 1920–1990*, Band 2, 055, S. 60.

Basel
Appartementhaus für alleinstehende Frauen
Speiserstrasse 98
1927–29
Hans Schmidt und Paul Artaria
Die L-förmige Planimetrie legt die auf den begrünten Hof ausgerichteten Gemeinschaftsräume in das Erdgeschoß, während die kleinen Ein-, Zwei- und Dreizimmerwohnungen in den beiden darüberliegenden Geschossen untergebracht sind. Konstruktionselemente sind ein mit Betonpaneelen gefülltes Stahlskelett sowie standardisierte Metallfenster. Der Bau bot den Architekten eine willkommene Gelegenheit, ihre theoretischen Überlegungen zur Schaffung eines für das industrielle Bauen geeigneten Prototyps in der Praxis zu erproben.
Lit.: *Schweizerische Bauzeitung 12/1929; Das Wohnen 5/1930;* P. Artaria, *Fragen des Neuen Bauens*, Winterthur 1933; Max Bill u.a., *Moderne Schweizer Architektur 1925–1945*, Basel 1947; *Werk 10/1972;* U. Jehle-Schulte Strathaus, *Bauten im 20. Jahrhundert*, Basel 1977; *Archithese 4/1980*; D. Huber, *Architekturführer Basel*, Basel 1993, S. 275 f.; *Schweizer Architekturführer 1920–1990*, Band 2, 004, S. 27.

Appartementhaus

Basel

Haus Colnaghi,
Ansichten und
Grundriß

Appartementhaus

Riehen
Haus Schaeffer
Sandreuterweg 44
1927–29
Hans Schmidt und Paul Artaria
Restaurierung 1990
Jacques Herzog und Pierre de Meuron
Lit.: Das Wohnen 6/1930, 6; Max Bill u.a.,
Moderne Schweizer Architektur 1925–1945,
Basel 1947; J. Gubler (Hrsg.), ABC.
Architettura e avanguardia 1924–1928,
Mailand 1983; Baukonstruktion der Moderne
aus heutiger Sicht, Basel-Boston-Berlin
1990; A. Rüegg, Artaria & Schmidt –
Wohnhaus Schaeffer, Riehen, Basel 1927/
1928, Zürich 1993; D. Huber,
Architekturführer Basel, Basel 1993, S. 274;
Schweizer Architekturführer 1920–1990,
Band 2, 055, S. 60 f.
Haus Huber-Zweifel
Hackbergstrasse 29
1928–30
Hans Schmidt und Paul Artaria

*Lit.: Baumeister 5/1930; Werk 1/1930;
Schweizer Architekturführer 1920–1990,
Band 2, 055, S. 60 f.*

Die beiden Einfamilienhäuser erproben die typologischen Möglichkeiten der Wohnzelle und gehen die technischen Probleme der Serienproduktion an, welche vom radikalen Flügel des Neuen Bauens mit Entschiedenheit postuliert wurde. Im Haus Schaeffer taucht das Motiv des die Schlafzimmer frei zugänglich machenden Flurs auf, das von Schmidt als Alternative zu Le Corbusiers *maison-outil* mehrfach angewandt wurde; das Haus Huber-Zweifel hingegen stellt eine kompakte Formel für die klare Aufteilung in öffentliche und private Bereiche dar, welche sich in Reihenhäusern beliebig fortschreiben ließe.
Weitere Bauten von Artaria und Schmidt in der Basler Gemeinde Riehen sind: Haus Riesen, 1929–30 (Eisenbahnweg

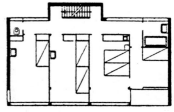

Haus Schaeffer

Haus Huber-Zweifel, Ansicht und Grundriß

19); Wohnsiedlung Haslerain, 1945–47 (Seidenmannweg/Friedhofweg); Wohnsiedlung Im Höfli, 1946–54 (Hörnli-Allee/Kohlistieg/Rauracherstrasse).

Basel
Eckhaus
Klybeckstrasse 83/Bläsiring 50
1927
Hans Weissenborn
Das wegen des rotfarbenen Außenputzes auffallende Gebäude zeigt typische Merkmale der Architektur der dreißiger Jahre, so etwa die Betonung der Eckbalkone oder das Profil des Dachtürmchens. Das auskragende Element, auf dem ursprünglich eine St. Blasius-Statue vorgesehen war, entspricht jedoch der Basler Bautradition.
Lit.: U. Jehle-Schulte Strathaus, Bauen im 20. Jahrhundert, Basel 1977.

Basel
Wohnsiedlung
Riehenring 5–25
1931
Emil Bercher und Eugen Tamm
Die Siedlung folgt der leicht gebogenen Straßenführung; sie ist gekennzeichnet durch einen gleichmäßigen, volumetrischen Rhythmus, der durch die vorspringenden Eingangsöffnungen und Treppentürme entsteht.
Bercher und Tamm sind auch die Architekten des 1934–35 gebauten Hallenbades Rialto (Birsigstrasse 45).
Lit.: Schweizerische Bauzeitung 1/1935; Werk 1/1968; D. Huber, Architekturführer Basel, Basel 1993, S. 285.

Eckhaus

Wohnsiedlung am Riehenring

Basel

Basel
Kunstmuseum
St. Albangraben 16
1931–36
Paul Bonatz und Rudolf Christ

Der Bau ist das Resultat des umstrittenen Wettbewerbes, der 1929 nach zahlreichen verpaßten Gelegenheiten ausgeschrieben wurde. Als bezeichnender Streitfall in der Auseinandersetzung um die Frage der Monumentalität (die von Peter Meyer 1937 in der Fachzeitschrift *Werk* aufgeworfen wurde) zeigt das Basler Kunstmuseum eine Restauration des klassischen Stils, was vor allem im axialsymmetrischen Ehrenhof – in dem heute Skulpturen von Rodin, Arp und Calder stehen – und in der Fassadengestaltung mit ihrem Bezug zum Dogenpalast von Venedig sichtbar wird. Die Granitsäulen und die Vielfalt der Hausteine für die Fassadenverkleidung unterstreichen die Auffassung vom Museum als einer Festung zur Aufbewahrung der Kunstschätze.

Lit.: Werk 3/1937; U. Jehle-Schulte Strathaus, Bauten im 20. Jahrhundert, Basel 1977; Werk-Archithese 11-12/1978; Parametro 140/1985; Archithese 1/1993; D. Huber, Architekturführer Basel, Basel 1993, S. 300–302; Schweizer Architekturführer 1920–1990, Band 2, 013, S. 32.

Riehen
Kinderheim
Im Baumgarten
1933
Ernst Mumenthaler und Otto Meier

Im Erdgeschoß des an einem Hang gelegenen Baus liegen die Wirtschafts- und Diensträume sowie die nach Südosten orientierten Gemeinschaftsräume, die sich auf den Garten hin öffnen, während im Obergeschoß die Schlafräume mit ihrer Folge von durchgehenden Fenstern dem Korridor entlang angeordnet sind. Konstruktionstechnisch handelt es sich um eine Verbindung von Stahlskelett mit Sichtbackstein.

Von den gleichen Architekten stammt das Genossenschaftshaus Neuweg in Basel (Bäumlihofstrasse 39) von 1933 sowie – in Zusammenarbeit mit August Künzel – die Genossenschaftssiedlung Drei Linden in Basel (Zu den drei Linden/Augsterweg/Giebenacherweg) von 1944.

Lit.: Max Bill u.a., Moderne Schweizer Architektur 1925–1945, Basel 1947; U. Jehle-Schulte Strathaus, Bauten im 20. Jahrhundert, Basel 1977.

Basel
Haus Barell
Rennweg 62
1932–34

First Church of Christ, Scientist
Dufourstrasse 27/Picassoplatz 2
1935–36

Betriebsgebäude Hoffmann-La Roche
Grenzacherstrasse 124 ff.
1935–37
Otto R. Salvisberg
Erweiterung 1953–54
Roland Rohn

Nach seiner Bautätigkeit in Deutschland und einer anschließenden expressionistischen Phase entwickelte Salvisberg in den dreißiger Jahren bereits eine klare, von historisierenden Elementen völlig freie Formensprache. Ohne auf den Sinn für eine großbürgerliche Wohnkultur, wie sie im Haus Barell zum Ausdruck kommt, zu verzichten, zeigt seine

Architektur plastische Qualitäten, was besonders in der volumetrischen Organisation des Church of Christ Scientist-Gebäudes sichtbar wird, und erreicht im Betriebsgebäude des Chemieunternehmens Hoffmann-La Roche, dessen Fassaden mit ihren durchgehenden Fensterreihen und den dazwischenliegenden, weiß gestrichenen Streifen aus Sichtbeton die Horizontale akzentuieren, ein Höchstmaß an Eleganz.

Lit.: Moderne Bauformen 1/1936; 9/1937; Werk 4/1936; 7/1937; L'Architecture d'aujourd'hui 6/1939; Schweizerische Bauzeitung 4/1939; Max Bill u.a., Moderne Schweizer Architektur 1925–1945, Basel 1947; U. Jehle-Schulte Strathaus, Bauten im 20. Jahrhundert, Basel 1977; D. Huber, Architekturführer Basel, Basel 1993, S. 303–306.

Haus Barell
Rechts oben: Kunstmuseum
Darunter: Kinderheim in Riehen
Darunter: First Church of Christ, Scientist
Unten: Betriebsgebäude Hoffmann-La Roche

Basel
Johanneskirche
Metzerstrasse 52/
Mühlhauserstrasse 145
1934–36
Karl Egender und Ernst F. Burckhardt
Wenige Schritte von Karl Mosers Antoniuskirche von 1927–27 (s. S. 121) entfernt steht diese erste moderne protestantische Kirche der Schweiz. Der Hauptbaukörper aus armiertem Beton und Stahl birgt das Kirchenschiff; dieses erhält sein Licht von der großen Glasbausteinfläche der Seitenwand. Im Untergeschoß befinden sich ein Versammlungssaal und Nebenräume. Im Südostflügel sind weitere Einrichtungen der Pfarrei untergebracht (Unterrichtsräume, Konferenzsaal, Pfarrwohnung). Der Gebrauch neuer Materialien wird durch die skulpturale Metallskelettkonstruktion des Glockenturms unterstrichen.

Lit.: Max Bill u.a., Moderne Schweizer Architektur 1925–45, Basel 1947; U. Jehle-Schulte Strathaus, Bauten im 20. Jahrhundert, Basel 1977; Werk-archithese 11–12/1978; D. Huber, Architekturführer Basel, Basel 1993, S. 279; Schweizer Architekturführer 1920–1990, Band 2, 014, S. 33.

Basel
Kollegienhaus der Universität
Petersplatz 1
1937–39
Roland Rohn
Die Organisation des U-förmigen, sich zum Garten des rückwärtigen Gebäudes öffnenden Baus für die Lehrveranstaltungen und die Verwaltung der Universität ist vom Straßenverlauf bestimmt. Das fortlaufende, weit auskragende Dachgesims, die Fassadenverkleidung aus Travertin und die klare Definition der Öffnungen vermitteln den Eindruck von Erhabenheit.

Johanneskirche

Kollegienhaus der Universität

Lit.: U. Jehle-Schulte Strathaus, Bauten im 20. Jahrhundert, Basel 1977; Werkarchithese 11, 12/1978; D. Huber, Architekturführer Basel, Basel 1993, S. 307–308; Schweizer Architekturführer 1920–1990, Band 2, 017, S. 35.

Basel
Grundschule auf dem Bruderholz
F. Hauserstrasse
1938/39
Hermann Baur
Gewerbeschule und Schule für Gestaltung
Vogelsangstrasse/Riehenstrasse/Peter-Rot-Strasse
1953–61
Hermann Baur, Franz Bräuning, Arthur Dürig
Mitarbeit: H. P. Baur

Die Bruderholzschule im Pavillonstil – von Alfred Roth als erstes Schweizer Beispiel dieses Typus angeführt – ordnet die Klassenzimmer kammartig an. Der heftig kritisierte Bau der Gewerbeschule und Schule für Gestaltung wurde 1953 als überarbeitete Fassung des schon von 1940 datierenden Wettbewerbsprojektes begonnen. An der Vogelsangstrasse definieren das Verwaltungsgebäude und das Gebäude für die künstlerischen Lehrfächer den Eingang, während die Werkstätten, wiederum kammartig angeordnet, an der Riehenstrasse liegen. Vorfabrizierte Zementplatten charakterisieren die Fassaden; der didaktische Wert der darstellenden Künste wird von den Skulpturen und Gemälden in Hof und Gebäuden unterstrichen.

Lit.: U. Jehle-Schulte Strathaus, Bauten im 20. Jahrhundert, Basel 1977; D. Huber, Architekturführer Basel, Basel 1993, S. 329 f.; Hermann Baur – Architektur und Planung in Zeiten des Umbruchs, Ausstellungskatalog, Architekturmuseum in Basel, 1994; Schweizer Architekturführer 1920–1990, Band 2, 018, S. 35; 030, S. 42.

Grundschule auf dem Bruderholz

Gewerbeschule und Schule für Gestaltung

Basel
Bürgerspital
Spitalstrasse
1938–45
*Hermann Baur; Ernst und Paul Vischer;
Bräuning, Leu, Dürig*
Isolierstation
Schanzenstrasse
1939–46
Hans Schmidt

Bestimmend für das Konzept des auf einem zentral gelegenen Gelände von ca. 28000 m^2 erbauten Komplexes war der Wille, den Bettentrakt nach Süden zu orientieren; damit haben die Krankenzimmer Sicht auf den Park, während die Nebenräume des Traktes auf der Nordseite des Mittelganges liegen. Parallel zum Bettentrakt und längs der Spitalstrasse befindet sich ein zweiter Bau für die medizinische Abteilung mit Operationsbereich und Poliklinik sowie Unterrichtsräumen und Labors. Vier Blöcke mit Therapieräumen für ambulante Behandlung verbinden die beiden Baukörper. Der von Hans Schmidt in einer 2. Phase an der Schanzenstrasse errichtete Pavillon für die Isolierstation liegt quer zu den Haupttrakten.

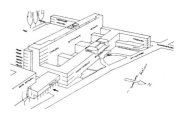

Lit.: Das Werk 6/1948; H. Volkart, Schweizer Architektur, Ravensburg 1951; U. Jehle-Schulte Strathaus, Bauten im 20. Jahrhundert, Basel 1977; Werk-archithese 11–12/1978; D. Huber, Architekturführer Basel, Basel 1993, S. 308–310; Schweizer Architekturführer 1920–1990, Band 2, 019, S. 36.

Basel
Bürohochhaus Lonza
Münchensteinerstrasse 38
1959–62
Suter & Suter

Bürgerspital, Detailansicht des Eingangs und Gesamtschema Isolierstation

Das Hochhaus ist ein das städtische Profil von Basel bestimmendes Element. Charakteristisch sind die mit gerippten Aluminiumplatten verkleideten Eckfassaden und der Streifen künstlichen Lichts an den Gebäudeecken. Die vertikalen Erschließungselemente liegen außerhalb des Bürobereiches. Das Erdgeschoß und die 18 Obergeschosse enthalten die Verwaltungsräume des Unternehmens, während in den Untergeschossen Telefonzentrale, Archiv- und Depoträume untergebracht sind.

Lit.: Architecture, formes + fonction 9/ 1962–63; L'Architecture d'aujourd'hui 121/ 1965; U. Jehle-Schulte Strathaus, Bauten im 20. Jahrhundert, Basel 1977.

Basel
Ciba-Hochhaus
Unterer Rheinweg
1963–66
Suter & Suter

In dem auf einem 26000 m² großen Grundstück am Rhein gelegenen Bau sind die Abteilung für biologische Forschung und die Verwaltung des Chemieunternehmens untergebracht. Der undifferenzierte Metallraster der Öffnungen unterstreicht die Neutralität des prismatischen Baukörpers, der mit Hilfe genormter Elemente flexibel auf die funktionalen Bedürfnisse reagieren kann. Vom selben Architekturbüro stammt in Basel u.a. die 1966–67 erbaute Personalkantine von Ciba (Ecke Gärtnerstrasse/Maurerstrasse) und die Innenrenovation 1982–86 der Börse (Aeschenplatz 7).

Lit.: U. Jehle-Schulte Strathaus, Bauten im 20. Jahrhundert, Basel 1977; Schweizer Architekturführer 1920–1990, Band 2, 031, S. 44f.

Lonza-Bürohochhaus, Ansicht und Grundriß

Ciba-Hochhaus

Basel
Schulhaus Wasgenring
Welschmattstrasse 30/Blotzheimerstrasse 82
1951–62
Fritz Haller; Mitarbeit: M. Streicher
Das Schulzentrum wurde in zwei Etappen gebaut: die Grundschule 1951–54, die Sekundarschule 1960–62. Die lose einander folgenden Pavillons der Grundschule sind mit teilweise gedeckten Wegen verbunden; die Transparenz der Anlage wird dadurch jedoch nicht beeinträchtigt.
Lit.: Bauen und Wohnen, 5/1955; 11/1962; Werk 4/1956; D. Huber, Architekturführer Basel, Basel 1993, S. 326–328; Schweizer Architekturführer 1920–1990, Band 2, 026, S. 40.

Basel
Geschäfts- und Lagerhaus der Möbelgenossenschaft
Güterstrasse 133
1956–57
Hans Fischli
Mitarbeit: F. Eichholzer, E. Franz
Der Neubau, dem der alte Firmensitz weichen mußte, besteht aus zwei Baukörpern: an der Güterstrasse steht senkrecht zu einer flachen, eingeschossigen Metallkonstruktion, die den Ladenpavillon mit dahinterliegendem Lagerraum enthält, der viergeschossige

Schulhaus Wasgenring

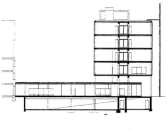

Geschäfts- und Lagerhaus der Möbelgenossenschaft, Schnitt und Straßenansicht

Hauptkörper aus armiertem Beton; in ihm befinden sich die Büroräume.
Lit.: Bauen und Wohnen, 8/1958; Werk 7/1958.

Basel
Universitätsbibliothek
Schönbeinstrasse 20
1962–68
Otto H. Senn

Der Neubau wurde in zwei Etappen realisiert, um die Funktionsfähigkeit der bestehenden Bibliothek nicht zu beeinträchtigen. Das Grundstück am Rand des alten botanischen Gartens wird von zwei sich kreuzenden Straßen definiert, und die beiden die Straßen säumenden Flügel bilden einen Winkel von 60 Grad. Der im ersten Abschnitt gebaute, symmetrisch zum Altbau angeordnete Flügel ist Sitz der Verwaltung; es folgten der überkuppelte Lesesaal und schließlich der Eckbau mit Eingang.

Sehenswert sind außerdem das von Otto Senn zusammen mit Rudolf Mock 1937 gebaute Wohnhaus „Parkhaus Zossen" (St. Alban-Anlage 37) in Basel sowie das mit dem Bruder Walter 1934 gebaute Eigenheim in Riehen (Schnitterweg 40).
Lit.: L'Architecture d'aujoud'hui, 121/1965; Werk 11/1966; D. Huber, Architekturführer Basel, Basel 1993, S. 334 f.; Schweizer Architekturführer 1920–1990, Band 2, 035, S. 47.

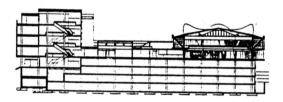

Universitätsbibliothek

Basel

Basel
Mehrfamilienhaus mit Bankfiliale
Missionsstrasse 86/St. Johanns-Ring
1982–85
Diener & Diener (Roger Diener, Dieter Righetti, Andreas Rüedi, Paul Langlotz, M. Stingelin)
Wohn- und Gewerbehäuser
St. Alban-Rheinweg 94–96
1984–86
Diener & Diener (M. Buser, Roger Diener, Dieter Righetti, E. Rysler)
Bürohaus Fides
Steinentorberg 8–12/
Innere Margarethenstrasse 5
1984–90
Diener & Diener (Roger Diener, Jens Erb, Dieter Righetti, Andreas Rüedi, Wolfgang Schett)
Verwaltungsgebäude
Picassoplatz
1990–93
Diener & Diener (Roger Diener, Jens Erb, Dieter Righetti, Mireille Blatter)

Die Deutung der Stadt als Summe individueller Eingriffe und die hierarchische und individuelle Definition ihrer Räume (vom öffentlichen zum privaten Raum) sind Konstanten in der Entwurfstätigkeit des Basler Büros Diener & Diener. Dabei bestimmt die Konfrontation der unterschiedlichen räumlichen Bedingungen (Viertel, Straße, Hof, Wohnungsinnenraum) die funktionale Organisation der Bauten; doch widersetzen die einzelnen, autonomen Projekte sich nie den Regeln des historisch gewachsenen, architektonischen Kontextes, in den sie eingefügt sind.

Zu den zahlreichen von Diener & Diener in Basel realisierten Bauten zählen außerdem die Wohnkomplexe, „Hammer I und II" von 1978–81 (Hammerstrasse/Bläsi-

Wohngebäude mit Bankfiliale

Bürohaus Fides

Wohnhäuser St. Alban-Rheinweg

Verwaltungsgebäude Picassoplatz

ring) und 1980–85 (Riehenring/Amerbachstrasse) sowie das Bürogebäude an der Hochstrasse (1986–88); interessant ist auch der Umbau des 1958 von Max Rasser und Tibère Vadi gebauten Domus-Hauses zum Architekturmuseum (1985) sowie das Ausbildungszentrum des Schweizerischen Bankvereins (Viaduktstrasse 45) von 1990–94.

Lit.: Werk, Bauen und Wohnen, 12/1982; 12/1983; 1–2/1987; Casabella, 535/1987; Abitare, 2/1990; P. Disch, Architektur in der deutschen Schweiz 1980–1990, Lugano 1991, S. 30, 34, 36; A. Rüegg, Diener & Diener Architekten. Wohnhäuser St. Alban-Tal, Basel 1982–1986, Zürich 1993; D. Huber, Architekturführer Basel, Basel 1993, S. 370 f., 402–406; Schweizer Architekturführer 1920–1990, Band 2, 044, S. 54; 043, S. 52f., 049, S. 56; 050, S. 57.

Basel
Wohn- und Geschäftshaus
Spalenvorstadt 11
1981–85
Ueli Marbach und Arthur Rüegg
Mitarbeit: C. Zürcher

Das Haus füllt geschickt eine Baulücke in der Altstadt mit einem für diese typischen, sehr schmalen und tiefen Grundstück. Die seitliche Anordnung der Treppen läßt den Raum im Erdgeschoß frei für kommerzielle Nutzung und erleichtert die Anordnung der Wohnungen in den Obergeschossen.

Lit.: Werk, Bauen und Wohnen, 1–2/1986; Holz Bulletin, 24/1990; P. Disch, Architektur in der deutschen Schweiz 1980–1990, Lugano 1991, S. 43; D. Huber, Architekturführer Basel, Basel 1993, S. 372f.

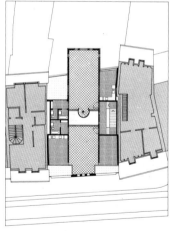

Wohn- und Geschäftshaus

Basel

Basel
Wohnkomplex Wiesengarten
Wiesendamm/Altrheinweg/Giessliweg
im Stadtteil Kleinhüningen
1983–86
*Wilfrid und Katharina Steib, Bruno
Buser, Jakob Zäslin*
*Mitarbeit: R. Schaub,
U. Gramelsbacher*
Diese in einem Industriequartier an der
Bahnlinie errichtete Wohnbebauung soll
durch ihre volumetrische Präsenz dem
Quartier eine neue Identität verleihen.
Das stufenweise Zurückweichen der
Baukörper vor der Bauflucht ermöglicht
ein Spiel von Terrassen und Balkonen,
welches erheblich zur Bereicherung der
städtischen Situation beiträgt.
Wilfrid und Katharina Steib sind auch
die Architekten des 1978–80 gebauten
Basler Museums für Gegenwartskunst
(St. Alban-Rheinweg 60) und des Senio-
renheims in Riehen (Inzlingerstrasse
230) von 1986–88.

*Lit.: C. Fingerhut (Hrsg.), Bauten in Basel,
Basel 1988; P. Disch (Hrsg.), Architektur in
der deutschen Schweiz 1980–1990, Lugano
1991, S. 45; D. Huber, Architekturführer
Basel, Basel 1993, S. 410.*

Basel
**Wohnhaus entlang einer
Scheidemauer**
Hebelstrasse 11
1984–88
Jacques Herzog und Pierre de Meuron
Mitarbeit: M. Meier
**Wohn- und Geschäftshaus
Schwitter**
Allschwilerstrasse 90
1985–88
Jacques Herzog und Pierre de Meuron
Mitarbeit: A. Gigon
**Umbau und Erweiterung Wohn-
und Bürohaus SUVA**
St. Jakobstrasse 24/Gartenstrasse
1988–93
Jacques Herzog und Pierre de Meuron

Wohnkomplex
Wiesengarten

Wohnhaus entlang
einer Scheidemauer

Gegenüber:
Links oben:
Schwitter-Haus
Darunter: SUVA-
Gebäude
Rechts: Wohn- und
Geschäftshaus
Schützenmatt-
strasse

Wohn- und Geschäftshaus
Schützenmattstrasse 11
1992–93
Jacques Herzog und Pierre de Meuron
Der Entwurf für das Wohnhaus in einem Hof der Hebelstrasse orientiert sich an den traditionellen Basler Kriterien für Wohnungsbau, Nutzung und Konstruktion (Mauerwerk für die straßenorientierten Gebäude, Holz – hier Eiche – für die dahinterliegenden Nebengebäude). Der vorspringende Laubengang aus Holz wird von einer Folge von Holzstützen getragen, welche den additiven Charakter der Veranden unterstreichen. Zwei gekurvte Linien mit divergierendem Radius, die äußere durch die Straßenführung vorgegeben, die innere durch die Geometrie des Hinterhofs bedingt, bestimmen die Form des Schwitter-Hauses. Bei dem Wohn- und Geschäftshaus in der Schützenmattstrasse setzte das schmale Grundstück enge Grenzen. Eine experimentelle Lösung zeigt die außergewöhnliche, einen abstrakten Vorhang entwickelnde Fassadengestaltung.

Neben dem Umbau und der Erweiterung des Hauses der Schweizerischen Unfallversicherungsanstalt SUVA, bei dem alt und neu durch eine charakteristische Glashülle zusammengefaßt werden, sind vom selben Büro das Einfamilienhaus Lerchenstrasse 5 in Therwil von 1985–86 sowie vor allem das Lokomotivdepot und, eine Ikone, das kupferverkleidete Stellwerk Auf dem Wolf in Basel zu nennen.

Lit.: Abitare 206/1982; 11/1983; Parametro 11/1985; Rivista Tecnica 1–2/ 1986; 4/1989; P. Disch, Architektur in der deutschen Schweiz 1980–1990, Lugano 1991, S. 40 f.; Holz Bulletin 24/1990; du, 5/1992; Lotus international 73/1992; 82/ 1994; Domus 747/1993; 756/1994; Werk, Bauen und Wohnen 1993; Casabella 612/ 1994; D. Huber, Architekturführer Basel, Basel 1993, S. 407–409; Schweizer Architekturführer 1920–1990, Band 2, 046, 047, S. 55.

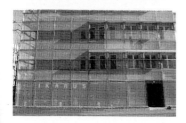

Basel

Riehen
Wohnkomplex Vogelbach
Friedhofweg
1989–92
Michael Alder mit Hanspeter Müller und Roland Naegelin
Mitarbeit: A. Rüdisühli, C. Blessing
Basel
Mehrfamilienhaus im Luzernerring-Quartier
Bungestrasse 10–28
1989–93
Michael Alder mit Hanspeter Müller
Mitarbeit: A. Hindemann

Die beiden Projekte zeigen eine der Größenordnung des jeweiligen Quartiers entsprechende Weiterentwicklung von Lösungen, die schon frühere Bauten von Michael Alder kennzeichnen. In der Vogelbach-Siedlung zeigt sich einmal mehr die Klarheit und Einfachheit von Alders architektonischer Sprache. Die Wohnbebauung am Luzernerring, die sich am Blockrand entlangzieht, wird von der rhythmischen Folge der Eingänge gegliedert und vom volumetrischen Spiel der Balkone belebt.
Sehenswerte Bauten kleineren Maßstabs von Alder sind die Werkstätten, Ateliers und ein umgenutzter Gewerbebau im St. Alban-Tal 40A und 42 in Basel von 1986–87.
Lit.: Baumeister 12/1993; D. Huber S. 414 f.; Schweizer Architekturführer 1920–1990, Band 2, 059, S. 63; 052, S. 58.

Basel
Umbau von Cabaret Tabourettli und Theater Fauteuil
Spalenberg 12
1986–88
Santiago Calatrava und Beda Küng

Der Umbau war Teil der Restaurierung und Umgestaltung des Spalenhofes aus dem 15. Jahrhundert, welche ihrerseits zum 1976 von der Stadtregierung initiierten Altstadtsanierungsprogramm gehörten. Eine auf eine eiförmige Stahlkonstruktion gestützte Treppe führt die Kräfte in einem Punkt zusammen und löst so die statischen Probleme des historischen Gebäudes. Die Intervention verändert geschickt die Organisation und das kompositorische Gleichgewicht der Räume.
Lit.: Bauten für Basel, Basel 1988; Domus 697/1988; Holz Bulletin 24/1990; D. Huber, Architekturführer Basel, Basel 1993, S. 364.

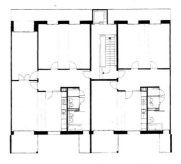

Wohngebäude im Luzernerring-Quartier, Wohnungsgrundriß

Basel

Wohnkomplex
Vogelbach

Wohngebäude im
Luzernerring-
Quartier

Cabaret Tabourettli

Basel
Verwaltungsgebäude der Union Bank of Switzerland (UBS)
Aeschenplatz 1
1986–95
Mario Botta
Ausführung: Burckhardt & Partner

Der Entwurf versucht, auf die verschiedenen charakteristischen Bauten des architektonischen Umfeldes zu antworten (durchgehende Bebauung am Aeschengraben und offene Struktur an der St. Jakobstrasse), indem es sich als autonome Struktur behauptet, welche die beiden städtischen Bebauungstypen trennt und eigenständig ergänzt. Der Zylinder des Baus öffnet sich zum Erdgeschoß hin, wo außer dem Eingangsatrium ein Fußgängerdurchgang und diverse öffentliche Dienstleistungseinrichtungen untergebracht sind, und akzentuiert durch die starke Transparenz die Verbindung zwischen Straße und Innenraum.
Des weiteren baute Botta in Basel das Tinguely-Museum (1992–96) im Park Solitude (Grenzacherstrasse).
Lit.: Emilio Pizzi, Mario Botta. Das Gesamtwerk, Band 3, Basel/Boston/Berlin 1997.

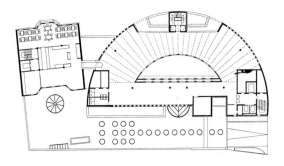

Verwaltungsgebäude der UBS, Grundriß und Ansicht

Basel
Mehrfamilienhaus
Müllheimerstrasse 138–140
1989–93
Meinrad Morger und Heinrich Degelo
Mitarbeit: L. Egli

Der aus einem 1989 ausgeschriebenen städtischen Wettbewerb für subventionierte Wohnungen hervorgegangene Bau ist ein kompakter, roter Kubus aus Beton, der sich in die schachbrettartige Bebauung des traditionell dicht bewohnten Matthäusquartiers am rechten Rheinufer integriert. Als Versuch einer kritischen Lektüre des Nachkriegswohnungsbaus sucht das Projekt eine adäquate typologische Antwort auf die neuen sozialen Probleme. So baut es die Gemeinschaftsbereiche mit der Errichtung eines Mehrzweckraumes und eines Kindergartens an der Amerbachstrasse aus und behandelt auch die Erschließungs- und Durchgangszonen mit besonderer Aufmerksamkeit.
Rivista Tecnica 4/1992; Detail 1/1993; Faces 221/1993.

Mehrfamilienhaus

Kanton Basel-Land

Biel-Benken
Wohnsiedlung Spittelhof
Spittelhofstrasse/Schulgasse
1990–96
Peter Zumthor
Mitarbeit: T. Durisch, J. Bumann
Die am Dorfrand gelegene Siedlung wird von unterschiedlichen Baukörpern bestimmt: einem langgestreckten Wohnblock, der auf dem höchsten Punkt des abfallenden Geländes steht, und Reihenhäusern, die der Topographie des Grundstücks folgen. Der Rhythmus der Eingänge betont den einheitlichen Charakter der Anlage.

Binningen
Wohnhaus Schmidt-Kohl
Hölzlistrasse 15
1929; Erweiterungen: 1947, 1954
Hans Schmidt und Paul Artaria
Bauherr war Hans Schmidts Bruder Georg, Kunsthistoriker und späterer Direktor der Öffentlichen Kunstsammlung Basel und ein überzeugter Verfechter der Moderne. Die „architektonische Studie" sollte demonstrieren, daß nur durch Rationalisierung der Konstruktionselemente eine Industrialisierung des Wohnungsbaus und damit die kostengünstige Serienproduktion für das Gros der Bevölkerung zu erreichen sei. Die Standardisierung im Grundriß und eines jeden Bauelements führte zu einer strengen, auf das Wesentliche gerichteten Formensprache. Das Haus wurde von Hans Schmidt selbst erweitert; den neuen Anbau von 1954 kennzeichnet eine die Strenge durchbrechende halbkreisförmige Öffnung.

Des weiteren befindet sich in Binningen ein 1931 von Artaria gebautes Einfamilienhaus an der Rebgasse 32.
Lit.: U. Jehle-Schulte Strathaus, Bauten im 20. Jahrhundert, Basel 1977; Archithese, 5, 1985; Schweizer Architekturführer 1920–1990, Band 2, 105, S. 73.

Birsfelden
Rheinkraftwerk
Hofstrasse 60/Grenzacherstrasse
1955
Hans Hofmann
Das Wasserkraftwerk steht ebenso elegant wie selbstbewußt in der Flußlandschaft. Das gezahnte Profil der Dachkonstruktion und der bewußte Einsatz von Farbe charakterisieren das Hauptgebäude, dessen Transparenz trotz der ausgreifenden Struktur gewahrt bleibt. Dabei bildet die rhythmische Folge der kleinen, punktuellen Baukörper der Kontrollstation innerhalb der Anlage ein Gegengewicht.
Gleichfalls von Hofmann ist das große Rundhofgebäude aus den Jahren 1953–54 der Basler Mustermesse (Hallen 10–21, Rosentalstrasse, Messeplatz).
Lit.: Werk 7/1954; D. Huber, Architekturführer Basel, Basel 1993, S. 314f; Schweizer Architekturführer 1920–1990, Band 2, 107, S. 74

Birsfelden
Vitra-Verwaltungsgebäude und Shop
Klünenfeldstrasse
1993–94
Frank O. Gehry
Der Architekt des 1988/89 entstandenen Vitra Design Museums in der benachbarten deutschen Kleinstadt Weil am Rhein (in unmittelbarer Nähe der Schweizer und französischen Grenze), welches

für eine der größten Sammlungen des modernen Möbelbaus errichtet wurde, hatte im vorliegenden Fall das Bürohaus des Firmensitzes sowie Ausstellungs- und Verkaufsräume zu entwerfen. Der kontinuierliche Wechsel von Aufbau und Demontage der Volumen, das Spiel von wechselseitiger Durchdringung und Gegenüberstellung, das Ineinandergleiten von Räumen und Elementen, all jene Elemente, die so bezeichnend sind für die Formensprache des kalifornischen Architekten, führen auch hier zur Erfindung neuer Bauformen und vermitteln ein Bild qualitätvoller Architektur.

Lit.: Werk, Bauen und Wohnen 7–8/1993; Hochparterre 6–7/1994; Schweizer Architekturführer 1920–1990, Band 2, 109, S. 75.

Vitra-Verwaltungsgebäude und Shop, Modell

Links oben:
Wohnhaus Schmidt-Kohl

Rechts oben:
Rheinkraftwerk Birsfelden

Links:
Wohnsiedlung Spittelhof

Basel-Land

Bottmingen
Wohnhaus mit Theaterraum
Rappenbodenweg 6
1984–85
Jacques Herzog & Pierre de Meuron
Das ungewöhnliche Bauprogramm dieses Wohnhauses, das auch ein kleines Marionettentheater umfaßt, veranlaßte die Architekten, bei der Entwurfsarbeit für dieses Artefakt mit der Genauigkeit eines Instrumentenbauers vorzugehen. Das ganz aus Holz gebaute Haus ist vom Boden abgesetzt und beweist so seine Autonomie, in dennoch respektvollem Umgang mit dem es umgebenden Garten und dessen Bäumen.
Lit.: Rivista Tecnica 1–2/1986; P. Disch (Hrsg.), Architektur in der deutschen Schweiz 1980–1990, Lugano 1991, S. 52; du 5/1992; D. Huber, Architekturführer Basel, Basel 1993, S. 391.

Bottmingen
Einfamilienhaus
Kirschbaumweg 27
1987–88
Michael Alder
Wie im 1983/84 gebauten Haus Hinter den Gärten 23 in Itingen greift Alder Grundformen des traditionellen Hausbaus auf und entwickelt sie weiter; dabei ist Holz das bevorzugte Baumaterial. Die Rationalität dieser „einfachen" Architektur kommt dank des Zusammenspiels von Form, Funktion und Technik und deren Umsetzung durch handwerkliches Können zustande.
Das Doppelwohnhaus von 1969–70 in Ziefen repräsentiert eine weitere, wichtige Periode in Alders Entwurfsarbeit.
Lit.: Archithese 1/1980; Holz Bulletin 1990, 24; du 5/1992.

Muttenz
Genossenschaftssiedlung Freidorf
St. Jakobstrasse
1919–21
Hannes Meyer
Mitarbeit: A. Künzel
Im gesellschaftspolitischen Kontext der damaligen Schweiz hatte der Entwurf revolutionären Charakter: Es handelt sich hier um die erste kooperative Wohnsiedlung, die nach den reformatorischen Vorstellungen in der Tradition eines Pestalozzi verwirklicht wurde. Hannes Meyer war ein engagierter Verfechter dieses Wohnkonzeptes, von dem man sich die Möglichkeit neuer Lebensformen für die Arbeiterklasse versprach. Sein Entwurf legte eine klassische Matrix auf das dreieckige Grundstück: Er verteilte die Häuserzeilen mit insgesamt 150 Einfamilienhäusern mit Garten auf drei parallele Achsen und konzentrierte die gemeinschaftlichen Aktivitäten (Schule, Bibliothek, Mehrzwecksaal, Laden u.a.m.) in einem einzigen, langen, an der Spielwiese im Zentrum der Anlage liegenden Gebäude. So sollten die Bewohner durch Rückkehr zur Natur von den Zwängen der Stadt befreit werden, während man der Forderung nach größtmöglicher Sparsamkeit durch die Typisierung der Häuser und die Normierung der Baumaterialien nachkam.
Lit.: J. F. Schär, H. Faucherre, H. Meyer, Die Siedlung Freidorf, Basel 1921; J. Gubler, Nationalisme et internationalisme dans l'architecture moderne de la Suisse, Lausanne 1975; U. Jehle-Schulte Strathaus, Bauten im 20. Jahrhundert, Basel 1977; Parametro 140/1985; D. Huber, Architekturführer Basel, Basel 1993, S. 256 f.; Schweizer Architekturführer 1920–1990, Band 2, 115, S. 80.

Basel-Land

Wohnhaus mit
Theaterrraum,
Ansicht und Schnitt

Einfamilienhaus
Kirschbaumweg

Genossenschafts-
siedlung Freidorf,
Aufriß und Ansicht

Kanton Solothurn

Dornach
Goetheanum
Rüttiweg 45
1924–28
Rudolf Steiner
Die dorfartige Anlage in Dornach versucht, Rudolf Steiners kosmologische, von Goethes Farbenlehre und Studien zum Gestaltwandel in der Natur beeinflußte anthroposophische Philosophie architektonisch umzusetzen. Die anthroposophische Lehre bildet die Basis des tektonischen Entwurfs plasmatischer Formen aus Beton, welche von expressionistischem Spannungsreichtum sind und eine äußerst dynamische innere Räumlichkeit entwickeln.
Lit.: *Architettura 1960, S. 55–58;
Architectural Association Journal 6/1963; W. Pehnt, Rudolf Steiner, Goetheanum, Dornach, Berlin 1991; Schweizer Architekturführer 1920–1990, Band 2, 111, S. 76.*

Grenchen
Parktheater
Bahnhofplatz
1949–55
Ernst Gisel
Die U-förmig um den Eingangsplatz aufgebaute Anlage erlaubt die Artikulation mehrerer Baukörper. Außer dem Theater enthält sie auch einen Flügel mit Hotel und Restaurant. Die Wahl der Materialien Backstein und Kupfer zeigt den Einfluß von Alvar Aalto.
Lit.: *Werk 10/1949; 3/1951; 5/1956;
Schweizerische Bauzeitung 4,5,34/1950;
L'Architettura 10/1956; L'Architecture d'aujourd'hui 71/1957; Edilizia Moderna 68/1958; B. de Sivo, L'Architettura in Svizzera oggi, Neapel 1968; J. Bachmann und S. von Moos, New Directions in Swiss Architecture,*

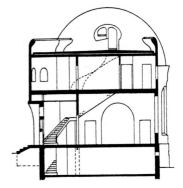

Goetheanum, historische Aufnahme und Schnitt   Parktheater

Mümliswil
Kinderheim
1938–39
Hannes Meyer

Bauherr dieses am Nordrand des Dorfes gelegenen kleinen Heims war Bernhard Jäggi, ein Pionier der Genossenschaftsbewegung in der Schweiz. Der Entwurf entstand während Meyers kurzem Schweizer Aufenthalt, nach seiner Zeit in Moskau und vor der Übersiedlung nach Mexiko. Er zeigt einige Themen, die dem Architekten wichtig waren: der Bezug zur Landschaft und zur Formensprache der regionalen Architektur, ein zeitgemäßer Umgang mit traditionellen Materialien, die Standardisierung. Der (später um ein zweites Stockwerk erweiterte) Zylinderbau beherbergt die Gemeinschaftsräume, von denen aus man das ganze Panorama überblickt. Zugleich bildet er das Verbindungsglied zwischen den beiden Gebäudeflügeln.

Von Interesse sind auch die beiden Blöcke mit Arbeiterwohnungen, welche Hannes Meyer 1921 und 1930 in Balsthal, Hofmattweg 8–30, errichtete.

Lit.: Arquitectura 8/1941; Werk 7/1953; 10/1954; Rivista Tecnica 10/1954; M. Kieren, Hannes Meyer: Dokumente zur Frühzeit 1919–27, Teufen 1990.

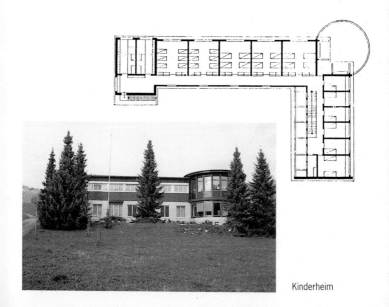

Kinderheim

Solothurn

Oensingen
Rehabilitationszentrum VEBO
Werkhofstrasse 8
1980–84
Alfons Barth und Hans Zaugg
Mitarbeit: U. Wildi, H. Scheibler
Zeitlich ordnet sich dieser Gebäudekomplex von Barth und Zaugg zwischen deren Säli-Schulhaus in Olten (1964–68) und dem Erweiterungsbau der Kantonsschule Solothurn (für Bibliothek und Mensa – 1986–90) ein. Das Zentrum für Behinderte ist eine offene Komposition von vier Quadern, welche um einen zentralen Platz angeordnet sind.
Ein interessanter Bau ist auch Zauggs Eigenheim in Olten, Fustlighalde 92, von 1956.
Lit.: Werk 1/1968; J. Bachmann und S. von Moos, New Directions in Swiss Architecture, New York 1969.

Olten
Badeanstalt
Schützenmatte 3
1937–39
Hermann Frey und Ernst Schindler
Die in unmittelbarer Nähe der Aarauer Altstadt gelegene Sportanlage mit dem Flußbad am Aareufer entspricht der traditionellen Schweizer Typologie dieser Anlagen: eine klare Formensprache, Eisenbeton als Grundmaterial, funktionelle Anordnung von Garderoben und Nebenräumen.
Lit.: Max Bill u.a., Moderne Schweizer Architektur 1925–45, Basel 1947; Schweizer Architekturführer 1920–1990, Band 2, 314, S. 139.

Solothurn
Schweizerische Volksbank
Wengistrasse 2
1926–28
Otto R. Salvisberg
Auch wenn dieser Bau von der orthodoxen Architekturkritik nicht wirklich als modern beurteilt wird, so kommt der Lösung des Berner Architekten doch das Verdienst zu, einen moderaten Übergang von traditionellem zu neuem Bauen gefunden zu haben. Das Oltener Bankgebäude verdeutlicht Salvisbergs Fähigkeit, antithetische Termini zu einem homogenen Ganzen zu vereinen: Der mit grauem Granit verkleidete Kubus wird vom gleichmäßigen Rhythmus der Öffnungen und den Bögen der Eingangsloggia gegliedert.
Lit.: Schweizerische Bauzeitung 25/1926; Werk 7/1929; Werk-archithese 10/1977.

Rehabilitationszentrum VEBO

Badeanstalt

Solothurn
Schule
Allmendstrasse
1956–59
Fritz Haller
Erweiterungsbau der Kantonsschule
Herrenweg
1984–93
Fritz Haller

Eine Gegenüberstellung des Schulgebäudes aus den fünfziger Jahren mit seinen Volumina aus Beton und einer Struktur aus Metallprofilen und des jüngeren Pavillons der Kantonsschule in einem von großen Stahlträgern getragenen Modulsystem gibt ein deutliches Bild von Fritz Hallers konstruktionstechnischer Arbeit und den Grundelementen seiner Architektur.

Ein weiteres, schönes Beispiel von Hallers Werk in Solothurn stellt das Haus Hafler (1976) an der Fegetzallee 7 dar.
Lit.: Werk, Bauen und Wohnen 7–8/1981; 7–8/1992; 3/1994; Domus 695/1988; Schweizer Architekturführer 1920–1990, Band 2, 320, S. 144.

Solothurn
Schulhaus Brühl
Brunngrabenstrasse
1988–92
Markus Ducommun

Das aus einem Wettbewerb von 1988 hervorgegangene Projekt brachte das Bauprogramm in einem einzigen, ovalen Baukörper unter. Die Klassenzimmer und der Verwaltungsbereich befinden sich auf der Außenseite des Baus, Turnhalle und Amphitheater liegen im Zentrum.
Lit.: P. Disch (Hrsg.), Architektur in der deutschen Schweiz 1980–1990, S. 70.

Schweizerische Volksbank   Erweiterungsbau der Kantonsschule

Schule Allmendstr.   Schulhaus Brühl

Kanton Bern

Biel
Volkshaus
rue de la Gare 11/rue d'Aarberg 112
1930–32
Eduard Lanz
Renovation 1986–89
Andry & Habermann, Henry Mollet
Der Bau zählt zu den bedeutendsten Werken der modernen Architektur in Biel und dokumentiert die sozialdemokratischen Prinzipien der Bieler Stadtverwaltung in den zwanziger Jahren. Das Projekt von Eduard Lanz, der wegen seiner theoretischen Schriften bekannt geworden ist und Mitglied der Kommission für die Gesamtplanung des Bieler Bahnhofquartiers war, löste die verschiedenartigen Aufgaben des Bauprogramms mit einem Längsflügel an der Aarbergstrasse (für den Saal) und einem achtgeschossigen Baukörper (in der ursprünglichen Konzeption für Büros und ein Hotel bestimmt); die markante Ecklösung mit der Rotunde bildet ein Gegengewicht dazu.
Lit.: E. Lanz, Das neue Bieler-Volkshaus, Biel/Bienne 1933; Werk-archithese 23–24/1978; Schweizer Architekturführer 1920–1990, Band 2, 803, S. 220 f.

Biel
Montagewerk von General Motors
rue de la Gabelle 21–27
1935–36
Rudolf Steiger
Mitarbeit: C. Hubacher
Der südwestlich vom Bahnhof gelegene Komplex umfaßt das ganz den Produkti-

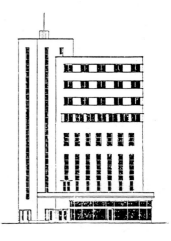

Volkshaus, Ansicht
und Aufriß

onsabläufen entsprechend konzipierte Montagewerk und das Verwaltungsgebäude. Zusammen mit dem Ausstellungspavillon definiert dieses die Hauptfassade des Gebäudes, deren charakteristisches Element der vertikale Baukörper des Treppenhauses ist. Ein Weg durch die Anlage gewährt dem Besucher Einblick in den Produktionsablauf.
Lit.: Schweizerische Bauzeitung 110/1937; Max Bill u.a., Moderne Schweizer Architektur 1925–1945, Basel 1947; Archithese 2/1980; Schweizer Architekturführer 1920–1990, Band 2, 804, S. 219.

Biel
Kongresshaus
Silbergasse/Zentralstrasse
1957–66
Max Schlup

Der Komplex ist Ausdruck einer dezidiert strukturbetonenden Architekturauffassung. Grundmaterial ist der Sichtbeton. Das Ensemble zeigt ein ausgewogenes stereometrisches Spiel zwischen dem vertikalen Baukörper des Bürohauses und dem Flachbau mit dynamisch ansteigendem Dach für das Hallenbad und das Theater.

Schlup ist der Architekt zahlreicher wichtiger Gebäude in Biel, so etwa des Champagne-Schulhauses von 1960 an der Champagne-Allee und des Bürohauses Leugenestrasse 6 von 1984–85.
Lit.: B. de Sivo, L'architettura in Svizzera, Neapel 1968; Schweizer Architekturführer 1920–1990, Band 2, 807, S. 224

Werkanlage General Motors, Bürogebäude und historisches Luftbild

Kongresshaus

Biel
Erweiterung der Holzfachschule
Solothurnerstrasse 102
1990–
Marcel Meili und Markus Peter
Mitarbeit: U. Schönenberger
Der neue Flügel der Kantonsschule ist ein Kubus aus Holz, dessen Fassade vom horizontalen Rhythmus der Öffnungen gegliedert wird, wobei das Attikageschoß mit dem vorspringenden Dach und seiner markanten Dachtraufe einen Kontrapunkt bildet. Mit der geschickten Lösung der Details knüpfen die Architekten an die Tradition des Schweizer Holzbaus an.
Lit.: Construction, Intention, Detail. Fünf Projekte von fünf Schweizer Architekten, London/Zürich 1994.

Bern
Volkshaus
Zeughausgasse 9
1913–14
Otto Ingold
Die Dimension der die drei Obergeschosse übergreifenden Säulenordnung und das abschließende, die Eingangspartie krönende halbkreisförmige Tympanon verleihen dem im Stadtzentrum gelegenen Bau Monumentalität.
Bezeichnend für die Weiterentwicklung von Ingolds Formensprache und ihre Anpassung an neue Tendenzen sind die Mehrfamilienhäuser Sonnenhof von 1933–35 an der Buchserstrasse 2–4/Ostring.
Lit.: Schweizerische Bauzeitung 5/1913; INSA. Inventar der neueren Schweizer Architektur 1850–1920, 2, Bern 1986.

Bern
Lory-Spital
Freiburgstrasse 18
1924–29
Otto R. Salvisberg und Otto Brechbühl
Klinik Elfenau
Elfenauweg 68
1929–30
Otto R. Salvisberg und Otto Brechbühl
Erweiterungen 1948, 1967
Otto Brechbühl
Der aus einem Wettbewerb von 1924 hervorgegangene Bau ist die Erweiterung eines bestehenden Krankenhauses. Der langgestreckte Bettentrakt ist nach Süden hin orientiert, teils mit offenen Liegeflächen, teils verglast und flankiert von halbkreisförmigen Sälen. Diese Lösung wurde auch in der Elfenau angewandt, wo jedoch durchgehend angebrachte Schiebefenster eine Öffnung *à plein air* ermöglichen. Die Elfenau wurde sukzessive von Brechbühl erweitert und mit einem weiteren Geschoß aufgestockt.
Gleichfalls von Salvisberg ist der Bau des Bezirksspitals von St-Imier im Kanton Jura von 1933–34.
Lit.: Schweizerische Bauzeitung 87/1926; 97/1931; 97/1930; Werk 13/1926; 7/1929; Moderne Bauformen 9/1930; L'Architecture d'aujourd'hui 2/1939; Werk-archithese 10/1977; 11–12/1978; Schweizer Architekturführer 1920–1990, Band 2, 701, S. 189.

Bern

Erweiterung der
Holzfachschule

Links oben:
Volkshaus

Rechts oben: Klinik
Elfenau

Lory-Spital

Bern
Naturwissenschaftliche Institute der Universität Bern
Bühlstrasse 20/Sahlistrasse 6–10/
Baltzerstrasse/Muesmattstrasse
1928–31
Otto R. Salvisberg und Otto Brechbühl
Der in seinen Proportionen sehr ausgewogene, von seriellem Rhythmus geprägte Längsblock aus Sichtbeton beherbergt die Laborräume und Hörsäle verschiedener naturwissenschaftlicher Institute. Auf der Südseite definieren mehrere kammartig angeordnete, vorspringende Baukörper die Vorhöfe, während auf der Rückseite die amphitheaterartig geschwungenen auskragenden Volumen der Hörsäle die Folge der Eingänge markieren.
Lit.: *Schweizerische Bauzeitung 4/1929; Werk 7/1929; 8/1932; Moderne Bauformen 9/1930; 2/1933; Werk-archithese 10/1977; Parametro 140/1985; Schweizer Architekturführer 1920–1990, Band 2, 704, S. 192.*

Bern
SUVA-Haus
Laupenstrasse 11/Seilerstrasse
1930–31
Otto R. Salvisberg und Otto Brechbühl
Kaum aus Berlin zurückgekehrt, erhielt Salvisberg den Auftrag zur Ausführung des größten, aus einem Wettbewerb hervorgegangenen Baus im Bern der dreißiger Jahre, des SUVA-Hauses, welches sich direkt auf Erich Mendelsohns Schocken-Warenhaus in Chemnitz (1928–29) bezieht. Die hervortretenden Treppentürme bilden ein Gegengewicht zur horizontalen Dynamik der geschwungenen, mit Travertin verkleideten Fassade mit ihren durchgehenden Reihen von Fenstern. Salvisberg baute ferner 1936 das Haus Favre in Biel, Alpenstrasse 64.
Lit.: *Schweizerische Bauzeitung 96/1930; Werk 8/1932; Moderne Bauformen 2/1933; Werk-archithese 10/1977; 11–12/1978. Schweizer Architekturführer 1920–1990, Band 2, 706, S. 193.*

Bern
Schweizerische Landesbibliothek
Hallwylstrasse 15
1928–31
Alfred Oeschger, Josef Kaufmann und Emil Hostettler
Das aufgrund eines landesweiten Wettbewerbs ausgearbeitete Projekt ist von strenger Symmetrie. Die den jeweiligen Funktionen (Büros, Lesesäle, Bücherdepots) entsprechenden Baukörper sind in Höhe und Wahl der Fenstertypen deutlich voneinander abgesetzt.
In unmittelbarer Nachbarschaft (Bernastrasse 15) befindet sich das Naturhistorische Museum, welches 1932–33 von Krebs & Müller gebaut wurde und seitdem mehrere Erweiterungen erfahren hat (1938, 1960, 1970).
Lit.: *Werk 11/1931; Max Bill u.a., Moderne Schweizer Architektur 1925–1945, Basel 1947; H. Volkart, Schweizer Architektur, Ravensburg 1951; Werk-archithese 11–12/1978; Schweizer Architekturführer 1920–1990, Band 2, 705, S. 191.*

Bern

Institutsgebäude
der Universität

SUVA-Haus, Ansicht
und Grundriß

Schweizerische
Landesbibliothek

Basel-Landschaft

Bern
Schulhaus Stapfenacker
Brünnenstrasse 40, Bern-Bümplitz
1929–32
Karl Indermühle
Erweiterung 1946
Peter Indermühle
Das siegreiche Wettbewerbsprojekt wurde in der Ausführungsphase vollkommen überarbeitet. Der L-förmige Grundriß, in dessen Nordwestflügel die durch die Treppenaufgänge zu Dreiergruppen zusammengefaßten Klassenzimmer liegen, bildet auf der Südseite einen Spiel- und Erholungsbereich.
Karl Indermühle ist auch der Architekt der Berner Friedenskirche (Kirchbühlweg 25) von 1917–20 und der reformierten Kirche von 1914 in Grenchen/SO, Zwinglistrasse 9.

Lit.: Werk 10/1932; Werk-archithese 11–12/1978; Schweizer Architekturführer 1920–1990, Band 2, 707, S. 193.

Bern
Mehrfamilienhaus
Hallerstrasse 49–55
1934–35
Ernst W. Ebersold
Der auf einem Hang über dem Hauptbahnhof gelegene Bau ist ein kompakter Block, dessen Großform durch die Krümmung bestimmt wird, die zugleich Platz für den Eingangshof auf der Rückseite schafft.
Lit.: Werk-archithese 11–12/1978; Schweizer Architekturführer 1920–1990, Band 2, 710, S. 195.

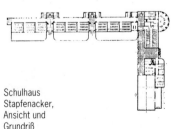

Schulhaus
Stapfenacker,
Ansicht und
Grundriß

Mehrfamilienhaus

Basel-Landschaft

Bern
Gewerbeschule
Lorrainestrasse 1
1935–39
Hans Brechbühler
Der Entwurf des parallel zum Aareufer neben der Lorrainebrücke gelegenen Baus orientierte sich an Le Corbusiers Architekturauffassung. Die Schule besteht aus einem auf *pilotis* aufgesetzten Quader aus Beton, welcher von freistehenden Treppentürmen flankiert wird. Die Lehrwerkstätten sind in einem ebenfalls eigenständigen, die ganze Länge des Quaders begleitenden Flachbau am Hang zur Aare angeordnet.
Lit.: *Schweizerische Bauzeitung 106/1935; Werk 7/1940; Werk-archithese 1978, 11–12; Schweizer Architekturführer 1920–1990, Band 2, 712, S. 196.*

Bern
Erweiterungsbau des Amthauses
Hodlerstrasse 7
1976–81
Atelier 5
Beim völlig umgebauten und mit einem Neubau versehenen Amthaus, dem Sitz der Berner Justizbehörde, wurde die Straßenfassade des Altbaus aus dem 19. Jahrhundert beibehalten. Der Neubau schließt sich an dessen Rückseite an; er folgt in seiner Form der Übereck-lösung und bildet überdachte Höfe aus. Glas und Stahl bilden einen durchdachten Kontrapunkt zur Architektur der historischen Nachbargebäude.
Lit.: *Baumeister 3/1978; Abitare 206/1982; P. Disch, Architektur in der deutschen Schweiz 1980–1990, Lugano 1991, S. 76; Schweizer Architekturführer 1920–1990, Band 2, 724, S. 207.*

Gewerbeschule

Erweiterung
Amthaus

Bern
Erweiterungsbau des Kunstmuseums
Hodlerstrasse 12
1976–83
Atelier 5
Mitarbeit: C. Bartenbach, H. Eichenberger, R. Zaugg
Der Neubau lehnt sich in Lage und Proportionen an den bestehenden Altbau an, wählt aber eine eindeutig antithetische Formensprache und zielt auf eine völlige Abkehr von der traditionellen Konzeption des Museums: Er versteht sich als „Wahrnehmungsmaschine", bei der mit technischem Raffinement natürliches und künstliches Licht genutzt werden.
Lit.: Baumeister 3/1978; Docu Bulletin 1/1980; Architettura Svizzera 4/1984; Archithese 1/1984; Rivista Tecnica 1/1984.

Bern
Krankenheim Wittigkofen
Jupiterstrasse 65
1983–85
Atelier 5
Mit einem Grundriß zweier L-förmiger Baukörper, die in der Anordnung ihrer

Erweiterung Kunstmuseum

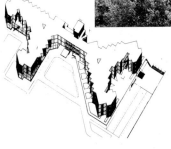

Krankenheim Wittigkofen, Axonometrie und Ansicht

Balkone und Veranden das natürliche Licht optimal nutzen, antwortet die Anlage auf das breite Spektrum von Anforderungen, die an ein Heim für chronisch Kranke gestellt werden.
Lit.: Baumeister 2/1985; Werk, Bauen und Wohnen 12/1989; Architettura Svizzera 7–8/1990; Architectural Review 1/1991; P. Disch (Hrsg.), Architektur in der deutschen Schweiz 1980–1990, Lugano 1991, S. 77; Deutsche Bauzeitung 5/1992; Schweizer Architekturführer 1920–1990, Band 2, 732, S. 211.

Bern
Zentrum für Geistes- und Sozialwissenschaften „Unitobler"
Länggasse/Lerchenweg/Muesmattstrasse
1987–93
Pierre Clemençon, Daniel Herren, Andrea Roost
Mitarbeit: G. Hofman
Bei dem Projekt handelt es sich um die Umnutzung eines heterogenen, unregelmäßig gewachsenen Gebäudekomplexes der Schokoladefabrik Tobler (1898–1957) als Lehr- und Forschungsstätte der Berner Universität. Die Tragstruktur des Altbaus wird unverändert übernommen – eine Reverenz vor dem bauhistorischen Dokument –, und auf dem Gelände des alten Hofes, im Zentrum der Anlage, wird der Bibliotheksneubau errichtet. Die verschiedenen Institutsräume sind in den ehemaligen Fabrikationshallen untergebracht; die Hörsäle hingegen liegen am Lerchenweg, gegenüber dem neu angelegten Platanenhof.
Lit.: P. Disch (Hrsg.), Architektur in der deutschen Schweiz 1980–1990, Lugano 1991, S. 85; Schweizer Architekturführer 1920–1990, Band 2, 734, S. 212.

„Unitobler",
Innenansicht und
Lageplan

Bern
Studentenzentrum Bühlplatz
Gertrud-Woker-Strasse 3
1988–91
Regina und Alain Gonthier
Mitarbeit: B. Schenk, E. Bischoff
Das nur wenige Schritte von den an der Bühlstrasse liegenden naturwissenschaftlichen Universitätsgebäuden der Architekten Otto R. Salvisberg und Otto Brechbühl (s. S. 158) entfernte Zentrum ist formal als ein autonomer Pavillon konzipiert und will eine Ausnahmesituation im orthogonalen Gefüge des Universitätsviertels darstellen, auch wenn es sich als Stätte der Erholung und der Begegnung von Studenten direkt auf dieses bezieht. Der geometrischen Regeln folgende Baukörper verbindet einen öffentlichen, auf einer radialen Struktur basierenden und mit seiner konvexen Krümmung nach außen orientierten Publikumsbereich (Cafeteria, Garderoben usw.) mit dem rückwärtigen Baukörper für die technischen Räume.
Von denselben Architekten stammt die Wohnbebauung Hünibach von 1985–88 in Thun (Wartbodenstrasse 27).
Lit.: P. Disch (Hrsg.), Architektur in der deutschen Schweiz 1980–1990, Lugano 1991, S. 80; Hochparterre 6/1992; Architettura Svizzera 6/1993; Werk, Bauen und Wohnen 7–8/1993.

Brügg
Siedlung Rainpark
Rainpark
1968–71
Halen
Siedlung Halen
Halenbrücke/Länggasse
1955–61
Herrenschwanden
Siedlung Thalmatt I und II
Mettlenwaldweg
1967–74, 1981–85
Atelier 5

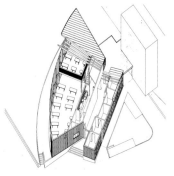

Studentenzentrum
Bühlplatz, Ansicht
und Axonometrie

Bern

Unter den zahlreichen, vom Berner Architektenteam Atelier 5 in den fünfziger Jahren realisierten Quartierüberbauungen ist die Siedlung Halen besonders bemerkenswert; sie wird als eines der bedeutendsten Beispiele des Siedlungsbaus der Nachkriegszeit angesehen. Die 79 in zwei breit terrassierten Zeilen angeordneten Reihenhäuser (in zwei Grundtypen mit vier Varianten) haben gemeinschaftlich genutzte Einrichtungen wie Schwimmbad, Sportanlage, Restaurant, Dienstleistungsbereich und streben eine Verbindung zwischen einer kompakten, urbanen Siedlungsstruktur und der ländlichen Umgebung an. Dieses typologische Experiment wurde sowohl in der Rainpark-Siedlung als auch in den Siedlungen Thalmatt I und II weiterentwickelt, wobei hier eine funktionale Trennung der Erschließungssysteme erfolgte.
Ähnliche Kriterien bestimmen auch die Siedlung Ried (1983–91) an der Brüggbühlstrasse in Niederwangen von den selben Architekten. Außerdem ist in Herrenschwanden das von ihnen 1985–88 gebaute Geschäftshaus Thalmatt am Mettlenwaldweg von Interesse.
Lit.: Architectural Design 2/1963; Werk 2/1963; 7/1971; 4/1974; 3/1975; L'Architecture d'aujourd'hui 121/1965; 11–12/1973; 252/1987; R. Banham, Brutalismus in der Architektur, Stuttgart/London/New York 1966; J. Bachmann und S. von Moos, New Directions in Swiss Architecture, New York 1969; Architettura Svizzera 1/1972; 10/1974; a + u, architecture and urbanism 10/1975; Werkarchithese 9–10/1978; Abitare 206/1986; Faces 2/1986; P. 88 f.; Architektur in der deutschen Schweiz 1980–1990, Lugano 1991, S. 88 f.; Schweizer Architekturführer 1920–1990, Band 2, 812, S. 226; 602, S. 177; 603, S. 178.

Siedlung Rainpark

Siedlung Halen

Siedlungen Thalmatt I und II

Bern

Münsingen
Fabrikgebäude USM
Thunstrasse 55
1961–87
Fritz Haller
Mitarbeit: R. Steiner, H. Weber,
J. Luterbacher
Der Entwurf berücksichtigte eine sukzessive Ausführung in vier Bauetappen. Das hierfür von Haller entwickelte Stahlbausystem entsprach den Anforderungen nach größtmöglicher Flexibilität, wie sie auch von seinem für dieses Projekt entworfenen modularen Büromöbelsystem ermöglicht wird.
Lit.: Bauen und Wohnen 11/1962; 10/1964; Detail 2/1967; J. Bachmann und S. von Moos, New Directions in Swiss Architecture, New York 1969; K. Ackermann, Tragwerke in der konstruktiven Architektur, Stuttgart 1988; Schweizer Architekturführer 1920–1990, Band 2, 409, S. 156.

Fabrikgebäude
USM, Grundriß

Schwarzenburg
Rossgrabenbrücke
Straße Schönentannen – Hinterfultigen
1932
Robert Maillart
Neben der berühmten benachbarten Schwandbachbrücke (1933), die auf dem Prinzip der versteiften Stabbögen beruht, stellt die Rossgrabenbrücke mit ihrer Dreigelenk-Kastenträgerkonstruktion ein schönes Beispiel für Maillarts permanente Erforschung neuer Möglichkeiten des Bauens mit bewehrtem Beton dar. Zur Überwindung der alten Gewölbebrückenkonstruktionen entwickelte er durch die Verbindung von Form, Struktur und Ökonomie der Mittel eine neue Ästhetik des Bauens mit Stahlbeton.

Lit.: Max Bill u.a., Moderne Schweizer Architektur 1925–1945, Basel 1947; Werk, Bauen und Wohnen 12/1983; D. P. Billington, Robert Maillart und die Kunst des Stahlbetonbaus, Zürich und München 1990.

Steffisburg
Wohnhaus mit Atelier
Kirchbühlweg 15
1928
Arnold Itten
Die enge Zusammenarbeit zwischen dem Architekten und dem Bauherrn, einem Kunstmaler, führte zu einem für die moderne Schweizer Architektur der zwanziger Jahre charakteristischen Bau. Mit der Artikulation der Volumina und der betonten horizontalen Gliederung der Fassaden erinnert das im Originalzustand erhaltene Haus an Ittens Mürrener Hotelbauten, welche jedoch leider inzwischen völlig umgebaut wurden.
Lit.: Neues Bauen in der Schweiz, Führer zur Architektur der 20er und 30er Jahre, Blauen 1985.

Bern

Fabrikgebäude USM, Ansicht

Rossgrabenbrücke, Ansicht und Schnitt

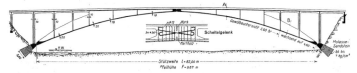

Wohnhaus mit Atelier, Ansichten

Bern

Villeret
Fabrikgebäude Cartier
Les Foverges 1
1990–92
Jean Nouvel, Emmanuel Cattani und Partner
Ausführung: IMZA
Mitarbeit: J. Chapelet, E. Maria
Vor dem Hintergrund der Werkhallen des seit langem für seine Uhrenproduktion bekannten Tals von St.-Imier erhebt sich das Fabrikgebäude der *Compagnie des technologies de luxe* als ein transparenter Quader, dessen architektonische Qualität den Anspruch des Unternehmens signalisiert. Während die formale Abstraktion die Autonomie des Gebäudes betont, ermöglicht die Transparenz paradoxerweise zugleich ein Spiel von Spiegelungen, die es in die umgebende Juralandschaft integrieren. Strikte Funktionalität im Inneren verweist auf die typologische Dimension des Entwurfs.
Lit.: Architecture romande 4/1991; Faces 28/1993; Schweizer Architekturführer 1920–1990, Band 2, 826, S. 234.

Zollikofen
Büro-, Gewerbe- und Lagerhaus
Industriestrasse 1
1987–91
Atelier 5
Das Gebäude dient mehreren unterschiedlichen Funktionen: Verwaltung, handwerkliche Fertigung, Lagerung. Deshalb wurde – um eine optimale Nutzung des Areals zu erreichen und der städtebaulichen Situation gerecht zu werden – die Parzelle bis an die Fluchtlinien bebaut.
Weitere Bauten des Büros Atelier 5 im Kanton Bern sind die kleine Fabrik in Thun (Bernstrasse 19) von 1958–59, das Thuner Lehrerseminar (Äussere Ringstrasse) von 1977–86, die Psychiatrische Klinik Münsingen von 1984–91 und das Vaucher-Gebäude in Niederwangen (Hallmattstrasse 4) von 1980–83.
Lit.: Werk, Bauen und Wohnen 12/1992; Architettura Svizzera 5/1993; Schweizer Architekturführer 1920–1990, Band 2, 611, S. 182.

Fabrikgebäude Cartier

Bern

Büro-, Gewerbe- und
Lagerhaus,
Straßenansicht,
Luftbild und
Grundriß

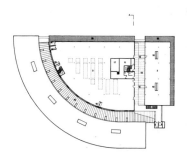

Büro-, Gewerbe-
und Lagerhaus,
Ateliertrakt

Kanton Glarus

Glarus
Kunsthaus
Oswald-Heer-Strasse 2
1951–52
Hans Leuzinger
Leuzingers Ensemble besticht in seiner Schlichtheit: Ein flacher Eingangspavillon schließt zwei klare kubische Baukörper mit geschlossenen, gelben Backsteinfassaden und Glassatteldächern zu einer L-Form zusammen, die sich zum Park hin öffnet. Gleichfalls von Leuzinger stammt das inzwischen leider umgebaute Ortstockhaus, eine Gebirgshütte auf der in 1 700 m Höhe gelegenen Braunwaldalp. Es wurde 1931 gebaut und galt seinerzeit als Beispiel des „Neuen Bauens in den Bergen".
Lit.: Werk 9/1952; Archithese 5/1985; Schweizer Architekturführer 1920–1990, Band 1, 405, S. 99.

Glarus
Personalhäuser des Kantonsspitals
1950–53; 1967–69
Jakob Zweifel
Mitarbeit: C. Hoffmann
Der Komplex wurde in mehreren Etappen gebaut und zeigt verschiedene Gebäudetypen. Das Hochhaus mit der benachbarten Viererbrugge von Schwesternwohnungen, aber auch die terrassierten Reihenhäuser für das medizinische Personal stellen Lösungen dar, die sich in erster Linie an Kriterien der Wohnqualität orientieren.
Lit.: Werk 1/1952; 1/1954; 5/1955; Werk, Bauen und Wohnen 7–8/1989; Schweizer Architekturführer 1920–1990, Band 1, 404, S. 100.

Glarus

Niederurnen
Verwaltungsgebäude der Eternit AG
Eternitstrasse
1953–54
*Max Ernst Haefeli, Werner Max Moser
Mitarbeit: F. van Kuyk*
Aus Gründen der Firmenidentität ist Eternit das Hauptmaterial der Außenverkleidung. Die zwei Funktionsbereiche des Gebäudes werden durch die Fenster- und Brüstungsbänder des Bürotrakts sowie den geschlossenen, zu Ausstellungszwecken erweiterten Treppenturm klar unterschieden.
Auch die Konzeption der 1956–57 von Paul Waltenspühl gebauten Eternitfabrik in Payerne, Kanton Waadt (rue Bovière) basiert auf der Analogie zwischen dem Erscheinungsbild und dem Produkt des Unternehmens.
Lit.: Werk 6/1956; Deutsche Bauzeitschrift 5/1958; Archithese 2/1980; 5/1993; Schweizer Architekturführer 1920–1990, Band 1, 408, S. 102.

Niederurnen
Gemeindesaal
1955–56
Hans Leuzinger, Hans Howald
Das Gebäude liegt auf einem natürlichen Felsvorsprung, dem der Sockel aus Stein entspricht. Durch ihn hindurch führt eine Freitreppe zur Eingangshalle, über der der Gemeindesaal liegt. Der First des dynamisch gegen die Hangneigung aufstrebenden Satteldachs liegt in der Symmetrieachse des sechseckigen Grundrisses.
Gleichfalls von Leuzinger ist das 1953–54 zusammen mit Jean Graf errichtete Schulhaus in Niederurnen (Pestalozzistrasse).
Lit.: Werk 4/1957; Deutsche Bauzeitschrift 10/1961; Schweizer Architekturführer 1920–1990, Band 1, 409, S. 102.

Verwaltungsgebäude Eternit AG

Gemeindesaal

Gegenüber:
Kunsthaus Glarus

Personalhäuser des Kantonsspital, Ansichten

Kanton Schwyz

Buttikon
Pfarreizentrum
Dorfplatz
1964–70
Joachim Naef, Ernst Sluder, Gottfried Studer

Die aus einem Wettbewerb hervorgegangene Kirche war Teil eines Gesamtplans zur Neugestaltung des Dorfzentrums (mit Gemeindeverwaltung, Geschäften, Wohnungen). Der Zentralbau aus Sichtbeton wird im Inneren von Oberlichtern erhellt. Er hat drei Eingänge, welche von den flankierenden Glockentürmen gekennzeichnet sind. Ein spiralförmiger Weg führt den Besucher zum Altar. Die fließende und flexible Innengestaltung entspricht der vielfältigen Nutzung des Raums durch die Pfarrgemeinde (Konzerte, Vorträge, Konferenzen etc.).
Die als Spezialisten auf dem Gebiet der Kirchenarchitektur bekannten Architekten bauten ferner 1970–72 die Kirche in Buchrain, Kanton Luzern, und 1971 das Pfarreizentrum St. Martin in Thun, Kanton Bern.

Lit.: Rivista Tecnica 24/1971; Werk 12/1971; Werk, Bauen und Wohnen 1–2/1980; Schweizer Architekturführer 1920–1990, Band 1, 402, S. 98.

Pfarreizentrum

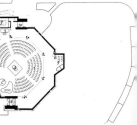

Kanton Zug

Baar
Wohnsiedlung Büel
Büelstrasse 21–27
1983–86
*Dolf Schnebli und Tobias Ammann;
mit Werner Egli und Hans Rohr
Mitarbeit: V. Brändli, F. Vogel*
Die einzelnen Wohnblöcke der an einer Bahnlinie liegenden Siedlung gruppieren sich in einer offenen Folge um eine Piazza. Der Zugang erfolgt über einen Laubengang im westlichen, geschlossenen Baukörper, der zugleich auch als Schallschutz dient. Die Siedlung hat vorwiegend Duplexwohnungen mit individuellem Eingang und Zugang zum Dachgarten; die Parterrewohnungen haben jeweils einen eigenen Garten.
Lit.: Archithese 2/1986; 3/1986; Rivista Tecnica, 1–2/ 1986; Faces 14/1989; Architettura Svizzera 2/1990; Detail 1/ 1990.

Wohnsiedlung Büel

Zug

Oberägeri
Haus van de Velde I und II
Holderbachweg 1a; Alte Landstrasse 4a
1939; 1957
Alfred Roth
Alfred Roths erster Bau aus den dreißiger Jahren war ein Ferienhaus für Henry van de Velde. Als diesem im Alter der Zugangspfad zu beschwerlich wurde, baute Roth in der Nachbarschaft den zweiten Bau. Hier verbrachte van de Velde die letzten Lebensjahre mit der Niederschrift seiner Erinnerungen, in denen er auch auf die von Frank Lloyd Wrights frühen Bauten inspirierten und so herrlich in das Landschaftsbild integrierten Bungalows zu sprechen kommt.
Lit.: Werk 11/1962.

Oberägeri
Einfamilienhaus
Müslirain 9
1990–92
Mario Campi und Franco Pessina
Die Bedachung aus Zink, welches wegen der Baubestimmungen gewählt wurde, bildet zusammen mit dem polierten Naturstein das Leitmotiv des Entwurfs: Die Dächer wirken durch ihre weite Vorkragung besonders leicht. Von der Garage im Tiefparterre führt der Weg über den darüberliegenden Eingang zum Wohnbereich und endet im abschließenden Raum mit doppelter Höhe, von dem aus man die ganze Landschaft überblickt und der das eigentliche Herzstück des Hauses darstellt.
Lit.: Rivista Tecnica 10/1992; Domus 751/1993; a + u, architecture and urbanism 3/1993.

Steinhausen
Ökumenisches Kirchen- und Begegnungszentrum
Chilematt
1976–81
Ernst Gisel
Mitarbeit: Heinz Schmid, P. Steiner, J. M. Bovet
Der Komplex sollte dem Ort eine neue städtebauliche Identität verleihen und die nötigen Räume für eine kleine Tagungsstätte nicht weit von Zürich bereitstellen, wurde aber schon nach wenigen Jahren auch für Übernachtungen genutzt. Außer einer katholischen und einer reformierten Kirche sind mehrere Räume für gemeinschaftliche Aktivitäten in dem Komplex untergebracht, der ein kompakter, bewußt jede hierarchische Gliederung vermeidender Bau ist, aber dennoch durchaus differenzierte Volumina aufweist. Zu dieser Differenzierung trägt der Einsatz unterschiedlicher Materialien bei (Sichtbeton, Kupferverkleidung, Holz, Naturstein). Die Innenräume sind weiß gestrichen und durch Oberlichter erhellt.
Lit.: Abitare 1982, S. 206; Werk, Bauen und Wohnen 7–8/1982; Detail 4/1983.

Zug

Haus van de Velde I
und II

Einfamilienhaus

Ökumenisches
Kirchen- und
Begegnungs-
zentrum Chilematt

Unterägeri
Ehem. Kinderheilstätte Heimeli
(Schwesternheim Sonnenhalde)
Heimelistrasse
1935–38
*Dagobert Keiser und Richard Bracher
Mitarbeit: E. Steiger, P. Trüdinger*
Den Bau dieser ganz der funktionalistischen Tradition der Kurhäuser entsprechenden Kinderklinik kennzeichnet eine im Betonsockel verankerte Metallstruktur; er ist – vom Sockelgeschoß aus Beton abgesehen – ganz mit Holz verkleidet.
Lit.: Max Bill, Moderne Schweizer Architektur 1925–45, Basel 1947; Werk 9/1954.

Zug
Evangelisch reformierte Kirche
Alpenstrasse
1903–06
Karl Moser, Jacques Kehrer und Friedrich Wehrli
Der Kirchenbau des Protestanten-Vereins von Zug beruht auf einem Vorprojekt Karl Mosers mit Kehrer und Wehrli von 1903, das Wehrli 1904–06 allein ausführte. Auf Moser verweist der Typus des dreiarmigen Zentralbaus mit einem in den Winkel zweier Kreuzarme eingeschobenen Glockenturm, der den Bau als kompakte Einheit erscheinen

Ehem. Kinderheilstätte Heimeli, Ansicht und Grundriß

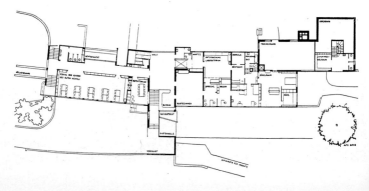

läßt. Auch den neoromanischen Stil bevorzugte Moser zu Jahrhundertbeginn, wußte ihn aber in Raumbild und Detaillierung frei zu interpretieren, während die Zuger Kirche mit Hausteinfassade und Rundbogenfenstern nah am historischen Vorbild bleibt.
Lit.: Schweizerische Bauzeitung 47/1906; INSA. Inventar der neueren Schweizer Architektur 1850–1920, Bd. 10, Bern 1992.

Zug
Reihenhäuser
Bleichimattweg 11
1931
Heinrich Peikert
Neben dem Stellenwert, den man den Faktoren Lage, Besonnung und Funktionalität der Konstruktion einräumte, verrät auch die typologische Wahl des Reihenhauses mit fortlaufenden, die Horizontale akzentuierenden Veranden die intensive Beschäftigung des Architekten mit den neuen Wohnkonzepten der Moderne.
Lit.: I. Noseda, Kulturobjekte der Stadt Zug, Zug 1990.

Evangelisch reformierte Kirche

Reihenhäuser

Zug
Kantonalbank
Bahnhofstrasse 1
1949–58
Leo Hafner und Alfons Wiederkehr
Eine klare Planimetrie bestimmt diesen (1985 umgebauten) Atriumsbau. Die Fassade zeigt traditionelle Elemente des Palazzo – etwa bei den Arkaden oder im Abschluß –, setzt sie aber durchaus funktionell ein. Dabei werden leicht erscheinende Materialien (Aluminium, Glas und Stahl) verwendet.
Lit.: Werk 5/1959; A. Altherr, Neue Schweizer Architektur, Teufen 1965; Schweizer Architekturführer 1920–1990, Band 1, 843, S. 246.

Zug
Terrassenhaussiedlung
Terrassenweg 1–9
1957–60
Fritz Stucky und Rudolf Meuli
Die Architekten leisteten bei der Entwicklung dieses in der Schweiz besonders erfolgreichen Siedlungstypus' Pionierarbeit. Die Blöcke mit terrassenförmig geschichteten Wohnungen folgen dem Abhang mit einem Neigungswinkel von 51 Grad. Jede Einheit besteht aus fünf übereinanderliegenden Wohnungen, deren Nebenräume jeweils an der Bergseite liegen, während der Wohnbereich auf die große Terrasse geht.

Kantonalbank

Terrassenhaussiedlung

Ein weiteres Beispiel dieser Siedlungsform ist die Terrassenhaussiedlung Mühlenhalde in Brugg-Umiken, Kanton Aargau, die 1962–71 von Scherer, Strickler und Weber (Team 2000) gebaut wurde.
Lit.: Architecture, formes + fonction 8/1961; Werk 2/1961; 10/1964; L'Architecture d'aujourd'hui, 1962, S. 100; A. Altherr, Neue Schweizer Architektur, Teufen 1965; J. Bachmann und S. von Moos, New Directions in Swiss Architecture, New York 1969; Schweizer Architekturführer 1920–1990, Band 1, 844, S. 246.

Zug
Wohnquartier Herti V
General-Guisanstrasse 22–30
1989–94

Kuhn, Fischer & Partner (W. Fischer, G. Scherrer)
Mitarbeit: P. Winistörfer, P. Meichtry, C. Späti

Die Anlage ist durch einen von den vertikalen Erschließungselementen skandierten Fußgängerweg in zwei Bereiche aufgeteilt. Mit seiner Stirnseite ist das Hauptgebäude auf die General-Guisanstrasse gerichtet. Es nimmt die Wohnungen auf, während im niederen Bau mit Kammstruktur gemeinschaftliche Einrichtungen und Nebenbereiche untergebracht sind.
Lit.: Schweizer Ingenieur und Architekt 50/1989; Hochparterre 10/1990.

Wohnquartier
Herti V

Kanton Luzern

Baldegg
Zentrum für Mutter und Kind und Erholungsheim Sonnhalde
Sonnhaldenstrasse 2
1968–72
Marcel Breuer und Beat Jordi

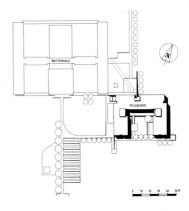

Das Zentrum ist ein introvertierter, gleichsam eingefriedet wirkender Komplex. Das H-förmig angelegte Gebäude erlaubt Verbindungswege zu den Höfen. Die Plastizität der horizontal gegliederten Baukörper entsteht durch Verwendung von vorfabrizierten Betonelementen, die die Tiefe der Fenstermodule sichtbar machen, und durch den Einsatz der natürlichen Materialien Stein und Holz, deren Oberflächenstrukturen durch das einfallende Licht noch verdeutlicht wird.
Marcel Breuer baute auch 1957 – unter Mitarbeit von Herbert Beckhardt und Eberhard Eidenbenz – das Haus Staehelin in Feldmeilen am Zürichsee (Im Hausacker 35).
Lit.: Werk 4/1973; Bauen und Wohnen 9/1975; Architettura Svizzera 1979, 38.

Eggen
Wohnhaus Erni mit Atelier
Kreuzbuchstrasse
1957, 1966
Hans Erni, Josef Gärtner und Paul Gässner
Das vom Kunstmaler und Bildhauer Hans Erni entworfene Eigenheim liegt auf einem Hügel über dem See. Die Volumetrie und die Suche nach einer „menschlichen Größenordnung" zeugen von Ernis Bewunderung für Le Corbusiers Œuvre.

Lit.: H. Ineichen und T. Zanoni (Hrsg.), Luzerner Architekten 1920–1960, Zürich und Bern 1985.

Emmenbrücke
Haus Kraan-Lang
Oberriffig 7
1992–93
*Daniele Marques und Bruno Zurkirchen
Mitarbeit: S. Mauthe, F. Ritter*
Die Lage des Bauareals in einem recht heterogenen städtischen Randgebiet mit einer Mischung aus Industrie- und Gewerbebetrieben und Wohnbauten veranlaßte die Architekten zum Entwurf einer Art Container, der bewußt den Eindruck von Kurzlebigkeit wecken soll. Einfache Konstruktionsmethoden und leichte Materialien – ein Modulsystem aus vorfabrizierten Holzelementen und Wellblechverkleidung – bilden einen Kontrapunkt zum benachbarten wuchtigen Wohnblock aus Stahlbeton.
Lit.: Hochparterre 5/1994; Werk, Bauen und Wohnen 5/1994.

Luzern

Zentrum für Mutter und Kind, Haus Sonnhalde, Ansicht und, gegenüber, Gesamtgrundriß

Wohnhaus Erni mit Atelier

Haus Kraan-Lang

Luzern

Littau
Zentrum Ruopigen
Ruopigenplatz 4–20
1962–87
Dolf Schnebli, Tobias Ammann und Isidor Ryser
Mitarbeit: R. Matter, P. Huber, M. Meili, A. Fickert, J. Kubli

Die Überarbeitung des aus einem Ideenwettbewerb von 1962 hervorgegangenen Entwurfs zur Überbauung Ruopigen in der Agglomeration Luzern und die Ausführung des Projektes erstreckten sich über eine Zeitspanne von mehr als zwei Jahrzehnten. Hauptgedanke des Entwurfs war, in einer identitätslosen Gegend „ein Stück Stadt" zu schaffen; dabei sollte auf einem Areal mit einer Gesamtfläche von 530000 m^2 für 9000 Einwohner Wohnraum entstehen. Die Architekten schufen ein hierarchisch gegliedertes System von Wechselbeziehungen zwischen öffentlichem und privatem Raum und beriefen sich dabei ausdrücklich auf die englischen *new towns* und auf Le Corbusiers Überlegungen zum Städtebau.

Die Ausführung der mehrmals überarbeiteten Entwürfe begann 1974 mit der Errichtung der Grundschule von Dolf Schnebli (Mitarbeit: K. Dolder, Dom-

Zentrum Ruopigen,
Außen- und
Innenansicht

mann-Plüss). In den achtziger Jahren wurde der Wohnbereich fertiggestellt. Die städtische Struktur orientiert sich am Vorbild einer „organisch" gegliederten Anlage mit getrennten Verkehrswegen für Fahrzeuge und Fußgänger. Sie bedeutete eine Neuerung sowohl für die Luzerner Baugesetzgebung als auch in der architektonischen Gestaltung der einzelnen Bau- und Funktionsbereiche.
Lit.: Archithese 2/1980; Abitare 206/1982; Werk, Bauen und Wohnen 11/1985; Architektur und Technik 3/1987; Rivista Tecnica 7–8, 1987; Detail 6/1988; The Architectural Review 1/1991; du 5/1992; Schweizer Architekturführer 1920–1990, Band 1, 826, S. 236; 825, S. 237.

Luzern
Verwaltungsgebäude der SUVA
Fluhmattstrasse 1
1914–15
Otto und Werner Pfister
Das siegreiche Wettbewerbsprojekt von 1914 (unter den Juroren waren bekannte Architekten der damaligen Zeit wie Maurice Braillard, Karl Indermühle, Robert Rittmeyer) begegnete den funktionalen Anforderungen des Programms mit dem Entwurf eines Palais. Durch die Betonung des Hauptbaus mit seinem kräftigen Volumen, das den Kopf des Gebäudes bildet und von einem neobarocken Kuppeldach gekrönt ist, erhält der Bau eine monumentale Dimension.
Lit.: Werk 10/1916; INSA. Inventar der neueren Schweizer Architektur 1850–1920, 6, Bern 1991; Archithese 3/1993.

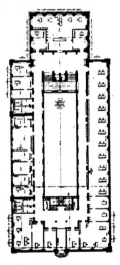

Verwaltungsgebäude der SUVA

Luzern
Sitz der Schweizerischen Kreditanstalt
Schwanenplatz 8
1922
Karl Moser und Emil Vogt

Schweizerische Nationalbank
Pilatusstrasse 10
1922
Hermann Herter

Beide Bankgebäude bilden wuchtige Blöcke im Straßenbild. Doch während Karl Moser und Emil Vogt auf eine monumentale Pilaster- und Säulenordnung als bekannte Würdeformel vertrauen, gliedert Hermann Herter, der spätere Zürcher Stadtbaumeister, seinen Bau mit sparsamen klassizistischen Stilmitteln, sein Interesse an der kubischen Grundform zeichnet sich bereits hier ab.

Lit.: H. Ineichen und T. Zanoni (Hrsg.), Luzerner Architekten 1920–1960, Zürich und Bern 1985; Schweizer Architekturführer 1920–1990, Band 1, 901, S. 255.

Luzern
Krematorium
Friedental
1923–26
Albert Froelich

Das monumentale, symmetrisch aufgebaute Krematorium am Nordwestrand der Stadt liegt im terrassierten Friedhofsgelände. Der Architekt, der auch die Krematorien von Zürich und Aarau entwarf, schuf einen von einer Kuppel gekrönten Rundbau, der von den Urnenhallen flankiert wird.

Schweizerische Kreditanstalt

Schweizerische Nationalbank

Krematorium

Luzern

Lit.: Schweizerische Bauzeitung 88/1926; Werk 10/1926; 4/1937; Schweizer Architekturführer 1920–1990, Band 1, 902, S. 255.

Luzern
Siedlung der Allgemeinen Baugenossenschaft
Neuweg/Blücherstr./Bundesstr./Claridenstr./Heimatweg/Tödistr.
1926 und 1931
Otto Schärli sen., Werner Dolder
Siedlung Geissmatt
Spitalstrasse 26–27–29/Spitalweg 6
1935/36
Carl Mossdorf

Die Siedlung der ABL entstand in zwei Abschnitten: Otto Schärli errichtete 1926 an Neuweg und Blücherstrasse eine Blockrandbebauung mit begrüntem Gemeinschaftshof, Werner Dolder 1931 an der Bundesstrasse drei geschwungene, sechsgeschossige Zeilen aus Zweispännern in Nord-Südrichtung (Kopfbau der PTT, 1932, von Augusto Guidini).

Die Siedlung Geissmatt ging aus einer Selbsthilfeaktion des Baugewerbes hervor: Auf billigem Baugrund am damaligen Stadtrand errichtete man kostengünstig vier parallele Laubenganghäuser. Alle Wohnungen sind nach Westen mit Loggien orientiert. Die Satteldächer vermitteln das Bild einer gemäßigten Moderne.

Lit.: Werk 5/1919; Schweizer Architekturführer 1920–1990, Band 1, 903, S. 256.

Siedlung der Allgemeinen Baugenossenschaft

Siedlung Geissmatt

Luzern

Wohn- und Geschäftshaus
Burgerstrasse 33
1930–31
Kunst- und Kongresshaus
Bahnhofplatz 2
1930 (heute abgerissen)
Infanterie-Kaserne Allmend
Murmattweg 6
1935
Armin Meili

Meilis Kunst- und Kongresshaus lag exponiert am Seeufer neben dem Bahnhof. Direkt gegenüber am Bahnhofplatz steht Meilis filigrane Metallkonstruktion einer Schiffslandebrücke von 1935. Das Wohn- und Geschäftshaus Burgertor verbindet eine traditionelle Fassade mit einer fortschrittlichen Stahlbetonskelettkonstruktion. Die Klarheit der Baukörper, die schalungsroh belassene Stahlbetonkonstruktion und die strenge Reihung gleichförmiger Fenster verleihen dem Kasernengebäude eine besondere Ausdruckskraft.

Lit.: Schweizer Architekturführer 1920–1990, Band 1, 906, S. 258; 904, S. 257; 908, S. 260.

Luzern

Kultur- und Kongresszentrum
Bahnhofplatz
Entwurf 1989/1993–2001
Jean Nouvel

Wohn- und Geschäftshaus Burgerstrasse

Oben: J. Nouvel, Kultur- und Kongresszentrum

Mitte: A. Meili, Kunst- und Kongresshaus

Infanterie-Kaserne Allmend

Am Ort von Meilis früherem Kunst- und Kongresshaus entstehen drei parallel zueinander liegende Konzert- und Veranstaltungssäle, die durch ein quer zu ihnen stehendes Gebäude verbunden werden.
Lit.: Olivier Boissière, Jean Nouvel, Basel/Boston/Berlin 1996.

Luzern
Dula-Schulhaus
Bruchstrasse 78
1931–33
Albert Zeyer
Atelierhaus Blaesi
Adligenswilerstrasse 31
1938
Albert Zeyer

Zeyer gewann 1930 den Wettbewerb für das Dula-Schulhaus, erhielt damit seinen ersten größeren und öffentlichen Auftrag und schuf eines der schönsten Zeugnisse des Funktionalismus in Luzern. Neben den Klassenräumen sollte das Gebäude verschiedene soziale Einrichtungen aufnehmen. Leider wurde der Gymnastik- und Sonnenbadeplatz auf dem Dach der Turnhalle 1969 einer Aufstockung geopfert.

Für den Bildhauerfreund August Blaesi entwarf Zeyer ein bescheidenes Atelier- und Wohnhaus. Das Atelier bildet ein Rechteck parallel zum Hang, die Wohnräume in den beiden Etagen darüber bilden ein Rechteck senkrecht dazu, so daß vor dem Atelier ein überdachter Arbeitsplatz und „auf" dem Atelier eine seitliche Terrasse entsteht.

Lit.: H. Ineichen und T. Zanoni (Hrsg.), Luzerner Architekten 1920–1960, Zürich und Bern 1985; Archithese 3/1985; Schweizer Architekturführer 1920–1990, Band 1, 905, S. 257; 911 und 910, S. 261.

Dula-Schulhaus

Atelierhaus Blaesi

Luzern
St. Karl-Kirche
St.-Karlistrasse 23
1930–34
Fritz Metzger
Zwischen Fluß, Brückenkopf und Straße gelegen, erfüllt die Kirche eine städtebauliche Gelenkfunktion. Als Eisenbetonbau schließt sie unmittelbar an Karl Mosers Antoniuskirche in Basel an und kommt doch zu einer gegensätzlichen Lösung: Leitmotiv ist der einheitliche Kirchenraum, der Priester und Gemeinde gemäß der liturgischen Erneuerungen der Zeit vereint. Als architektonische Ausdrucksmittel dieser Einheit dient die gleichförmig umlaufende, allein tragende Stützenreihe. Die glatte Wand mit dem ununterbrochenen Fensterband zeigt, daß es sich hier um eine reine Hülle handelt. Die Wand- und Glasmalereien stammen von Hans Stocker, die vier Evangelistenstatuen in der Vorhalle von August Blaesi.

Lit.: Werk 4/1937; H. Ineichen und T. Zanoni (Hrsg.), Luzerner Architekten 1920–1960, Zürich und Bern 1985; Schweizer Architekturführer 1920–1990, Band 1, 907, S. 259.

Luzern
Evangelisch reformierte Lukaskirche und Gemeindehaus
Morgartenstrasse 16
1935
Alfred Möri und Karl Krebs
Der Komplex, gänzlich verschieden vom Wettbewerbsentwurf von 1924, nimmt mit seiner rechtwinkligen Verbindung von Kirche und Gemeindehaus die orthogonale Struktur des Quartiers auf. Der Glockenturm, ebenso breit wie das Kirchenschiff und in der oberen Hälfte durchbrochen, wendet sich mit dem Hauptportal und einer breiten Freitrep-

St. Karl-Kirche   Lukaskirche und Gemeindehaus

pe dem gegenüberliegenden Englischen Garten als Dominante zu.
Lit.: Werk 3/1938; Docu Bulletin 5/1984; H. Ineichen und T. Zanoni (Hrsg.), Luzerner Architekten 1920–1960, Zürich und Bern 1985; Schweizer Architekturführer 1920–1990, Band 1, 909, S. 260.

Luzern
Pfarrkirche St. Joseph Maihof
Weggismattstrasse
1941–51
Otto Dreyer
Zentralbibliothek
Sempacherstrasse 10
1949–52
Otto Dreyer

Otto Dreyer ist einer der bedeutendsten Vertreter des modernen Kirchenbaus der Schweiz in den dreißiger und vierziger Jahren, dessen Kennzeichen die Verwendung unverputzten Betons, die Reduktion auf typologische Grundelemente und eine sparsame Formgebung insgesamt sind. Die Kirche am Maihof bildet eine eigenständige Lösung insofern, als hier eine breite Freitreppe den Glockenturm vom Kirchenschiff trennt. Der Entwurf der Zentralbibliothek beruht auf einem Wettbewerb von 1945. Drei der Öffentlichkeit zugängliche Flügel sowie der fünfgeschossige Magazinbau umschließen einen rechteckigen Innenhof. Konzeption und Detaillierung entsprechen der restaurativen Moderne der fünfziger Jahre.
Lit.: H. Volkart, Schweizer Architektur, Ravensburg 1951; H. Ineichen und T. Zanoni (Hrsg.), Luzerner Architekten 1920–1960, Zürich und Bern 1985; Schweizer Architekturführer 1920–1990, Band 1, 912, S. 262; 914, S. 263; 918, S. 265.

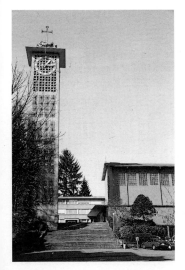

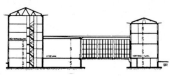

Kirche St. Joseph Maihof

Zentralbibliothek, Ansicht und Schnitt

Luzern
Schulhaus Felsberg
Felsbergstrasse 10–12
1944–48
Emil Jauch und Erwin Bürgi

Der Gewinn des Wettbewerbs für die Felsbergschule 1944, die 1946–48 ausgeführt wurde, veranlaßte die Architekten, sich in Luzern niederzulassen. Drei unabhängige Klassenpavillons für je eine Altersstufe reihen sich in weitem Bogen und öffnen sich zum Park hin. Den Eingang der Anlage markiert die Turnhalle. Die Wiederholung einfacher Formen und die schlichten Materialien lassen sich aus Jauchs Arbeitszeit in Schweden 1936–39 herleiten.

Lit.: Werk 7/1949; H. Ineichen und T. Zanoni (Hrsg.), Luzerner Architekten 1920–1960, Zürich und Bern 1985; Schweizer Architekturführer 1920–1990, Band 1, 913, S. 262.

Luzern
Gewerbeschule
Heimbachweg 12
1954–58
Josef Gasser und Gottfried Wielandt

Entgegen dem üblichen linearen Grundrißschema für Schulen setzte sich Gasser im Wettbewerb für die Gewerbeschule 1954 mit einem quadratischen Zentralbau durch. In seiner Mitte befindet sich ein kreisrunder Lichthof, den ein Netzfachwerk überwölbt. Die spannungsreiche Kombination von Quadrat und Kreis bestimmt die gesamte Raumorganisation und manifestiert sich am Außenbau in einem runden Attikageschoß. Mit der Gewerbeschule gelang dem Architekten ein Manifest der Wrightschen Position in der Schweizer Architekturdiskussion der fünfziger Jahre.

Lit.: Archithese 3/1985; H. Ineichen und T. Zanoni (Hrsg.), Luzerner Architekten 1920–1960, Zürich und Bern 1985; Schweizer Architekturführer 1920–1990, Band 1, 916, S. 264.

Luzern
Wohnhochhaus Schönbühl
Langensandstrasse 37
1965–68
Alvar Aalto, Karl Fleig und Max Wandeler
Einkaufszentrum Schönbühl
Langensandstrasse 23
1965–67
Alfred Roth
Mitarbeit: R. Arni, A. Maurer

Das sechzehngeschossige Wohnhochhaus mit fächerförmigem Grundriß ist der einzige Bau des finnischen Architekten auf Schweizer Boden. Es stellt eine Weiterentwicklung des Hochhauses Neue Vahr (1958–62) in Bremen dar. Zusammen mit dem benachbarten Einkaufszentrum von Alfred Roth ist es beispielhaft für das zeitgenössische Planungskonzept einer Stadterweiterung zum Seeufer hin. Der Gesamtkomplex zeugt vom Interesse an den amerikanischen Modellen einer Stadtrandentwicklung, doch wird die Banalität, die nur zu oft Anlagen dieser Art kennzeichnet, vermieden durch die qualitätvolle Architektur von Aalto und die Eleganz, mit der Roth das Problem der Parkhauszufahrten löste.

Lit.: Werk 10/1968; Rivista Tecnica 4/1982; Schweizer Architekturführer 1920–1990, Band 1, 920, S. 267.

Luzern

Schulhaus Felsberg

Gewerbeschule

Wohnhochhaus Schönbühl, Ansicht und Modell der gesamten Anlage

Luzern
Neubebauung des Bahnhofareals
Bahnhofplatz
1975–91
Hans-Peter Ammann, Peter Baumann, Santiago Calatrava
Mitarbeit: R. Borchert, M. Bosshard, M. Burkhalter, H. Cometti, F. Fischer, K. Gallati, D. Geissbühler, R. Hergert, G. Hindalov, P. Höing, E. Imhof, E. Kurze, R. Leimenstoll, A. Linke, E. Lüthi, H. Portmann, T. Portmann, A. Renner, P. Stöckli, G. von Wartburg, H. Weibel

Die zahlreiche Gebäude umfassende Neubebauung basiert auf einem Wettbewerbsentwurf, der bereits 1971 – nach dem Großbrand, dem das alte Bahnhofsgebäude zum Opfer fiel – eingereicht worden war. Sie besteht aus folgenden Teilen: Passagierhalle, Parkdeck, Verwaltungsbüros, Ladenzone, Gewerbeschule, Postgebäude, Parkhaus (hinter dem Kunstmuseum) und dem zum See hin gelegenen Wohn- und Geschäftshaus „Inseliquai". Calatravas Definition des Bahnhofsvorbaus auf der Seeseite, mit seinem Arkadengang aus Stahlbeton und dem an Stahlträgern aufgehängten Glasdach verleiht der Bahnhofsplatzfassade eine starke Expressivität.

Lit.: Werk-archithese 9–10/1979; Werk, Bauen und Wohnen 12/1983; 12/1988; 6/

Bahnhof Luzern, Luftaufnahme des Gesamtareals und Fassadenansicht des Passagiergebäudes

1990; 3/1991; Archithese 3/1985; 3/1986; Quaderns d'Arquitectura i Urbanisme 6/1987; 1–2/1992; Detail 6/1988; Architectural Record 8/1991; Hochparterre 1/1991; P. Disch (Hrsg.), Architektur in der deutschen Schweiz 1980–1990, Lugano 1991, S. 144; du 5/1992; Schweizer Architekturführer 1920–1990, Band 1, 922, S. 268 f.

Luzern
Verwaltungsgebäude
Rösslimattstrasse 40
1982–87
*Hans Eggstein und Walter Rüssli
Mitarbeit: H. Bühlmann, F. Schnyder*
Der Problematik des durch Zufahrtsstraßen definierten Areals in einem städtebaulich unattraktiven Quartier begegnen die Architekten durch den Entwurf von zwei unterschiedlichen Baukörpern, die mit einem Glastrakt für das Treppenhaus verbunden sind; dadurch wird sowohl die Verschiedenartigkeit der Volumen als auch ihre architektonische Zusammengehörigkeit akzentuiert. Die innere Organisation entspricht mit ihrer funktionalen Trennung der äußeren Zweiteilung (Büros im Quader, Archivräume im Halbzylinder).
Lit.: Archithese 2/1988; Werk, Bauen und Wohnen 12/1988; P. Disch (Hrsg.), Architektur in der deutschen Schweiz 1980–1990, Lugano 1991, S. 150; Architettura Svizzera 1992, S. 101; Schweizer Architekturführer 1920–1990, Band 1, 923, S. 270.

Bahnhof Luzern

Verwaltungsgebäude

Luzern
Wohn- und Geschäftshaus
Fluhmattweg 4
1988–94
Daniele Marques und Bruno Zurkirchen
Der unmittelbar neben dem SUVA-Haus gelegene Bau steht auf stark abfallendem Gelände zwischen zwei Straßen mit unterschiedlichem Neigungswinkel. Die Verbindungstreppe zwischen diesen beiden Straßen wie auch die Geometrie der Stützmauern werden als den Ort charakterisierende Elemente interpretiert. Die Architektur des Gebäudes definiert sich gelegentlich durch formale Anleihen bei bestehenden Gebäuden; so bildet etwa die Rhythmik des Mansardendaches einen Kontrast zum monolithischen Baukörper aus Beton. Das Neuartige dieser Architektur liegt in erster Linie im proportionalen Gefüge der einzelnen Elemente.
Lit.: P. Disch (Hrsg.), Architektur in der deutschen Schweiz 1980–1990, Lugano 1991, S. 151.

Meggen
Katholische Kirche und Pfarreizentrum
Schlösslistrasse
1964–66
Franz Füeg
Die Kirche ist ein großer, geschlossener, vom Rhythmus der Metallprofile gegliederter Quader, dessen Konstruktion auf der Kombination von vorfabrizierten Metallelementen und Marmorpaneelen beruht. Dabei sind die Marmorplatten so dünn, daß das Licht hindurchscheint; dieses wird durch die Maserung des Materials gefiltert, so daß im Innenraum eine Atmosphäre der Sammlung herrscht.
Lit.: Bauen und Wohnen 12/1966; J. Bachmann und S. von Moos, New Directions in Swiss Architecture, New York 1969; R. Gieselmann, Neue Kirchen, Stuttgart 1972.

Katholische Kirche

Luzern

Wohn- und
Geschäftshaus
Fluhmattweg,
Modellsicht und
Grundriß

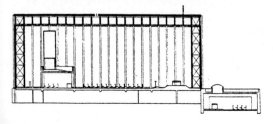

Katholische Kirche,
Innenansicht und
Schnitt

Luzern

Meggen
Haus Hodel
Blosseggrain 2
1984–85
Daniele Marques und Bruno Zurkirchen
Mitarbeit: J. Grunder
Haus Hodel ist das erste gebaute Werk der Architekten. Enge Baubestimmungen und die Nachbarschaft eines Bürgerheims aus dem 19. Jahrhundert ließen sie ein zur Straße hin intaktes, zum Garten hin fragmentiertes Volumen entwickeln, das in seiner Schiefwinkligkeit größer zu sein scheint als es ist. Das Haus öffnet sich zum Südhang, über dem es wegen der starken Auskragungen zu schweben scheint. Nicht nur der „Fensterkasten" des Wohnraumes weist auf Reminiszenzen der zweiten Moderne der fünfziger Jahre hin. Ein Jahr später, 1985–86, realisierten Marques und Zurkirchen das Einfamilienhaus an der Seehäusernstrasse 25 in Sursee.
Lit.: Archithese 5/1985; 5/1986; Rivista Tecnica 1–2/1986; Quaderns d'Arquitectura i Urbanisme 1987, S. 173; Häuser 1/1988; Bulletin ETH 1990, S. 225; P. Disch (Hrsg.), Architektur in der deutschen Schweiz 1980–1990, Lugano 1991, S. 159; du 5/1992; Schweizer Architekturführer 1920–1990, Band 1, 828, S. 237.

Nottwil
Schweizerisches Paraplegikerzentrum
1987–90
Wilfrid und Katharina Steib
Das Programm des aus einem Einladungswettbewerb hervorgegangenen Zentrums sieht neben dem medizinisch-therapeutischen Bereich auch Erholungs- und Sportanlagen zur Rehabilitation von Querschnittgelähmten vor. Trotz der zentrifugalen Lösung des Grundrisses wurde eine durchgehende Fassade zum See hin geschaffen, die gekennzeichnet ist durch die Krümmung der Bettentrakte und die Metallgerüste der Balkone, die eine zeitgemäße Lösung der Aufgabe mit modernen architektonischen Mitteln darstellen.
Lit.: Werk, Bauen und Wohnen 5/1990, P. Disch (Hrsg.), Architektur in der deutschen Schweiz 1980–1990, Lugano 1991, S. 160 f.; Schweizer Architekturführer 1920–1990, Band 1, 832, S. 240.

Haus Hodel

Luzern

Rigi-Kaltbad
Reformierte Kirche
Unterer Firstweg
1960–63
Ernst Gisel und Louis Plüss

Ernst Gisel hat sich mehrmals mit dem Thema des Sakralbaus befaßt. Zumal gegen Ende der fünfziger Jahre begann für den Architekten eine intensive Entwurfstätigkeit auf diesem Gebiet, die zu bedeutenden Bauten führte. Wenn er bei der 1956–61 entstandenen Kirche von Effretikon (Am Rebbuck) und der 1960–64 gebauten von Oberglatt (Rümlangstrasse 5) – beide im Kanton Zürich gelegen – und derjenigen von Reinach, Kanton Basel-Land, aus den Jahren 1958–63, die er immer in Gemeinschaftsarbeit mit Plüss baute, die skulpturalen Möglichkeiten des Betons erprobte, so ist die kleine Bergkapelle von Rigi-Kaltbad ein Beispiel für einen sensiblen Umgang mit organischen Materialien und für eine Form, die sich mit der Schönheit der Landschaft messen kann, ohne dabei ihre Autonomie aufzugeben.

Lit.: *A. Altherr, Neue Schweizer Architektur, Teufen 1965; Werk, 1/1965; L'Architecture d'aujoud'hui 1966, S. 126; Rivista Tecnica 1/1982; Schweizer Architekturführer 1920–1990, Band 1, 834, S. 241.*

Schweizerisches Paraplegikerzentrum, Außen- und Innenansicht

Reformierte Kirche

Kanton Obwalden

Engelberg
Klosterschule
Aeschiweg 2
1961–67
Ernst Gisel
Mitarbeit: C. Zweifel
Auf einem engen, steilen Hanggrundstück unterhalb der Klosterkirche verteilt sich das Raumprogramm der Schule terrassenartig auf fünf Ebenen und nutzt das Dach der Turnhalle als Pausenplatz. Scharf artikulierte, schwere Betonkuben verleihen dem Gebäude skulpturale Qualitäten. Nur im Inneren mildert eine Backsteinvormauerung die Härte des Materials.
Lit.: Architektur Wettbewerbe 1968, S. 55; 1982, S. 7–8; Baumeister 11/1968; Werk 7/1968; J. Bachmann und S. von Moos, New Directions in Swiss Architecture, New York 1969; a + u, architecture and urbanism 8/1977, Rivista Tecnica 1/1982; Schweizer Architekturführer 1920–1990, Band 1, 813, S. 230.

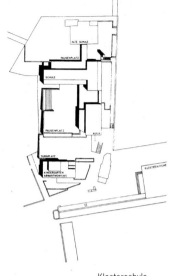

Klosterschule Engelberg, Lageplan

Sarnen
Kollegiumskirche
Brünigstrasse 177
1964–66
Joachim Naef, Ernst Studer und Gottfried Studer
Mitarbeit: G. Zimmermann
Der dezidiert skulpturale Eindruck der Kirche rührt von der räumlichen Kontinuität der Massen her, die vom Wechselspiel von Licht und Schatten und von der taktilen Qualität der rauhen Oberfläche modelliert werden; diese bildet einen Kontrapunkt zu den fließenden, sanften Konturen des Baus. Der Altar wird bei diesem Zentralbau zum Brennpunkt des Gottesdienstes und steht am Ende eines labyrinthartigen Weges, der von Seitenkapellen wie auch von der Außenwand skandiert wird.
Vom gleichen Architektenteam stammt der Entwurf der Sekundarschule und des Gemeindezentrums Sachseln (Mattli 24) von 1969–74.
Lit.: Werk 2/1967; J. Bachmann und S. von Moos, New Directions in Swiss Architecture, New York 1969; R. Gieselmann, Neue Kirchen, Stuttgart 1972; Schweizer Architekturführer 1920–1990, Band 1, 837, S. 243.

Obwalden

Klosterschule
Engelberg, Ansicht

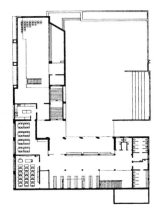

Kollegiumskirche
Sarnen, Außen- und
Innenansicht,
Grundriß

Kanton Nidwalden

Büren
Erweiterung des Schulhauses
Dorfmitte
1989–92
*Daniele Marques und Bruno Zurkirchen
Mitarbeit: H. van der Mejs, J. Wals*
Das kompositorische Ordnungsprinzip der neuen Baukörper orientiert sich an der Architektur des Dorfkerns mit dem bestehenden Schulhausbau. Die pavillonartige, freie Anordnung der einzelnen Volumen um einen zentralen Platz erlaubt eine harmonische Eingliederung in das Landschaftsbild. Fassadengestaltung und Baumaterial beruhen auf einer Neuinterpretation der regionalen Architektur.
Lit.: P. Disch (Hrsg.), Architektur in der deutschen Schweiz 1980–1990, Lugano 1991, S. 165; Werk, Bauen und Wohnen 3/1994.

Schulhauserweiterung Büren

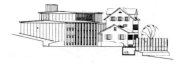

Hergiswil
Schulhaus Matt
Baumgartenweg 7
1952–54
Walter Schaad und Emil Jauch

Die aus einem Wettbewerb hervorgegangene Anlage entspricht den seinerzeit vielbeachteten pädagogischen Erkenntnissen über die Bedeutung der Umgebung für die frühkindliche Entwicklung. Die Architekten stellten deshalb einen mimetischen Bezug zur Landschaft her, ohne dabei auf geometrische Komposition zu verzichten. Die Schlichtheit der Materialien und die Sorgfalt, mit der man den Einfall des Tageslichts zu nutzen suchte, prägen den Charakter und den Aufbau der Anlage

Lit.: Werk 3/1955; H. Ineichen und T. Zanoni (Hrsg.), Luzerner Architekten 1920–1960, Zürich und Bern 1985; I. Noseda und M. Steinmann, Zeitzeichen, Schweizer Baukultur im 19. und 20. Jh., Zürich 1988; Schweizer Architekturführer 1920–1990, Band 1, 814, S. 230.

Schulhaus Matt

Kanton Uri

Altdorf
Bauten der Dätwyler AG
Gotthardstrasse 31
1939–40; 1951–65
Otto R. Salvisberg,
Roland Rohn
Im Zeitraum von rund 30 Jahren entstand der Gebäudekomplex der Kabel-, Gummi- und Kunststoffwerke (Dätwyler seit 1946), welcher neben Produktionsstätten auch Wohnungen, Dienstleistungsgebäude und Einrichtungen für die Belegschaft enthält und mit dessen Bau man zunächst den renommierten Architekten Otto R. Salvisberg beauftragte. Salvisberg errichtete 1939–40 den auch für die repräsentative Selbstdarstellung der Firma wichtigen Bau an der Straße. In den vierziger Jahren übernahm Salvisbergs Mitarbeiter und Nachfolger Roland Rohn, ein Experte auf dem Gebiet der Industriearchitektur (bekannt ist u.a. das zusammen mit W. Gattiker, C. Mossdorf, F. Zwicky und A. Boyer fertiggestellte Gebäude der Aufzugsfabrik Schindler AG in Ebikon), die architektonische Gestaltung der Firma. Er baute das Fabrikgebäude von 1951 und das Belegschaftsgebäude von 1964–65.
Lit.: INSA. Inventar der neueren Schweizer Architektur 1850–1920, 1, Bern 1984; Schweizer Architekturführer 1920–1990, Band 1, 802, S. 224.

Altdorf
Eidgenössisches Getreidelager
Eyschachen
1912–13
Eduard Züblin und Robert Maillart
Renovation 1989–91
Max Germann und Bruno Achermann,
Mitarbeit: M. Tremp
Zahlreiche Erweiterungs- und Umbauten haben die ursprüngliche Gestalt der Altdorfer Silos verändert, welche bei S. Giedion als besonders schönes Beispiel für die Kohaerenz von Form und Funktion auf dem Gebiet der Industriearchitektur zitiert werden. Bei der Restaurierung durch das Büro Germann und Achermann ist u. a. der vertikale Kopfbau wiederhergestellt worden.
Lit.: Heimatschutz 8/1913; Sigfried Giedion, Raum, Zeit, Architektur, dt. Basel 1976; Schweizerische Bauzeitung 74/1956; INSA. Inventar der neueren Schweizer Architektur 1850–1920, 1, Bern 1984.

Altdorf
Heilpädagogisches Zentrum
Gotthardstrasse 14
1974–79
Joachim Naef, Ernst Studer, Gottfried Studer
Der aus einem Wettbewerb von 1974 hervorgegangene Komplex umfaßt mehrere kantonale Einrichtungen: Kinderheim, Therapiestelle, Sonderschule. Die Anlage fügt sich in die bestehende Architektur ein und faßt die Hauptfunktionen in einem linearen Bau zusammen. Die sich selbständig artikulierenden Volumen öffnen sich in mehreren formalen Sequenzen zum Außenraum, wobei die Arkaden mit ihrer geometrischen Regelmäßigkeit ein Charakteristikum der Anlage bilden.
Lit.: Archithese 3/1980.

Schattdorf
Personalhaus der Gotthardraststätte
Bötzligerstrasse
1988–92
Max Germann und Bruno Achermann
Mitarbeit: P. Aregger

Der aus einem Wettbewerb von 1988 hervorgegangene Bau dient als Unterkunft für die ausländischen Gastarbeiter, welche nur saisonweise in der Autobahnraststätte beschäftigt sind. Durch die Wahl der Gestaltungsmittel (Farbgebung, volumetrische Organisation, kontrapunktischer Einsatz von Materialien, Detailausführung der Öffnungen) versuchten die Architekten, dem Bau ein eigenes Gesicht zu verleihen.

Verwaltungsgebäude der Dätwyler AG

Heilpädagogisches Zentrum

Eidgenössisches Getreidelager

Personalhaus der Gotthardraststätte

Kanton Jura

Fontenais
Pfarrkirche St. Peter und Paul
rue du Collège
1935
Fernand Dumas

In den dreißiger Jahren schuf Dumas zahlreiche Kirchenbauten in der Romandie, insbesondere im Kanton Fribourg (so die Kirchen von Orsonnens, Bussy, Murist, Mézières). Diejenige von Fontenais entspricht dem Basilikatypus; ihre Formensprache ist schmucklos und essentiell und versucht, durch eine strenge Geometrie die traditionelle Formgebung zu überwinden.
Lit.: L'Artisan liturgique 1932, S. 27.

Rossemaison
Haus Annaheim
Les Grands Champs 139
1979–80
Vincent Mangeat
Mitarbeit: J. Chappuis, S. Cerato

Dieses Haus ist nicht als solitäres Architekturobjekt konzipiert, sondern eher als Umgestaltung eines Areals: Eine

Pfarrkirche St. Peter und Paul

Jura

Haus Annaheim

leichte Hülle ganz aus Holz enthält die Wohnräume und greift über eine Partie aus massivem Mauerwerk, die den Abschluß nach Norden bildet. Die entstehende schillernde Räumlichkeit des Inneren entspricht der Konstruktion des Baus mit nischenartigen Teilungen durch tragende Schotten.

Lit.: Architettura Svizzera 48/1981; Lignum 12/1984; Werk, Bauen und Wohnen 9/1985; Techniques et Architecture 8–9/1989; Hochparterre 5/1991; Rivista Tecnica 11/1992; Schweizer Architekturführer 1920–1990, Band 2, 824, S. 233.

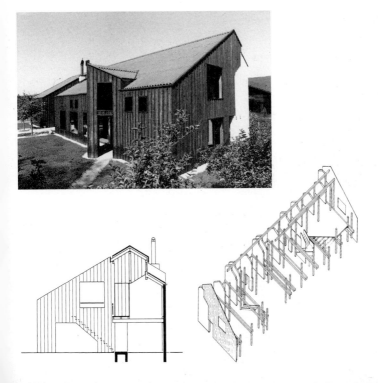

Neuchâtel
Kanton Neuchâtel

Cortaillod
Fabrikgebäude der SFERAX
route de Boudry 1
1978–82
*Marie Claude Bétrix, Eraldo
Consolascio, Bruno Reichlin
Mitarbeit: P. Huber*
Für den Umbau und die Vergrößerung des bestehenden Fabrikgebäudes wurde als gestaltprägendes Element ein Sheddach gewählt. Die Materialien Backstein, Eisen, Aluminium und Glas sind ihren formalen Möglichkeiten entsprechend eingesetzt; genaue Kenntnis des Bauprozesses bedingte den Entwurf.
Von denselben Architekten stammt auch das Lagerhaus Berani von 1981–82 in Uster (Ackerstrasse 50).
Lit.: Archithese 1/1980; 4/1993; Werk, Bauen und Wohnen 9/1981; 3/1988; Abitare 206/1982; Domus 647/1984; Baumeister 6/1986; Schweizer Architekturführer 1920–1995, Band 3, 013, S. 36.

La Chaux-de-Fonds
Villa Fallet
chemin de Pouillerel 1
1905–07
*Charles-Edouard Jeanneret (Le Corbusier) und René Chapallaz
mit dem Atelier L'Eplattenier*
Über seine erste Arbeit, die er der Vermittlung seines Lehrers Charles L'Eplattenier verdankte und zusammen mit René Chapallaz ausführte, schrieb Le Corbusier: „Mit siebzehn Jahren hatte ich das Glück, einen Bauherren zu finden, der mir ohne Vorurteile den Bau seines Hauses anvertraute." Das kleine chalet liegt im Norden der Stadt an den Hängen des Jura, nur wenige Schritte von der Villa entfernt, die L'Eplattenier

SFERAX-
Fabrikgebäude

1902–04 für sich und seine Familie errichtete. Die Wohnräume sind rational in Hinblick auf einen Raum von doppelter Höhe angeordnet. Das Grundkonzept geht von der bürgerlichen Villa des 19. Jahrhunderts aus, kündigt aber schon einen Typus an, den Le Corbusier in seinen späteren Entwürfen weiterentwickeln wird. Der Entwurf entspricht der von Regionalismus und Jugendstil geprägten Architektur der Zeit; die Ausführung einiger pittoresker Schmuckelemente verrät jedoch die Handschrift des jungen Jeanneret und seinen Willen, die Formen der Natur in die strenge Sprache der Geometrie zu übersetzen.

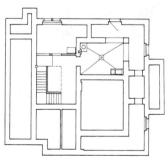

Lit.: Werk 12/1963; M. Sekler, The early drawings of Charles-Edouard Jeanneret, New York u. London 1977; P. Turner, The education of Le Corbusier: a study of the development of Le Corbusiers thought 1900–1920, New York, 1977; J. Gubler, The temperate presence of Art Nouveau, in: Art Nouveau Architecture, London 1979; INSA. Inventar der neueren Schweizer Architektur 1850–1920, 3, Bern 1982; Abitare 206/1982; Archithese 2/1982; W. Curtis, Le Corbusier: Ideen und Formen, Stuttgart 1987; G. Baker und J. Gubler, Le Corbusier. Early works by Charles Edouard Jeanneret-Gris, London 1987; S. von Moos, Estetica industriale, Disentis 1992; Schweizer Architekturführer 1920–1995, Band 3, 002, S. 28 f.

Villa Fallet

Neuchâtel

La Chaux-de-Fonds
Villa Jaquemet
chemin de Pouillerel 8
1908–09
Charles-Edouard Jeanneret (Le Corbusier) und René Chapallaz
Villa Stotzer
chemin de Pouillerel 6
1908–09
Charles-Edouard Jeanneret (Le Corbusier) und René Chapallaz
Villa Jeanneret-Perret
chemin de Pouillerel 12
1912
Charles-Edouard Jeanneret (Le Corbusier)

Die Auftraggeber der frühen Bauten von Charles-Edouard Jeanneret gehörten den mit der Uhrenindustrie verbundenen bürgerlichen Kreisen an und zählten zum Freundeskreis von L'Eplattenier. Mit beratender Unterstützung durch Chapallaz erarbeitete Jeanneret die Entwürfe zur Villa Jaquemet und zur Villa Stotzer während seines Aufenthalts in Italien und Wien. Die beiden Zweifamilienhäuser gleichen einander in der Raumanordnung, wobei die Organisation der Innenräume weitgehend von der äußeren Form bestimmt ist. Wichtigstes Baumaterial ist Eisenbeton (nach Hennebiques Patent). Doch verzichtet Jeanneret nicht auf eine regionale, von der jurassischen Flora und Fauna inspirierte, wenngleich dem Jugendstil nahestehende Ornamentik. Die Jahre 1908–

Villa Jaquemet

11 mit der Lehrzeit bei Perret in Paris und bei Behrens in Berlin, dem Aufenthalt in München, wo er Bekanntschaft mit dem Werkbund machte, und der Orientreise waren für Le Corbusiers Werdegang äußerst wichtig und eine Quelle vielfältiger Anregungen. Nach seiner Rückkehr nach La Chaux-de-Fonds im Jahre 1912 und seiner Tätigkeit als freiberuflicher Architekt nahm Jeanneret mit dem Entwurf seines Elternhauses Abstand von der ornamentalen Architektur. Bei der planimetrischen Aufteilung suchte er neue Möglichkeiten der Komposition: Herzstück des Hauses ist das Musikzimmer, welches von vier zentralen Säulen definiert wird.
Lit.: s. S. 207

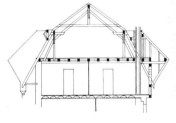
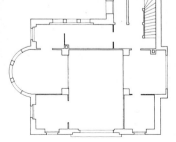

Villa Stotzer

Villa Jeanneret-Perret

Neuchâtel

La Chaux-de-Fonds
Villa Schwob
rue du Doubs 167
1916–17
Charles-Edouard Jeanneret (Le Corbusier)

Die von einem früheren, während des ersten Pariser Aufenthalts entworfenen Projekt beeinflußte Villa Schwob nimmt einige der von Jeanneret beim Haus für seine Eltern (Villa Jeanneret-Perret) entwickelten Elemente auf, so etwa die große Glasfläche der Fassade und die absidialen Volumen. Außer dem Einfluß von Jeannerets Lehrmeister Auguste Perret hat die Kritik die Patenschaft weiterer berühmter Architekten wie Frank Lloyd Wright und Josef Hoffmann ins Feld geführt. Die für einen bedeutenden Unternehmer der Uhrenindustrie gebaute Villa bildet den Abschluß von Jeannerets Ausbildungsjahren und zeigt – als Ergebnis seines offenen Zugangs zu den verschiedenen Bauformen der damaligen Zeit – die Fähigkeit des Architekten, heterogene Elemente in einer persönlichen Gestaltung zusammenzuführen. Durch den Einsatz von Eisenbeton als Grundmaterial, aber auch durch seine eigentliche Konzeption verweist der Bau schon auf die späteren Werke. Dominierendes Element der Komposition ist der zentrale Raum mit doppelter Raumhöhe, der sich in die seitlichen Räume ausdehnt und den Wohnbereich mit dem Schlafbereich verbindet. Zum Unterschied zu den früheren Häusern wurde die Villa Schwob in *L'Esprit Nouveau* publiziert, obwohl Jeanneret – inzwischen nach Paris umgezogen – die Bauausführung kaum überwachte.
Lit.: s. S. 207.

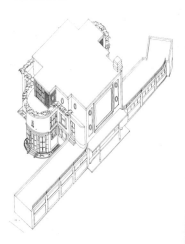

Neuchâtel

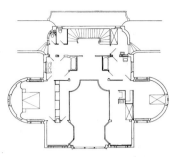

Villa Schwob

Neuchâtel

La Chaux-de-Fonds
Filmtheater La Scala
rue de La Serre 52
1916
Charles-Edouard Jeanneret (Le Corbusier)

Die Tragstruktur des Saales, sechs von Eisenbetonpfeilern getragene Holzbögen, wurde von einem Zürcher Spezialunternehmen gebaut. Jeannerets Beitrag bestand – nach dem Streit mit Chapallaz, der eigentlich mit dem Projekt beauftragt war – in der Anwendung klassizistischer Elemente im Stil Louis XVI bei der Fassadengestaltung; es gibt Anleihen beim Vokabular von Peter Behrens. Nach seiner Zerstörung durch Brand im Jahre 1971 wurde das Kino wiederaufgebaut; doch entspricht nur noch die rückseitige Fassade dem ursprünglichen Bau.
Lit.: s. S. 207.

La Chaux-de-Fonds
Multifunktionaler Komplex Espacité
avenue Léopold Robert
1987–94

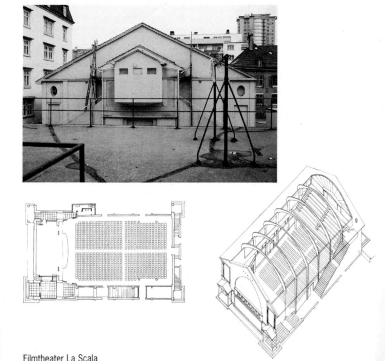

Filmtheater La Scala

Jacques Richter und Ignacio Dahl Rocha
Mitarbeit: K. Ross

Die Anlage basiert auf dem siegreichen Entwurf eines Ideenwettbewerbs, welcher aus Anlaß des hundertsten Geburtstags von Le Corbusier 1987 von der Stadtregierung – im Rahmen eines umfassenden Programms zur Erneuerung der Innenstadt – für die Gestaltung der *place Sans Nom* ausgeschrieben worden war. Der Platz, ein langes Gebäude an seiner Nordseite und ein Hochhaus bilden den polifunktionalen Komplex, der nicht nur Büros, Wohnungen und eine Geschäftszone enthält, sondern auch verschiedene typologische Interpretationen des öffentlichen Raums (Forum, Terrasse, Grünanlage) bietet. Der netzartig verknüpfte Komplex fügt sich in die städtische Struktur von La Chaux-de-Fonds ein und verschmilzt mit dem Gefüge des historischen Stadtkerns. Der Turm stellt mit seiner Dachgalerie ein weit sichtbares Zeichen in der Stadtlandschaft dar.

Lit.: *Baumeister 1/1990; Archithese 4/1993; Construction et énergie 9/1993.*

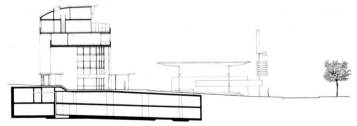

Komplex Espacité

Neuchâtel

Le Locle
Villa Favre-Jacot
Côte des Billodes 6
1912
Charles-Edouard Jeanneret (Le Corbusier)

Der Auftrag zum Bau einer Villa für den bedeutenden Unternehmer der Neuenburger Uhrenindustrie Georges Favre-Jacot bedeutete für Jeanneret eine Chance zur Erarbeitung eines architektonischen Konzeptes, welches nicht von strengen ökonomischen Zwängen eingeschränkt war. Grundzüge des Entwurfs sind die Anlage eines Ehrenhofs, der Verzicht auf Symmetrie, die Verbindung von geschwungenen und rechteckigen geometrischen Formen, die klassizistischen Gesimse und die Anlage einer Gartenterrasse als Verlängerung der Personalbereiche. Die zahlreichen Deutungsversuche dieses experimentellen Werkes reichen von Hinweisen auf Peter Behrens' Klassizismus über den dekorativen Ansatz von Josef Hoffmann bis zu einem mediterran geprägten Regionalstil der Romandie, wobei auch an Adolf Loos' Entwurf der Villa Karma in Clarens bei Montreux im Kanton Waadt (1912 von Hugo Ehrlich fertiggestellt, s. S. 223) erinnert sei.
Lit.: s. S. 207; *Ingénieurs et architectes Suisses 21/1987.*

Villa Favre-Jacot

Neuchâtel
Einfamilienhaus
Trois-Portes 3
1933–34
François Wavre und Louis Carbonnier
Das in einen steilen Hang gebaute Haus gehört zu den bedeutendsten Baudokumenten der dreißiger Jahre in Neuchâtel. Mit seiner strengen volumetrischen Gliederung nutzt der Entwurf die besonderen Bedingungen des Terrains; Terrassen und Balkone sind zum Wald orientiert.
Lit.: Werk 1/1968; Schweizer Architekturführer 1920–1995, Band 3, 021, S. 40.

Neuchâtel
Sitz der Kantonspolizei
1993
Aubry et Monnier & Partner
Mitarbeit: *P. Schmid, L. Geninasca, C. Gerster, P. Bourquin, R. Dalla Costa*
Die schwierige Aufgabe bestand darin, mit Hilfe dieses Baus eine Lösung für eine besonders ungünstige städtebauliche Situation zu finden. Das Verwaltungsgebäude berücksichtigt eine komplizierte Verflechtung verschiedener Verkehrsanlagen – einander kreuzende Straßen, Tunnel, Passage. Als logische Antwort darauf behauptet es seine Autonomie und stellt mit seiner starken optischen Präsenz ein neues, den urbanen Kontext bestimmendes Element dar.
Zu den neueren Werken dieses Architekturbüros zählt das Schul- und Sportzentrum Les Deux Thielles von 1991 in Le Landeron.
Lit.: Archithese 4/1993.

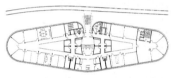

Einfamilienhaus

Sitz der Kantonspolizei, Grundriß und Ansicht

Kanton Fribourg

Flamatt
Siedlungen Flamatt I, II und III
Neueneggstrasse 6–8–10
1957–58; 1960–61; 1984–88
Atelier 5

Innerhalb von drei Jahrzehnten entstanden diese drei Wohnkomplexe, die die Tragfähigkeit des Grundkonzeptes von Atelier 5 demonstrieren. Flamatt I wurde während der Projektierung der bekannteren Siedlung Halen (s. S. 164) fertiggestellt und ist – mit sechs auf Pilotis gestellten Reihenhäusern und einem Atelier-Block mit Dachgarten – in mancher Hinsicht ein Vorbild dieser Anlage. Bei den nach Westen orientierten, durchgehenden Duplexwohneinheiten von Flamatt II verfügt jede Einheit über einen separaten Zugang, ein eigenes Atelier, einen Dachgarten und eine Loggia; die volumetrisch stark gegliederte Siedlung Flamatt III hingegen umfaßt dreizehn Wohneinheiten mit Garten und Terrasse.

Im Kanton Fribourg baute das Berner Architektenteam zudem 1958–59 das Haus Merz in Môtier (route du Lac 301a).

Lit.: Werk 11/1958; L'Architecture d'aujourd'hui 87/1959–60; 103/1962; Casabella 258/1961; Architectural Design 9/1962; Bauen und Wohnen 4/1962; a + u, architecture and urbanism 12/1971; GA, Global Architecture 23/1973; Baumeister 9/1990; Faces 17/1990; Architectural Review 1/1991; Schweizer Architekturführer 1920–1990, Band 2, 907, S. 246.

Siedlungen Flamatt I, II, III

Fribourg
Kantonsbibliothek
sentier Guillaume Ritter 18
1905–10
Bracher, Widmer und Daxelhoffer
Mit Leon Herting (Bauführung)
Umbau und Erweiterung 1967–75
Otto H. Senn

Der aus einem Wettbewerb von 1905 hervorgegangene Bau ist den einzelnen Funktionen entsprechend in drei unterschiedliche Volumen gegliedert: den von ovalen Sälen flankierten großen Lesesaal mit Oberlicht, das Magazin an der rue Saint-Michel und einen gekrümmten Verwaltungstrakt, der den Haupteingang und den Seitenflügel miteinander verbindet. Für die Fassade wurde eine neobarocke, von lokalen Strömungen beeinflußte Gestaltung als eine der Aufgabe angemessene Lösung betrachtet.

1967–75 errichtete Otto Senn auf dem Areal des alten Büchermagazins einen neuen Flügel.

Lit.: *Schweizerische Bauzeitung 48/1906; 55–56/1910; La Bibliothèque cantonale et universitaire, Fribourg 1909–1976, Fribourg 1976; INSA. Inventar der neueren Schweizer Architektur 1850–1920, 4, Bern 1982.*

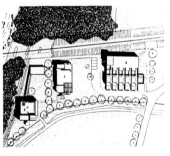

Siedlungen Flamatt
I, II, III, Gesamtplan

Kantonsbibliothek

Fribourg
Geschäftshaus der Bâloise-Versicherungsgesellschaft
avenue de la Gare
1950
Ernst und Paul Vischer
Der Rhythmus der Fassade wird von der Gitterstruktur bestimmt, während die Travertin-Verkleidung der Straßenansicht Kontinuität verleiht und einen Bezug zu den bestehenden Nachbargebäuden herstellt. Das die Fensteröffnungen enthaltende rechteckige Gitter wird betont durch den Laubengang im Obergeschoß.
Lit.: *H. Volkart, Schweizer Architekten, Ravensburg 1951.*

Fribourg
Universität Miséricorde
route du Jura
1938–41
Denis Honegger und Fernand Dumas
Die in einer Grünzone gelegene Universität umfaßt drei Fakultäten – die philo-

Verwaltungsgebäude der Bâloise-Versicherungsgesellschaft

Universität Miséricorde

logische, theologische und juristische – und ist in drei Baukörper gegliedert: den zentralen Bau mit Eingangshalle, Auditorium Maximum, Ausstellungsräumen und allgemeinen Bereichen, den Vorlesungsbereich mit dem großen Amphitheater und den südost-orientierten Hörsälen, den Flügel mit dem Pavillon des musikwissenschaftlichen Instituts sowie Laborräumen, Lesesaal und Kapelle. Die freigelegte Tragkonstruktion aus Beton ist alternierend mit Flächen aus Glasbausteinen und vorgefertigten, mit geometrischer und texturaler Ornamentik versehenen Betonplatten ausgefüllt. Die Anlage ist eines der bedeutendsten Beispiele der Schweizer Architektur der dreißiger Jahre.

Lit.: *Vie, art et cité, 1941, Sondernummer; Max Bill u.a., Moderne Schweizer Architektur 1925–1945, Basel 1947; Werk 1/1968; Parametro 140/1985; Schweizer Architekturführer 1920–1990, Band 2, 909, S. 248.*

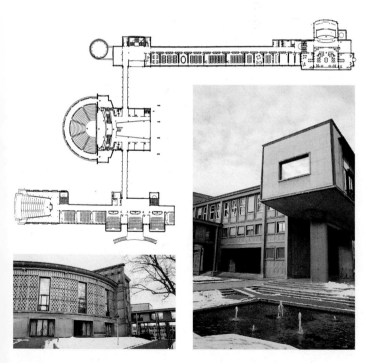

Universität Miséricorde

Fribourg
Staatsbank
boulevard Pérolles 1
1977–82
Mario Botta
Mitarbeit: E. Hutter, T. Urfer, A. Gonthier, T. Hoehn, J.M. Ruffieux, E. Ryser, G. Schaller, C. Schroeter

Paradoxerweise fügt die Freiburger Staatsbank sich in den gebauten städtischen Raum gerade deshalb gut ein, weil sie ihre Außergewöhnlichkeit betont zur Schau stellt. Die volumetrische Gliederung des Komplexes zeigt einen auf die Anlage des angrenzenden Platzes reagierenden Kopfbau und zwei die zum Platz führenden Straßen begrenzende Seitenflügel. Die Eingänge und die Fußgängerpassage sind so angeordnet, daß sie das Scharnier zwischen dem Zylinderbau und dem dahinterliegenden Komplex bilden. Die differenzierte Fassadengestaltung bezieht sich – zumal in der Definition der Öffnungen – auf die Architektur der Nachbargebäude, während die Vorhangfassade den zylindrischen Bauteil als große Geste darstellt. Die Fassadenverkleidung aus grünem Granit, der ungleichförmig verlegt ist, verleiht dem Werk einen einheitlichen Charakter. In den unteren Geschossen befinden sich auch ein Restaurant und eine Tanzbar, die im Inneren mit Licht- und Spiegeleffekten die Geometrie des Entwurfs wiederaufnehmen.

Lit.: Lotus international 15/1977; a + u, architecture and urbanism 105/1970; Werk-Archithese 25–26/1979; Progressive Architektur 7/1982; Archithese 1/1983; Baumeister 6/1983; GA Document 6/1983; Werk, Bauen und Wohnen 1–2/1983; GA Architect 3/1984; Schweizer Architekturführer 1920–1990, Band 2, 915, S. 252.

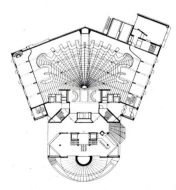

Murten
Ausbildungszentrum der Schweizer Bundesbahn
Löwenberg
1978–82
Fritz Haller, Alfons Barth, Hans Zaugg
Das Bauprogramm umfaßte Unterrichtsräume, Unterkünfte, Restaurant und Serviceräume. Sie sind auf vier verschiedene Baukörper verteilt (zwei Kuben unterschiedlicher Größe und zwei Zylinder), die ein homogenes Bild bieten. Es handelt sich um einfache, mit vorgefertigten Elementen konstruierte Hüllen für die verschiedenen Funktionen. Die für die Entwicklung modularer Bau- und Möbelsysteme bekannten, in der Tradition Mies van der Rohes arbeitenden Architekten konzentrieren sich auf eine Architektur, die völlig von der Technologie bestimmt wird.

Lit.: Werk, Bauen und Wohnen 7–8/1981; W. Blaser, Architecture 70/80 in Switzerland, Basel 1981; Detail 3/1984; 7–8/1992; Rivista Tecnica 1–2/1986; Schweizer Architekturführer 1920–1990, Band 2, 920, S. 254.

Ausbildungszentrum SBB/CFF

Gegenüber:
Staatsbank, Außen- und Innenansicht, Grundriß

Kanton Waadt

Chavannes
Kantonsarchiv
rue de la Mouline 32
1980–84
Atelier Cube (Guy und Marc Collomb, Patrick Vogel)
Mitarbeit: M. Chavanon

Das siegreiche Wettbewerbsprojekt sah eine Betonung und morphologische Differenzierung der einzelnen Programmteile vor. Die Publikumsräume, der Verwaltungsbereich und der halbkreisförmige Lese- und Beratungssaal sind nach Süden orientiert, während der Bau mit Tonnendach und einem in arithmetischer Folge nach Norden ansteigenden Modulsystem die Archivräume beherbergt. Die Dimensionen des Komplexes sind relativ bescheiden, da der Eingang dank der Hanglage ein Zwischengeschoß bildet und zwei der vier Geschosse des Dokumentendepots unter Nullniveau liegen, was auch dem Schutz der Dokumente vor Lichteinwirkung dient.

Lit.: Archithese 4/1983; Werk, Bauen und Wohnen 7–8/1985; Architettura Svizzera 7–8/1986; Rivista Tecnica 4/1989; Schweizer Architekturführer 1920–1995, Band 3, 107, S. 60.

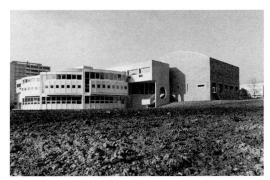

Kantonsarchiv

Clarens
Villa Karma
rue St. Moritz 352
1904–12
Adolf Loos, Henry Lavanchy, Hugo Ehrlich

Bauherr war der Wiener Professor für Physiologie Theodor Beer, der den ortsansässigen Architekten Henri Lavanchy mit dem Umbau eines alten, am Nordufer des Genfersees gelegenen Landhauses zu seinem Privathaus beauftragt hatte. Adolf Loos war jedoch von Anfang an mit der „Innendekoration" beauftragt – sein erster Auftrag auf dem Gebiet des privaten Wohnungsbaus überhaupt. Er ging von Lavanchys Entwurf aus und entwickelte ihn weiter: Der alte Baukörper blieb erhalten und wurde um ein weiteres Geschoß aufgestockt sowie mit einer dreiseitigen Ummantelung eingefaßt, welche Loos auf der Südost- und Südwestfassade mit einer doppelstöckigen Galerie versah; zudem errichtete er einen kleinen Belvedereturm und versah die Eckkuben mit pergolaüberdachten Sitzplätzen. Das ovale, zweigeschossige Entrée führt zu raffiniert ausgestatteten Wohnräumen mit der kunstvollen, für Loos bezeichnenden Farbgebung und Lichtführung. Leider ist der Bau nicht öffentlich zugänglich. Die Bauarbeiten wurden aufgrund von Unstimmigkeiten zwischen Architekt und Bauherr 1906 unterbrochen und von Hugo Ehrlich, einem Mitarbeiter des Wiener Architekten Josef Hoffmann, 1912 fertiggestellt.

Lit.: Formes et Couleurs 4/1944; Architectural Review 3/1969; Alte und moderne Kunst 113/1970; Werk-archithese 6/1977.

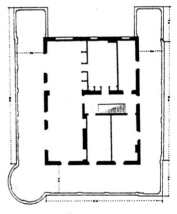

Villa Karma

Corseaux
Villa Jeanneret ("La Petite Maison")
route de Lavaux 21
1922–25
Le Corbusier und Pierre Jeanneret

La petite maison entstand für Le Corbusiers Eltern und liegt am Genfersee, unweit von Vevey. Der streng funktionalistische Entwurf wurde, wie der Architekt immer wieder bekräftigte, vor der Grundstückswahl erarbeitet, und der Bau entstand im Zusammenhang mit Le Corbusiers Studien zur „Wohnmaschine" – der *machine à habiter* –, der sein Interesse in den zwanziger Jahren galt.

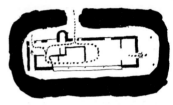

So zeigen sich bei diesem Haus die für Le Corbusier bezeichnenden Elemente wie Dachgarten, Bandfenster und einfache Materialien. Die zur Straße gehende Nordfassade ist zum Schutz vor Überschwemmungen mit Metall verkleidet, während auf der Südseite durch einen Mauerausschnitt das Bild der Landschaft quasi als von der Steinmauer eingerahmt erscheint. Diese surrealistisch anmutende Geste dokumentiert, daß dieser Entwurf aus Le Corbusiers Baukasten zugleich ein besonders glückliches Beispiel für seine architektonische Poetik darstellt.

Lit.: *Le Corbusier, Une petite maison, Zürich 1954; Werk-archithese 6/1977; Abitare 206/1982; Le Corbusier à Genève 1922–1932, Ausstellungskatalog, Lausanne 1987; Lotus international 60/1989; F. Vaudou, La petite maison de Le Corbusier, Nyon 1991; Schweizer Architekturführer 1920–1995, Band 3, 112, S. 64.*

Villa Jeanneret

Corseaux
Wohnhaus mit Atelier De Grandi
chemin d'Entre-deux-villes 7
1937–39
Alberto Sartoris

Mit dem an einem leichten Hang zwischen den Weingärten am Genfersee gelegenen Haus wurde der letzte der Entwürfe für ein Wohn- und Atelierhaus der Brüder De Grandi – beide Kunstmaler – realisiert. Drei Elemente charakterisieren die Fassaden: das große Atelierfenster auf der Nordseite, der durchgehende Schnitt auf der Westseite, der dem Transport der Gemälde dient, der Aussichtsbalkon auf der Südseite. Im Inneren beschränkt der Architekt sich auf die Organisation eines Minimums durch feste Einrichtungselemente und bevorzugt die Farben Weiß, Gelb, Grau und Grün (der Fußbodenbelag von Eingang und Wohnraum ist aus grünem Marmor), während außen das Weiß des Putzanstrichs dominiert.

Eine von den Eigentümern vorgenommene Erweiterung nach Südosten hat die ursprüngliche Volumetrie inzwischen zerstört.

1935 leitete Sartoris in Epesses den Innenausbau des Cercle de l'Ermitage (Café au Vieux Moulin, route Cantonale), der inzwischen leider gleichfalls verändert wurde; nur die 1936 im *Architectural Review* veröffentlichte Farbtafel der Axonometrie und eine 1982 in Mailand gedruckte Serigrafie dieser Abbildung dokumentieren noch den Originalzustand.

Lit.: Alberto Sartoris, Lissabon 1980; G. Remiddi (Hrsg.), Sartoris. Casa de Grandi 1937–1939, Rom 1987; Schweizer Architektur-führer 1920–1995, Band 3, 113, S. 63.

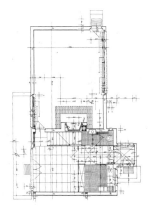

Wohnhaus mit Atelier De Grandi

Waadt

Cully
Ehem. Motel Les Blonnaisses (heute Intereurope)
1963–65
route Cantonale
Alberto Sartoris

Das Motel liegt an einem schönen Aussichtspunkt am Ufer des Genfersees zwischen Lausanne und Vevey. Das Gebäude hat drei Geschosse, von denen das Erdgeschoß als Restaurant, Parkdeck, Lagerraum und Dienstleistungsbereich genutzt wird, während die Hotelzimmer auf den beiden Obergeschossen liegen; die Südzimmer haben Seesicht, die nach Norden gehenden Zimmer blicken auf die Hügellandschaft. Sie werden durch einen Gang und zwei Treppenhäuser erschlossen. Die Farbgebung des ursprünglich weiß gestrichenen Außenputzes und der hellen Metallbrüstungen ist nicht mehr erhalten. Der Entwurf, der den Hang als strukturierendes Element benutzt und betont, sah einen zweiten Baukörper vor, der hinter dem jetzigen liegen und mit diesem durch einen hängenden Garten verbunden werden sollte.
Lit.: Alberto Sartoris, Lissabon 1980; Controspazio 2/1988.

Ecublens
Ecole polytechnique fédérale de Lausanne (EPFL)
Cité universitaire
1970–
Jakob Zweifel, Heinrich Strickler, Robert Bamert gemeinsam mit Metron (Planungsgrundlagen): Alexander Henz Mitarbeit: H. U. Glauser, M. Schellenberg, D. Badic, A. Berler, R. Dèzes, K. Hosp, H. Kurth, P. Simond, U. Van Molivan

Das der neuen Eidgenössischen Technischen Hochschule zugrunde liegende System der Raumordnung basiert auf mehreren übereinandergelegten orthogonalen Rastern. Die Positionierung der intensiv genutzten Partien ist von den Hauptverkehrsachsen bestimmt. Der Hochschulcampus ist Sitz verschiedener Fakultäten, die von bekannten Schweizer Architekten errichtet wurden: Max Richter und Marcel Gut, Physik (1969–73); Frédéric Brugger, Sozial- und Geisteswissenschaften I (1977); Fonso Boschetti, Jean-Jacques Alt, Gérald Iseli, François Martin, Biologie (1983); Mario Bevilacqua, Jacques Dumas, Jean Luc Thibaud, Sozial- und Geisteswissenschaften II (1987); Mondada & Giorgis, Pharmazie (1991). Die Labor- und Unterrichtsräume für den Fachbereich Chemie am Westrand des Areals wurden 1994 vom Atelier Cube in Zusammenarbeit mit Ivo Frei gebaut. Von denselben Architekten stammt das Institut für Plasmaphysik (1981–96).
Lit.: Werk 10/1970; Bauen und Wohnen 5/1978; Detail 1/1984; 4/1985; Rivista Tecnica 1–2/1989; Archithese 4/1993; Schweizer Architekturführer 1920–1995, Band 3, 252, S. 124 f.

Waadt

Motel Les
Blonnaisses

Eidgenössische
Technische
Hochschule
Lausanne/EPFL,
Ansichten und,
gegenüber,
Gesamtplan

Waadt

Ecublens
Fernmeldezentrale der PTT
avenue Forel
1987–94
Rodolphe Luscher
Mitarbeit: D. Linford
Das neben der EPFL gelegene Fernmeldezentrum hat Signalcharakter für die Gegend. Das auf einem halbmondförmigen Sockel ruhende Gebäude besteht aus drei Volumen, deren Drehung eine unterschiedliche Ausrichtung der einzelnen Funktionsbereiche bewirkt. Im Mittelbau liegt der Sendebereich, auf der Ostseite liegen der Eingang, die Verwaltung und – im Obergeschoß – ein Raum für Hochfrequenz-Versuche. Auf der zentralen Finne aus Beton steht der Turm mit den die Sendestationen von La Dôle und Mont Pélerin anpeilenden Richtantennen.
Lit.: *Werk, Bauen und Wohnen* 5/1988; *Hochparterre* 12/1988; *Edilizia* 211/1989; *Rivista Tecnica* 1/1989; *Schweizer Architekturführer 1920–1995, Band 3*, 254, S. 126.

Gland
Schulzentrum Grand-Champ
rue du Collège
1985–92
Patrick Mestelan und Bernard Gachet
Der Komplex besteht aus zwei Baukörpern: der Schule und dem Bereich mit den Gemeinschaftsräumen (Theater, Turnhalle, Cafeteria). Sie bilden einen von Arkaden gerahmten, auf die Landschaft blickenden Hof. Das Zentrum unterstreicht den Wert der Schule als Institution und versteht sich als Mikrokosmos des städtischen Zusammenlebens: der Platz, die Atrien, die Säulengänge sind Zentren der Kommunikation.
Lit.: *Faces* 22/1991; *Rivista Tecnica* 3/1993; *Controspazio* 3/1993; *Schweizer Architekturführer 1920–1995, Band 3*, 118, S. 67.

La Dôle
Swisscontrol-Gebäude
1990–92
Vincent Mangeat
Mitarbeit: H. Jaquiery, S. von Alvensleben, M. Toscan
Als Schüler von Jean Prouvé löste Mangeat die Probleme des Bauens in klimatisch wie auch verkehrsmäßig äußerst ungünstiger Lage (auf 1670 m Höhe) durch einen rigorosen Konstruktionsprozeß. Er reduzierte die Bauarbeiten vor Ort auf ein Minimum und errichtete lediglich einen Betonsockel, auf den die mit Helikoptern angelieferten vorgefertigten, den Bedürfnissen entsprechend dimensionierten Modulteile trocken verlegt wurden.
Lit.: *Hochparterre* 11/1992; *Rivista Tecnica* 11/1992; *Deutsche Bauzeitschrift* 5/1993; *Journal de la construction* 1–2/1993; *Werk, Bauen und Wohnen* 3/1993; *Schweizer Architekturführer 1920–1995, Band 3*, 109, S. 61.

Waadt

Oben links:
Fernmeldezentrale,
Modell

Oben rechts und
links: Schulzentrum
Grand-Champ

Swisscontrol-
Gebäude

Waadt

Lausanne
Villa La Sauvagère
avenue Verdeil 6
1905
Alphonse Laverrière, Eugène Monod
Hauptbahnhof
place de la Gare
1908–16
Alphonse Laverrière, Eugène Monod, Jean Taillens, Charles Dubois
Turmhaus Bel-Air Métropole
place Bel-Air 1
1929–32
Alphonse Laverrière
Renovation 1996–97
Devanthéry & Lamunière

Laverrière, der seine Ausbildung an der Ecole des Beaux-Arts in Paris absolvierte, war an den wichtigsten Lausannner Bauten der Zeit vor dem Ersten Weltkrieg beteiligt. Dazu gehört die von skulpturalen Jugendstilelementen geprägte Chauderon-Brücke (1902–05), welche etwa gleichzeitig wie die pittoreske, im sezessionistischen Stil gebaute Villa La Sauvagière entstand und die Überlegenheit der Technik feiern sollte, ebenso wie der typologisch dem Leipziger Bahnhof von W. Lossow und M. H. Kühne (1902–15) entsprechende Hauptbahnhof.

Schon in den dreißiger Jahren erhielt der städtische Raum durch die Errichtung des ersten Schweizer Wolkenkratzers mit Metallstruktur eine großstädtische Dimension: Es ist dies das imposante Bel-Air-Métropole-Gebäude mit seinen ca. hundert Wohnungen, Büros, einem für Kino- und andere Vorführungen konzipierten Saal für 1600 Zuschauer – 1996 renoviert durch Patrick Devanthéry –, Geschäften, Restaurant und Tanzbar.

Unter den zahlreichen Werken von Laverrière in Lausanne seien hier noch der 1924 angelegte Friedhof Bois-de-

Villa La Sauvagère

Hauptbahnhof

Turmhaus Bel-Air Métropole

Vaux und das Wohn- und Geschäftshaus avenue de Rumine 4–8 von 1927–28 erwähnt.

Interessant ist auch der 1990–93 vom Atelier Cube unter Mitwirkung des Ingenieurs Jean Marc Duvoisin gebaute Personenlift an der Chauderon-Brücke.

Lit.: Schweizerische Bauzeitung 51/1908; 59/1912; 71/1918; 100/1932; Journal de la Construction 11/1930; E. Scotoni, Bel-Air Métropole, Lausanne: 1929–1931, Lausanne 1933; Werk 20/1933; J. Gubler, Nationalisme dans l'architecture moderne de la Suisse, Lausanne 1975; Werk-archithese 11–12/1978; Parametro 140/1985; INSA. Inventar der neueren Schweizer Architektur 1850–1920, 5, Bern 1990; Faces 18/1990; Schweizer Architekturführer 1920–1995, Band 3, 207, S. 97.

Lausanne
Wohnsiedlung Prélaz
avenue de Morges 45–117
1921
Frédéric Gilliard und Frédéric Godet

Diese auf Hans Bernoullis Vorstellungen und den Erneuerungsbestrebungen im schweizerischen Wohnungsbau basierende, genossenschaftlich organisierte Gartenstadt verbindet individuelles Wohnen und gemeinschaftliche Nutzung, indem sie die verschiedenen Wohnblöcke symmetrisch um einen zentralen Platz anordnet.

In unmittelbarer Nachbarschaft entstand 1929 die von denselben Architekten in Zusammenarbeit mit Charles Dubois und Jacques Faverger entworfene Gewerbeschule (rue de Genève 73).

Lit.: Habitation 6/1969; J. Gubler, Nationalisme et internationalisme dans l'architecture moderne de la Suisse, Lausanne 1975; Werk-archithese 11–12/1978; INSA. Inventar der neueren Schweizer Architektur 1850–1920, 5, Bern 1990; Schweizer Architekturführer 1920–1995, Band 3, 201, S. 92.

Personenlift an der Chauderon-Brücke

Wohnsiedlung Prélaz

Lausanne
Wohn- und Geschäftshaus Montchoisi
avenue Montchoisi 4–10
1931
Charles Trivelli und Joseph Austermayer

Der in einem städtischen Randgebiet liegende Gebäudekomplex folgt dem Verlauf der das dreieckige Grundstück definierenden Straßen; die volumetrische Organisation erfolgt um einen zur Avenue hin offenen Hof. Geschäfte und Garage befinden sich im Pavillon auf der Mittelachse des Gebäudes.

Mit dem gleichzeitig entstandenen Entwurf der 1931–34 gebauten Galéries Sainte-Luce (rue du Petit-Chêne/avenue de Sainte-Luce) suchten die Architekten nach einer Lösung der mit dem Bauen im Stadtzentrum verbundenen urbanistischen Probleme.

Lit.: Werk 6/1937; Neues Bauen in der Schweiz, Führer zur Architektur der 20er und 30er Jahre, Blauen 1985.

Lausanne
Mehrfamilienhaus La Chandoline
rue de Chandolin 4
1932–34
Henri Robert von der Mühll

Als vehementer Verfechter des Neuen Bauens, Gründungsmitglied der ersten CIAM-Zusammenkunft von 1928 auf Schloß La Sarraz und Mitarbeiter von „ABC" hat der Architekt und Theoretiker von der Mühll ein umfangreiches Oeuvre hinterlassen. Nach der Villa Foetisch von 1930–31 baute er das Wohnungsgebäude La Chandoline, wohl sein berühmtestes Werk. Ein äußerst strenger Funktionalismus bestimmt die Fassadengestaltung. Charakteristisches Element der Südfassade ist die Fensterfläche des Treppenhauses; die Nordseite wird von den Bandfenstern und den vorspringenden, runden Balkonen gegliedert. Ein weiteres Dokument der intensiven Beschäftigung von der Mühlls mit dem sozialen Wohnungsbau ist das Valency-Quartier in Prilly, das er 1949–53 baute.

Lit.: A. Sartoris, Gli elementi dell'architettura funzionale, Mailand 1941; J. Gubler, Nationalisme et internationalisme dans l'architecture moderne de la Suisse, Lausanne 1975; Werk-archithese 23–24/1978; Archithese 1/1982; 4/1993; Neues Bauen in der Schweiz, Führer zur Architektur der 20er und 30er Jahre, Blauen 1985; Schweizer Architekturführer 1920–1995, Band 3, 210, S. 98.

Lausanne
Buchhandlung Selhofer
rue du Petit-Chêne
1934
Alberto Sartoris

Fenster und Türe sind von einer aus L-förmigen, zinoberroten Elementen bestehenden Metallverkleidung eingefaßt. Der Eingang ist von einer gleichfalls von roten Metallrahmen eingefaßten Glastüre und zwei kleinen Säulen – einer gelben und einer schwarzen – gekennzeichnet; die Schilder mit der von Sartoris selbst entworfenen Typographie sind weiß. Das Innere besteht aus einem einzigen großen Raum mit einer oben umlaufenden Galerie und den Nebenräumen auf der Rückseite. Die Fassadenverkleidung der rechten Seitenwand fiel den Umbauarbeiten des Nachbargeschäftes zum Opfer.

Waadt

Wohn- und
Geschäftshaus
Montchoisi

Mehrfamilienhaus
La Chandoline,
Ansichten

Buchhandlung
Selhofer

Lausanne
Strandbad Bellerive
avenue de Rhodanie 23
1934–37
Marc Piccard
Renovation
1990–93
Devanthéry & Lamunière

Die für das öffentliche Leben im Sommer so wichtige Anlage ist der erste Bau der Stadt Lausanne als Bauherrin, der einen klaren Funktionalismus zeigt. Der Eingangspavillon, Grundelement des architektonischen Konzepts, der auch ein Restaurant enthält, besteht aus einer Rotunde mit zentralem Innenhof, um den herum die Treppen geführt sind. Daran anschließend folgt der lange, den Solariumsbereich definierende Trakt mit den Umkleideräumen und Kabinen. Bei der kürzlich erfolgten Restaurierung wurden der Beton und die Öffnungen saniert; zugleich bemühte man sich, das ursprüngliche Projekt den neueren Bedürfnissen und Standards anzugleichen.

Lit.: Habitation, Sondernr., 1937; Werk 5/1938; Max Bill u.a., Moderne Architektur

Strandbad Bellerive

1925–1945, Basel 1947; Werk-archithese 11–12/1978; Rassegna 49/1992; Archithese 4/1993; Construction 11/1993; Faces 29/1993; Werk, Bauen und Wohnen 3/1994; Schweizer Architekturführer 1920–1995, Band 3, 212, S. 100.

Lausanne
Erweiterung der Kantonalbank
rue de la Grotte/rue de Beau Séjour
1947
Ch. Thévenaz, Ch. Brugger,
M. Maillard

Die Erweiterung des Hauptsitzes der Waadtländer Kantonalbank durch einen Neubau, der an den Altbau anschließt und das Nachbargebäude mit einbezieht, war eines der für die Stadtentwicklung wichtigsten Bauprojekte der vierziger Jahre. Der um einen zentralen Hof angelegte Bau mit seiner äußerst strengen Fassadengliederung nimmt Rücksicht auf die lokalen Charakteristika.
Lit.: H. Volkart, Schweizer Architektur, Ravensburg 1951.

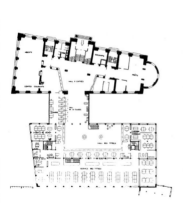

Erweiterung der
Kantonalbank

Waadt

Lausanne
Berufsschule
rue de Genève 55/rue de la Vigie
1953–55
Charles und Frédéric Brugger
Mit Jean Perrelet, Laurent Stalé und
Pierre Quillet
Verwaltungsgebäude Kodak
avenue de Rhodanie 50
1960–62
Frédéric Brugger
Mitarbeit: W. Blaser
Oberstufenzentrum Elysée
avenue de l'Elysée
1961–64
Frédéric Brugger
Mitarbeit: J. Mutrux, J. P. Borgeaud

Unter Bruggers zahlreichen Werken in Lausanne ist die Berufsschule wegen ihrer städtebaulichen Situation besonders bedeutend. Das Schulzentrum Elysée, dem auch die Kantonale Kunstschule angegliedert ist, besticht durch die ausgewogene Kompostion der einzelnen Gebäude, die sich mit einer Folge von Treppen und Terrassen in die Geländestruktur integrieren. Das harmonisch in die landschaftlich bevorzugte Uferzone eingebettete Kodak-Gebäude besteht aus einem Verwaltungszentrum, dessen Kern durch vertikale Verbindungselemente in dem weiträumigen Sockelgeschoß für das Warenlager und dem über eine Fußgängerrampe zugänglichen Auslieferungszentrum verankert ist. Alle drei

Berufsschule

Verwaltungsgebäude Kodak

Schulanlage Elysée

Bauten sind Beispiele für die Fähigkeit des Architekten, sich die vorgefundenen kontextuellen Bedingungen zunutze zu machen.
Lit.: L'Architecture d'aujourd'hui 121/1965; B. De Sivo, L'architettura in Svizzera, Neapel 1968; Werk 1/1968; J. Bachmann und S. von Moos, New Directions in Swiss Architecture, New York 1969; Schweizer Architekturführer 1920–1995, Band 3, 218, S. 103; 231, S. 110; 229, S. 109.

Lausanne
Mädchenpensionat Valmont
route d'Oron 47
1961–64
Max Richter und Marcel Gut
Der auf einem Hügel gelegene, dem See zugewandte Bau nutzt die privilegierte Lage durch eine horizontale Ausdehnung. Er ist dreigeschossig um zwei Innenhöfe angeordnet (Dienstleistungen und Nebenräume im unteren, teilweise in den Hang gebauten Geschoß, darüber die Gemeinschaftsräume, Schlafzimmer im Obergeschoß); der einheitliche Charakter resultiert aus der Wiederholung der vorgefertigten, die Fassaden definierenden Betonelemente. Ein Dachgarten ist durch eine Passerelle mit dem Wald oberhalb des Komplexes verbunden; hier befinden sich zudem Spezialräume und die eleganten Volumen für die Haustechnik.
Lit.: L'Architecture d'aujourd'hui 1965, S. 121; Werk 1/1968; Schweizer Architekturführer 1920–1995, Band 3, 230, S. 109.

Mädchenpensionat Valmont

Waadt

Lausanne
Théâtre de Vidy
Park Vidy
1963–64
Max Bill
Erweiterung 1996
Rodolphe Luscher
Von den anläßlich der EXPO 64 gebauten Pavillons und Einrichtungen ist dies das einzige noch erhaltene Gebäude. Das 400 Zuschauer umfassende, aus vorgefertigten Elementen errichtete Theater liegt im Park von Vidy am Seeufer und gehörte seinerzeit zum Expo-Bereich „art et vie". Das Profil des Gebäudes wird von einem flachen, horizontalen Volumen und dem dagegengesetzten vertikalen Volumen des Bühnenturms bestimmt; die Anlage und Gestaltung des Außenraums eignet sich auch für Aufführungen im Freien.
Lit.: J. Bachmann und S. von Moos, New Directions in Swiss Architecture, New York 1969; Abitare 206/1982.

Lausanne
Wohnsiedlung Boissonet 1 und 2
chemin de Boissonet 32, 34–46
1982–85, 1984–90
Atelier Cube (Guy und Marc Collomb, Patrick Vogel)
Mitarbeit: D. Horber, M. Pidoux
Wohn- und Geschäftshaus
route Aloys-Fauquez 87/chemin d'Entrebois 2
1984–87
Atelier Cube (Guy und Marc Collomb, Patrick Vogel)
Mitarbeit: M. Chavanon
Hotel Jeunotel
chemin Bois-de-Vaux 36
1991–93
Atelier Cube (Guy und Marc Collomb, Patrick Vogel)
Mehr als einmal hat das Atelier Cube sich mit dem Problem des öffentlich geför-

Théâtre de Vidy

Wohnsiedlung Boissonet

derten Wohnungsbaus auseinandergesetzt, so auch wieder beim Komplex La Grande Borde von 1985–92 (rue de la Borde 16–23). Beim Boissonet-Quartier bildet das Gebäude mit den städtischen Wohnungen (Normalwohnungen im zylinderförmigen Kopfbau, Duplexwohnungen im anschließenden Rumpfgebäude) das Südende der in zwei Etappen realisierten genossenschaftlichen Überbauung mit Reihenhäusern. Dagegen sieht das Bauprogramm des Gebäudekomplexes in der route Aloys-Fauquez Wohnen und gewerbliche Nutzung vor, wobei die Funktionen hier auf zwei verschiedene Blöcke verteilt werden. Der Grundriß des für preisgünstiges Übernachten konzipierten Jeunotel zeigt eine Gebäudeanordnung um vier Höfe.

Lit.: Habitation 3/1986; Werk, Bauen und Wohnen 5/1986; 12/1989; 7–8/1991; Architettura Svizzera 2/1987; 12/1993; Techniques et architecture 10–11/1988; Rivista Tecnica 1–2/1989; Faces 18/1990; 26/1992; Baumeister 2/1993; Schweizer Architekturführer 1920–1995, Band 3, 241, S. 117; 247, S. 120.

Wohnsiedlung Boissonet

Wohn- und Geschäftshaus

Hotel Jeunotel

Lausanne
Kindertagesstätte
chemin Champrilly 21 A, parc de Valency
1983–89
Rodolphe Luscher
Mitarbeit: S. Rouvinez, P. Schmidt, R. Zoss

Mit ungewöhnlicher architektonischer Sensibilität geht diese Tagesstätte auf die spezifischen Bedürfnisse des Kleinkindes ein. Das Projekt geht weit über das traditionelle, auf dem strengen Abhängigkeitsverhältnis von Form und Funktion gründende Kindergartenmodell hinaus: eine rhythmische Gliederung der Strukturen, gleitende Oberflächen, natürliches Licht sind die den Raum akzentuierenden Elemente. Jeder Gebäudeteil dient der neugierigen Erkundung, und von den technischen Installationen (bunt gestrichene Röhren verdeutlichen den Lauf des Wassers bis zum Hahn) über die Farben und die Textur der Materialien ist alles Bestandteil eines spielerisch zu entdeckenden, zwischen offen und geschlossen, zwischen schützendem Innenraum und Naturraum oszillierenden Universums.

Lit.: Abitare 290/1990; Detail 6/1990; Habitation 7/1990; Rivista Tecnica 4/1990; Techniques et Architecture 390/1990; Werk, Bauen und Wohnen 10/1990; Architectural Review 9/1991; Modulo 190/1993; A. Hablützel, V. Huber, Innenarchitektur in der Schweiz 1942–1992, Sulgen 1993; Schweizer Architekturführer 1920–1995, Band 3, 243, S. 118.

Lausanne
Wohn- und Geschäftshaus Ulysse
rue de Genève
1987–94
Aurelio Galfetti
Mitarbeit: A. Spitsas, T. Estoppey

Der aus einem Wettbewerb von 1987 hervorgegangene Komplex mit Woh-

Kindertagesstätte

nungen, Büros und Geschäften versteht sich als Wiederherstellung der architektonischen Stadtstruktur – ein zentrales, oftmals aufgegriffenes Thema von Galfettis Entwurfsarbeit. Mit den als Eckpunkten eines Dreiecks angeordneten Blöcken stellt Galfetti die einstige Ordnung wieder her. Den Kern der Lösung stellt jedoch das autonome Volumen des Zylinderbaus dar. Dieser zentrale Bau präsentiert sich ohne jede Anlehnung an konventionelle Gestalt, gestützt auf verputzte Pfeiler, mit einer steinverkleideten Fassade, deren großer Einschnitt den Eingang des Komplexes markiert.

Lit.: Journal de la Construction 7/1993; Schweizer Architekturführer 1920–1995, Band 3, 249, S. 121.

Lutry
Mehrfamilienhaus Les Toises
route de la Conversion, Toises

1959
Alberto Sartoris
Das noch heute relativ isoliert liegende Gebäude enthält Eigentumswohnungen für die soziale Mittelschicht. Es besteht aus zwei selbständigen Kuben mit divergierender Geschoßhöhe; diese sind räumlich verbunden durch das Treppenhaus und den großen Eingang. Die Balkone sind vollkommen verglast; das im Entwurf flache Dach wurde den Baubestimmungen entsprechend mit Pfannen gedeckt.

Weitere Wohnungsbauten von Sartoris aus den sechziger Jahren sind das 1961–66 in Lutry gebaute Haus Chamaley mit kostengünstigen Wohnungen (Petite Corniche-Chamaley) und das Wohn- und Geschäftshaus von 1964 in La-Tour-de-Peilz (avenue Perrausaz 79).

Lit.: Alberto Sartoris, Lissabon 1980; Controspazio 9–10/1988.

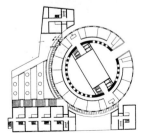

Wohn- und Geschäftshaus Ulysse, Ansicht und Grundriß

Wohngebäude Les Toises

Montreux
Wohnhaus
rue du Théâtre 6
1962
Albert Sartoris
Der zweiseitig eingebaute, dreigeschossige Block enthält kostengünstige Mietwohnungen kleinerer und mittlerer Größe. Er ist mit einer Parkgarage im Inneren ausgestattet. Die Straßenfassade wird von kleinen Balkone gegliedert, mit denen alle Wohnungen ausgestattet sind.
Lit.: Controspazio 9–10/1988.

Nyon
Kantonsschule
route de Divonne 48
1984–88
Vincent Mangeat
Mitarbeit: H. Jaquiery, C. Creissels, G. Mann, O. Pina, B. Verdon, M. Freud
Die Typologie des Projektes wurde entscheidend vom Terrain – einer Talmulde am Rande der Stadt – bestimmt. Das zentrale Brückengebäude mit den Gemeinschaftsräumen und der anschließende hochgestaffelte Klassenzimmerbereich bilden ein kompaktes Ganzes mit einem von den beiden Seiten des Tales umschlossenen Hof. Der Verlauf der gekrümmten Außenmauern macht die Enge des Baugeländes deutlich. Eine besonders sorgfältige Nutzung des Tageslichts kennzeichnet den Bau aus Beton.
Lit.: Archithese 1/1986, Werk, Bauen und Wohnen 5/1986; Techniques et Architecture 8–9/1989; Abitare 240/1990; Hochparterre 5/1991; Rivista Tecnica 11/1992;
Schweizer Architekturführer 1920–1995, Band 3, 129, S. 73.

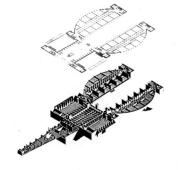

Renens
Verwaltungszentrum Siemens
avenue des Baumettes 57
1989–92
Edouard Catella, Frédéric Brugger und Partner
Mitarbeit: D. Monnier, P. A. Racine
Der in einer erst kurz zuvor zur Bebauung erschlossenen Grünzone gelegene Komplex besteht aus zwei langen Trakten für die Verwaltungsbüros und Werkstätten und einem zentralen Zylinder, der die beiden Flügel verbindet. Dieser bildet das dominierende Element der Komposition und enthält den Publikumsbereich und die Distribution.

Saint-Prex
Industriegebäude der Firma Keller
1959
Alberto Sartoris
Das für die Ausstellung, den Verkauf und die Reparatur von Industriemaschinen bestimmte Gebäude stellt eine Verbindung dreier, auf einem Quadratraster basierenden Volumen dar, welche zudem mehreren Funktionen entsprechen müssen (was in den unterschiedlichen Fensterformaten sichtbar gemacht wird). Besonders interessant sind die großen, eigens angefertigten Glastüren, die sich um Zapfen drehen und ganz öffnen lassen, sowie die von den Seitenwänden losgelösten, aufgehängten Treppen.
Lit.: Controspazio 9–10/1989.

Verwaltungszentrum Siemens

Industriegebäude

Gegenüber:
Wohnhaus

Kantonsschule,
Ansicht und
Axonometrie

Waadt

Saint-Sulpice
Villa Huber
chemin du Bochet
1960–61
Alberto Sartoris

Es handelt sich hier um den – auch als Villa Rodaniana bekannten – Wohnsitz eines Sammlers. Der Wohnbereich befindet sich im Erdgeschoß, die Schlafräume im Obergeschoß. Eine Pergola verbindet das Haus mit der Garage. Die heterogene Struktur besteht aus Beton, Metallprofilen und Backstein; die Baubestimmungen verlangten ein Satteldach, welches mit katalanischen Ziegeln gedeckt wurde.

Lit.: Alberto Sartoris, Lissabon 1980; Casa Vogue 4/1982; 5/1983; Controspazio 9–10/1988; Arte costruita 1/1988.

Tannay
Schulhaus
1983–87
Vincent Mangeat
Mitarbeit: H. Jaquiery, P. Bottlang, P. De Benoit, O. Dalloz

Die Geschichte des Ortes wie auch der Thematik bestimmten bei diesem Projekt eines Schulpavillons im Schloßpark von Tannay die typologische Wahl: Es handelt sich um einen Sommerpavillon von strenger geometrischer Formgebung. Die Unterrichtsräume werden von einer wuchtigen Mauer umschlossen, die auch den Garderobenbereich und die Treppen enthält. Die paarweise übereinander angeordneten Klassenzimmer laufen diagonal auf den als Erholungsraum konzipierten Portikus zu, der sich zum Schloßpark hin öffnet. Entsprechend den Empfehlungen von Alfred Roth in *Das Neue Schulhaus* ermöglichen Mauerdurchbrüche und ein raffiniertes Lichtführungssystem den Tageslichteinfall von oben.

Lit.: Aktuelles Bauen 3/1985; Rivista Tecnica 1–2/1989; Techniques et Architecture 8–9/1989; Architecture contemporaine 11/1989–90; Hochparterre 5/1991; Werk, Bauen und Wohnen 3/1991; Schweizer Architekturführer 1920–1995, Band 3, 140, S. 79.

Tolochenaz
Baufachschule FVE
chemin de Riond-Bosson
1983–88
Patrick Mestelan und Bernard Gachet
Mitarbeit: N. Baghdadi, J. L. Bujard, N. Cuccio, M. Ruetschi

Der Schulkomplex liegt inmitten eines Parks, auf dessen Erhaltung größtmögliche Rücksicht genommen wurde. Zwei Kompositionsachsen schneiden sich im rechten Winkel und definieren die Eingänge und die Richtungen möglicher Erweiterungen. Das Gebäude ist um einen zentralen, von Wasser durchflossenen Hof angeordnet und differenziert sich seitlich in die durch Oberlichter erhellten Arbeitsräume und Ateliers. Diese werden flankiert vom Bereich für den theoretischen Unterricht, dessen Hörsäle Fenster zum Hof haben, und von Lager- und anderen Serviceräumen am äußeren Gebäuderand. Im zentralen Baukörper liegen die Gemeinschaftsräume. Die ganze Anlage versteht sich als architektonisches Lehrbeispiel des Konstruktionsprozesses.

Lit.: Parametro 141/1985; Werk, Bauen und Wohnen 1–2/1988; Architettura Svizzera 10/1989; Hochparterre 5/1989; Rivista Tecnica1–2/1989; Archithese 4/1993; Schweizer Architekturführer 1920–1995, Band 3, 141, S. 79.

Waadt

Villa Huber

Schulhaus von Tannay, Ansicht und Aufrisse

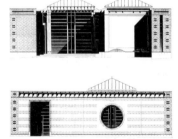

Baufachschule FVE

Waadt

Vevey
Volkshaus
rue de la Madeleine/rue Rousseau
1932–33
Alberto Sartoris

Sartoris zweiter Entwurf für das Projekt sah im Erdgeschoß ein Lichtspieltheater und Geschäfte vor und darüber das Volkshaus; es folgten – von der Straße zurückversetzt – fünf Geschosse mit Wohnungen und auf dem Flachdach die Wasch- und Trockenanlage. Dieser Entwurf wurde jedoch im Oktober 1932 von Frédéric Widmer (Architekturbüro Widmer & Gloor) auf Veranlassung der Immobiliengesellschaft abgeändert. Als offizielle Begründung wurde eine Anpassung an Baubestimmungen, Sicherheitsnormen und an die Produktionstechniken des mit dem Bau des restlichen Teils des Häuserblocks beauftragten Bauunternehmens genannt. Die Konsequenz war eine größtmögliche Nutzung der Grundfläche und der Verzicht auf das Flachdach.

Lit.: Fillia (Hrsg.), Gli ambienti della nuova architettura, Turin 1935; R. Giolli, Alberto Sartoris, Mailand 1936; Faces 28/1993.

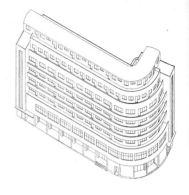

Volkshaus Vevey, Axonometrie

Vevey
Verwaltungsgebäude Nestlé AG
avenue Nestlé 55
1959–60
Jean Tschumi

Kompositorische Klarheit des Gesamtaufbaus, Verdeutlichung der Struktur, Übereinstimmung von Form und Funktion, Wahl der Materialien nach den Kriterien von Logik und Verhältnismäßigkeit – dies sind die Prinzipien von Tschumis Architektur. Sie sind sowohl im Lausanner Verwaltungsgebäude von 1953 der Waadtländer Versicherung (place de Milan) wie auch im 1965–66 zusammen mit Pierre Bonnard in Pregny-Chambésy im Kanton Genf (chemin de la Vie) errichteten OMS-Gebäude sichtbar und kommen im Y-förmigen, direkt am Genfersee gelegenen Nestlé-Gebäude voll zum Ausdruck. Der siebengeschossige Bau stützt sich mit einer rhythmischen Folge von poligonalen Pilotis auf eine Plattform aus Eisenbeton. Fortschrittliche technische Einrichtungen und raffinierte, die Geschoßhöhen ausfüllende Blenden aus Aluminium und Glas sind Kennzeichen dieser qualitativ hochstehenden Architektur.

Lit.: Architectur, formes + fonction 9/1962–63; Werk 1/1968; Schweizer Architekturführer 1920–1995, Band 3, 147, S. 83.

Waadt

Volkshaus Vevey, historische Aufnahme

Verwaltungsgebäude Nestlé AG, Ansicht und Lageplan

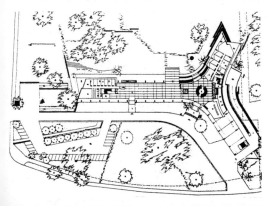

Kanton Genf

Cologny
Haus Jeanneret-Reverdin
chemin des Princes
1955–56
Jean Marc Lamunière und Pierre Bussat
Die Verschachtelung zweier Maisonettewohnungen und eines Gemeinschaftsbereichs (Kinderzimmer, Naßzonen usw.) definieren den Kubus, dessen Tragstruktur aus Beton sich von den nicht tragenden Wänden sichtbar abhebt. Diese Lösung ermöglicht die Orientierung der Aufenthaltsräume zum See hin und die Errichtung individueller Terrassen.
Dieselben Architekten bauten u.a. 1960 die Villa Bédat in Vandoeuvres (chemin des Hauts-Crêts 64).
Lit.: Architecture, formes et fonction 5/1958; Habitation 9/1958; Werk 10/1958; Architettura Svizzera 3/1991.

Genf
Maison du Paon
avenue Pictet-de-Rochemont 7
1902–03
Eugène Cavalli und Ami Golay
Das „Haus zum Pfauen" stellt eines der bekanntesten Genfer Zeugnisse des Jugendstils dar; mit seinen skulpturalen Elementen, den Balkongittern aus Eisen und dem fialengekrönten Eckturmchen orientiert es sich an der Pariser Großstadtarchitektur jener Zeit.
Beachtung verdient unter den frühen Bauwerken des 20. Jahrhunderts auch das 1911–14 von A. Olivet errichtete (inzwischen umgebaute) Warenhausgebäude rue du Marché 13–15.
Lit.: Art Nouveau Architecture, London 1979; INSA. Inventar der neueren Schweizer Architektur 1850–1920, 4, Bern 1982.

Genf
Mehrfamilienhaus
avenue de Gallatin 3, Saint-Jean
1911–13
Maurice Braillard
Wohnsiedlung Montchoisy
rue de Montchoisy/avenue William-Favre (Square A)
rue Montchoisy 62–72 (Square D), Eaux-Vives
1926–33
Maurice Braillard und Louis Vial
Maison Ronde
rue Charles-Giron 11–19, Saint-Jean
1927–30
Maurice Braillard
Das Thema des Wohnungsbaus, welches die gesamte europäische Architekturdiskussion jener Zeit beherrschte, hat in der Entwurfsarbeit von Braillard einen besonders hohen Stellenwert. In der Erprobung innovativer Lösungsmodelle für die Frage des bürgerlichen Wohnens, die sowohl wegen der topologischen Dimension der Entwürfe als auch wegen der hierarchischen Ordnung der öffentlichen Räume mit den Problemen des Städtebaus Hand in Hand geht, zeigt sich das weite Spektrum von Braillards architektonischem Denken. Bei der Rationalisierung der Wohneinheiten vermeidet er die Schematisierung eines strengen Funktionalismus. Der Grundriß zeigt eine konsequent durchgeführte Orientierung nach zwei Seiten, was für Transparenz und Helligkeit sorgt. Eine klare Definition der Konstruktionsdetails unterstreicht die expressionistische Formensprache.

Genf

Von Braillards öffentlichen Bauten seien hier genannt: Gemeindehaus und Schule in Onex bei Genf von 1908–09 (kürzlich renoviert) und die Schule in Mies, Kanton Waadt, von 1910–12; ferner – in Zusammenarbeit mit Robert Maillart – Le Garage des Nations in Genf (rue de Montbrillant 99) von 1935–36 und die Seilbahn von Salève aus dem Jahr 1931–32 (von der nur noch die umgebaute Bergstation erhalten ist) in den nahegelegenen französischen Alpen der Haute Savoie.

Lit.: Werk 12/1929; 10/1931; Habitation 1/1931; A. Corboz/J. Gubler/J. M. Lamunière, Guide de l'architecture moderne à Genève, Lausanne 1969; J. Gubler, Nationalisme et internationalisme dans l'architecture moderne de la Suisse, Lausanne 1975; Archithese 2 + 3–4/1984; Faces 13/1989; 16/1990; Architecture de la raison, la Suisse des années vingt et trente, Lausanne 1991; Casabella 604/1993; Domus 751/1993; Werk, Bauen und Wohnen 9/1993; Schweizer Architekturführer 1920–1995, Band 3, 405, S. 151; 406, 157.

Maison du Paon

Haus Jeanneret-Reverdin

Mehrfamilienhaus av. de Gallatin

Siedlung Montchoisy

Maison Ronde

Genf

Gartenstadt Aïre
avenue d'Aïre
1920–23
Camille Martin, Arnold Hoechel, Paul Aubert

Gartenstadt Vieusseux
route des Franchises/chemin de Vieusseux/route de Lyon
1929–31
Maurice Braillard, Louis Vincent, Max Baumgartner, Frédéric Gampert, Frédéric Mezger

Die beiden leider nur noch teilweise erhaltenen Siedlungen, die die Schweizer Variante des Gartenstadtmodells aufgreifen, sind das Ergebnis der Bemühungen der Genfer Genossenschaftsbewegung um eine Lösung der in den Jahren nach dem Ersten Weltkrieg akut gewordenen Wohnungsnot. Den Anstoß hatte 1918 der *Concours Pic-Pic* mit einem städtebaulichen Ideenwettbewerb zur Errichtung von kostengünstigen Wohnungen gegeben. Hoechel schlug den Bau von 90 Wohneinheiten auf einem dreieckigen Grundstück an der avenue de l'Aïre vor, wobei der Reihenhaustypus mit Nutzgarten – *la maison familiale rangée* – dominierte.

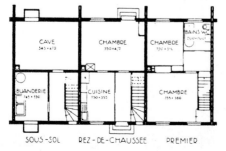

Gartenstadt Aïre

Genf

Die von mehreren Architekten aufgrund des Gesamtplans von Braillard ausgeführte Cité Vieusseux besteht dagegen aus 6 Wohnungsblöcken; sie sind symmetrisch angeordnet und liegen im rechten Winkel zum zentralen, die Achse der architektonischen Komposition und das öffentliche Zentrum des ganzen Quartiers bildenden Weges. Als profunder Kenner der neuesten Tendenzen im Bereich des verdichteten Wohnungsbaus, wie sie sich in Berlin und Frankfurt manifestierten, unternahm Braillard hier den Versuch einer pragmatischen Umsetzung sozialer Konzepte. Zur Anlage gehören ferner die 1931–32 an der route des Franchises 22–28 von Frédéric Mezger errichteten Alterswohnungen.

Braillard war auch der Urheber des Bebauungsplans der *rive droite* von 1928–31 und des Gesamtbebauungsplans der Stadt Genf von 1935.

Lit.: Habitation 3-4/1945; J. Gubler, Nationalisme et internationalisme dans l'architecture moderne de la Suisse, Lausanne 1975; Werk-archithese 11–12/1978; Archithese 2/1984; Parametro 140/1985; Schweizer Architekturführer 1920–1995, Band 3, 403, S. 146 f.

Gartenstadt Vieusseux

Genf
Bahnhof Cornavin
place Cornavin
1927–33
Julien Flegenheimer

Für den Neubau des 1909 infolge Brandes zerstörten Bahnhofs wurde 1925 ein nationaler Wettbewerb ausgeschrieben. Der neoklassizistische Entwurf von Flegenheimer wurde als Rückbesinnung auf die *"essence"* der Stadt prämiert, was jedoch etliche Polemiken zur Folge hatte – wie sich etwa am alternativen Entwurf von Maurice Braillard und dem Gegenprojekt von Mart Stam ablesen läßt. Das ursprünglich vorgesehene Hochhaus am Ende der Sichtachse der rue du Mont-Blanc wurde jedoch nicht gebaut.

Dem Bahnhof gegenüber, am Bahnhofsplatz, liegt das 1932 von Marc Camoletti gebaute Hotel Corvin. Trotz der unterschiedlichen Formensprache liegt hier das gleiche Konstruktionsprinzip (Metallelemente) wie beim gleichzeitig von Adolphe Guyonnet und Louis Perrin errichteten, inzwischen durch Brand zerstörten *Bâtiment de la Conférence du Désarmement* am quai Wilson zugrunde.

Lit.: Schweizerische Bauzeitung 81/1923; 19, 20, 23/1925; ABC 6/1925; Werkarchithese 2/1977; 11–12/1978; Archithese 2/1984.

Genf
Palais des Nations
avenue de la Paix 8–14/place des Nations
1926–36
Henri-Paul Nénot und Julien Flegenheimer, Carlo Broggi, Camille Lefèvre, Joseph Vago

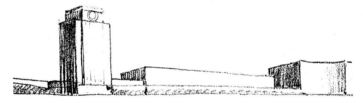

Bahnhof Cornavin, Entwurfsskizze von M. Braillard und Ansicht des ausgeführten Projektes

Es ist dies das enttäuschende Ergebnis eines von der Société des Nations 1926 ausgeschriebenen internationalen Wettbewerbs für den Bau ihres Sitzes; die Architekturgeschichtsschreibung wertet das Ereignis als vernichtenden Schlag gegen die Moderne. Die aus neun Mitgliedern bestehende Jury – darunter Victor Horta, Josef Hoffmann, Karl Moser, Hendrik Petrus Berlage – klassierte nach einem ungewöhnlichen Verfahren drei Serien von neun ex aequo Preisen, ohne sich für einen eigentlichen Sieger zu entscheiden; dies hatte eine Vielfalt von offiziellen und offiziösen Manövern für die Vergabe des Bauauftrags zur Folge. Schließlich wählte eine ad-hoc-Kommission das französisch-schweizerische Team Nénot & Flegenheimer und beauftragte sie, ihr Projekt in Zusammenarbeit mit Broggi, Lefèvre und Vago für einen neuen Standort umzuarbeiten. Le Corbusiers wiederholte Versuche, seinen mit Pierre Jeanneret gemeinsam erarbeiteten Entwurf durchzusetzen (selbst eine Plagiatsklage gehörte dazu), führten nicht zum erhofften Erfolg. Die Bauarbeiten begannen 1932 am Parc d'Ariane; 1936 wurde das Gebäude eingeweiht.

Lit.: S. Giedion, *Raum, Zeit, Architektur*, Cambridge, Mass. 1941, deutsch 1976; B. Zevi, *Spazi dell'architettura*, Turin 1973; *Werk-archithese* 11–12/1978; C. L. Anzivino und E. Godoli, *Genf 1927: il concorso per il palazzo della Società delle Nazioni e il caso Le Corbusier*, Florenz 1979; *Archithese* 2/1984; *Parametro* 144/1985; 7/1986; *Le Corbusier à Genève*, Ausstellungskatalog, Lausanne 1987; *Schweizer Architekturführer 1920–1995*, Band 3, 404, S. 148–150.

Palais des Nations: Ansicht des ausgeführten Gebäudes,

Axonometrie des Entwurfs von Le Corbusier und P. Jeanneret

Genf
Maison Clarté
rue St. Laurent 2–4/rue Adrien-Lachenal
1928–32
*Le Corbusier und Pierre Jeanneret
Mitarbeit: R. Maillart (Fundament),
J. Torcapel, F. Quétant, B. Nazarief
Renovation 1976–78
Camoletti & Hausermann*

Das Wohngebäude Clarté entstand auf Veranlassung des Genfer Metallbauindustriellen Edmond Wanner, der sich hier als Bauherr und Bauunternehmer engagierte. Es ist Le Corbusiers erstes Mehrfamilienhaus in der Schweiz. Die Idee des Laubengang-Erschließungssystems der *Immeuble-Villa* wurde aufgegeben: Das auf dem Prinzip der Wohnzelle basierende Konzept dieses „Glashauses" sah 45 Maisonettewohnungen, verteilt auf zwei autonome, um die Treppenhäuser angeordnete Bereiche vor. Dank der effizienten Konstruktionstechnik mit vorgefertigten Elementen (ein standardisiertes Metallskelett und trocken montierte Fertigteile) konnte die Bauzeit auf 30 Monate reduziert werden. Das Fehlen einengender statischer Elemente erlaubte eine Fassadendefinition, die ganz den funktionalen Bedürfnissen entspricht.

Lit.: Bauwelt 37/1932; Werk-archithese 11–12/1978; Rassegna 3/1980; Abitare 206/1982; C. Courtiau, L'immeuble Clarté à Genève, Le Corbusier 1931/1932, Bern 1982; Archithese 2/1984; Le Corbusier à Genève 1922–1932, Ausstellungskatalog, Lausanne 1987; Immeuble-villa/plan libre/maison à sec, Zürich 1989; Werk, Bauen und Wohnen 6/1989; The footsteps of Le Corbusier, New York 1991; Schweizer Architekturführer 1920–1995, Band 3, 408, S. 159.

Maison Clarté

Genf
Villa Ruf
chemin des Manons 12, Le Grand-Saconnex
1928–29
Mehrfamilienhaus
chemin de Roches 1–3
1934–35
Francis Quétant

Als Mitglied des GANG (*Groupe pour l'architecture nouvelle à Genève*) arbeitete Quétant zusammen mit Le Corbusier 1931 an der Maison Clarté, wo man das System der „Trockenmontage" von Betonelementen anwandte – eine Konstruktionstechnik, die Quétant und Wanner schon 1928–29 bei der Villa Ruf erprobt hatten. Sein Einfamilienhaus zeigt eine neuartige Konstruktionstechnik: Ein Metallskelett wird mit Paneelen von gepreßtem, durch ein Drahtnetz verstärktem Stroh gefüllt. Der Wohnblock am chemin de Roches hingegen hat eine Eisenbetonstruktur und Wände aus Mauerwerk mit besonderen Isolationsvorkehrungen.

Ein weiterer interessanter Bau von Quétant ist die Villa Meyer in Cologny (chemin Pré-Langard 5) von 1936.

Lit.: Max Bill u.a., *Moderne Schweizer Architektur 1925–1945*, Basel 1947; J. Gubler, *Nationalisme et internationalisme dans l'architecture moderne de la Suisse*, Lausanne 1975; A. Rüegg, *Le Corbusier, Edmond Wanner, Francis Quétant und die Villa Ruf*, Zürich 1987; *Schweizer Architekturführer 1920–1995*, Band 3, 444, S. 180.

Villa Ruf

Wohnhaus chemin de Roches

Villa Meyer

Genf
Verwaltungsgebäude Crédit Suisse
place Bel-Air
1930
Maurice Turrettini, Robert Maillart

Der aus einem Wettbewerb hervorgegangene Bau rief sowohl wegen seiner städtebaulichen Situation als auch wegen seiner formalen Eigenheiten eine vehemente Polemik hervor. Der Entwurf dieses kubischen Baus bezieht sich auf die Tradition der klassischen römischen Baukunst und wählt eine strenge, vertikale Gliederung für die Öffnungen. Das Gebäude wurde mehrmals umgebaut; beim letzten Umbau wurden die derzeitigen vergoldeten Aluminiumprofile angebracht.
Lit.: Werk-archithese 11–12/1978.

Genf
Freibad Pâquis
quai du Mont Blanc
1931–32
Service des Travaux de la Ville
Renovation 1993–94
Collectif d'architectes (Marcellin Barthassat, Claude Butty, Gabriele Curonici and Jacques Menoud)

Ähnlich wie das vom Service d'Urbanisme (Stadtbauamt) 1937–38 errichtete Strandbad Reposoir an der route de Lausanne in Pregny ist das Freibad Pâquis am Genfersee ein emblematisches, wenngleich singuläres Dokument einer für die moderne Architektur aufgeschlossenen öffentlichen Baupolitik. Die alten Holzbauten wurden durch eine kammartige Anlage aus Eisenbeton ersetzt. Die Anlage verläuft parallel zum Quai und öffnet sich nach Süden zum See hin; die Umkleideräume sind so angeordnet, daß sie zwei symmetrische, für Männer und Frauen getrennte Bereiche bilden. Die Anlage wurde von den diversen Sportvereinen nach und nach um deren Einrichtungen erweitert.
Lit.: A. Corboz/J. Gubler/J. M. Lamunière, *Guide d'architecture moderne de Genève*, Lausanne 1969; *Schweizer Architekturführer 1920–1995*, Band 3, 409, S. 158.

Genf
Mehrfamilienhaus
route de Chêne 102
1932
Arnold Hoechel, Henry Minner

Der Architekt und Städteplaner Arnold Hoechel, Teilnehmer am ersten Kongress von 1928 der CIAM, Dozent und Redakteur der Zeitschrift *Habitation*, führte – nach den Erfahrungen beim Bau der Cité de l'Aïre (1920–23, s. S. 250) – mit diesem sechs Wohnungen umfassenden Haus einen privaten Auftrag aus und folgte dabei konsequent funktionalistischen Richtlinien. Die rationale Flächenaufteilung, welche zwei symmetrische Einheiten mit der Treppe als Achse bildet, bewirkt – bei aller Bescheidenheit der finanziellen Mittel – eine klare Raumaufteilung, welche durch das transparente Element des vertikalen Zirkulationssystems noch verstärkt wird.
Lit.: Werk 4/1933; J. Gubler, *Nationalisme et internationalisme dans l'architecture moderne de la Suisse*, Lausanne 1975; Archithese 2/1984.

Genf

Verwaltungsgebäude Crédit Suisse

Freibad Pâquis, Ansichten

Mehrfamilienhaus

Genf

Genf
Mehrfamilienhaus Frontenex Parc
route de Frontenex 53–57
1933–34
Louis Vincent und Jean Jaques Honegger
Die Aufgabenstellung sah ein kostengünstiges Mietshaus vor, wie es von den Brüdern Honegger schon 1930–32 im Wohngebäude an der avenue Théodore-Weber 5+7 realisiert worden war. Ausgehend von den für die Siedlung Montchoisy (s. S. 248) von Braillard und Vial entwickelten Kriterien, wird die Fassadengestaltung vom Konstruktionssystem bestimmt: eine Tragkonstruktion aus Eisenbeton wird mit den modularen Fenstern gefüllt.

Zu den zahlreichen Gebäuden der Brüder Honegger in Genf gehört auch das Wohngebäude Deux-Parcs (avenue William-Favre 32–34) von 1947–49.
Lit.: Habitation 1/1951; H. Volkart, Schweizer Architektur, Ravensburg 1951; A. Corboz/J. Gubler/J. M. Lamunière, Guide d'architecture moderne de Genève, Lausanne 1969; Werk-archithese 11–12/1978; Archithese 3/1984.

Genf
Mehrfamilienhaus
quai Gustave-Ador 28
1935–36
Atelier d'architectes (Vincent, Schwertz, Lesemann, Saugey)
Wie schon beim Gebäude von 1933–36 im chemin Krieg 3, wird auch bei die-

Mehrfamilienhaus
Frontenex Parc

Mehrfamilienhaus
quai Gustave-Ador

sem Mehrfamilienhaus, in dessen Erdgeschoß das Café des Marins untergebracht ist, die Horizontale der Straßenfront durch die Balkone und die diese verbindenden Fassadenelemente betont. Rationalität der funktionalen Organisation und eine beachtliche Sicherheit in der Lösung der bautechnischen Details zeichnen die Arbeiten des Atelier d'architectes aus.
Lit.: Archithese 2/1984.

Genf
Neuapostolische Kirche
rue Liotard 14
1949
Werner Max Moser, Max Ernst Haefeli, Rudolf Steiger und Francis Quétant

Charakteristisch für die von Moser entworfene und vom Zürcher Team in Zusammenarbeit mit Francis Quétant ausgeführte neuapostolische Kirche in der rue Liotard sind eine monumentale Volumetrie, geometrisch stilisierte organische Formen und eine differenzierte Textur der Fassade. Diese Formensprache gewann zunehmend Verbreitung und wurde als Ausdruck der modernen Schweizer Architektur der Nachkriegszeit immer populärer.
Lit.: Werk 2/1952; A. Corboz/J. Gubler/J.M. Lammunière, Guide d'architecture moderne de Genève; Archithese 2/1980; Schweizer Architekturführer 1920–1995, Band 3, 413, S. 161.

Neuapostolische Kirche

Genf

Genf
Kantonale Universitätsklinik
rue Micheli-du-Crest
1949–53, 1959, 1968–73
Arnold Hoechel, Pierre Nierlé, Jacques Lozeron, Jean Erb
Der Bau des aus einem Wettbewerb von 1945 hervorgegangenen Krankenhauses wurde in drei Bauphasen zwischen 1949 und 1973 ausgeführt. Er stellt den Schlußstein der Entwurfstätigkeit des vielseitigen Architekten Arnold Hoechel dar und bedeutet für die Romandie eine Rückbesinnung auf die Architekturauffassung von Auguste Perret.

Das Thema des Krankenhausbaus wurde in Genf ein zweites Mal von Pierre Nierlé mit der Klinik Beau-Séjour von 1961 (avenue Beau-Séjour) behandelt.
Lit.: Archithese 2/1984.

Genf
Wohnkomplex Malagnou-Parc
avenue Théodore-Weber 34–36
1948–51
Hôtel du Rhône
quai Turrettini
1950

Kantonskrankenhaus

Geschoßwohnungsbau
Malagnou-Parc

**Mont-Blanc Center und
Filmtheater Plaza**
rue Chantepoulet 1–3
1953–54
**Wohnkomplex
Miremont-le-Crêt**
avenue Miremont 6–8/avenue Callas
1957
Marc Joseph Saugey

Als Mitglied der 1945 vom Genfer *Département des traveaux publics* gegründeten *Commission d'étude pour le développement de Genève* sowie der CIAM und des GANG (*Groupe pour l'architecture nouvelle à Genève*) hatte Saugey ein weites Betätigungsfeld und wurde schließlich in den fünfziger Jahren einer der innovativsten Architekten der Rhônestadt. Sein Hauptinteresse galt den städtebaulichen Problemen, die der Ausbau der internationalen Organisationen in Genf mit sich brachte, sowie der Entwicklung neuer bautechnischer und gestalterischer Mittel, die qualitätvolle Lösungen für den rapide wachsenden Immobilienmarkt ermöglichten.

Weitere Dokumente von Saugeys intensiver Entwurfstätigkeit sind das Geschäfts- und Wohngebäude Terreaux-du-Temple (rue de Cornavin 3–13) von 1951–55, das einstige Kino Le Paris, später Manhatten (avenue Mail 1) von 1957 und das Verwaltungsgebäude in der rue du Rhône 21 von 1963.

Lit.: Werk 1/1951; 9/1959; L'Architecture d'aujourd'hui 45/1952; 55/1954; 121/1965; Bauen und Wohnen 5/1953; Bulletin technique de la Suisse romande 18/1955; Architecture, formes + fonction 4/1957; 5/1958; 8/1961–62; Werk-archithese 3–4/1978; Faces 21/1991; Archithese 4/1993; Schweizer Architekturführer 1920–1995, Band 3, 417, S. 163; 423, S. 167.

Hôtel du Rhône
Mont-Blanc Centre

Wohnkomplex
Miremont-le-Crêt

Genf

Genf
Sporthallenkomplex
rue du Stand/rue du Tir
1951–52
Paul Waltenspühl
**Schule und pädagogisches
Zentrum Parc Geisendorf**
rue de Lyon/rue Liotard
1952–67
*Paul Waltenspühl und Georges Brera
Mitarbeit: K. Kleiner*
Wohnkomplex La Tourelle
chemin M. Duboule, Petit-Saconnex
1964–70
*Paul Waltenspühl, Georges Brera,
Georges Berthoud, Claire und Oscar
Rufer
Mitarbeit: J. Arnold*

Das Werk von Waltenspühl und Brera ist
das Ergebnis einer glücklichen Zusammenarbeit von Architekt und Ingenieur
und einer daraus resultierenden Freundschaft; stets zeigt es einen klaren, kompositorischen Aufbau, der sensibel auf
die jeweiligen Bedingungen des Ortes
reagiert, und widmet der Behandlung
der (traditionellen wie auch modernen)
Materialien besondere Aufmerksamkeit.
In der Romandie stellt das in mehreren
Etappen ausgeführte Schulzentrum Parc
Geisendorf die erste Schulhausanlage

Sporthallenkomplex

Schule und
Pädagogisches
Zentrum Parc
Geisendorf

Wohnkomplex La
Tourelle

Tours de Carouge

im Pavillonstil dar – ein Typus, den man in der deutschen Schweiz bereits in den dreißiger Jahren erprobt hatte.
Waltenspühl befaßte sich eingehend mit dieser Thematik, so etwa auch bei der Schule Les Palettes in Grand Lancy (avenue des Communes Réunies) von 1964–67. Ferner beschäftigte er sich mit den Problemen des Siedlungsbaus: Die 1958–63 zusammen mit G. Brera, R. Schwertz, L. Archinard, E. Baro, A. Damay, J. J. Mégevand errichteten Hochhäuser Tours de Carouge wie auch die Siedlung La Tourelle von 1965–70 sind konkrete Antworten der sechziger Jahre auf die damaligen Probleme des Bauens im großstädtischen Randgebiet.
Lit.: Architecture, formes + fonction 6/1959; 9/1962-63; 10/1963-64; A. Corboz/J. Gubler/J. M. Lamunière, Guide d'architecture moderne de Genève, Lausanne 1969; Schweizer Architekturführer 1920–1995, Band 3, 416, S. 163; 419, S. 164; 405.7, S. 155.

Genf
Sportzentrum von Vernets
quai de Vernets
1956–58, 1966–68

Albert Cingria, François Maurice, Jean Duret
Mitarbeit: E. Guex, P. Tremblet, J. P. Dom

Das in mehreren Etappen ausgeführte Sportzentrum umfaßt verschiedene Volumen. Die große, 10000 Sitzplätze umfassende gedeckte Eislaufhalle von 1956–58 zeigt eine Eisenbetonstruktur mit einem von Pfeilern getragenen Metalldach; in den neunziger Jahren wurde sie zwecks Anpassung an die neuen Bauverordnungen umgebaut. Charakteristikum des Komplexes von 1966–68 mit dem Hallenbad, der auch eine zweite, ungedeckte Eisbahn enthalten sollte (nur teilweise ausgeführt), ist die rechteckige, vom Wechsel der Oberlichter rhythmisch gegliederte Dachkonstruktion. Neben den Räumen für die notwendigen technischen Installationen enthält die Anlage auch einen Verwaltungstrakt und ein Café-Restaurant.
Lit.: Architecture, formes + fonction 6/1959; Bauen und Wohnen 7/1960; Bulletin technique de la Suisse Romande 12/1967; Werk 9/1968; Faces 23/1992; Schweizer Architekturführer 1920–1995, Band 3, 425, S. 168.

Hallenbad des Sportzentrums von Vernets

Genf
Wohnsiedlung in Aïre
chemin Nicolas-Bogueret
1958–59; 1960–61
*François Maurice, Jean Duret,
Jean Pierre Dom
Mitarbeit: G. Steinmann*
**Verwaltungsgebäude der
Fédération des Syndicats
Patronaux**
rue St. Jean 98
1965–67
Jean Pierre Dom und François Maurice
Der Plan für die Siedlung mit kostengünstigen Mietwohnungen in Aïre – wie im übrigen auch die 1958–59 von demselben Architektenteam gebauten Genossenschaftswohnungen Les Ailes, avenue Louis Casai 88 – war das Ergebnis einer langjährigen Beschäftigung mit Fragen der Gesamtplanung und des Siedlungsbaus und schuf zwei Gruppen mit je drei Wohnblöcken. Als erstes entstand das sechsgeschossige Nord-Süd-Gebäude; für die letzten Bauten in den sechziger Jahren wurden ausschließlich vorgefertigte Elemente eingesetzt. Das Gebäude an der rue St. Jean hingegen begegnete dem Thema des Bürohauses mit Effizienz und Geschick; gleiches gilt auch für das Bürogebäude rue d'Italie 6 von 1965–67 und für jenes von 1970–72 in der rue du Rhône 75.
Lit.: Architecture, formes + fontion 7/1960; 14/1968; Habitation 3, 7/1961; Bauen und Wohnen 3/1962; L'Architecture d'aujourd'hui 104/1962; Bauwelt 19/1968.

Genf
Wohnsiedlung Parc de Budé
avenue de Budé, Petit-Saconnex
1958–64
*Georges Addor, Dominique Julliard,
Jacques Bolliger, Jean Jacques
Honegger, Pierre Honegger*
Wohnsiedlung Cité de Lignon
chemin du Lignon, Air-Vernier
1962–71, 1985
*Georges Addor, Dominique Julliard,
Jacques Bolliger, Louis Payot*

Wohnsiedlung, Aïre

Verwaltungsgebäude

Wohnsiedlung Parc de Budé, Ansicht und Gesamtplan

Großsiedlung Meyrin
avenue de Feuillasse/route de Mategnin/rue des Boudines
1963–67
Georges Addor, Dominique Julliard, Jacques Bolliger, Louis Payot

Die Wohnsiedlungen in den Genfer Stadtrandgebieten gehen auf eine Wohnungsbaupolitik zurück, die schon 1948 ihren Anfang nahm mit der Studie der *Commission d'étude pour le développement de Genève*; diese empfahl eine Wachstumsbeschränkung der Stadt auf höchstens 200000 Einwohner und machte damit den Weg frei für den Bau von Satellitenstädten. Die dabei realisierten städtebaulichen Lösungen versuchten, öffentliche und private Interessen in Einklang zu bringen; durch Umzonung des Kulturlandes der umliegenden Gemeinden konnten Wohnblökke inmitten großer Grünflächen gebaut werden. Diesen unterschiedlichen Siedlungen gemeinsam ist die Komposition von mehrgeschossigen, um gemeinschaftlich genutzte Dienstleistungszentren und Einrichtungen angeordneten Wohneinheiten sowie der Einsatz vorfabrizierter Elemente.

Eines der ersten Beispiele dieses urbanistischen Konzeptes ist die 1948–54 von André Bordigoni, Jean Gros und Antoine de Saussure unter Mitwirkung von Eugène Beaudouin und Adolphe Guyonnet errichtete Quartier Vermont (route Montbrillant/rue de Vermont).

Lit.: Bauen und Wohnen 2/1968; B. de Sivo, L'architettura in Svizzera, Napoli 1968; A. Corboz/J. Gubler/J. M. Lamunière, Guide de l'architecture moderne de Genève, Lausanne 1969; J. Bachmann u. S. von Moos, New Directions in Swiss Architecture, New York 1969; Werk-archithese 5/1977; Archithese 4/1993; Schweizer Architekturführer 1920–1995, Band 3, 405.6 und 405.9, S. 154 und 156.

Wohnsiedlung Cité de Lignon, Ansicht und Gesamtplan

Großsiedlung Meyrin, Ansicht und Gesamtplan

Genf

Genf
Französische Schule
avenue Weber/chemin de Roches/
Chemin des Vergers
1961–64
Arthur Bugna, Georges Candilis
Grundschule
place des Charmilles
1966
Edmond Guex, Gerd Kirchhoff
Die französische Schule greift die pädagogischen Erkenntnisse der sechziger Jahre auf: Die volumetrische Ordnung basiert auf einem rechteckigen Grundmuster, mit Terrassen und Räumen, die ein Unterrichten im Freien ermöglichen. Mit der skulpturalen Wirkung der Betonmassen und der anspruchsvollen Materialbehandlung ist die Grundschule von Charmilles ein qualitätsvoller Bau.
Lit.: J. Bachmann u. S. von Moos, New Directions in Swiss Architecture, New York 1969; Schweizer Architekturführer 1920–1995, Band 3, 427, S. 169.

Genf
**Neuer Sitz des Bureau
International du Travail (BIT)**
route du Morillon 4
1965–69
*Eugène Beaudouin, Alberto
Camenzind, Pier Luigi Nervi*
Mitarbeit: J. Muller und Baubüro für das BIT (Babit)
**Internationales Konferenzzentrum
(CIGC)**
rue Varembé 15
1968–73
*André u. Francis Gaillard, Alberto
Camenzind*
Mitarbeit: Baubüro des CICG

Französische Schule

Grundschule

Neuer Sitz des BIT

Neuer Sitz des Informationszentrums des Internationalen Komitees vom Roten Kreuz (IKRK)

avenue de la Paix 17
1979–84
Mario Borges, Alain Brunier, André Robert Tissot
Mitarbeit: Michel Girardet, Fondation des Immeubles pour les Organisations Internationales (FIPOI).

Als Sitz bedeutender internationaler Organisationen erhielt Genf nach dem Zweiten Weltkrieg etliche große, multifunktionale Gebäude, die der Stadt ein kosmopolitisches Image gaben.

Der lange, geschwungene Block des BIT-Verwaltungsgebäudes (Internationales Arbeitsamt) verdankt seine skulpturale Wirkung der konvex-konkaven Fassadengestaltung mit vorgefertigten Elementen, während der Vorbau aus Eisenbeton und mit facettierten Stützen Nervis Mitarbeit in der Entwurfsphase dokumentiert.

Ausgangspunkt für die Flächenaufteilung des Internationalen Kongreßzentrums mit achteckigem Grundriß war die Errichtung von Sälen mit variablem Fassungsvermögen (260–1700 Personen); dies wird durch ein vertikales Schiebewand-System ermöglicht.

Der neue Verwaltungssitz des IKRK schließlich macht die funktionale Organisation von der Disposition der Archivräume im Obergeschoß abhängig; die Notwendigkeit optimaler Wärmedämmung beeinflußte entscheidend die Außengestaltung des Baus.

Lit.: L'Architecture d'aujourd'hui, 121/1965; Werk 6/1973; Parametro 140/1985; Werk, Bauen und Wohnen 1–2/1985; Architettura Svizzera 7–8/1986.

Internationales Konferenzzentrum CICG

Informationszentrum des IKRK/CICR

Genf

Schule der Vereinten Nationen
route de Pregny
1968–70, 1973–76
Jean Marc Lamunière, Rino Brodbeck, Gérard Kupfer, Georges Van Bogaert

Mehrfamilienhaus
quai Gustave-Ador 64
1979–85
Jean Marc Lamunière, Georges Van Bogaert

Wohn- und Geschäftshaus
boulevard Carl-Vogt 2–4
1984–91
Jean Marc Lamunière, Georges Van Bogaert, Bruno Marchand

Als Architekt, Theoretiker und Städteplaner nahm Lamunière an der Debatte über die rationalistische Architektur lebhaft Anteil. Seit den sechziger Jahren bemühte er sich, die Bedürfnisse der Benutzer und der Erbauer von Architektur auf einen gemeinsamen Nenner zu bringen. Dabei ging seine Konzeption

Schule der Vereinten Nationen

Wohngebäude quai Gustave-Ador, Ansichten

des städtischen Raums auch von der typologischen und semantischen Analyse aus. Die hier genannten Werke wie auch die 1963–64 von Lamunière zusammen mit Georges Van Bogaert und Bruno Marchand realisierten Tours de Lancy (chemin de la Vendée 29) zeigen sein konsequentes Engagement für eine mit vorgefertigten Elementen arbeitende Konstruktionsweise.

Ein weiteres Beispiel der intensiven Tätigkeit dieses Architekten ist das ganz aus Glas und Stahl gebaute Gewächshaus von 1984–88 des Botanischen Gartens von Genf.

Lit. L'Architecture d'aujourd'hui 121/1965; 166/1973; J. Bachmann und S. von Moos, New Directions in Swiss Architecture, New York 1969; Werk 2/1972; Techniques et Architecture 1974, 298; Architettura Svizzera 8/1975; La presenza del passato, Ausstellungskatalog, Mailand 1980; Werk, Bauen und Wohnen 1–2/1982; 3, 6/1986; 11/1988; Architettura per il terzo millennio, Mailand 1991; Archithese 4/1993; Schweizer Architekturführer 1920–1995, Band 3, 402, S. 145.

Wohn- und
Geschäftshaus
bd. Carl-Vogt

Tours de Lancy

Genf
Schule und Bibliothek im Quartier Les Pâquis
rue de Berne/rue de la Navigation/rue du Môle
1975–79, 1978–81
Jean Jacques Oberson
Mitarbeit: G. Curonici, M. Currat, R. Loponte
Ugo Brunoni

Das von Oberson entworfene Schulzentrum bildete die erste Etappe innerhalb der umfassenden Restrukturierungsmaßnahmen des dicht bewohnten Quartiers Les Pâquis, die soziale und kulturelle Einrichtungen, Sportanlagen und Wohnungen vorsahen. Unter Berücksichtigung der städtebaulichen Gegebenheiten suchte der Entwurf für die einzelnen Teile des Bauvorhabens eine um eine klare Interpretation bemühte Lösung. Die Komposition besteht aus vier paarweise aneinander gebauten Volumen aus Stahlbeton, welche von einer erhöhten Passerelle durchquert werden; diese dient als Verbindungselemente der einzelnen Baukörper.

Ugo Brunoni baute das alte Primarschulhaus aus dem 19. Jahrhundert zu einer öffentlichen Bibliothek um. Er behielt die äußere Struktur bei, gruppierte aber die Funktionen neu um eine von einem Glaszylinder umschlossene Treppe aus Stahl. Ein von zeitgenössischen Architekturelementen geprägtes, die Tradition jedoch berücksichtigendes Vokabular bereichert die Innenräume.

Lit.: Werk-archithese 9–10/1978; 11–12/1979; Werk, Bauen und Wohnen 10/1981; 5/1986; Rivista Tecnica 1/1982; Parametro 141/1985; Schweizer Architekturführer 1920–1995, Band 3, 433, S. 173.

Genf
Wohn- und Geschäftshaus
rue de la Pélisserie 16–18/rue Frank-Martin 8–10
1975–84
Janos Farago, Joseph Cerutti
Mitarbeit: B. Cirlini

Der am Nordhang der oberen Stadt und am Rande des tiefer liegenden historischen Stadtzentrums gelegene Bau versteht sich als Nahtstelle zwischen den beiden städtebaulichen Situationen. Die funktionale Überlagerung von Gewerberäumen, Büros und Wohnungen ist durch eine komplexe Planimetrie gelöst; die Fassadengestaltung betont die Autonomie des Gebäudes. Die architektonische Komposition, welche die Multifunktionalität der Aufgabe sichtbar macht, stellt zugleich den räumlichen Zusammenhang der heterogenen Elemente her.

Lit.: Architettura Svizzera 1/1984; L'Architettura 10/1987; Schweizer Architekturführer 1920–1995, Band 3, 434, S. 172.

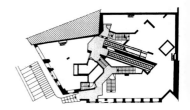

Wohn- und Geschäftshaus, Grundriß und, gegenüber, Ansichten

Genf

Schule und Bibliothek im Quartier Les Pâquis, Außen- und Innenansicht und Grundriß

Genf

Wohnkomplex
Les Grottes I

avenue des Grands Prés/rue Louis-Favre
1976–84
*Christian Hunziker, Robert Frei,
Georges Berthoud*
*Mitarbeit: N. Barada, P. de Billaud, J.
C. de Bortoli, E. Mohr, J. P. Stefani, S.
Tchavgov, R. Schneider, F. Olivet
(Bildhauer)*

Das im Volksmund „*Maison Schtroumfs*" – Schlumpfhaus – genannte Gebäude bedeutet für die Entwicklung von Christian Hunziker, der seine berufliche Laufbahn in den fünfziger Jahren als Mitarbeiter von Marc Saugey begonnen hatte und dann eine Architektengemeinschaft mit dem Bruder Jacob und Robert Frei bildete, einen Moment der Synthese; innerhalb der Schweizer Architekturszene stellt es ein ungewöhnliches Wohnbauexperiment dar. Der von einer starken organischen Expressivität geprägte Entwurf regte die Debatte über die Quartiersanierung an. Bei der Verwirklichung des multifunktionalen Bauprogramms für Wohnen, Handel und Gewerbe sollte die traditionelle Rollenverteilung einer aktiven Bewohnerbeteiligung weichen.

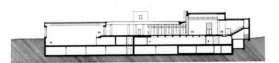

Wohnkomplex Les Grottes I, Ansicht und Grundriß

Schule Le Corbusier, Ansicht und Schnitte

Lit.: Aktuelles Bauen 11/1983; Domus 657/ 1985; Schweizer Journal 1–2/1985; Housing 2. I grandi quartieri come problema, Mailand 1988; Schweizer Architekturführer 1920–1995, Band 3, 435, S. 176.

Genf
Le Corbusier-Schule
rue Le Corbusier 2–4–6, Malagnou
1980–85, 1985–90
Ugo Brunoni
mit Imre Vasa (Bauleitung)
Mitarbeit: J. Y. Ravier, J. Jebavy, E. Muller

Der ursprünglich L-förmige Grundriß des Gebäudes wurde durch die spätere Errichtung eines weiteren Traktes mit Mehrzweckräumen für das Quartier zu einem U erweitert. Der Bau zeigt eine differenzierte Fassadengestaltung: Auf der Nordseite schützt eine kompakte Mauer die Klassenzimmer vor Verkehrslärm, auf der Südseite öffnet die Schule sich zum Hof hin und macht sich damit die Werte der Architektur des Mittelmeerraums zunutze. Licht und Vegetation werden die wichtigsten Elemente der Erholungsräume.
Gleichfalls von Ugo Brunoni stammt die 1986–94 errichtete Kirche Sainte Trinité in Genf.

Lit.: Architecture Romande 4/1986; Swiss Design 10/1986; Werk, Bauen und Wohnen 11/1986; Architettura Svizzera 2/1987; Controspazio 3/1993.

Genf
Jugendherberge
rue Rothschild 28–30
1982–87
Marie Christine und Pierre Kössler, Claude Morel
mit Eric Lauper, Pierre Ruedin
Mitarbeit: J. Bondallaz, L. Gentile, P. Versteeg

Das Programm für den Umbau zweier bestehender Gebäude – des hôpital Rothschild aus dem 19. Jahrhundert und des Barde-Pavillons – sah auch den Entwurf eines neuen Baukörpers vor. Auf diese Weise konnten die beiden Gebäude in eine einzige Struktur mit Innenhof integriert werden, wo die Jugendherberge der Gemeinde entstand. Der stilistische Kontrast zwischen Bestehendem und Neuem wird durch den Einschub einer Galerie gelöst, die die funktionale und räumliche Verbindung zwischen den unterschiedlichen Teilen des Komplexes herstellt.
Lit.: Architettura Svizzera 10/1988.

Jugendherberge

Genf
Wohn- und Geschäftshaus
rue Ste-Clotilde 18/boulevard Carl-Vogt 29
1984–85
Chantal Scaler
Mitarbeit: C. Kazian, F. Fossati, T. Begat

Für die im Bauprogramm vorgegebene gemischte Nutzung (Parken, Geschäfte im Erdgeschoß, ein Geschoß für Büroräume, mehrere Wohngeschosse) variierte die Architektin den traditionellen Eckbau mit einer skulpturalen und funktionalen Lösung. Die doppelte Fassade des energiesparende technische Mittel nutzenden Gebäudes dient als eine Art Wintergarten zur Speicherung der Sonnenwärme und schützt zugleich die Wohnungen vor Lärm. Die beiden in die Südfassade eingelassenen *maisonettes* erinnern an die Häuser aus dem 19. Jahrhundert, die dem Neubau weichen mußten.
Lit.: Architettura Svizzera 7–8/1988; Schweizer Architekturführer 1920–1995, Band 3, 437, S. 176.

Genf
Hôtel de police
chemin de la Gravière/quai d'Arve
1985–93
Carlo Steffen, André Gallay, Jacques Berger, Jacques Bugna

Das Verwaltungsgebäude des Polizeidepartements ging aus einem 1985 ausgeschriebenen Wettbewerb hervor. Der Grundriß zeigt eine doppelte Kammstruktur, welche das ganze Grundstück einnimmt. Der institutionelle Charakter des Gebäudes wird durch die Monumentalität der Volumenanordnung und die großen Metallstrukturen hervorgehoben, während das Spiel der verglasten Räume (zentrale innere Straße und seitliche Wintergärten) die Monotonie der Fassaden durchbricht.

Zu erwähnen ist auch das 1988–94 von Carlo Steffen zusammen mit André Gallay, Jacques Berger, Urs Tschumi und Michel Heurteux entworfene Verwaltungsgebäude Montbrillant (rue Montbrillant/avenue de France).

Genf
Wohn- und Geschäftskomplex
rue de la Coulouvrenière 19
1986–89
Olivier Archambault, Françoise Barthassat, Enrico Prati
Mitarbeit: P. Maréchal

Bei dem Auftrag handelte es sich um zwei Eingriffe auf demselben Grundstück: Ein am Quai liegendes Gebäude sollte umgebaut und mit einem Café und einem Konzertsaal versehen werden, und an der rue de la Coulouvrenière sollte ein Wohn- und Bürohaus entstehen. Die Grundrißlösung der dazwischen eingeschobenen Räume erlaubt im ersten Geschoß eine fließende horizontale Verbindung mit dem bestehenden Bau. Die Fassaden der beiden Baukörper zeigen eine gewisse stilistische Kontinuität und entsprechen den verschiedenartigen Bedingungen ihres jeweiligen städtebaulichen Kontextes: eines die Wasserkraft der Rhône nutzenden Industriegebietes und der Straße eines in den sechziger Jahren teilweise modernisierten Quartiers.

Vom gleichen Architektenteam stammt das Projekt der place de l'Octroi von 1985–89 in Carouge.
Lit.: Architettura Svizzera 9/1991.

Genf

Wohn- und
Geschäftshaus

Hôtel de police

Wohn- und
Geschäftskomplex,
Ansicht und Schnitt

Genf
Theater Am Stram Gram
route de Frontenex 56
1987–92
Peter Böcklin, Predrag Petrovic
Mitarbeit: R. Fabra, N. Maeder, B. Porcher

Das Theater ist fast vollständig in den Erdboden versenkt, wodurch der Charakter der Umgebung und das architektonische Gefüge der Stadt wie auch der bestehende Park erhalten wurden. Die Architekten lösten die ungewöhnliche Aufgabe mit einer 325 Sitze umfassenden *salle à l'italienne*, die einer variablen Bühnensituation angepaßt werden kann. Der fließende räumliche Übergang vom Eingang zum Hauptfoyer wird von der sukzessiven Verminderung des Tageslichts bestimmt, das zunächst frei durch den Glasturm eindringt und schließlich von der Dunkelheit des Saals verdrängt wird.

Lit.: Ingénieurs et Architectes Suisses 26/1992; Werk 12/1992; Docu Bulletin 2/1993; Habitation 2/1993; Schweizer Architekturführer 1920–1995, Band 3, 439, S. 177.

Genf
Schulzentrum Pré-Picot
chemin Frank-Thomas 31/Plateau de Frontenex
1987–93
Fausto Ambrosetti, Laurent Chenu, Pierre Jéquier
Mitarbeit: M. Rollet, A. Poussière, N. Pradervand, P. Ambrosetti

Das Projekt versucht in Materialwahl und räumlicher Darstellung ganz der kindlichen Welt zu entsprechen. Die offene Form des gewählten Typus soll einen intensiven Bezug zwischen Schulräumen und Außenraum herstellen. Die Anlage ist in drei um einen von Bäumen gesäumten Weg gruppierte Baukörper gegliedert und verbindet zwei unter-

Theater Am Stram Gram

schiedliche morphologische Bereiche, ein ländliches Gebiet und eines mit städtischer Struktur. Neben der Schule sind alle Gebäude (Turnhalle, Mensa, Sport- und Erholungsbereich) miteinander verbunden und bilden innerhalb des Quartiers einen neuen öffentlichen Raum.

Die Inneneinrichtung mit ihren aufeinander abgestimmten, unterschiedlichen Größenordnungen, ihrer Transparenz und Helligkeit zeigt eine hohe architektonische Qualität.

Lit.: Bâtir une école. Groupe scolaire de Pré-Picot, Genf-Cologny 1993; Archithese 4/1993; Faces 1993, 29; Schweizer Architekturführer 1920–1995, Band 3, 440, S. 178.

Genf
Banque Bruxelles Lambert
rue Frontenex
1987–96
Mario Botta

Die ungewöhnlichen Dimensionen des Grundstücks bedingten den Entwurf eines auf drei Seiten freistehenden, prismatischen Volumens. Das Gebäude antwortet punktgenau auf die städtische Situation und verbindet dabei die architektonische Umsetzung der Abläufe im Inneren mit den nötigen Variationen in der Fassadengestaltung. Ein großer, zentraler Hohlraum (von außen an den hervortretenden *bow windows* wie auch am langen, vertikalen Spalt erkennbar) ermöglicht ungehinderten Sichtkontakt zwischen den einzelnen Funktionsebenen.

Von Botta stammt auch das 1989–93 gebaute Einfamilienhaus in Cologny (chemin de Ruth 8).

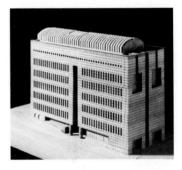

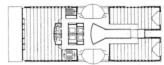

Schulkomplex Pré-Picot, Ansicht und Schnitt

Banque Bruxelles Lambert, Modell und Grundriß

Genf

Wohn- und Geschäftshaus
chemin Frank-Thomas 80
1988–91
Jean Marie Bondallaz

Die planimetrische Disposition versucht, nicht genutzten Raum, der im allgemeinen bei einer funktionalistischen Anlage entsteht, zu vermeiden. Durch die Anordnung von Balkonen und Wintergärten an den Hausecken kann das Tageslicht bis ins Hausinnere dringen; die typologische Wahl eines Konzeptes, das auf einer variablen Gliederung der Räume und auf der Homogenität von deren Dimensionen beruht, gestattet eine flexible Nutzung durch die Bewohner.

Bondallaz ist auch der Architekt des 1982–89 errichteten Gebäudes an der place des Alpes 2–4.

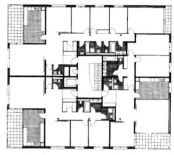

Genf
Uni Mail
boulevard Carl-Vogt 102/boulevard du Pont d'Arve
1988–92
ACAU (G. Châtelaine, G. Tournier)
Inneneinrichutng: Max Bill, Jürg Bohlen, Alfredo Mumenthaler, Gilles Porret, Philippe Spahni

Der Komplex bildet die erste Phase des Projektes für die Erweiterung der Genfer Universität, welche – den Vorgaben des Zonenplans folgend – für die Fakultät der Geisteswissenschaften eine zentrale Lage in der Stadt vorsah. Ein gänzlich verglaster innerer Durchgang – Verbindungsachse zwischen den Eingängen und dem öffentlichen Garten über der Arve – organisiert die Komposition des um vier Innenhöfe angelegten

Wohn- und Geschäftshaus, Ansicht und Grundriß

Uni Mail

Genf

Viereck, das die verschiedenen Funktionen (Bibliothek, Hörsäle, Mehrzwecksaal, Mensa) aufnimmt. In bezug auf die Größenordnung des Komplexes, die Proportionen der Fenster und die Behandlung der Materialien fügt sich die Fassade harmonisch in den Kontext der Gebäude aus dem 19. Jahrhundert ein. Ein Grundprinzip des Projektes ist die Nutzung des Tageslichts, das die Dimension und den Charakter der einzelnen Innenräume wesentlich mitbestimmt. Der zentrale Platz ist durch die künstlerische Gestaltung der Gruppe Bill, Bohlen, Mumenthaler, Porret und Spahni gekennzeichnet.

Genf
Studentenwohnheim
boulevard de la Tour 1/rue Micheli-du-Crest, Plainpalais
1988–93
Patrick Devanthéry, Inès Lamunière
Mitarbeit: I. Charollais
Der Bau für Studentenunterkünfte folgt dem Typus der Familienwohnung (19 Wohneinheiten mit 2 bis 5 Zimmern). Dem Auftrag für ein Gebäude, welches in bezug auf Volumetrie und Material den Dialog mit den benachbarten Gebäuden aufnehmen soll, antworten die Architekten mit einer klaren Gliederung der einzelnen Teile und einer architektonischen Sprache, die sich durch eine strenge Umsetzung der bekannten Stilmittel der Moderne auszeichnet.
Lit.: Techniques et Architecture 1988, 380; Baumeister 1/1990; Archithese 4/1993; Schweizer Architekturführer 1920–1995, Band 3, 441, S. 178.

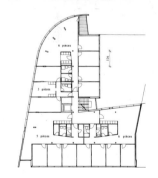

Uni Mail, Innenansicht

Studentenwohnheim, Ansicht und Grundriß

Genf

Lancy
Parc En Sauvy
avenue du Curé Baud/chemin des Semailles
1980–85
Georges Descombes
Mitarbeit: A. Léveillé, W. Weber, G. Gerbert

Der von einem Netz von Wegen definierte Parcours wird von kleinen Episoden gegliedert, die den verborgenen Spuren des Territoriums folgen: eine paradoxe Tunnel-Passerelle, Pergolen, ein langer Brunnen, die überdachte Struktur aus Glas und Stahl, die Sandspielplätze und das kleine Theater im Freien. Die formale Zurückhaltung bei der Konstruktion dieses Gefüges, welches sich ganz auf die Botschaft des Ortes konzentriert, ist eine zentrale Dimension des Entwurfs. Die Materialien (vorgefertigte Kanalisationsrohre, Wellblech, Zementbausteine) spielen auf den historischen Hintergrund des Ortes an.

Lit.: Casabella 515/1985; L'Architecture d'aujourd'hui 240/1985; 262/1989; Parametro 141/1985; Faces 3/1986; Georges Descombes. Il territorio transitivo, Rom 1988; Controspazio 2/1989; Abitare 6/1989; Domus 706/1989; Denatured viions. Landscape and culture in the twentieth century, New York 1991; Schweizer Architekturführer 1920–1995, Band 3, 450, S. 183.

Installationen im
Parc En Sauvy

Landecy
Umbau eines Bauernhofes
1982–85
Collectif d'architectes (Marcellin Barthassat, Marc Brunn, Claude Butty, Jacques Menoud)
mit Groupe Y (1. Etappe)
Mitarbeit: D. Burnier, A. Conne-Borghini, L. Chenu, P. Maréchal

Ein für die Genfer Region typisches Bauernhaus aus dem 19. Jahrhundert wurde zu einem Mehrfamilienhaus mit gemeinschaftlich genutzten Aufenthalts- und Nebenräumen umgebaut; diese wurden jedoch von den einzelnen Wohnungen getrennt, welche den individuellen Bedürfnissen der Bewohner angepaßt sind. Das Projekt basiert auf einem respektvollen Umgang mit der alten Bausubstanz – die äußere Struktur wurde nicht verändert –, zeigt aber zugleich einen freien und entschlossenen Umgang mit neuen Elementen.

Lit.: Habitation 7–8/1987; Architectura Svizzera 5/1988; Ingenieurs et Architectes Suisses 3/1988.

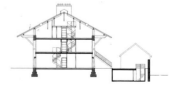

Umbau eines Bauernhofes

Genf

Meyrin-Satigny
Verwaltungsgebäude Hewlett-Packard III
route Nant-d'Avril
1982
Jean Jacques Oberson mit Janez Hacin
Verwaltungsgebäude Firmenich
route Bergère 7
1985–90
Jean Jacques Oberson, Laurent Chenu, Maurice Currat, Didier Jolimay Mitarbeit: P. Krähenbühl, A. Poussière, C. Zihlmann

Das Verwaltungsgebäude von Hewlett-Packard ist ein einfaches, von nüchternen, einen Gegensatz zum Reichtum des zentralen Innenraums und der vielgestaltigen Umgebung bildenden Fassaden gekennzeichnetes Volumen. Ganz anders geartet ist die Lösung für den Sitz der Firmenich S.A., ein im Industriegebiet nahe der französischen Grenze liegender Bau, welcher aus Gründen der Dezentralisierung dieses Industrieunternehmens errichtet wurde. Das einen Hof bildende Gebäude mit U-förmigem Grundriß beherbergt die Büros der Verwaltung. Im Gesamtgefüge des Unternehmens stellt es das den Werkstättenbereich abschließende Element dar.

Oberson baute ferner 1986–91 in Zusammenarbeit mit Laurent Chenu, Maurice Currat und dem Amt für Bundesbauten (OCF) das Zollgebäude von Bardonnex.

Lit.: Werk, Bauen und Wohnen 1–2/1984; 12/1989; Faces 13/1989; 222/1991; Rivista Tecnica 3/1991; Schweizer Architekturführer 1920–1995, Band 3, 308, S. 133; 309, S. 134.

Verwaltungsgebäude Hewlett-Packard III

Verwaltungsgebäude Firmenich

Zollgebäude von Bardonnex

Puplinge
Einfamilienhaus
1962–64
Christian und Jakob Hunziker, Robert Frei, Giancarlo Simonetti, François Cuenod
Die beim Bau der Villa A Rajada in Gland, Kanton Waadt, von 1957–62 und der Villa Frei in Vésenaz (route d'Hermance 39) von 1959 entwickelten Prinzipien werden hier für ein mit bescheidenerem Budget gebautes Einfamilienhaus angewandt. Der Einsatz von Sonnenenergie und die Sparsamkeit der Konstruktionsmittel öffnen dem Entwurf neue Wege. Auf der Suche nach einer intuitiven Architektur, welche die eigentlichen und ursprünglichen Wohnqualitäten wiederherstellt, entwickelten die Architekten ein Konzept, das zur Mitwirkung der Ausführenden und des Bauherren am Entstehungsprozeß anregte.
Lit.: Architecture, formes + fonction 9/ 1962–63; L'Architecture d'aujourdhui 102/ 1962; 121/1965; a + u, architecture and urbanism 72/1984.

Vessy
Vessybrücke
1936
Robert Maillart
Im Rahmen von Maillarts experimentellen Studien über die bautechnischen und ästhetischen Möglichkeiten des Eisenbetons ist die Brücke von Vessy – eine Dreigelenkbogenbrücke mit offenem Hohlkastenträger – eines der bedeutendsten Werke, das sich durch Nüchternheit und Eleganz auszeichnet.
Lit.: Max Bill u.a., Moderne Schweizer Architektur 1925–1945, Basel 1947; Faces 1993–94, 30.

Einfamilienhaus in Puplinge

Vessybrücke, Ansicht und Schnitt

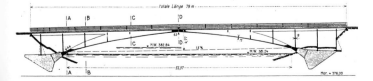

Kanton Wallis

Crans-Montana
Kurhotel Bella Lui
1930–32
Rudolf Steiger, Flora Steiger-Crawford, Arnold Itten

Das exklusive Sanatorium, einer der bekanntesten avangardistischen Bauten der dreißiger Jahre, ist ein herausragendes Dokument des Neuen Bauens: natürliche Beleuchtung, Funktionalität, Standardisierung der Einrichtung. Das von analogen Werken Gaberels und Salvisbergs inspirierte Kurhaus hat ein Sonnendach und nach Süden gehende Zimmer mit individuellen Balkonen und bietet das Bild eines Ferienhotels. Interessant ist die gemischte, aus einem Metallskelett und Betondecken bestehende Konstruktion des Gebäudes.
Lit.: Schweizerische Bauzeitung 96/1930; Werk 3/1933; Max Bill u.a., Moderne Schweizer Architektur 1925–1945, Basel 1947; Parametro 141/1985; Architese 3/1991.

Finhaut
Aquaedukt bei Le Châtelard
an der Eau-Noire
1925
Robert Maillart

Das charakteristische Profil des Aquaedukts von Le Châtelard, das den Stausee des Wasserkraftwerks von Barberine speist, ist eines der herausragenden Werke in Maillarts früher Schaffensperiode. Die Konstruktion – ein viereckiger, auf leicht gespreizten Stützen mit zu-

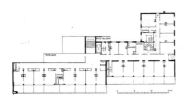

Kurhotel Bella Lui

sätzlichen Querrahmenstützen aufliegender Hohlkasten – hat eine Spannweite von 30 m und zeigt jene Leichtigkeit, die Maillarts kühnste Werke auszeichnet. Beachtenswert sind auch die Ingenieurbauten von Alexandre Sarrasin im Kanton Wallis: das Sammelbecken Les Marécottes in Salvan (1925–26), die Vispa-Brücke in Merjen/Stalden (1928–30) und die Trient-Brücke in Vernayaz/Gueuroz (1931–33).

Lit.: Schweizerische Bauzeitung 10/1927; Archithese 3/1961; Schweizer Architekturführer 1920–1995, Band 3, 501, S. 194ff.

Les Evouettes
Mehrzweckgebäude
1989–94
Christian Beck

Mitarbeit: S. Cheasaux, P. Boschetti

Das aus einem 1989 ausgeschriebenen Wettbewerb hervorgegangene Gebäude beherbergt Räume für Theatervorführungen, Sportveranstaltungen, lokale und regionale Anlässe. Es zeigt eine fließende, dem Nutzungsprogramm entsprechende Anordnung von Bühnenraum, Saal und Galerie um einen Hauptraum, der sich bis zu einem Platz im Freien ausdehnt. Mit seiner Sichtbetonästhetik macht das Gebäude einen sehr kompakten Eindruck.

Christian Beck ist auch der Architekt der 1983 fertiggestellten Kirche Ste. Marie Madeleine in Mase.

Lit.: Cahiers suisses de l'architecture et du design 5/1982; Werk, Bauen und Wohnen 5/1986; Baumeister 1/1990; Faces 20/1991; Rivista Tecnica 6/1992.

Aquaedukt bei Le Châtelard

Mehrzweckgebäude

Wallis

Lourtier
Kirche Notre-Dame du Bon Conseil
1932, 1955–68
Alberto Sartoris

Die kleine Bergkirche, die bei ihrer Entstehung sehr umstritten war und deren Turm schon 1932 leicht abgeändert wurde, erfuhr durch denselben Architekten 1955 eine erste Erweiterung, die sich in mehreren Etappen bis 1968 fortsetzte. Die entscheidenden Eingriffe betrafen die Vorverlegung des Eingangs und die daraus folgende Verlängerung des einzigen Kirchenschiffes, welches erhöht und mit einem Satteldach anstelle des vorherigen, einteiligen Daches gedeckt wurde. Heizungsröhren wie auch Leitungsrohre für das Regenwasser sind in die Stützpfeiler für die Dachkonstruktion integriert, welche wie die Apsis und der Eingangsraum mit Granit aus der Region verkleidet sind. Die Fenster auf den Längsseiten des Kirchenschiffes stammen von Carla Prina.

Lit.: *La Chapelle de Lourtier, Genf 1932; Le Scandale de Lourtier ou la maison de Dieu peut-elle être moderne? Exposition des pièces du procès, Lausanne 1933; Alberto Sartoris et le Valais, Martigny 1983.*

Martigny
Umbau der Pfarrkirche
place du Midi
1986–93
John Chabbey, Michel Voillat, Raymond Coquoz, Jacques Faravel
Mitarbeit: J. M. Rouiller, A. Fernández, N. Carron

Die Kirche aus dem 17. Jahrhundert ist das wichtigste Baudenkmal der Stadt; es wurde im Laufe der Jahre mehrmals

Notre-Dame du Bon Conseil, Ansichten

Pfarrkirche von Martigny, Schnitt

renoviert und verändert. Der jüngste Eingriff geschah in der Absicht, den Origialzustand des Baus wiederherzustellen und dabei zugleich seinen Bezug zur Gegenwart zu betonen. Die Neugestaltung von Altarraum und Kirchengerät (vornehmlich aus Eisen, wegen des modernen Charakters dieses Materials) und die neue Beleuchtungsanlage sind elegant gelöst.

Unter den weiteren Arbeiten von Chabbey & Voillat ist das Haus Cretton in Fully von 1990–91 zu erwähnen.

Lit.: *Restauration de l'église paroissiale de Martigny, Martigny 1993.*

Monthey
Théâtre du Crochetan
rue du Théâtre
1982–89
*Jean-Luc Grobéty, Raoul Andrey, Christian Sottaz
Mitarbeit: R. Gay, Sneiders & Zimmermann (Bauführung)*
Das verhältnismäßig kleine, nicht weit vom eigentlichen Stadtzentrum entfernt liegende Grundstück veranlaßte die Architekten zu einer verdichteten Anordnung, bei der die beiden Zuschauersäle übereinander gelegt sind. Ein Gegengewicht zur Vertikalität des Baus, die seinen öffentlichen Charakter unterstreicht, wird durch die volumetrische Gliederung der einzelnen Teile hergestellt; sie sind als eine den Ort der Repräsentation schützende Hülle konzipiert.

Ein bekannter Bau von Grobéty ist ferner das 1985 vollendete Sportzentrum von Porrentruy im Kanton Jura.

Lit.: *Archithese 3/1991; Rivista Tecnica 3/1991; Schweizer Architekturführer 1920–1995, Band 3, 526, S. 211.*

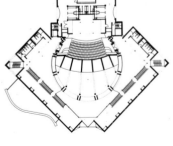

Théâtre du Crochetan

Monthey
Haus Ritz
rue du Coppet 7
1985–90
Vincent Mangeat
Mitarbeit: G. Mann, O. Pina, H. Ritz

Das im Bereich der „Verbreiterung" einer Bergstraße errichtete Haus inszeniert den Übergang zwischen öffentlicher und privater Sphäre. Es basiert auf dem Gegensatz zwischen einem statischen Raum, der sich an die Stützmauer anlehnt und die Nebenräume enthält, und einem dynamischen Bereich mit einem Metallkörper für die Wohnräume, der auf lamellenartig angeordneten Betonstützen aufliegt. Das Projekt kommt dem kleinen Maßstab der klassischen Tradition entgegen.

Lit.: Rivista Tecnica 3/1991; 11/1992; Werk, Bauen und Wohnen 10/1991; Futurismo – oggi 9/1992; Deutsche Bauzeitschrift 5/1993; Schweizer Architekturführer 1920–1995, Band 3, 527, S. 212.

Saillon
Haus Morand-Pasteur
1934–35
Alberto Sartoris

Das für eine Weinbäuerin errichtete

Haus Ritz

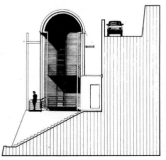
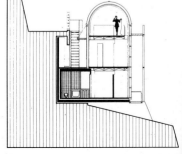

Haus steht inmitten der Rebhänge des Rhonetals. Die Volumen zeigen die für Sartoris typischen, von der mediterranen Architektur beeinflußten Elemente: Flachdach, Terrasse, Loggia, Pergola. Die Nebenräume liegen im Tiefparterre; darüber befinden sich Wohnraum, Küche und Garage, im Obergeschoß die beiden Schlafzimmer mit Blick auf die Berglandschaft. Die vertikalen Elemente sind aus Beton, die horizontalen Träger aus Stahl, das Mauerwerk aus gelochtem Backstein und die Einfassungen der Öffnungen aus Holz. Die Treppen hatten ursprünglich einen grauen Gummibelag; die Innenwände waren mit Ölfarbe gestrichen, deren Farbtöne der psychodynamischen Farbskala entsprachen, welche auch für den Cercle de l'Ermitage maßgebend war. Der Außenanstrich hingegen war weiß.

Lit.: Architectural Review 80/1936; P. Angcletti (Hrsg.), Alberto Sartoris. Un architetto razionalista, Rom 1979; Alberto Sartoris, Lissabon 1980; Alberto Sartoris et le Valais, Martigny 1983; Schweizer Architekturführer 1920–1995, Band 3, 532, S. 214.

Haus Morand-Pasteur

Sierre
Wohn- und Geschäftshaus „La Terrasse"
avenue Général-Guisan 4
1984–91
Jean Gérard Giorla
Mitarbeit: M. Viret, M. Trautmann, A. Rossetti, P.A. Masserey, M. A. Albasini, F. Gatti, A. Mumenthaler, C. Washer, G. Evéquoz, C. Vannini

Der an einem neuralgischen Punkt der Stadt errichtete Komplex wird von einer Fußgängerpassage durchschnitten, welche den Bahnhofsplatz mit dem Forum des Alpes verbindet; dort befindet sich das 1985 gleichfalls, wie „La Terrasse", im Rahmen des Erneuerungsplans für das Stadtzentrum von Sierre projektierte Wohngebäude von Michel Zufferey. Der Bau ergänzt den bestehenden Häuserblock mit einer kontinuierlichen Straßenfront und verbindet die unterschiedlichen Straßenniveaus durch die Errichtung einer zentralen Piazza; um diese herum gruppieren sich die Geschäfte, Büros und Wohnungen. Die leicht vorspringenden Ecktürme der vertikalen Blöcke bezeichnen den Eingang.

Ein weiterer Bau von Giorla ist das 1985–87 entstandene Bergrestaurant der Skianlagen von St. Luc (Tignousa).

Lit.: Baumeister 1/1990; Archithese 3/1991

Visp
Kulturzentrum „La Poste"
Napoleonstrasse
1984–92
Emilio Bernegger, Bruno Keller, Edy Quaglia, Sandro Cabrini, Renato Stauffacher, Gian Maria Verda
Mitarbeit: P. Joliat, R. Studer, G. Beusch, J. Erdin, H. Kurzen, S. Arnaboldi

Trotz diverser Entwurfsstadien, die das siegreiche Projekt des 1984 von der Gemeinde Visp ausgeschriebenen Wettbewerbs durchlief, blieb die ursprüngliche Konzeption, die die Charakteristika der städtebaulichen Struktur von Visp berücksichtigte und parallel zur Straße eine leicht gewellte Fassade vorschlug, erhalten. Das Gebäude zeigt eine lineare Anordnung (Büro des Verkehrsvereins, Restaurant, Kegelbahn), die dem Verlauf der Straßenfassade folgt, während die zwei Baukörper mit dem Theater und dem Mehrzwecksaal durch das Theaterfoyer und die Eingangshalle direkt mit der zentralen Piazza der Anlage verbunden sind. Die rigorose und massive Gestaltung der Westfassade entspricht dem öffentlichen Charakter des Baus; auf der Nordseite hingegen ist die von einem großen Rahmen aus schwarzem Eisenbeton eingefaßte Fassade skulptural gestaltet.

Lit.: Rivista Tecnica 9/1984; 5/1992; Aktuelle Wettbewerbe 1/1985; Architektur + Wettbewerbe 1986, 125; Archithese 3/1991; Schweizer Journal 1/1992; Schweizer Holzzeitung 18/1992; Schweizer Architekturführer 1920–1995, Band 3, 546, S. 221.

Wallis

„La Terrasse" in Sierre, Ansicht und Schnitt

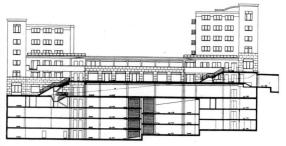

Kulturzentrum Visp

Kanton Graubünden

Chur
Heiligkreuzkirche
Masanserstrasse 61
1963–69
Walter Förderer
Mitarbeit: H. Turnherr

Wie beim etwa gleichzeitig (1963–71) entstandenen Pfarreizentrum St. Nicolas in Hémérence im Kanton Wallis wendet Förderer auch hier eine kompromißlose Formensprache an. Der Grundriß des vielgestaltigen Baus für die Aktivitäten der Pfarrgemeinde ordnet sich in lockeren Gruppen um den zentralen Kultraum an. Sichtbeton und Holz sind auch bei diesem Werk die vorherrschenden Materialien.

Lit.: Werk 12/1971; R. Gieselmann, Neue Kirchen, Stuttgart 1972; L. Dosch, Die Heiligkreuz-Kirche in Chur, Schweiz, Bern 1989; Schweizer Architekturführer 1920–1990, Band 1, 306, S. 75.

Heiligkreuzkirche

Chur
Frauenschule
Scalärastrasse 17
1977–83
Robert Obrist & Partner
Der Entwurf bezieht sich auf die topographischen Eigenheiten des abgestuften Geländes und wählt eine dem Raumprogramm entsprechende differenzierte Volumetrie: Ein Flügel enthält Schlaf- und Aufenthaltsräume, Mensa und Cafeteria, in einem zweiten sind Verwaltung, Bibliothek, Konferenzsaal und Klassenzimmer, im dritten die Turnhalle untergebracht.
Dieselben Architekten haben zusammen mit Richard Brosi die Postautohalle der PTT im Zentrum von Chur gebaut.
Lit.: Werk, Bauen und Wohnen 3/1984; 4/1992; Architettura Svizzera 63/1984; P. Disch (Hrsg.), Architektur in der deutschen Schweiz 1980–1990, Lugano 1991, S. 259; Schweizer Architekturführer 1920–1990, Band 1, 308, S. 76.

Frauenschule

Graubünden

Chur
Schutzbauten für römische Funde
Seilerbahnweg 17, Welschdörfli
1986
Peter Zumthor
Mitarbeit: R. Schaufelbühl
Um- und Erweiterungsbau des Bündner Kunstmuseums
Postplatz, Bahnhofstrasse 35
1982–90
Peter Calonder, Hans Jörg Ruch, Peter Zumthor
Mitarbeit: D. Jüngling
Seniorenwohnhaus
Cadonaustrasse 69–73, Masans
1990–93
Peter Zumthor
Mitarbeit: T. Durisch, B. Haefeli, M. Gautschi, I. Molne

In den drei Kuben mit Holzlamellenwänden, die die lichtdurchlässigen Schutzhüllen für die römischen Siedlungsreste bilden, bietet sich dem Besucher ein über Metallpasserellen geführter, archäologischer Rundgang an, der von dem fein gefilterten Tageslicht erhellt wird. Die Intervention an der Villa Planta, in der die wertvolle Sammlung des Bündner Kunstmuseums untergebracht ist, ging aus einem Wettbewerb hervor, der auch die Integration des benachbarten Baus mit dem Naturhistorischen Museum vorsah. Die Architekten lösten diese Aufgabe, indem sie die beiden Baukörper mit einer verglasten Brücke verbanden und den neuen Teil, eine als Foyer und Cafeteria genutzte Seitenveranda, der Gestaltung des von der Architektur japanischer Gärten geprägten Außenraums unterordneten. Bei dem unlängst fertiggestellten Seniorenwohnhaus ist die klare Definition der

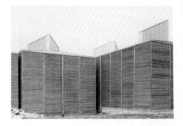

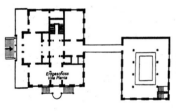

Schutzbauten für römische Funde

Umbau Kunstmuseum, Grundriß und Ansicht

Seniorenwohnhaus in Masans

Strukturelemente und die handwerkliche Präzision der Materialbehandlung (Sichtbeton, Tuffstein, Lärchenholz) auffallend.

Von Zumthor stammt auch die Erweiterung der Schule in Churwalden von 1979–83.

Lit.: Archithese 2/1984; 3/1985; Werk, Bauen und Wohnen 10/1987; 11/1993; Detail 5/1988; P. Disch (Hrsg.), Architektur in der deutschen Schweiz 1980–1990, Lugano 1991, S. 262 f.; du 5/1992; Construction, Intention, Detail. Fünf Projekte von fünf Schweizer Architekten, London und Zürich 1994; Domus 760/1994; Schweizer Architekturführer 1920–1990, Band 1, 309, S. 77; K. Gantenbein und J. Lienhart, 30 Bauten in Graubünden, Zürich 1996, S. 30 f. und 36 f.

Davos
Ehem. Sanatorium Regina Alessandra (heute Höhenklinik der Kantone Thurgau und Schaffhausen)
Grüenistrasse 18–20, Davos-Platz
1906–09, 1925–49

Otto Pfleghard, Max Haefeli und Robert Maillart
Rudolf Gaberel

Das wegen der besonderen klimatischen Bedingungen des „Zauberbergs" durch Thomas Manns Roman in die literarische Mythologie eingegangene Lungensanatorium wurde mehrmals erweitert und umgebaut. Dem ursprünglichen, von Pfleghard & Haefeli – mit der technischen Beratung durch Robert Maillart – errichteten Gebäude wurde 1911 ein symmetrischer Flügel hinzugefügt, so daß eine den neuesten medizinischen Erkenntnissen der damaligen Zeit entsprechende, dreiteilige Anlage entstand. Rudolf Gaberel unternahm in der Folge wiederholt Umbauten und Erweiterungen und errichtete auch 1934 die Ärzteunterkünfte.

Lit.: S. Giedion, Raum, Zeit, Architektur, Cambridge, Mass. 1941, deutsch 1976; INSA. Inventar der neueren Schweizer Architektur, 3, Bern 1982; S. von Moos, Estetica industriale, Disentis 1992.

Sanatorium Regina Alessandra

Ärztepavillon

Davos-Clavadel
Hochgebirgsklinik
Zürcher Heilstätte
Clavadelstrasse 681
1930–32
Rudolf Gaberel

Dieser Bau ist ein Beispiel für die Synthese von architektonischen Ausdrucksmitteln und therapeutischen Kriterien, zu der Gaberel aufgrund seiner langjährigen Auseinandersetzung mit der Thematik des Sanatoriumsbaus gelangt war. Gestützt auf die neuesten medizinischen und sanitären Theorien, welche Hygiene und Disziplin zum Maßstab für die Formgebung des Gebäudes erhoben, legte Gaberel die Liegeterrassen auf die Südseite, so daß jedes Zimmer ein Maximum an Sonneneinstrahlung erhielt, was auch den Heilmethoden der Tuberkulose entsprach. Die von diesen Grundsätzen bestimmte Innenausstattung wählte abgerundete Ecken, glatte Oberflächen, abwaschbare Materialien und ein einfaches Mobiliar. Das auffälligste Kennzeichen dieser neuen, therapeutisch geprägten Architektur war jedoch die Einführung des Flachdachs (das allerdings in Graubünden schon Ende des 19. Jahrhunderts Verbreitung fand). Es war mit einem System zur Schneebeseitigung versehen, einer technischen Neuerung, die von den Pionieren des Neuen Bauens seit 1926 in ihrem Kampf gegen die abgeschrägten Dachformen herangezogen wurde.

Lit.: INSA. Inventar der neueren Schweizer Architektur 1850–1920, 3, Bern 1982; Hochparterre 4/1990; S. von Moos, Estetica industriale, Disentis 1992; K. Gantenbein und J. Lienhart, 30 Bauten in Graubünden, Zürich 1996, S. 18 f.; Schweizer Architekturführer 1920–1990, Band 1, 311, S. 78.

Davos
Dorf-Garage
Bahnhofstrasse 11, Davos-Dorf
1927–28
Rudolf Gaberel
Bahnhof
Talstrasse 4, Davos-Platz
1949
Rudolf Gaberel

Rudolf Gaberel war schon 1904 aus gesundheitlichen Gründen nach Davos gekommen und lebte dort bis 1952. Zu den bekanntesten Beispielen seines umfassenden architektonischen Werkes gehören das Haus Burckhardt von 1926–27 (1978 abgerissen), welches das programmatische Manifest eines asketischen Stils verkörpert (kubische Formen, Flachdach, schlichte Details), und die gleichzeitig errichtete, noch bestehende Dorf-Garage. Neben dem Schulgebäudes in Davos-Frauenkirch von 1936, das wieder ein Steildach zeigt, ist der im Vokabular seiner Sanatoriumsbauten gehaltene Bahnhof von Davos-Platz von Interesse.

Von Gaberel stammt auch das Kantonsspital von Chur (Loestrasse 170), das 1938–41 in Zusammenarbeit mit Fred G. Brun entstand.

Lit.: Werk 1/1936; 2/1938; INSA. Inventar der neueren Schweizer Architektur 1850–1920, 3, Bern 1982; Schweizer Architekturführer 1920–1990, Band 1, 311, S. 78 f.

Graubünden

Hochgebirgsklinik
Zürcher Heilstätte

Dorf-Garage

Bahnhof Davos-Platz

Graubünden

Davos
Kongresszentrum und Sportzentrum
Promenade 92
1959–90
Ernst Gisel
Mitarbeit: C. Zweifel

Eine organische, zur Landschaft hin offene Anlage umgibt das Sportzentrum mit Hallenbad, Freibad und Restaurant. Von den einzelnen Pavillons führt ein spiralförmiger Weg zu dem großen Konferenzsaal mit seiner gewellten Decke und den charakteristischen Oberlichtern. Außen ist die Eisenbetonstruktur teilweise mit Holz verkleidet.
Lit.: Werk 7/1962; 9/1966; 1/1971; J. Bachmann und S. von Moos, New Directions in Swiss Architecture, New York 1969; Schweizer Architekturführer 1920–1990, Band 1, 312, S. 80.

Davos
Kirchner Museum
Ernst-Kirchner Platz 1
1989–92
Annette Gigon, Mike Guyer
Mitarbeit: U. Schneider, J. Brändle

Das Kirchner-Museum – das erste große Projekt der beiden jungen Zürcher Architekten – sucht neue Lösungen für die Aufgabe, Harmonie zwischen architektonischer Hülle und Kunstwerk herzustellen. Leitprinzip des Baus ist die Zurückhaltung, welche vom Ausstellungssaal mit seinen weißen Wänden, den Fußböden aus Eichenholz und dem das Tageslicht exakt dosierenden Glasdach ausgeht. Vier hohe, lichtdurchlässige Kuben, deren Oberfläche verschiedenartiges Glas aufweist, setzen sich radikal vom Typus großer Ausstellungs-

Kongresszentrum und Sportzentrum

hallen des 19. Jahrhunderts ab. Dieselben Architekten bauten auch das Restaurant Vinikus (Promenade 119) und das Sportzentrum von Davos.
Lit.: Faces 19/1991; 26/1992–93; Bauwelt 12/1992; Hochparterre 12/1992; Werk, Bauen und Wohnen 12/1992; 1–2/1993; AMC. Architecture-Mouvement-Continuité 338/1993; Domus 748/1993; Rivista Tecnica 5/1993; Skala 29/1993; Techniques & Architecture 408/1993; I. Flagge (Hrsg.), Kirchner-Museum Davos, Berlin 1994; K. Gantenbein und J. Lienhart, 30 Bauten in Graubünden, Zürich 1996, S. 68–71.

Giova
Kapelle Madonna di Fatima
San Vittore
1986–88
Mario Campi, Franco Pessina
Der zentrale Grundriß und die vertikale Ausrichtung des Baus symbolisieren die Universalität der Kirche und entsprechen der Vorstellung von der Kirche als physischem Mittelpunkt des lokalen Umfeldes. Der Hauptbaukörper (Kuppel und Turm) erinnert an einen Leuchtturm: Die Synthese der Anspielungen und Analogien evoziert die Vorstellung einer *turris eburnea*.
Lit.: Domus 7033/1989; Rivista Tecnica 3/1989; 10/1992; Kunst und Kirche 1/1990; Baumeister 12/1991; Häuser 4/1993; K. Gantenbein und J. Lienhart, 30 Bauten in Graubünden, Zürich 1996, S. 92 f.

Kirchner Museum, Außen- und Innenansicht

Kapelle Madonna di Fatima

Graubünden

Haldenstein
Zusammengebaute Häuser
Pälu 18
1982–83
Peter Zumthor

Atelier Zumthor
Süsswinkel 20
1985–86
Peter Zumthor
Mitarbeit: J. Conzett

Die planimetrische Komposition des Häuserkomplexes zeigt den Rückgriff auf traditionelle Gestaltungsmittel wie etwa die Symmetrie oder die Anlage mit Hof; das Atelier des Architekten hingegen präsentiert sich – trotz der Verwandtschaft mit der ländlichen Architektur des Dorfes – als raffiniertes *objet trouvé* aus Holz: ein völlig abgeschlossenes Volumen, bei dem alle Elemente, welche auf die Funktion verweisen könnten, eliminiert sind.
Von Zumthor seien hier ferner das 1981–86 gebaute multifunktionale Zentrum von Malix (Pazonia) sowie das vielbeachtete Thermalbad Vals von 1994–96 genannt.

Lit.: Archithese 5/1985; 6/1986; Detail 5/1988; Docu Bulletin 1/1988; du 5/1992; P. Disch (Hrsg.), Architektur in der deutschen Schweiz 1980–1990. Lugano 1991, S. 261; Schweizer Architekturführer 1920–1990, Band 1, 316, S. 81.

Küblis
Kraftwerk
Büdemji
1921–22
Nicolaus Hartmann

Zusammengebaute Häuser

Atelier Zumthor

Bei seinem Wettbewerbsentwurf für dieses erste große Wasserkraftwerk des Kantons schuf der Architekt – Schüler von Theodor Fischer, des großen Neuerers traditioneller Architektur – eine typische Verbindung aus technisch innovativer Funktionsbezogenheit und pittoresker, lokal gefärbter stilistischer Auffassung. Als ideale Grundlage für diese Synthese bot sich eine an den Kirchenbau angelehnte mehrschiffige Anlage an. Hartmanns Haltung zeigt sich auch in dem 1923 entstandenen Stationsgebäude von Poschiavo.

Lit.: Werk 6/1925; Schweizer Bauzeitung 92/1928; 94/1929; C. Clavout und J. Ragetti, Die Kraftwerkbauten im Kanton Graubünden, Chur 1991; Schweizer Architekturführer 1920–1990, Band 1, 318, S. 84.

Pontresina
Coaz-Hütte
Las Plattas
1964, 1982
Jakob Eschenmoser

Die auf dem Weg zum Berninapaß auf 2600 m Höhe errichtete Schutzhütte besteht aus einem massiven Hauptvolumen mit poligonalem Grundriß; ein weiteres Volumen, gleichfalls aus Stein, aber mit einer bunt gestrichenen Eternitfassade, wurde diesem 1982 angefügt.

Eschenmoser baute ferner 1975 die Schutzhütte auf dem Mont Bertol oberhalb von Arolla im Kanton Wallis.

Lit.: R. Obrist, S. Semadeni, D. Giovanoli (Hrsg.), Construire – Bauen – Costruire, 1830–1980, Zürich und Bern 1986; Schweizer Architekturführer 1920–1990, Band 1, 323, S. 87.

Kraftwerk

Coaz-Hütte

Graubünden

St. Moritz
Mehrfamilienhaus mit Atelier
via Aruons 10
1970–72
Robert Obrist & Partner
Der Bau aus Sichtbeton mit Wohnung und Atelier des Architekten und 10 Mietwohnungen hebt sich klar vom traditionellen „Kurort-Stil" ab, nutzt aber die Terrainbeschaffenheit für eine terrassierte Geschoßanordnung.
Dieselbe ebenso reduzierte wie wohlproportionierte Formensprache zeigt die 1983–85 von Obrist & Partner gebaute Erweiterung des Schulkomplexes in Untervaz (Schulweg 240).
Lit.: R. Obrist, S. Semadeni, D. Giovanoli (Hrsg.), Costruir – Bauen – Construire, 1930–1980, Zürich und Bern 1986; Schweizer Architekturführer 1920–1990, Band 1, 326, S. 89.

Schiers
Salginatobelbrücke
Kantonsstrasse 28, Schiers–Schuders
1929–30
Robert Maillart
Sagastäg-Brücke über die Landquart
1991–92
Walter Bieler
Mitarbeit: R. Zindel
Scuol
Langlau-Brücke
auf der Strecke Pradella-Scuol
1990
Walter Bieler
Eine ausgeprägte Bautradition, welche neue Konstruktionsmöglichkeiten erforscht, ohne dabei Formgebung als wesentliches Element der statischen Konzeption zu vernachlässigen, kennzeichnet die schweizerische Ingenieurkunst dieses Jahrhunderts. Maillart hinterließ mit der eine Spannweite von 90 m auf-

Atelierhaus

Salginatobelbrücke

Sagastäg-Brücke

weisenden Salginatobelbrücke, die in einer dramatischen Situation ein 75 m tiefes Tal überspannt, eines der schönsten Beispiele seiner Typus' der Hohlkastenträgerbrücke. Eine Vorstufe innerhalb seines Werkes war die Tschielbachbrücke bei Donath (1925) nahe des San-Bernardino-Passes.

Walter Bieler hat dieses Erbe geschickt genutzt und neue Strukturen mit schlanker Formgebung geschaffen, für die er auch Holzelemente einsetzte.

Bieler entwarf auch die 1992 bei Klosters errichtete Drostobelbrücke.

Sumvitg/Somvix
Kapelle Sogn Benedetg
1987–88
Peter und Annalisa Zumthor
Mitarbeit: R. Schaufelbühl

Die versteckt in der Berglandschaft der Surselva liegende Holzkapelle entwickelt ihre geschwungene Form auf einem blattartigen Grundriß. Geometrisch basiert die Kirche auf einer Lemniskate, einer ebenen algebraischen Kurve vierter Ordnung von der Form einer 8, welche – proportional verkürzt – auch die Schnitte definiert; sie umschließt einen dynamischen Innenraum, der auf einen zentralen Gravitationspunkt konzentriert ist. Die Synthese von Poesie und Rationalität, welche kunstvoll durch die antike Bautradition der Region geläuterte Bilder und Bezüge integriert, macht diesen Bau zu einem kostbaren Kleinod der Schweizer Architektur des 20. Jahrhunderts.

Lit.: Domus 1989, 710; Werk, Bauen und Wohnen 4/1989; Archithese 6/1990; du 5/1992; P. Disch, Architektur in der deutschen Schweiz 1980–1990, Lugano 1991, S. 265; Schweizer Architekturführer 1920–1990, Band 1, 330, S. 91; K. Gantenbein u. J. Lienhart, 30 Bauten in Graubünden, Zürich 1996, S. 110 f.

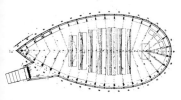

Drostobelbrücke

Kapelle Sogn Benedetg, Grundriß und Ansicht

Kanton Tessin

Airolo
Tunnelportale Autobahn Airolo – Chiasso
Sankt Gotthard-Süd, Melide-Grancia, Bissone-Maroggia
1965–80
Rino Tami
Als Sachverständiger des Tessiner *Dipartimento delle publicche costruzioni* legte Tami eine Reihe von Kriterien für die Autobahnbauten fest: Einheitlichkeit von Erscheinungsbild und Material (Stahlbeton) sowie ein Entwurfskonzept, das die Tunnelportale als Episoden im besonderen landschaftlichen Kontext definiert. Die seitlichen Widerlager der Portale, ebenso wie jene der Brücken, werden von einem dem natürlichen Gefälle der Berghänge entsprechenden Winkel von 30 Grad definiert, während die aus den Tunnels hervorspringenden Stützwände einen Winkel von 60 Grad mit der Ebene der Straße bilden und die Dynamik der Alpendurchquerung unterstreichen.
Lit.: Werk 1, 9/1969; Rivista Tecnica 6/1982; Werk, Bauen und Wohnen 12/1983; 4/1986; D. Bachmann u. G. Zanetti, Architektur des Aufbegehrens. Bauen im Tessin, Basel 1985; Schweizer Architekturführer 1920–1995, Band 3, 601, S. 230–232; 759, S. 305.

Tunnelportale:
Melide-Grancia
Sankt Gotthard-Süd
Bissone-Maroggia

Ambri
Haus Juri
area aeroportuale/Nähe Flugplatz
1990–92
Raffaele Cavadini
Mitarbeit: F. Trisconi, S. Marzari
Bestimmend für dieses am Rande der Bauzone des Bergdorfes gelegene

Tessin

Haus waren die klimatischen Bedingungen der kalten Winter und das von den Einrichtungen und Schuppen des nahen Flugplatzes geprägte architektonische Umfeld. Das Haus ist ein nach innen gerichtetes, kompaktes Volumen, das einige charakteristische Gestaltungselemente der Region aufgreift. Das Sockelgeschoß mit Gästezimmer und Nebenräumen trennt klar den Wohnbereich vom Erdboden; im darüberliegenden Geschoß befinden sich das Studio und der Wohnraum mit doppelter Raumhöhe, der auf eine weiträumige, ungedeckte Loggia geht; der Schlafbereich liegt im zweiten Obergeschoß.
Lit.: Ticino hoy, Ausstellungskatalog, Madrid 1993; Rivista Tecnica 1–2/1993; P. Disch, Neuere Architektur im Tessin 1980–1995, Lugano 1996, S. 152.

Arcegno
Einfamilienhaus
via Frigera 8
1966
Mart Stam
Enge Kontakte verbanden Mart Stam mit den Protagonisten der modernen Schweizer Architektur der Zwischenkriegsjahre, und durch die Mitarbeit an der Zeitschrift ABC wie auch als Jurymitglied wichtiger Wettbewerbe nahm er lebhaften Anteil an der avantgardistischen Architekturdebatte. Neben dem Haus in Hilterfingen im Kanton Bern von 1969–70 ist dieses kleine Ferienhaus eines der wenigen späten Werke dieses Architekten in der Schweiz.
Lit.: Rassegna 1991, 47.

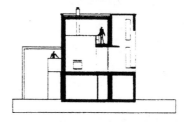

Haus Juri

Einfamilienhaus in Arcegno, Ansicht und Schnitt

Tessin

Arcegno
Haus Righetti
via Loco
1990–91
Michele Arnaboldi
Mitarbeit: N. Romerio

Das Konzept dieses am Westrand des Dorfes gelegenen Zweifamilienhauses mit Blick auf den Lago Maggiore und die Magadinoebene beruht auf einer einzigen architektonischen Geste: Der lange, rechtwinklig zum Hang liegende Bau verbindet zwei über- bzw. untereinanderliegende Volumen. Dies erlaubt eine Differenzierung der Wohneinheiten. Mit Hilfe eines Systems von auf den einzelnen Ebenen liegenden Terrassen erhält jedes Geschoß einen direkten Zugang. Formale Geschlossenheit wird durch die Wahl des vorgespannten Stahlbetons als Konstruktionsmittel erreicht, was die Freisetzung großer Flächen und eine ungewohnt großzügige Raumaufteilung erlaubt.

Lit.: Ticino hoy, Ausstellungskatalog, Madrid 1993; Architettura Svizzera 10/1993; Rivista Tecnica 1–2/1993; Schweizer Architekturführer 1920–1995, Band 3, 604, S. 235; P. Disch, Neuere Architektur im Tessin 1980–1995, Lugano 1996, S. 148.

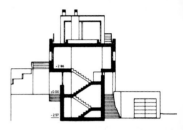

Arosio
Haus Maggi
1980–82
Mario Campi, Franco Pessina

Das vertikale, prismatische Volumen des zum Dorf hin orientierten Hauses ist im rechten Winkel zum Berghang gebaut. Das Haus nimmt überdies einen Dialog mit der alten Dorfkirche auf: Mit seiner imposanten Fassade deklariert es sich geradezu als „Haus-Tempel". Die physische und konzeptionelle Tren-

Haus Righetti,
Ansicht und Schnitt

Haus Maggi

nung zwischen dem Naturstein der Fassade und dem dahinterliegenden, verputzten Baukörper mit den auf 2 Geschosse verteilten, entlang einem in die Tiefe führenden Gang angeordneten Wohnräumen wird durch den abrupten Rahmen noch unterstrichen.

Lit.: a + u, architecture and urbanism 11/1982; Progressive Architecture 7/1982; Rivista Tecnica 2/1982; Werk 12/19882; du 8/1986; Werk, Bauen und Wohnen 6/1986; Lotus international 63/1989.

Arzo
Atelier-Haus
ai Ronchi
1987–89
Roni Roduner

Die stilistischen Kriterien des Architekten, der seit dem Haus Strahm in Villars-sur-Glane im Kanton Fribourg (chemin des Fenetta) von 1978 ein kohärentes Werk aufgebaut hat, werden in seinem eigenen Wohn- und Atelierhaus bekräftigt. Ein klarer Grundriß, der bewußt mit dem Gegensatz von Artefakt und Natur arbeitet, bestimmt die wesentlichen Elemente des Entwurfs. Der Studiobereich schützt die dahinterliegende Wohnung vor den Unannehmlichkeiten der zunehmenden Verstädterung des Ortes und bildet mit seinem Dachgarten ein Element des Übergangs. Die Wohnräume öffnen sich frei nach Süden auf die Hügel des Varesotto hin, während eine völlig geschlossene, paraboloidartig gekrümmte Wand den nördlichen Abschluß bildet. Mittelpunkt aller Aktivitäten im Inneren ist der Wohnraum mit doppelter Raumhöhe.

Ein weiterer interessanter Bau von Roduner ist das 1993 vollendete polifunktionale Zentrum in Martigny im Kanton Wallis (place du Manoir).

Lit.: Rivista Tecnica 5/1991; Abitare 1992, 313; Architettura Svizzera 1992, 102; Ticino hoy, Ausstellungskatalog, Madrid 1993; P. Disch, Neuere Architektur im Tessin 1980–1995, Lugano 1996, S. 102.

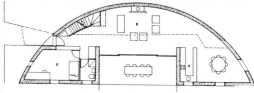

Atelier-Haus

Ascona
Hotel Monte Verità
monte Verità
1927–28
Emil Fahrenkamp
Umbau und Erweiterung 1970, 1992
Livio Vacchini
Mitarbeit M. Vanetti, M. Giacomazzi
Als Treffpunkt der europäischen Intellektuellen war der Monte Verità Anfang dieses Jahrhunderts Schauplatz eines facettenreichen kulturellen Lebens: Anarchisten, Theosophen, Aussteiger, Sozialdemokraten, Künstler, Psychoanalytiker – für sie alle war der Hügel oberhalb Asconas der Kristallisationspunkt ihrer Utopien, eine Art irdisches Paradies, in dem alternative Lebensformen getestet wurden. Das vom Baron von der Heydt in Auftrag gegebene Hotel signalisierte an eben jenem suggestiven und geheimnisvollen, vom Stadtleben unberührten Ort, der das „Zurück zur Natur" verkörperte und von dem man sich die Lösung der mit der Industrialisierung einhergehenden Probleme versprach, den Einzug des architektonischen Rationalismus auf Tessiner Boden. Zur Anlage gehören das Haus Anatta, das Haus Selma und der Chiaro Mondo dei Beati.
Lit.: E. Keller (Hrsg.), Ascona Bau-Buch, Zürich 1934; Rivista Tecnica 12/1972; 10/ 1988; Monte Verità, Mailand 1973; Schweizer Architekturführer 1920–1995, Band 3, 605, S. 236.

Ascona
Teatro San Materno
via San Materno 3
1928
Carl Weidemeyer
Das Theater liegt nicht weit vom Monte Verità entfernt und wurde ursprünglich für die Tanzakademie von Charlotte Bara errichtet. Es dokumentiert die Auseinandersetzung der deutschen Architekten des „Hügels" mit den Prinzipien des Neuen Bauens: Das Theater ist als eine Sequenz von jeweils niedrigeren Kuben konzipiert, die in das Halbrund der Apsis mündet; diese kann als Terrasse für Sport im Freien benutzt werden. Ihre geschwungene Linie wird von den Balkonen wiederaufgenommen. Ein Wohngeschoß liegt über dem in drei Teile gegliederten Theatersaal; er hat 180 Sitzplätze und läßt sich mühelos variieren und den Bedürfnisse der unterschiedlichen Aufführungen anpassen. Der Bau ist in schlechtem Zustand und müßte dringend saniert werden.
Lit.: Moderne Bauformen 7/1930; E. Keller (Hrsg.), Ascona Bau-Buch, Zürich 1934; Rivista Tecnica 12/1972; Monte Verità, Mailand 1978; Werk, Bauen und Wohnen 5/ 1984; Schweizer Architekturführer 1920– 1995, Band 3, 606, S. 236.

Tessin

Hotel Monte Verità,
Ansichten

Teatro San Materno,
Ansichten

Tessin

Ascona
Haus Tutsch
strada Cantonale, Ronco
1931
Carl Weidemeyer
Haus Oppenheimer
via Collinetta 73
1934–36
Carl Weidemeyer
Das in einen steilen Hang gebaute Haus Tutsch öffnet sich mit einer dynamischen Sequenz von Terrassen und Balkonen zum Lago Maggiore. Ein Natursteinsockel schafft einen Bezug zum benachbarten Haus Hahn, welches 1929–31 gleichfalls von Weidemeyer gebaut wurde, inzwischen aber völlig verändert ist. Charakteristisch für das Haus Oppenheimer sind das Flachdach und die plastischen, an den Seiten abgerundeten Volumen; es ist unverändert erhalten. In unmittelbarer Nähe liegt das von Marcel Breuer zusammen mit H. Beckhardt, R. Frank und R. Meyer gebaute Haus Koerfer (via Emilio Ludwig).
Lit.: Moderne Bauformen 7/1930; E. Keller (Hrsg.), Ascona Bau-Buch, Zürich 1934; B. Moretti, Ville, Mailand 1984; Rivista Tecnica 12/1972; 10/1988; P. Disch (Hrsg.), 50 anni di architettura in Ticino 1930–1980, Bellinzona u. Lugano 1983; Schweizer Architekturführer 1920–1995, Band 3, 608, S. 237.

Ascona
Villa Tuia
sentiero Roccolo 11
1961
Richard J. Neutra
Mitarbeit: C. Trippel, B. Honegger
Das zweigeschossige Haus liegt in einem prachtvollen Park. Das Erdgeschoß enthält den Eingangsbereich, eine Gemäldegalerie und Gästezimmer sowie Nebenräume und Garage; die Wohnräume im Hauptgeschoß öffnen

Haus Tutsch

Haus Oppenheimer

sich mit großen Fensterflächen zum Lago Maggiore.

Zwei Jahre später baute Neutra in Wengen im Berner Oberland das Haus Rentsch und 1964–66 das Haus Bucerius in Brione s/Minusio.

Lit.: W. Boesiger (Hrsg.), Richard Neutra 1961–66. Bauten und Projekte, Zürich 1966; P. Disch (Hrsg.), 50 anni di architettura in Ticino 1930–1980, Bellinzona u. Lugano 1983; Manfred Sack, Richard Neutra, Zürich 1992; Schweizer Architekturführer 1920–1995, Band 3, 609, S. 238.

Ascona
Lido von Ascona
via Lido
1981–87
Livio Vacchini
Mitarbeit: M. Vanetti, M. Tognola, M. Andreetti, L. Andina

Zwei mit 7 kreisförmigen Öffnungen durchbrochene Mauern definieren einen Container für die Garderoben- und Nebenräume des Strandbades. Der mit Silikon-Kalk verkleidete Bau aus Beton dient als Filter zwischen Stadt und Seeufer und gibt sich als Durchgangszone und als ein Architekturelement, welches sich mit der Landschaft durch eine kompromißlose Offenlegung der technischen Elemente und eine starke geometrische Aussagekraft messen kann.

Lit.: Werk, Bauen und Wohnen 10/1985; AMC. Architecture – Mouvement – Continuité, 12/1986; a + u, architecture and urbanism 191/1986; Rivista Tecnica 3/1986; 7–8/1988; Casabella 544/1988; F. Werner u. S. Schneider, Neue Tessiner Architektur, Perspektiven einer Utopie, Stuttgart 1989; Schweizer Architekturführer 1920–1995, Band 3, 612, S. 239; P. Disch, Neuere Architektur im Tessin 1980–1995, Lugano 1996, S. 101.

Villa Tuia

Lido von Ascona

Ascona
Haus Fumagalli
via delle Querce
1983–84
Livio Vacchini
*Mitarbeit: M. Vanetti, L. Andina,
G. Parboni*

Die Antwort auf die Zersiedelung des städtischen Randgebietes ist paradoxerweise ein extrovertiertes Haus. Der freie Grundriß und die fließende Anordnung der Räume, denen als typologische Elemente auf der Außenseite Arkaden und Terrassen vorgelagert sind, sorgen für Distanz zur Umgebung und zugleich für Offenheit. Die asymmetrische Komposition der Volumen und die Eleganz der vorkragenden Dachelemente bewirken eine Dynamik, die eine dialektische Beziehung zur klassischen Statik des Baukörpers schafft.

Lit.: Casabella 517/1985; a + u, architecture and Urbanism 191/1986; du 8/1986; Rivista Tecnica 4/1986; Werk, Bauen und Wohnen 6/1986; F. Werner u. S. Schneider, Neue Tessiner Architektur, Perspektiven einer Utopie, Stuttgart 1989; Schweizer Architekturführer 1920–1995, Band 3, 611, S. 239; P. Disch, Neuere Architektur im Tessin 1980–1995, Lugano 1996, S. 73.

Ascona
Haus Diener
Ronco
1989–91
Luigi Snozzi
Mitarbeit: M. Vicedomini

Das in einen Steilhang über dem Lago Maggiore gebaute Haus hat zwei Zugänge. Auf der Westseite führt der öffentliche Weg zum Wohngeschoß. Der zweite Zugang führt vom überdachten

Parkplatz aus über die Stufen der Pergola zur Terrasse mit Schwimmbad, von dort weiter zu einem zweiten kleinen Platz, der zum angrenzenden Gästezimmer gehört, und dann unten am Haus vorbei und durch den Portikus hinauf zum äußeren Wohnbereich. Bemerkenswert ist das System der Öffnungen, das in erster Linie vom Streben nach einer optimalen Panoramasicht bestimmt ist.

Lit.: du 11/1989; Abitare 293/1990; Architektur Aktuell 137/1990; Casabella 567/1990; Rivista Tecnica 3/1990; Häuser 4/1991; Möbel interior design 11/1991; Raum und Wohnen 2/1991; P. Disch, Neuere Architektur im Tessin 1980–1995, Lugano 1996, S. 125.

Balerna
Handwerkszentrum
via Passeggiata
1977–79
Mario Botta
Mitarbeit: R. Leuzinger

Botta begegnet dem Bedürfnis nach einer Reorganisation der alltäglichen Funktionen von Wohnen und Arbeiten mit dem Bau einer großen Wohn- und Ladenpassage. Das in einer heterogen bebauten städtischen Randzone liegende multifunktionale Gebäude versucht, durch seine Präsenz dem gesichtslosen Ort eine neue Qualität zu verleihen. Vier massive Blöcke werden durch eine Dachkonstruktion aus Stahl und Glas miteinander verbunden; um die so entstandene zentrale Piazza sind die ebenerdigen Gewerberäume angeordnet, während im ersten Obergeschoß Büros und im zweiten Obergeschoß die durch große Terrassen voneinander getrennten Wohneinheiten liegen.

Ein weiterer interessanter Bau von Botta in Balerna ist die Turnhalle von 1976–78 an der via San Gottardo.

Lit.: Abitare 1980, 184; Archithese 1/1980; GA Document 2/1980; Lotus international 25/1980; Baumeister 2/1982; GA Architect 3/1984; Ville e Giardini 205/1986; Schweizer Architekturführer 1920–1995, Band 3, 706, S. 277.

Handwerkszentrum, Balerna

Gegenüber:
Haus Fumagalli
Haus Diener,
Ansichten

Balerna
Haus Arnaboldi
strada Regina 14
1988–91
Ivano Gianola, Mitarbeit: C. Frisone, R. Genazzi

Nach dem kompakten Typus der Casa Bernasconi von 1978 (in Balerna, via Prada 20a), eines Baus, bei dem die einheitliche Fassade mit Laubengang den Bezug zum Kontext herstellt, wählte Gianola hier einen Grundriß, bei dem der lange Baukörper mit dem Wohnbereich und der Flügel mit dem Schwimmbad einen Hof bilden. Bestimmendes Element für die Logik der kompositorischen Struktur ist die Mauer, die mit dem klar herausgearbeiteten Wechsel von geschlossenen Volumen und Hohlräumen die Introversion der Wohnräume betont und die formbildende Kraft der Architektur dokumentiert. Durch das Spiel von Licht und Schatten gewinnt die Volumetrie Plastizität; im Inneren bestimmt das durch die Öffnungen gefiltert eindringende Licht Farben und Textur der Materialien.

Vom selben Architekten ist in Balerna der Kindergarten (via Carlo Silva 1) von 1971–74 sehenswert.

Lit.: P. Disch (Hrsg.), 50 anni di architettura in Ticino 1930–1980, Bellinzona u. Lugano 1983; a + u, architecture and urbanism, 175/1985; Ticino hoy, Ausstellungskatalog, Madrid 1993; Ivano Gianola architetto. Quattro case e un palazzo, Ausstellungskatalog, Viggiù 1993; Schweizer Architekturführer 1920–1995, Band 3, 709, S. 279; P. Disch, Neuere Architektur im Tessin 1980–1995, Lugano 1996, S. 140.

Bedigliora
Mittelschule
strada Cantonale
1979–81
Peter Disch, Angelo Bianchi

Das aus einem einzigen zweigeschossigen Block bestehende Gebäude entstand neben der schon bestehenden Grundschule und der Turnhalle und bildet mit diesen ein neues Schulzentrum für den mittleren und oberen Malcantone. Der langgestreckte, mit Oberlicht versehene Bau hat eine Tragstruktur aus Sichtbeton; sie gliedert die Fassade, deren Balkone als Witterungsschutz für die durchgehend verglasten Klassenzimmer dienen.

Lit.: P. Disch (Hrsg.), 50 anni di architettura in Ticino 1930–1980, Bellinzona u. Lugano 1983.

Bellinzona
Einfamilienhaus
via Motto d'Arbino 9
1953
Franco Ponti, Peppo Brivio

Das Haus dokumentiert die Auseinandersetzung der Tessiner Architekten mit der Formensprache von Frank Lloyd Wright und deren regionale Umsetzung. Die Prinzipien der architektonischen Komposition, der Gebrauch natürlicher Materialien und ein organischer Bezug zur Umgebung beziehen sich auf die Bautradition des Tessin.

Ein weiteres, typisches Beispiel dieses Architekturstils ist die 1952 von Peppo Brivio und René Pedrazzini gebaute Seilbahnstation Orselina-Gardada in Locarno.

Lit.: P. Disch (Hrsg.), 50 anni di architettura in Ticino 1930–1980, Bellinzona-Lugano 1983; Schweizer Architekturführer 1920–1995, Band 3, 615, S. 241.

Tessin

Haus Arnaboldi

Mittelschule

Einfamilienhaus

Tessin

Bellinzona
Mittelschule
via Lavizzari 7
1955–58
Alberto Camenzind
Mitarbeit: Bruno Brocchi
Der gesamtplanerische Ansatz stellt die Schulanlage (ursprünglich Gymnasium, heute Mittelschule) wie ein Archipel in den landschaftlichen Kontext hinein. Das langgestreckte, eingeschossige Gebäude mit abgetrennten Raumgruppen, welche offene, geschlossene und teilweise überdachte Bereiche bilden, wird von den daraus hervorragenden Volumen mit den Spezialräumen rhythmisch gegliedert. Neben dem Verwaltungstrakt und einer Wohnung für den Schulwart umfaßt die Anlage auch eine Turnhalle und einen Sportplatz.
Camenzind baute überdies 1958–64 zusammen mit Rino Tami und Augusto Jäggli das Studiogebäude des Radios der italienischen Schweiz in Lugano-Besso (via Canevascini).
Lit.: Werk 4/1959; P. Disch (Hrsg.), 50 anni die architettura in Ticino 1930–1980, Bellinzona u. Lugano 1983; Schweizer Architekturführer 1920–1995, Band 3, 616, S. 241.

Bellinzona
Haus Rotalinti
via Sasso Corbaro
1960–61
Aurelio Galfetti
Das Haus stellt nicht nur ein besonders glückliches Beispiel für die Rückbesinnung auf die Ästhetik von Le Corbusier dar, sondern bezeichnet auch eine Wende in der Tessiner Architektur zu Beginn der sechziger Jahre. Der durch einen Weg zugängliche, am Hang liegende Bau aus Sichtbeton legt durch seine Aushöhlungen und die kompakte Volumetrie das Wesen der Tragstruktur offen. Die Innenräume des von oben her zugänglichen Hauses sind auf vier Ebenen angeordnet, deren Folge ein raffiniertes Spiel räumlicher Zuordnungen ermöglicht, welches von den Fensteröffnungen noch verstärkt wird.
Lit.: Architecture, formes + fonction, 9/1962–63; L'Architecture d'aujourd'hui 121/

Mittelschule

1965; M. Steinmann und T. Boga, Tendenzen. Neuere Architektur im Tessin, Zürich 1975; a + u, architecture and urbanism 9/1976; Quaderns d'Arquitectura i Urbanisme 155/1982; P. Disch (Hrsg.), 50 anni di architettura in Ticino 1930–1980, Bellinzona u. Lugano 1983; Schweizer Architekturführer 1920–1995, Band 3, 618, S. 242.

Bellinzona
Verwaltungsgebäude Fabrizia
via Vela 6
1963–65
Luigi Snozzi, Livio Vacchini

Der in einem Wohngebiet nahe der Altstadt gelegene Bürobau nimmt auch eine Anzahl von Gewerbebetrieben auf. Dies führte zu einem Entwurfskonzept, das das Erdgeschoß als freien, transparenten Raum auffaßt. Die Obergeschosse enthalten die Büroräume, die um einen von den verglasten Gewölben erhellten Innenhof angeordnet und mit Laubengängen verbunden sind. Die Fassade wird vom Stahlskelett der Tragkonstruktion, den metallenen Fensterrahmen und den die Arbeitsräume vor Sonneneinstrahlung schützenden Storen gekennzeichnet.

Lit.: Werk 9/1967; Architectural Design 38/1968; Detail 1/1968; J. Bachmann und S. von Moos, New Directions in Swiss Architecture, New York 1969; D. Bachmann und G. Zanetti, Architektur des Aufbegehrens, Bauen im Tessin, Basel 1985; Rivista Tecnica 1–2/1985; T. Boga, Tessiner Architekten, Zürich 1986; Häuser 3/1987; Schweizer Architekturführer 1920–1995, Band 3, 619, S. 243.

Haus Rotalinti, Ansicht und Fassadenzeichnung

Verwaltungsgebäude Fabrizia

Tessin

Bellinzona
Städtisches Freibad
via Mirasole
1967–70
Aurelio Galfetti, Flora Ruchat, Ivo Trümpy
Mitarbeit: C. Göckel, A. Bianchini, J. Armazabal
Städtische Tennisanlage
via Brunari
1983–86
Aurelio Galfetti, Walter Büchler, Piero Ceresa

Das Sport- und Erholungszentrum stellt ein ausgewogenes städtebauliches Kompositionselement zwischen dem Fluß und der Stadt dar, welches den Bezug der Badegäste zum natürlichen Umfeld wiederherzustellen sucht. Die beiden Pole Stadt und Natur werden durch die rechtwinklig zur Anlage angeordnete, langgestreckte Passerelle verbunden, die als Brücke und Zugang zur Badeanstalt dient; sie bildet die Achse der neuen Sportanlage und verleiht dem ganzen Gebiet eine neue Ordnung. Die

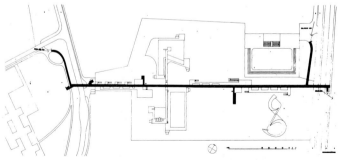

Städtisches Freibad

Umkleide- und Nebenräume befinden sich auf dem mittleren Niveau; Becken und Wiese sind über Rampen und Treppen zugänglich und miteinander verbunden. Die benachbarte, in den achtziger Jahren von Galfetti, Büchler und Ceresa gebaute Tennisanlage der Stadt folgt dem für den Entwurf der Badeanstalt erarbeiteten Kompositionsprinzip.

Lit.: Werk 2/1971; 10/1987; M. Steinmann und T. Boga, Tendenzen. Neuere Architektur im Tessin, Zürich 1975; L'Architecture d'aujourd'hui 190/1977; Lotus international 15/1977; W. Blaser, Architecture 70/80 in Switzerland, Basel 1981; Quaderns d'Arquitectura i Urbanisme 155/1982; Rivista Tecnica 5/1983; 3/1986; D. Bachmann und G. Zanetti, Architektur des Aufbegehrens, Bauen im Tessin, Basel 1985; Casabella 418/1985; AMC. Architecture – Mouvement – Continuité 12/1986; Archithese 2/1986; T. Boga, Tessiner Architekten, Zürich 1986; Architectural Record 4/1987; Architektur und Technik 12/1989; Abitare 290/1990; Schweizer Architekturführer 1920–1995, Band 3, 620, S. 243; 626, S. 247; P. Disch, Neuere Architektur im Tessin 1980–1995, Lugano 1996, S. 70.

Städtische Tennisanlage

Tessin

Bellinzona
Hauptpost
viale Stazione 18
1977–85
Aurelio Galfetti, Angelo Bianchi, Renzo Molina; Mitarbeit: L. Pellegrini, T. Germann, R. Regazzoni, S. Calori

Mit der Hauptpost von Bellinzona wird die Tendenz der ausgehenden sechziger Jahre deutlich, die das Gewebe der Altstadt mit neuen, von den historischen Bauten klar sich abhebenden Elementen ergänzen wollte. Ein einziger *palazzo pubblico* ergänzt die Häuserfront der Hauptstraße; seine volumetrische Gliederung entspricht den drei Funktionen Verwaltung, Bearbeitung, Bahnversand. Eine klassische Dreiteilung in Sockel, Rumpf und Dachabschluß wird im Gebrauch unterschiedlicher Materialien erkennbar und bestimmt die Konstruktionselemente der Fassade. Ihre Wahl erklärt sich aus ihrer Funktion im Gesamtbild der Stadt und aus der Abhängigkeit der formalen Wirkung vom Licht und von der Dimension der Straße.

Galfetti hat sich auch oftmals mit dem Thema des Wohnungsbaus beschäftigt. In Bellinzona sind vor allem seine Mehrfamilienhäuser Al Portone von 1984–85 und Bianco e Nero von 1986–87 (via Vincenzo Alberti) interessant; in Lugano baute er zusammen mit Antonio Antorini 1985–86 das Mehrfamilienhaus Leonardo (via Maggio).

Lit.: Quaderns d'arquitectura i Urbanisme 155/1982; Werk, Bauen und Wohnen 12/1982; 10/1985; Casabella 518/1985; Rivista Tecnica 12/1985; AMC. Architecture – Mouvement – Continuité 12/1986; du 8/1986; Lotus international 48–49/1986,

a + u, architecture and urbanism 215/1988; Detail 2/1989; Abitare 1990, 290; Schweizer Architekturführer 1920–1995, Band 3, 624, S. 245.

Bellinzona
Wohn- und Geschäftshaus
via Nizzola 1
1988–91
Mario Botta
Mitarbeit: C. Heras, T. Bamberg

Städtebauliche Überlegungen veranlaßten Botta, das Gebäude an der Via Nizzola auf die Westseite des Grundstückes zu legen, um somit Distanz zu schaffen zur wahllosen Bebauung entlang der Kantonsstraße. Ein einziger, langer Baukörper, dessen ausgeprägte Volumetrie die funktionale Trennung in Wohn- und Bürozone deutlich macht, erhebt sich wie ein Bollwerk, dessen schießschartenartigen Schlitze auf die mittelalterliche Festungsstadt verweisen. Das kompakte Volumen stellt sich dabei zugleich als Stadttor dar, welches über die zur gegenüberliegenden Wiese führende Passerelle durchschritten werden kann.

In Bellinzona ist von Botta ferner das 1997 vollendete Telekommunikationszentrum (via Gaggini) zu besichtigen.
Lit.: F. Roth (Hrsg.), Mario Botta. Schizzi di studio per l'edificio in via Nizzola a Bellinzona, Ausstellungskatalog, Bellinzona 1991; Casabella 592/1992; GA Document 35/1992; a + u, architecture and urbanism, 279/1993.

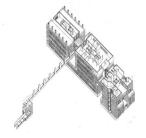

Wohn- und Geschäftshaus

Tessin

Bellinzona
Umbau des Castello Castelgrande
piazza del Sole
1981–91
Aurelio Galfetti
Mitarbeit: T. Bolliger, R. Läuppi, J. Ormazabal, V. Mazza

Die Umgestaltung der Burganlage sollte eine Wiederbelebung des Baudenkmals mit Hilfe neuer Funktionen (Räume für Ausstellungen und andere Veranstaltungen, Restaurant) bewirken. Man entfernte zunächst überflüssige Nebeneinrichtungen und die alles überwuchernde Vegetation und besserte einige Gebäude aus. Dabei wurde die „Ruine" sichtbar gemacht und in das städtische Profil integriert. Der Zugang erfolgt nun von der Piazza del Sole über einen langen, den Felsen durchquerenden Gang, der den Besucher in einen überkuppelten Raum führt; von hier fährt ein in den Fels gehauener Lift zu den Eingangsstufen des Schlosses empor. Das Werk bietet eine neue Deutung der Restaurierungstätigkeit als architektonische Maßnahme, die als eigenständiger Vorgang den Dialog mit dem historischen Monument sucht.

Interessant ist auch das nahegelegene, 1969–74 von Mario Campi und Franco Pessina restaurierte Castello Montebello (salita ai Castelli 4), in dem das Museo Civico untergebracht ist.

Lit.: Casabella 518/1985; AMC. Architecture – Mouvement – Continuité 12/1986; Detail 2/1986; du 8/1986; Lotus international 48–49/1986; Rivista Tecnica 12/1986; 12/1991; Abitare 252/1987; Hochparterre 10/1989; F. Werner und S. Schneider, Neue Tessiner Architektur, Perspektiven einer Utopie, Stuttgart 1989; F. Werner, Aurelio Galfetti: Castelgrande, Bellinzona, Berlin 1992; L. Cavadini, Castelgrande a Bellinzona, Lugano 1993; Domus 750/1993; Schweizer Architekturführer 1920–1995, Band 3, 625, S. 246; P. Disch, Neuere Architektur im Tessin 1980–1995, Lugano 1996, S. 182.

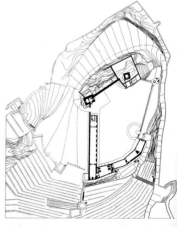

Umbau des
Castello Grande

Bellinzona
Autobahnmotel Mövenpick
Autobahnraststätte Bellinzona sud
1989
Bruno Reichlin, Fabio Reinhardt
Mitarbeit: A. Lurati, S. Milan, R. Bagutti

Die Entwurfsstrategie der Architekten zielte auf ein unverwechselbares Äußeres ab, ohne dabei auf Rationalität und funktionale Organisation zu verzichten. Hinter der bossierten Hauptfassade – Hinweis auf die Architektur der Burgen von Bellinzona ebenso wie Kontrapunkt zum anonymen Massenverkehr der Autobahn – verbirgt sich auf der Rückseite der schlichte Trakt mit den ruhigen, dem Fluß zugewandten Gästezimmern. Die exakte Detailausführung basiert auf einer konsequenten Haltung, welche den konstruktiven Verismus schon in den ersten Ansätzen bekämpft und gedankliche Klarheit beweist. Der antinaturalistische Zugang und die kulturellen Anspielungen, die das Bezugssystem der Architekten bilden, werden auch in anderen Restaurierungsarbeiten und Neubauten von Reichlin & Reinhart im Sopraceneri sichtbar; genannt seien das Haus des Friedensrichters in Sornico (1975–77) und das Haus Pellanda in Biasca von 1987.

Lit.: Werk 12/1970; Lotus international 31/1981; 58/1988; Domus 721/1990.

Autobahnmotel Mövenpick

Bellinzona
Kantonsarchiv
viale Stefano Frascini
1988–97
Luca Ortelli
Mitarbeit: S. Milan, G. Rossi, E. Saurwein, S. Martinelli, N. Braghieri, M. Erba, P. Giuliani
Der Komplex umfaßt drei in Charakter und Funktion verschiedene Volumen. Im Hauptgebäude befinden sich die öffentlich zugänglichen Räume (Lesesaal, Auskunft, Arbeitsraum), während im angrenzenden Block die Büros der Archiv- und Bibliotheksverwaltung untergebracht sind. Im dritten, aus zwei langen Körpern bestehenden Volumen liegen weitere Verwaltungsräume von Institutionen sowie der Haupteingang.
Lit.: Hochparterre, 8–9/1989; Lotus international 61/1989; Rivista Tecnica 4/1990; 7–8/1992; L. Sacchetti, Architetti italiani, Mailand 1992.

Breganzona
Einfamilienhaus
via dei Panora 2
1984–88
Mario Botta
Mitarbeit: G. Calderari, R. Blumer, M. Beretta
Der Prozeß der kompositorischen Entflechtung der einzelnen Teile, den Botta schon beim Bau des Hauses in Origlio (1981–82) verfolgte, ist hier vollständig durchgeführt. Der virtuelle Kubus, in den das Haus eingeschrieben ist, erscheint skulpturhaft ausgekernt mit Hilfe jener Bereiche, die den Übergang von außen nach innen bilden (der Eingangshof, die an den Wohnraum grenzende Terrasse, das Atrium des auf den Hohlraum gehenden Schlafgeschosses und der Belvedere, von dem aus man das enge Tal überblickt), während die Betonung der diagonalen Achse des Gebäudes dem Ganzen eine besondere Dynamik verleiht.
Lit.: GA Architect 3/1984; GA Document 4/1987; GA Houses, 24/1988; Rivista Tecnica 11/1988; Techniques & Architecture 377/1988; a + u, architecture and urbanism 1989, 220; F. Dal Co und V. Fagone, Mario Botta. Una casa, Mailand 1989; Detail 2/1989; Schweizer Architekturführer 1920–1995, Band 3, 715, S. 282; P. Disch, Neuere Architektur im Tessin 1980–1995, Lugano 1996, S. 110.

Breganzona
Haus Kress
via Lucino 82
1985–87
Mario Campi, Franco Pessina
Die achsialsymmetrisch angeordnete Komposition bildet durch die Verbindung des Hauptwohntrakts und der Seitenflügel mit ihren Treppen und Terrassen einen Hof; das zum Tal hin sich öffnende Haus versenkt sich gleichsam in sich selbst und vermeidet jeden Kontakt mit der qualitätslosen Architektur der unmittelbaren Umgebung.
Lit.: Rivista Tecnica 11/1987; Werk, Bauen und Wohnen 7–8/1987; Ideales Heim 4/1989; Architectural Digest 8–9, 11/1990; P. Disch, Neuere Architektur im Tessin 1980–1995, Lugano 1996, S. 93.

Tessin

Kantonsarchiv,
Modell

Einfamilienhaus in
Breganzona,
Ansicht und
Axonometrie

Haus Kress

Tessin

Brione s/ Minusio
Haus Kalmann
via Panoramica 66
1974–76
Luigi Snozzi

Die Grundelemente des Entwurfs wollen die morphologische Beschaffenheit des Grundstücks sichtbar machen. Der zum Haus führende Weg folgt dem natürliche Verlauf des Terrains und schafft Situationen, die einen klaren Gegensatz zu der kompromißlosen Geometrie der beiden den Wohbereich definierenden Teile bilden: Das eigentliche Haus ist die vorgelagerte Terrasse mit der Pergola und Blick auf die Landschaft.

Lit.: a + u, architecture and urbanism 69/1976; Rivista Tecnica 12/1977; 1–2/1985; Werk-archithese 9/1977; AMC. Architecture – Mouvement – Continuité 1978, 45; Techniques & Architecture 1981, 339; 1986, 364; Archithese 3/1984; L'Architecture d'aujourd'hui 236/1984; D. Bachmann und G. Zanetti, Architektur des Aufbegehrens, Bauen im Tessin, Basel 1985; T. Boga, Tessiner Architekten, Zürich 1986; The Architectural Review 1095/1988; Schweizer Architekturführer 1920–1995, Band 3, 629, S. 248.

Haus Kalmann,
Ansicht und
Gesamtplan

Brissago
Mehrfamilienhaus Bianchini
via Leoncavallo
1987–89
Luigi Snozzi
Mitarbeit: M. Vicedomini

Das Gebäude liegt in einem durch die Verbreiterung der Hauptstraße stark beeinträchtigten Gebiet mitten im Dorf, in unmittelbarer Nachbarschaft der inzwischen restaurierten Villa Bianchini aus dem 17. Jahrhundert. Diese wird zum Teil von Snozzis Bau umschlossen, der auf diese Weise eine Neuordnung des historischen Gefüges und einen dialektischen Bezug zwischen der neuen Volumetrie aus Sichtbeton und dem benachbarten Turmhaus herstellt. Das Prinzip des architektonischen Dialogs wird auch in der Transparenz des Erdgeschosses deutlich, während die Haupttreppe das Bindeglied zwischen den beiden Gebäudeteilen bildet.

Lit.: Abitare 263/1988; Werk, Bauen und Wohnen 9/1988; Casabella 567/1990; Rivista Tecnica 3/1990; F. Werner und S. Schneider, Neue Tessiner Architektur, Perspektiven einer Utopie, Stuttgart 1989; Architettura Svizzera 96/1991; P. Disch, Neuere Architektur im Tessin 1980–1995, Lugano 1996, S. 100.

Mehrfamilienhaus Bianchini

Tessin

Cadenazzo
Einfamilienhaus
östlich vom Gemeindeparkplatz
1970–71
Mario Botta

Dieses Haus ist eine Reverenz an die Adresse von Louis Kahn und dennoch ein eigenständiger und origineller Bau, der zeigt, daß das architektonische Artefakt sich mit Hilfe genauer visueller Optionen mit dem Kontext messen kann. Durch große, kreisförmige, aus dem Paralleliped geschnittene Öffnungen wird der Bezug zwischen Innenraum und umgebender Landschaft über ein System von Loggien hergestellt, welches zugleich als Abschirmung dient. Anders als die blinde Ostfassade filtert die Glasbausteinfassade auf der Westseite das Licht der Nachmittagssonne und erhellt die drei Stockwerke mit den Nebenräumen. Im Sopraceneri baute Botta noch zwei weitere Einfamilienhäuser, eines 1986–89 in Cavigliano und ein weiteres 1987–91 in Losone (via Ubrio).

Lit.: Werk, Bauen und Wohnen 9/1971; L'Architecture d'aujourdhui 163/1972; Rivista Tecnica 2/1973; a + u, architecture and urbanism 69/1976; 105/1979; GA Houses 3/1977; Baumeister 12/1978; GA Architect 3/1984; Schweizer Architekturführer 1920–1995, Band 3, 631, S. 249.

Carabbia
Einfamilienhaus
1989–91
Sandro Cabrini, Gianmaria Verda

Das in abfallendem, terrassiertem Gelände stehende Haus ist nach Süden gerichtet und umschließt einen zentralen Hof und die Pergola. Die einzelnen Be-

reiche sind auf drei Geschosse verteilt und direkt mit den natürlichen Terrrassen des Geländes verbunden, während die Textur der Fassaden durch den teils roh belassenen, teils geschliffenen Sichtbeton bereichert und variiert wird.
Lit.: Rivista Tecnica 1–2/1993; P. Disch, Neuere Architektur im Tessin 1980–1995, Lugano 1996, S. 144.

Carasso
Casa patriziale
via Galbisio 23
1967–70
Luigi Snozzi, Livio Vacchini
Das subventionierte Mehrfamilienhaus liegt nicht weit vom Dorf und hat insgesamt 12 Wohnungen auf drei mit zwei Treppenhäusern erschlossenen Geschossen. Die Wohneinheiten beruhen auf einem freien Grundriß, mit der Naßzone im Zentrum, wobei versetzbare Trennwände aus Metall eine variable Raumeinteilung gestatten. Das Tiefparterre enthält einen großen, multifunktionalen Raum, der durch kontinuierlich angeordnete Oberlichter erhellt wird, ohne daß durch diese Struktur die betonte Transparenz des Eingangsgeschosses beeinträchtigt würde.
Lit.: Werk 4/1970; Rivista Tecnica 2/1973; T. Boga, Tessiner Architekten, Zürich 1986; Schweizer Architekturführer 1920–1995, Band 3, 632, S. 250.

Gegenüber:
Einfamilienhaus in Cadenazzo, Ansichten
Einfamilienhaus in Carabbia

Casa patriziale, Ansicht und Grundriß

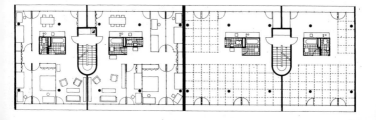

Carona
Haus Citron
1961–64
Atelier 5

Der Entwurf dieses dem Formenrepertoire des modernen Bauens folgenden Ferienhauses ist in erster Linie von der außergewöhnlich schönen landschaftlichen Umgebung bestimmt. Der Wohnbereich ist als ein auf *pilotis* gestellter, vom Rhythmus der Dachwölbungen gegliederter Belvedere konzipiert, während der Baukörper mit dem Schlafbereich direkt auf dem Boden aufliegt. Diese morphologische Gegenüberstellung von geschlossenen und offenen Räumen und die betonte Expressivität der Materialien geschieht auf dem Hintergrund der regionalen Bautradition und wird in den 1968–73 vom Atelier 5 in Caviano gebauten Reihenhäusern weiterentwickelt.

Lit.: Architectural Design 4/1965; L'Architecture d'aujourd'hui 121/1965; Werk 9/1965.

Carona
Haus Bernasconi
1989–90
Luigi Snozzi
Mitarbeit: G. Groisman

Die Anordnung der Baukörper parallel zu den Höhenlinien des Hanges ermöglicht eine Verbindung der unterschiedlichen Terrainzonen: eines steil abfallenden und eines flacheren Bereiches unterhalb von diesem. Das Element, welches diese Situation gestaltet, ist ein Weg, der beim Vorplatz zum Eingang beginnt und über eine dunkle Treppe ins Hausinnere führt. Dort setzt er sich fort und gestattet durch visuelle, räumliche und taktile Erfahrungen ein immer tieferes Eindringen in die Wohnsphäre, deren Räume von einer intelligenten Lichtführung charakterisiert sind.

Lit.: du 11/1989; Casabella 567/1990; Rivista Tecnica 3/1990; Abitare 1993, 316; Schweizer Architekturführer 1920–1995, Band 3, 717, S. 283; P. Disch, Neuere Architektur im Tessin 1980–1995, Lugano 1996, S. 117.

Caslano
Siedlung San Michele
via San Michele 3–19/via Torrazza 4
1963–66
Franco Ponti

Pontis Bemühungen um die Entwicklung einer organischen, stark von F. L. Wrights Auffassungen geprägten Formensprache wird in vielen seiner Einfamilienhäuser sichtbar, so etwa im Haus in Vezia von 1957 oder in jenem von 1958 in Biogno, und gipfelt im Entwurf dieses Dorfes für Künstler aus den verschiedensten Ländern. Die Einfamilienhaussiedlung zeigt Ähnlichkeit mit dem anziehenden Konzept einer in die Natur integrierten Siedlungsgemeinschaft, welches in den fünfziger Jahren von einigen architektonischen Strömungen propagiert wurde. Die Siedlung liegt inmitten einer ehemaligen Sumpflandschaft, durch die ein Kanal für die Hauszufahrt per Boot gelegt worden ist.

Lit.: B. De Sivo, L'Architettura in Svizzera oggi, Neapel 1968; P. Disch (Hrsg.), 50 anni di architettura in Ticino 1930–1980, Bellinzona u. Lugano 1983; Schweizer Architekturführer 1920–1995, Band 3, 718, S. 283.

Tessin

Haus Citron

Haus Bernasconi,
Ansicht und
Grundriß

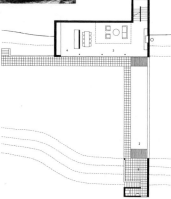

Siedlung San
Michele

Tessin

Caslano
Bezirksschule
via Baragia
1972–75
Mario Campi, Franco Pessina
Mit den Mitteln der Geometrie, der Repetition und der formalen Einfachheit der Struktur versucht das Gebäude, der sie umgebenden Situation Rhythmus und Ordnung zu vermitteln. Der im Gelände „sich breit machende", äußerlich kompakt wirkende Baukörper läßt das Innere frei für den Wechsel von geschlossenen Räumen und Innenhöfen. Eine konsequent funktionale Organisation führt zu großer Flexibilität bei der Disposition der Unterrichtsräume.
Lit.: Rivista Tecnica 12/1974; P. Disch (Hrsg.), 50 anni di architettura in Ticino 1930–1980, Bellinzona und Lugano, 1983.

Castel San Pietro
Haus Rusconi
via Obino
1983–84
Ivano Gianola
Eine Schachtel aus massivem Stein ist die Antwort des Architekten auf die Bedingungen des Grundstücks, das zwischen dem oberhalb gelegenen, historischen Dorfkern von Obino und dem peripheren Neubaugebiet liegt. So öffnet sich das große, vom Balkon definierte Mittelfenster zum alten Dorf hin, während sich das dezentrale Element des Eingangs, das die Symmetrie der Komposition auflockert, wie eine die Regel bestätigende Ausnahme präsentiert.
Lit.: Archithese 5/1984; Daidalos 13/1984; Rivista Tecnica 5/1984; a + u, architecture

Bezirksschule von Caslano

Haus Rusconi

Cavigliano
Reihenhäuser
1988–90
Franco und Paolo Moro

Der Gegensatz von inneren und äußeren Wohnräumen macht die Eigenart dieses Ensembles aus: Haus und Garten belegen identische Flächen, die mit Mauern von je nach Funktion unterschiedlicher Höhe begrenzt sind. Die leichte Struktur der über zwei Geschosse gehenden Pergola, die mit einem durchsichtigen Tonnengewölbe gedeckt ist, verbindet das Haus mit dem Hof, während die Bepflanzung für ein dem Wechsel der Jahreszeiten angepaßtes Raumklima im Inneren sorgt.

Weitere Arbeiten der Brüder Moro sind das Einfamilienhaus in Coldrerio (via Ronco) von 1988–89 und dasjenige in Gordola (via Carcale 17) von 1989–90 sowie das Seniorenheim von 1992–93 in Russo im Onsernonetal (campagna grande).

Lit.: Abitare 313/1992; 327/1994; Ticino hoy, Ausstellungskatalog, Madrid 1993; Rivista Tecnica 1–2/1993; P. Disch, Neuere Architektur im Tessin 1980–1995, Lugano 1996, S. 163.

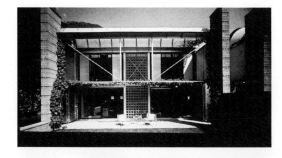

Reihenhäuser

Tessin

Chiasso
Magazzini generali
Zollfreilager beim Bahnhof Chiasso
1924–25
Robert Maillart
Das große, viergeschossige Lagerhaus ist wegen der Pilzstützen bemerkenswert, die anstelle sonst üblicher Balken seine Decken tragen. Die größte Bedeutung kommt jedoch dem Dach der vorgelagerten, heute zum Teil durch Vorbauten verstellten Halle zu: Es handelt sich um eine ungewöhnliche Binderkonstruktion mit nach unten gebogenen Gurten und einwärts gekrümmten Stützen. Diese Betontragstruktur läßt die Halle als etwas Organisches erscheinen, dessen Schönheit schlüssig aus den konstruktiven Anforderungen heraus entwickelt ist. Das Äußere des Gebäudes ist durch den Abbruch einiger Elemente verändert.
Lit: Werk 1/1968; Rivista Tecnica 1/1983; Werk, Bauen und Wohnen 12/1983; D. P. Billington, Robert Maillart und die Kunst des Stahlbetonbaus, Zürich und München 1990; Schweizer Architekturführer 1920–1995, Band 3, 719, S. 284.

Chiasso
Kindergarten
via Valdani/via Simen
1962–64
Flora Ruchat
Mitarbeit: A. Antorini, F. Pozzi
Der nach der Hauptstraße geschlossene und auf eine Wiese im Süden sich öffnende, prismatische Baukörper umfaßt drei pädagogische Bereiche, die auf zwei Geschosse verteilt sind, wel-

Magazzini generali
beim Bahnhof
Chiasso

Kindergarten

che ihrerseits einen durchgehenden Innenraum aufweisen. Die Tragstruktur aus Sichtbeton bestimmt die Hauptfassade, welche vom rhythmischen Wechsel der geschlossenen, mit Backstein ausgefachten und verputzten Flächen und der Öffnungen – durchgehende, mit Metallrahmen gefaßte Fenster – gegliedert wird.

Lit.: Werk 8/1966; P. Disch (Hrsg.), 50 anni di architettura in Ticino 1930–1980, Bellinzona u. Lugano 1983; T. Boga, Tessiner Architektur, Zürich 1986.

Coldrerio
Umbau des Centro Tognano
via Tognano
1985, 1987
Ivano Gianola
Mitarbeit: C. Rapelli, S. Rizzi, K. Goris
Aufgabe des Projektes war die Umnutzung eines alten, ganz nach der Bautradition des lombardischen Bauernhauses um einen Innenhof angeordneten Landwirtschaftsgebäudes. Das Haus dient nunmehr als Zentrum für Textilkunde, in dem periodisch Kurse abgehalten werden. Außer der Wohnung der Eigentümer und den Gästeräumen hat das Zentrum Gemeinschaftsanlagen und ein Atelier für den praktischen Unterricht.
Interessante jüngere Arbeiten von Gianola sind das Mehrfamilienhaus des Ursulinenordens in Mendrisio (via Municipio 8) von 1986 und das Wohngebäude in Pregassona (via del Sole 9) von 1988–90.

Lit.: Bauwelt 41–42/1986; Abitare 2263/ 1988; Rivista Tecnica 5/1988; Ivano Gianola. Casa alle Orsoline, Mendrisio 1989; Habitat, 7–8/1990; Ivano Gianola architetto. Quattro case e un palazzo, Ausstellungskatalog, Viggiù 1993.

Centro Tognano

Tessin

Comano
Bildhaueratelier
1985–87
via Bellavista
Mischa Groh
Der Entwurf vereinigt mehrere Themen in einem einzigen Bau, dem Atelier des Bildhauers Nag Arnoldi. Das Gleichgewicht der verschiedenen Funktionen (Atelier, Werkstatt, Ausstellungsraum) bestimmte den gesamten Prozeß der Projektierung, von der Einbettung in das Grundstück bis zum Entwurf eines jeden Details.
Lit.: Rivista Tecnica 6/1988.

Contra
Einfamilienhaus
Costa
1992–93
Livio Vacchini
Mitarbeit: M. Vanetti, W. Schmidt, M. Andreetti, S. Micheli, A. Morisoli
Ähnlich wie bei Vacchinis Wohnhaus in Ascona (via aerodromo 2) Ende der sechziger Jahre konnte der Architekt, der zugleich Bauherr war, bei diesem kleinen Ferienhaus seine Entwurfsprinzipien mit äußerster Konsequenz verwirklichen. Das Haus ist eine Synthese der für Vacchinis Arbeit wichtigen klassischen Prinzipien und ein typologisches Experiment, das von zwei bedeutenden formalen Bezügen ausgeht: der „Zelle" von Le Corbusier und dem Gewölbe, das in Louis Kahns Kimbell-Museum als tragendes Element dient. So ist das Dach in der Tat ein einziges, großes Tragelement, das an je drei Punkten der Vorder- und Rückseite befestigt ist und dadurch einen völlig freien Grundriß ermöglicht; doch bleibt trotz

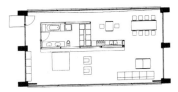

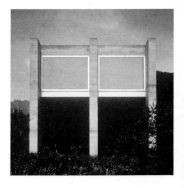

Bildhaueratelier

Einfamilienhaus in Contra, Grundriß und Ansicht

der Entmaterialisierung der Wände die Orientierung gewahrt.
Ein weiteres interessantes Entwurfsexperiment von Vacchini ist das Ferienhaus von 1984–85 in Vogorno im Verzascatal.
Lit.: Ticino hoy, Ausstellungskatalog, Madrid 1993; Domus 7522/1993; Faces 30/1993–94.

Daro
Einfamilienhaus
via Piumerino
1989–92
Mario Botta
Ausführung: E. Maggetti

Dieses Haus basiert auf dem Versuch, die Grenzen der Entwurfsprinzipien des Architekten zu erforschen, und zeigt die inzwischen klassische Formensprache Bottas. Die Komposition wird von der Nord-Süd-Achse des Treppenhauses bestimmt. Die Räume sind um einen zentralen Raum angeordnet, auf den die aus der Hauptfassade ausgeschnittene, glasüberdachte Loggia verweist. Der präsizen Rasterung der Fassade ist bei diesem Haus die geschwungene Bewegung der Seitenwände entgegengesetzt, welche ein keilförmiges, fest im Hang verankertes Volumen bilden.
Lit.: GA Houses 34, 36/1992; Ticino hoy, Ausstellungskatalog, Madrid 1993; a + u, architecture and urbanism 279/1993; P. Disch, Neuere Architektur im Tessin 1980–1995, Lugano 1996, S. 160.

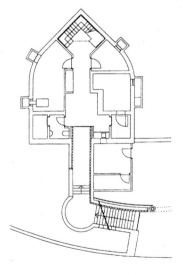

Einfamilienhaus in Daro

Davesco
Haus Baudino
1987–89
Mario Campi, Franco Pessina
Grundidee des Projektes ist die Anordnung eines linearen, parallel zum Gelände verlaufenden Baus, der bergwärts geschlossen ist und sich ganz zum Tal hin öffnet. Im Inneren sind die Räume auf zwei Stockwerke verteilt. Im Obergeschoß liegen Eingang, Parking und Schlafbereich; im Untergeschoß befindet sich die Wohnzone mit dem zum Garten überleitenden Portikus. Dieser ist ein repräsentatives Element, das zugleich den Übergang von Natur- und Kulturraum gestaltet.
Li.: Rivista Tecnica 10/1992; Baumeister 4/1993; P. Disch, Neuere Architektur im Tessin 1980–1995, Lugano 1996, S. 115

Giornico
Stiftung La Congiunta
rechtes Tessinufer, 300 m nördlich des Bahnhofs
1993
Peter Märkli
Dieser Bau für die Werke des Zürcher Bildhauers Hans Josephsohn versteht sich nicht als Museum, sondern eher als öffentlich zugänglicher Ausstellungsraum, der wie eine geheimnisvolle Hülle aus Beton in die Tessiner Landschaft gebaut ist – eine schweigsame Architektur, die dem Besucher einen bewußten Akt der Annäherung durch die Auseinandersetzung mit dem suggestiven Inneren abverlangt.
Von Märkli stammen auch das Mehrfamilienhaus Grossfeldstrasse 82 in Sargans von 1985–86 und das Haus mit 3 Wohnungen Wächtergut/Hauptstrasse in Trübbach von 1988–89, beide im Kanton St. Gallen und in Zusammenarbeit mit Gody Kühnis.
Lit.: Domus 753/1993; Schweizer Architekturführer 1920–1995, Band 3, 635, S. 251.

Gnosca
Substanzerhaltende Maßnahmen für San Giovanni Battista
alte Kantonsstrasse
1991–93
Tita Carloni, Angelo Martella
Die Ruinen der um die Jahrtausendwende entstandenen, romanischen Kirche, die mehrmals umgebaut und schließlich 1783 entweiht wurde, mußten gesichert und saniert werden und erhielten eine neue Funktion als öffentlicher Raum. Die neu hinzugefügten Elemente wurden durch den Einsatz ausschließlich moderner Materialien und neuester Techniken (Zementplatten für die Wände, Eisenbeton für die Stützmauern) bewußt als solche kenntlich gemacht. Zur Entsorgung des Regenwassers ist ein Auffangsystem mit einem Raster von 2 x 2 m installiert worden.
Carloni ist auch der Architekt des 1968–69 entstandenen Pfarrhauses von Sorengo (collina di Sorengo).
Lit.: Ticino hoy, Ausstellungskatalog, Madrid 1993; Werk, Bauen und Wohnen 3/1994; P. Disch, Neuere Architektur im Tessin 1980–1995, Lugano 1996, S. 185.

Tessin

Haus Baudino

Stiftung La Congiunta, Außen- und Innenansicht

San Giovanni Battista

Ligornetto
Einfamilienhaus
Vignaccia
1975–76
Mario Botta
Mitarbeit: M. Boesch

Das am Dorfrand und am Ende des zur Ebene hin sich erstreckenden Baugebietes gelegene Haus dehnt sich in der Horizontalen aus wie eine kompakte Mauer, die Stärke demonstriert und abwehrend auf die Umgebung reagiert. Die auf das umliegende Land orientierte Fassade ist von feinen vertikalen Einschnitten geprägt, während die Ansicht der Dorfseite zwei kompakte Flächen zeigt, die von einem großen Leerraum in der Mitte getrennt sind. Dies ist der eigentliche Mittelpunkt des Hauses, auf den die Terrassen der einzelnen Geschosse orientiert sind. Die Gestaltung des Äußeren bezieht sich bewußt auf traditionelle Architekturelemente und kennzeichnet zugleich den Bau als ein der umgebenden Natur entgegengesetztes Artefakt. Dieselbe Sensibilität im Umgang mit dem Material zeigt auch Bottas Bauernhausumbau von 1977–78 in Ligornetto (via Ligrignano).

Lit.: a + u, architecture and urbanism 69/1976; 105/1979; 9/1986; GA Houses 3/1977; Lotus international 15/1977, 15; AMC. Architecture – Mouvement – Continurté 45/1978; Architectural Design 5–6/1980; Parametro 100–101/1981; Architectural Record 6/1982; GA Architect 3/1984; Toshi Jutaku 4/1985; Schweizer Architekturführer 1920–1995, Band 3, 721, S. 285.

Einfamilienhaus, Ansicht Dorfseite

Locarno
Kantonales Gymnasium
via Chiesa 15 a
1960–64
Dolf Schnebli, Isidor Ryser, Ernst Engeler, Bernhard Meier
Mitarbeit: K. Vogt

Ausgehend von der Konzeption der Schule als eines „offenen Hauses", ist das Gymnasium in drei Teile gegliedert (Klassenzimmer, Gemeinschaftsräume, Turnhalle), mit einer zentralen Piazza in der Form eines Amphitheaters. Die quadratischen Klassenzimmer gruppieren sich um Verbindungsräume und sind einheitlich beleuchtet durch die zentralen Oberlichter. Die kleinformatigen Fenster sollen eine Atmosphäre der Konzentration schaffen. Wände und Decken wurden von Livio Bernasconi, Pietro Travaglini und Flavio Paoluzzi bemalt, die drei Bronzearbeiten sind von Max Weiss.

Zu den bedeutendsten Lösungen dieses Themas, die das Büro Schnebli & Partner realisiert hat, gehören: der Kindergarten von Bissone (Collina) von 1968, das Schulzentrum von Breganzona (via Camara 63) von 1970–72 und der Kindergarten von 1971–73 in Locarno (via A. Nessi).

Lit.: L'Architecture d'aujourd'hui 121/1965; Werk 87/1966; J. Bachmann und S. von Moos, New Directions in Swiss Architecture, New York 1969; P. Disch (Hrsg.), 50 anni di architettura in Ticino 1930–1980, Bellinzona u. Lugano 1983; du 5/1992; Schweizer Architekturführer 1920–1995, Band 3, 638, S. 253.

Kantonales Gymnasium

Tessin

Locarno
Grundschule „ai Saleggi"
via delle Scuole
1970–78
Livio Vacchini
Mitarbeit: P. Moro, G. Lotterio

Das aus einem öffentlichen Wettbewerb hervorgegangene Schulgebäude entstand in einem Zeitraum von 10 Jahren in drei Etappen. So ist die Anlage geradezu ein Versuchslabor, in dem der Architekt die grundlegenden Themen seiner Entwurfstätigkeit realisieren konnte. Die teppichartige Anlage paßt sich dem regionalen Kontext an und schafft räumliche und volumetrische Relationen zwischen den Gebäuden, die sowohl die hierarchische Folge von Arkaden und Verbindungswegen als auch die eigentlichen Architekturelemente bestimmen.
Lit.: *Rivista Tecnica 12/1974; 11/1981; L'Architecture d'aujourd'hui 188/1976; 216/1981; Werk 7–8/1976; a + u, architecture and urbanism 6/1980; Werk, Bauen und Wohnen 4, 9/1981; W. Blaser, Architecture 70/80 in Switzerland, Basel 1981; du 8/1986; Schweizer Architekturführer 1920–1995, Band 3, 640, S. 254.*

Locarno
Architekturbüro
via Bramantino 33
1984–85
Livio Vacchini
Mitarbeit: M. Vanetti, L. Andina
Hauptpost
piazza Grande
1988–96
Livio Vacchini
Mitarbeit: M. Vanetti, L. Andina, A. Morisoli

Das Atelier des Architekten ist ein einziges, in drei funktionale Bereiche (Parkgarage, Arbeitsraum, Archiv) aufgeteiltes Volumen, wobei diese Dreiteilung nur die unterschiedliche Raumgestaltung der verschiedenen Bereiche betrifft. Die Beziehung der Teile zum Außenraum wird von der Tragstruktur des Gebäudes bestimmt: Das Erdgeschoß mit seinen Stützpfeilern ist nur an den Stirnseiten durch Mauern begrenzt, das erste Ober-

Grundschule „ai Saleggi"

Architekturbüro Vacchini

geschoß hat keine einengenden statischen Elemente, im zweiten Obergeschoß wird das Dach von zwei hohen, der Länge nach verlegten Trägern getragen. Eine ähnliche Beschränkung auf das Wesentliche zeigt auch das neue Postgebäude an der piazza Grande, bei dem Beton, Glas und Granit die dominierenden Baumaterialien darstellen.

Lit.: Casabella 1986, 528; du 8/1986; Rivista Tecnica 6/1986; 4/1990; Werk, Bauen und Wohnen 6/1986; F. Werner und S. Schneider, Neue Tessiner Architektur, Perspektiven einer Utopie, Stuttgart 1989; Schweizer Architekturführer 1920–1995, Band 3, 641, S. 254; P. Disch, Neuere Architektur im Tessin 1980–1995, Lugano 1996, S. 87 und 241.

Locarno-Monti
Haus Bianchetti
via Zoppi 10
1972–77
Luigi Snozzi
Mitarbeit: W. von Euw

Das Thema dieses hoch über der Stadt am Hang gelegenen Hauses ist der Weg: Er führt von dem kleinen Vorplatz durch die Mauer ins Hausinnere und zum Wohnraum mit doppelter Raumhöhe, dessen durchgehende Verglasung Aussicht auf das Panorama gewährt, von dort in das Untergeschoß mit den Schlafräumen. Die Auffassung vom Weg als einem wesentlichen Kompositionselement durchzieht das ganze Werk von Snozzi; man begegnet ihm u.a. auch im Haus Heschl von 1983–84 in Agarone und im Haus Walser von 1988–89 in Loco.

Lit.: Tendenzen. Neuere Architektur im Tessin, Zürich 1975; a + u, architecture and urbanism 9/1976; Rivista Tecnica 12/1977; Werk-archithese 9/1977; AMC. Architecture – Mouvement – Continuité 45/1978; Architettura Svizzera 69/1985; T. Boga, Tessiner Architekten, Zürich 1986; Häuser 3/1987; The Architectural Review 5/1988; Schweizer Architekturführer 1920–1995, Band 3, 643, S. 255.

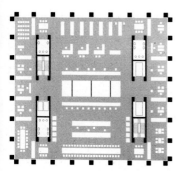

Hauptpost Locarno, Grundriß

Haus Bianchetti

Tessin

Locarno-Monti
Mehrfamilienhaus
via Zoppi
1985
Dolf Schnebli, Tobias Ammann, Isidor Ryser
Mitarbeit: D. Müller
Das schmale und steil abfallende Baugelände bestimmte die Grundkonzeption dieses Wohnblockes: Der Zugang erfolgt von oben, was die Aussicht nicht behindert und den Wohnungen im Erdgeschoß direkten Zugang zum jeweiligen Gartenanteil ermöglicht. Die Maisonette-Wohnungen im darüberliegenden Geschoß verfügen hingegen über Dachgärten. Die architektonische Lösung basiert auf einer genauen Proportionalität des Ganzen und seiner Teile. Gemauerte Partien und umlaufende Stützen aus Beton bestimmen die Außenansicht der in diskreten Farben gestrichenen und vom Wechsel von Licht und Schatten belebten Fassaden.
Lit.: Rivista Tecnica 5/1985; AS Schweizer Architektur 12/85; P. Disch, Neuere Architektur im Tessin 1980–1995, Lugano 1996, S. 82.

Locarno-Monti
Haus Kalt
via del Tiglio 12
1989–91
Raffaele Cavadini
Mitarbeit: F. Trisconi, S. Marzari
Das auf einen bestehenden Steinsockel gestützte Haus aus weißem Sichtbeton ist um einen Innenhof angeordnet, der das eigentliche Herz des Hauses bildet und sich zum Garten und zum Panorama hin öffnet. Man durchschreitet den nach Norden geschlossenen Vorhof und ge-

langt zum Eingangsatrium, das die Räume des Hauses in zwei Bereiche aufteilt. Auf der einen Seite liegt der Wohnraum mit doppelter Raumhöhe, auf der anderen das Atelier und das Elternschlafzimmer. Die Zimmer im oberen Geschoß sind außen über eine Passerelle mit einem ungedeckten Raum verbunden.
Von Cavadini stammt auch das Haus Calzascia von 1991–92 in Gerra Piano.
Lit.: Ticino hoy, Ausstellungskatalog Madrid 1993; Rivista Tecnica 1–2/1993 P. Disch, Neuere Architektur im Tessin 1980–1995, Lugano 1996, S. 130.

Losone
Kantonsschule
via dei Pioppi
1972–78
Livio Vacchini, Aurelio Galfetti
Mitarbeit: M. Vanetti, P. Moro
Das Projekt des ursprünglich in drei Etappen (Klassenzimmer, Turnhalle und Mensa – letztere jedoch nicht realisiert) geplanten Schulzentrums von Losone basiert auf einem rechteckigen Raster. Die strenge Achsialität des Gebäudes mit den Klassenzimmern, das aus vier autonomen, dreigeschossigen Trakten besteht, welche – mit einem Arkadengang versehen – um eine zentrale Piazza angeordnet sind, bestimmt auch die Position der Turnhalle und wird durch die Wahl der technischen Mittel und der Stilelemente noch unterstrichen. Das Stahlskelett der Tragstruktur wird durch die wärmegehärteten Platten der Ausfachungen klar hervorgehoben.
1990–91 baute Vacchini in Losone auch die Mehrzweckhalle neben der Kaserne.
Lit.: Rivista Tecnica 4/1973; 10/1975; 10/1990; Tendenzen. Neuere Architektur im Tessin, Zürich 1975; Werk-archithese 13–14/1978; a + u, architecture and urbanism 6/1980; Lotus international 33/1981; Architettura Svizzera 54/1982; W. Blaser, Architecture 70/80 in Switzerland, Basel 1981; Werk, Bauen und Wohnen 3/1994; Schweizer Architekturführer 1920–1995, Band 3, 645, S. 256.

Kantonsschule

Gegenüber:
Mehrfamilienhaus

Haus Kalt,
Ansichten

Tessin

Losone
Einfamilienhaus
via Reslina 50
1990–91
Giorgio und Michele Tognola
Das Haus steht am Rande einer Einfriedung nahe des Schutzdammes zur Maggia, auf einem rechteckigen Sokkel, der sich von dem ungeordneten Gestein ringsum abhebt. Die Räume verteilen sich zu beiden Seiten des die Längsachse bildenden Mittelgangs. Das Haus ist eingeschossig und wird von der sichtbaren Tragstruktur aus Beton gegliedert. Die Symmetrie des Grundrisses gestattet eine funktionale Zweiteilung: der Wohnbereich ist nach Westen auf den Hof gerichtet, der Schlafbereich geht auf den Garten und den Fluß.

Lit.: Ticino hoy, Ausstellungskatalog, Madrid 1993; Rivista Tecnica 12/1993; Schweizer Architekturführer 1920–1995, Band 3, 646, S. 257; P. Disch, Neuere Architektur im Tessin 1980–1995, Lugano 1996, S. 146.

Lugano
Palazzo Bianchi
lungolago
1927
Mario Chiattone
Der Palazzo ist exemplarisch für die berufliche Laufbahn von Mario Chiatto-

Einfamilienhaus in Losone

Tessin

ne, der einstmals der futuristischen Bewegung angehörte, sich dann in den Kanton Tessin zurückzog und dort weiter als Architekt tätig war. Seine besondere Vorliebe galt der Architektur des 16. Jahrhunderts, der Romanik und der ländlichen Bauweise. Von 1922 an hatte er eine wichtige Stellung in der regionalen Architekturszene inne, wobei diese jedoch verglichen mit den kulturellen Zentren der Eidgenossenschaft eher provinziell blieb.

Lit.: P. Disch (Hrsg.), 50 anni di architettura in Ticino, 1930–80, Bellinzona u. Lugano 1983.

Lugano
San Rocco-Krankenhaus
via Soldino 30
1934–35
Eugenio und Agostino Cavadini
Die im Besso-Viertel gelegene Klinik galt als eines der ersten modernen Gebäude des Kantons Tessin und zeigt noch heute die charakteristischen Stilelemente der dreißiger Jahre. Etwa gleichzeitig entstanden das Kurheim Carmelo Santa Teresa in Brione s/Minusio (1935) und das regionale Krankenhaus von Locarno „la Carità" von 1936–37; die Gebäude wurden mit der Zeit der neuen medizinischen Technologie entsprechend verändert.

Palazzo Bianchi

San Rocco-Krankenhaus

Lugano
Kantonsbibliothek
parco Ciani
1936–40
Carlo und Rino Tami
Wohn- und Geschäftshaus mit Filmtheater Corso
via Pioda
1954–57
Rino Tami
Wohnturm
viale Castagnola
1957
Rino Tami

In der mehr als 50jährigen Entwurfstätigkeit von Rino Tami lassen sich einige Fixpunkte seiner Entwicklungsphasen erkennen. Die aus einem 1936 ausgeschriebenen Wettbewerb hervorgegangene Kantonsbibliothek nimmt eine Schlüsselstellung in der damaligen Tessiner Architektur ein. Sie ist die Synthese der Leistungen der Pioniere des modernen Bauens und zugleich Beginn einer neuen Phase, die sich nach dem Krieg durchsetzen sollte. Der Gebrauch des Stahlbetons, die den Funktionen entsprechende volumetrische Gliederung, die „Unverfälschtheit" der Materialien verraten die Schule von Salvisberg und sind dennoch nicht ohne Eigenständigkeit.

Der Kinosaal des Corso aus den fünfziger Jahren entfaltet eine figurative Dynamik und versucht damit zugleich eine schwierige räumliche Situation zu meistern. Der Wohnturm ist ein qualitätvolles, betont urbanes Element inmitten einer Seelandschaft.

Von den zahlreichen Werken des Architekten seien hier noch erwähnt: das zusammen mit dem Bruder Carlo 1936 gebaute Kloster mit der Kirche Sacro Cuore in Bellinzona (via Varrone 12), das Mehrfamilienhaus Solatia von 1952–53 in Lugano (via Motta 28), das Haus Nadig in Maroggia von 1957 (heute umgebaut) und das Hallenbad der Stadt Lugano (viale Castagnola) von 1976–78.

Lit.: Rivista Tecnica 9/1938; 12/1983; 10/1988; 10/1992; P. Disch (Hrsg.) 50 anni di architettura in Ticino 1930–1980, Bellinzona u. Lugano 1983; Werk, Bauen und Wohnen 12/1983; 4/1986; D. Bachmann und G. Zanotti, Architektur des Aufbegehrens, Bauen im Tessin, Basel 1985; Schweizer Architekturführer 1920–1995, Band 3, 726, S. 288; 729, S. 290; 730, S. 290.

Kantonsbibliothek

Tessin

Lugano
Christlich-soziales Gewerkschaftshaus mit Casa del Popolo
via Balestra 19
1968–71
Tita Carloni
Mitarbeit: L. Denti, H. Jenni

Das Gebäude liegt in einem Quartier, das von einem rapiden Wachstum im 20. Jahrhundert geprägt ist. Mehrere Funktionen sind auf verschiedenen Ebenen des Gebäudes untergebracht: Mensa und Restaurant, Büroräume der Gewerkschaft, Hotel. Die äußerst strenge Volumetrie und die Kargheit der Öffnungen spielen auf den Konstruktivismus an, dessen Formensprache traditionsgemäß für dieses Thema bestimmt war. Aus derselben Epoche stammen das Gemeindeschulhaus in Stabio (via Pozzetto) von 1970–72, der Sozialwohnungsbau von Molino Nuovo (via Trevano/via Beltramina) aus dem Jahr 1965–66 sowie die Sozialwohnungen Cereda in Balerna (via Cereda, Sant'Antonio), die 1972–74 vom Architektenkollektiv Carloni-Denti-Moretti gebaut wurden und Carlonis Auseinandersetzung mit dem Thema des Siedlungsbaus dokumentieren.

Lit.: P. Disch (Hrsg.), 50 anni di architettura in Ticino 1930–1980, Bellinzona u. Lugano, 1983; D. Bachmann und G. Zanetti, Architektur des Aufbegehrens, Bauen im Tessin, Basel 1985; Werk, Bauen und Wohnen 1–2/1985; Schweizer Architekturführer 1920–1995, Band 3, 735, S. 293.

Innenansicht des Cinema Corso

Wohnturm

Christlich-soziales Gewerkschaftshaus

Tessin

Lugano
Alterswohnungen La Serena
via Ciani/via Ferri
1971–77
Giancarlo Durisch
Der Komplex ist in der selbstbewußten Härte seiner Erscheinung ein gutes Beispiel für die Architekturauffassung seiner Zeit. Er liegt in dem Wohnquartier am Cassarate und besteht aus vier in die Höhe entwickelten Baukörpern, die Appartements für selbständiges Wohnen, betreutes Wohnen sowie Personalwohnungen und eine Kapelle aufnehmen. Die Gemeinschaftsräume im Erdgeschoß öffnen sich auf den benachbarten Park.
Lit.: *Rivista Tecnica 20/197*; P. Disch (Hrsg.), *50 anni di architettura in Ticino 1930–1980*, Bellinzona u. Lugano 1983, T. Boga (Hrsg.), *Tessiner Architekten*, Zürich 1986; *Schweizer Architekturführer 1920–1995, Band 3, 737, S. 294*.

Lugano
Centro Macconi
via Pretorio
1974–75
Livio Vacchini, Alberto Tibiletti
Mitarbeit: *M. Vanetti, R. Ratti*
Das Verwaltungs- und Geschäftshaus steht auf einem tiefen Grundstück mitten in der Stadt und wird von einem niederen Baukörper flankiert, welcher die Straßenansicht ergänzt. Eine Tragstruktur aus Stahl und Ausfachungen aus Granit von Andeer im Kanton Graubünden bestimmen die Grundelemte der Komposition, den Rhythmus und die Relation von geschlossenen Flächen und

Alterswohnungen
La Serena

Öffnungen. Dank der meisterhaften Beherrschung der architektonischen Mittel und des offenkundigen Raffinements im Umgang mit den Materialien ist dieser Bau einer der wichtigsten im Gesamtwerk von Vacchini.
Lit.: Rivista Tecnica 18/1973; P. Disch (Hrsg.), 50 anni di architettura in Ticino 1930–1980, Bellinzona u. Lugano, 1983; a + u, architecture and urbanism 1985, 176; T. Boga (Hrsg.), Tessiner Architekten, Zürich 1986; Schweizer Architekturführer 1920–1995, Band 3, 736, S. 293.

Lugano
Büro- und Geschäftshaus
via Pretorio
1990
*Giancarlo Durisch
Mitarbeit: F. Colombo*

Das Gebäude fügt sich mit seiner Morphologie in den historischen Kontext der Stadt ein, indem es den Gegensatz zwischen dem tragenden Kern mit den Nebenräumen und der leichten äußeren Hülle betont. Die Membrane aus Stahlblech, die mit Versteifungselementen versehen ist, wird für mehrere tektonische Bereiche wie Sockel, Vordach und Dachtraufe verwendet.

Zu den weiteren Arbeiten des Architekten gehören das Telekom-Zentrum in Giubiasco (viale 1814/via Ferriere) von 1988–97 und die Renovierung von 1991–96 des Teatro sociale in Bellinzona (via Bonzanigo/via Dogana).
Lit.: Rivista Tecnica 6/1991; P. Disch, Neuere Architektur im Tessin 1980–1995, Lugano 1996, S. 126.

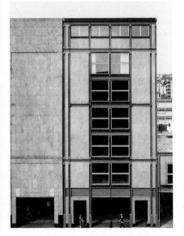

Centro Macconi

Büro- und
Geschäftshaus

Lugano
Haus Felder
via Riva 9
1977–79
Mario Campi, Franco Pessina

Das Haus lehnt sich an die antike Villa aus dem 17. Jahrhundert auf dem Hügel an und zeigt eine axialsymmetrische Organisation. Das quadratische Paralleliped wird durch den Innenhof, um den herum die Wohnräume angeordnet sind, ausgehöhlt. Die drei Stützen des Eingangs schließen die Talseite des Volumens ab.

Lit.: *Rivista Tecnica 11–12/1980; Werk 1/1980; Gran Bazaar 7–8/1981; Werk, Bauen und Wohnen 4/1981; 6/1986; a + u, architecture and urbanism 11/1982; Progressive Architecture 7/1982; Casabella 534/1987; L'Habitat 11/1991; Schweizer Architekturführer 1920–1995, Band 3, 739, S. 295.*

Lugano
Wohnblock
via Beltramina
1992–95
Mario Campi, Franco Pessina

Das siegreiche Wettbewerbsprojekt von 1986 beabsichtigt eine städtebauliche und architektonische Erneuerung des Quartiers, dessen ungeordnetes und amorphes Wachstum eingedämmt und korrigiert werden soll. Die Umsetzung dieser theoretischen Überlegungen erfolgt durch die kontextbezogene Wahl der Höhenentwicklung und durch den Einbezug zweier bestehender Gebäude zu einem U-förmigen Ganzen. Der Innenhof dieses 120 Sozialwohnungen umfassenden Komplexes ist als Gemeinschaftsraum konzipiert.

Lit.: Rivista Tecnica 1–2/1987; 1–2/1990; 10/1992; Costruire 114/1992; P. Disch, Neuere Architektur im Tessin 1980–1995, Lugano 1996, S. 232.

Lugano
Bibliothek des Kapuzinerklosters
salita dei Frari
1976–79
Mario Botta
Mitarbeit: R. Hunziker, F. Robbiani
Verwaltungsgebäude Ransila I
via Pretorio
1981–85
Mario Botta
Mitarbeit: F. Robbiani, M. Pelli, M. Groh
Banca del Gottardo
viale Stefano Franscini
1982–88
Mario Botta
Mitarbeit: M. Pelli, P. Merzaghi, D. Eisenhut, M. Moreni, R. Blumer, M. D'Azzo, C. Heras, C. Lo Riso

Der südlich vom orthogonalen Klostergebäude aus dem 17. Jahrhundert liegende Bau ist in den Klostergarten eingegraben und demonstriert mit einem emporragenden Oberlicht seine formale Autonomie. Das Licht ist ein wesentliches Element des Entwurfskonzepts und wird im Lesesaal als raumbildendes Element eingesetzt. Der Mauereinschnitt, charakteristische Geste von Botta, definiert die Achse der Komposition. Das Ransila-Gebäude ist markant skulptural aufgebrochen; die Straßenecke mitten in der Stadt wird zum Angelpunkt von Bottas Überlegungen zur Beziehung von architektonischer Typologie und Stadtstruktur. Die Kuben des Bankgebäudes mit ihren großen verglasten Einschnitten, gleichfalls ein bekanntes Stilelement von Botta, sind zu einem charakteristischen Bestandteil der urbanen Struktur von Lugano geworden.

Lit.: Casabella 414/1976; Lotus international 22/1972; 28/1981; 47–49/1987; GA Document 2/1980; 6/1983; 14/1986; Parametro 99/1981; 141/1985; Rivista Tecnica 5/1981; 12/1982; 7–8/1984; 12/1988; GA Architect 3/1984; Techniques et Architecture 377/1988; a + u, architecture and urbanism 220/1989; Domus 704/1989; Schweizer Architekturführer 1920–1995, Band 3, 740, S. 295; 742, S. 296; 743, S. 297; P. Disch, Neuere Architektur im Tessin 1980–1995, Lugano 1996, S. 89 und 106.

Banca del Gottardo

Gegenüber:
Haus Felder
Wohnblock, Modell
Bibliothek des Kapuzinerklosters
Verwaltungsgebäude Ransila I

Lugano
Wohn- und Geschäftshaus
via Ciani 16, Molino Nuovo
1986–90
Mario Botta
Cinque Continenti
via Guisan, Paradiso
1986–91
Mario Botta
Ausführung: G. Agazzi
Verwaltungsgebäude Caimato
via Maggio, Cassarate
1986–93
Mario Botta

Diesen luganeser Werken von Botta ist eine Logik des Entwurfs gemeinsam, die auf der Vorstellung von der kathartischen Wirkung des Bauwerks auf seine Umgebung beruht. Die von den Gegebenheiten der Stadt geprägten Vorschläge gehen immer wieder den Weg zu eigenständigen architektonischen Lösungen, wobei die Komposition vorzugsweise vom Bild bestimmt wird. In den Bauten von Cassarate und Paradiso wie auch im großen Zylinderbau von Molino Nuovo mit dem Büro des Architekten schlägt die volumetrische Spannung auf die Organisation des Innenraums zurück, während die Behandlung der Außenmauern der Gebäude die Qualität traditioneller Bautechniken evozieren.

Lit.: Abitare 290/1990; Hochparterre 11/1990; a + u, architecture and urbanism 251/1991; 279/1993; Bauwelt 13/1991; GA Document 30/1991; 11/1992; Domus 737/1992; Interior Design 3/1992; Ticino hoy, Ausstellungskatalog, Madrid 1993; Architektur und Technik 5/1993; P. Disch, Neuere Architektur im Tessin 1980–1995, Lugano 1996, S. 122.

Lugano
Mehrfamilienhaus
via Domenico Fontana 10
1988–91
Marco d'Azzo
Mitarbeit: G. Pellegatta

Der auf einem keilförmigen Grundstück gelegene Bau nimmt die charakteristischen Elemente der benachbarten Villen des frühen 20. Jahrhunderts auf. Er ist von einem Garten umgeben und besteht aus zwei Volumen: das eine in Backstein mit einem halbzylindrigen Kopfbau, der die Ecke definiert und die Linien der Perspektive akzentuiert; das andere ist verputzt, folgt der Straßenkurve und bildet den Abschluß einer Reihe von freistehenden Häusern. Die horizontale Gliederung der Fassaden zeigt die innere Organisation des Hauses (pro Geschoß eine Wohnung), während die Wahl der Materialien und die strukturelle und funktionale Organisation durch die Komposition der Volumen bestimmt ist. In ihrer Struktur erinnert die Anlage an Ensembles von Erich Mendelsohn. Durch ihre Lage vermittelt sie zwischen dem herrschaftlichen Eklektizismus der benachbarten Wohnhäuser und den umliegenden, die Moderne verfälschenden Spekulationbauten der sechziger Jahre.

Lit.: P. Disch, Neuere Architektur im Tessin 1980–1995, Lugano 1996, S. 133.

Gegenüber:

Oben: Wohn- und Geschäftshaus in Molino Nuovo, Ansicht und Grundriß

Mitte: Cinque Continenti, Ansicht und Axonometrie

Unten links: Verwaltungsgebäude Caimato

Unten rechts: Wohngebäude via Domenico Fontana

Tessin

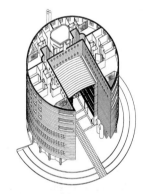

Manno
Haus Barchi
strada Regina
1975–89
Mario Botta
Dieses Werk hatte eine lange Entwurfsphase, die 1975 mit einem ersten Vorschlag einsetzte und 1987 mit dessen Wiederaufnahme und Weiterentwicklung fortgesetzt wurde. Es ist auf der Kuppe eines kleinen Abhanges gelegen und wird von einer vorgestellten Backsteinmauer mit zwei Bogen gekennzeichnet, einer Art Blende, durch die man einen Innenhof betritt, auf den die Räume des Hauses orientiert sind. Als explizites Zitat des Hausflurs der regionalen ländlichen Architektur stellt diese Geste der sich öffnenden Eingangsarkade einen Kontrapunkt zur massiven, geschlossenen talseitigen Mauer dar, die nur von vertikalen Schlitzen rhythmisch gegliedert ist.
Lit.: Lotus international 15/1977; GA Document 30/1990; a + u, architecture and urbanism 1993, 279; P. Disch, Neuere Architektur im Tessin 1980–1995, Lugano 1996, S. 123.

Manno
Verwaltungszentrum der Union Bank of Swizerland (UBS) „Suglio"
via Cantonale, Suglio
1990–97
Dolf Schnebli, Tobias Ammann, Flora Ruchat, Ernst Engeler, Claudio Schmidt
Mitarbeit: S. Menz
Der siegreiche Entwurf eines eingeladenen Wettbewerbs von 1990 ist ein Pilotprojekt, das für den Bürobau ein umweltfreundliches Energiekonzept, flexible Nutzung und ein angenehmes Arbeitsklima anstrebt. Die Bedeutung der ökologischen Kriterien wird vor allem in der Fassadengestaltung deutlich (vermehrte Nutzung von Luftzufuhr und Tageslicht), während die Materialwahl sich primär an Fertigungs-, Nutzungs- sowie Entsorgungskriterien orientiert; für das Dach und die Fassaden sind zudem große Flächen mit Sonnenkollektoren und Photovoltaikpaneelen vorgesehen.
Lit.: P. Disch, Neuere Architektur im Tessin 1980–1995, Lugano 1996, S. 230 f.

Massagno
Wohngebäude und Garage La Panoramica
via San Gottardo
1955–57
Alberto Camenzind
Mitarbeit: B. Brocchi
Das auf einem äußerst unebenen Grundstück liegende Gebäude zeigt bei der Verwirklichung des Bauprogramms (Autogarage mit spiralförmiger Rampe und in den oberen Geschossen Laubengangwohnungen) eine profunde Beherrschung der architektonischen Mittel. Die präzise volumetrische Komposition verleiht dem Komplex große Eleganz.

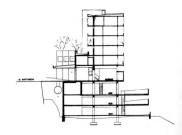

Tessin

Casa Barchi

Verwaltungszentrum der UBS „Suglio"

La Panoramica,
Ansicht und,
gegenüber, Schnitt

Massagno
Haus Boni
via al Roccolo 3
1980–82
Mario Campi, Franco Pessina
Das Haus erhebt sich auf einem parallel zur Straße liegenden Serpentinitsockel, in dem Eingang, Garage, technische Nebenräume und eine Personalwohnung angeordnet sind. Man betritt das Innere durch ein ausgestaltetes Portal; die offene Treppe bildet den kompositorischen Angelpunkt des Hauses und organisiert die Sicht auf die Sequenz der Haupträume.
Interessant ist auch das gleichzeitig entstandene Haus Polloni in Origlio derselben Architekten.
Lit.: a + u, architecture and urbanism 11/1982; Progressive Architecture 7/1982; Werk 12/1982; Rivista Tecnica 2/1983; Häuser 1/1985; Bauwelt 41–42/1986; Werk, Bauen und Wohnen 6/1986; Casabella 5334/1987; L'Habitat 11/1991; Architektur und Technik 7/1992.

Massagno
Reihenhäuser
via Praccio
1990–92
Mario Campi, Franco Pessina
Es handelt sich bei diesem Bau um fünf aneinandergereihte Häuser auf einem dreieckigen, von beträchtlichen Niveauunterschieden gekennzeichneten Grundstück. Die auf die Straße gehende Nordseite ist von großer städtebaulicher Qualität. Hier befinden sich auf dem ersten Geschoß die Eingänge. Die Südseite hingegen stellt mittels weiter Öffnungen

Haus Boni

Reihenhäuser

und Balkone, die zugleich der Individualisierung der Wohneinheiten dienen, den Bezug zwischen Innen und Außen her.

In unmittelbarer Nachbarschaft (viale Foletti) liegt die ebenfalls reihenförmig aufgebaute Wohnsiedlung, welche Campi und Pessina 1985–86 realisiert haben.

Lit.: Domus 1991, 728; Werk, Bauen und Wohnen 12/1991; Rivista Tecnica 10/1992; P. Disch, Neuere Architektur im Tessin 1980–1995, Lugano 1996, S. 151.

Minusio
Haus Quattrini
via Borenco 16
1989–91
Michele Arnaboldi
Mitarbeit: N. Romerio

Die Erschließung dieses Mehrfamilienhauses, bei dem Zugangsweg, Eingang und offener Treppenturm auf gleicher Achse liegen, ist das ordnende Element des Projektes, wobei die unterschiedliche Fassadengestaltung besonders hervorsticht. Das Bild einer Mauer aus Sichtbeton, die von horizontalen Einschnitten und der Treppe gegliedert ist, prägt die Hauptfassade. Weiträumige Laubengänge liegen auf der Westseite und bilden eine ideale Verlängerung der Innenräume. Von der oberen Terrasse hat man Aussicht auf das Maggiadelta und den Lago Maggiore.

Lit.: Ticino hoy, Ausstellungskatalog, Madrid 1993; Architettura Svizzera 11/1993; P. Disch, Neuere Architektur im Tessin 1980–1995, Lugano 1996, S. 147.

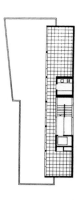

Haus Quattrini

Mogno
Bergkapelle San Giovanni Battista
Comune di Fusio, Vallemaggia
1986–96
Mario Botta

Im Frühjahr 1986 wurde die kleine Kirche von Mogno, die einen wesentlichen Bezugspunkt für diese kleine, im oberen Maggiatal gelegene Berggemeinde aus dem 17. Jahrhundert darstellte, ebenso wie ein Teil des Dorfes von einer Lawine zerstört. Nach langen Diskussionen errichtete man auf den Ruinen der Kirche einen neuen, massiven Baukörper aus mehreren lokalen Steinmaterialien. Harte Schnitte in der Linienführung und ein abgeschrägtes, zum Himmel emporragendes Dach aus Glas und Stahl verleihen dem Bau mit elliptischem Grundriß und nach oben spitz zusammenlaufendem Innenraum eine skulpturale Gestalt.

Lit.: Architektese 4/1987; Rivista Tecnica 9/1987; Werk, Bauen und Wohnen 7–8/1987; Casabella 546/1988; Domus 694/1988; L'Arca 14/1988; Perspecta 24/1988; Techniques et Architecture 377/1988; GA Document 22/1989; 366/1993; J. Petit (Hrsg.), Mario Botta. Progetto per una chiesa a Mogno, Lugano 1992; Habitation 1/1993; Languages of Design 8, Bd.1/1993; P. Disch, Neuere Architektur im Tessin 1980–1995, Lugano 1996, S. 224.

Montagnola
Grundschule Collina d'Oro
1978–82
Livio Vacchini
Mitarbeit: *M. Vanetti, C. Bodmer, T. Pfister*

Vacchinis experimenteller Klassizismus beweist sich in diesem Werk durch die proportionale Ordnung der einzelnen Teile des Gebäudes. Der Bau geht vom Innenhoftypus aus und präsentiert sich als privilegierter öffentlicher Raum, der dem Dorfzentrum ein neues formales Gepräge verleiht. Im Erdgeschoß liegen öffentliche Räume für die Gemeinde, im

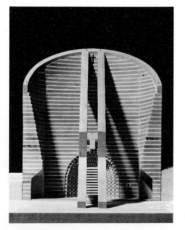

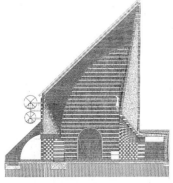

San Giovanni
Battista in Mogno

Obergeschoß die Klassenzimmer für 300 Schüler. Fassaden aus Glas, Metall und Marmor umkleiden das Tragwerk aus weiß gestrichenem Stahlbeton.
Lit.: Rivista Tecnica 3–4/1978; 9/1984; Werk, Bauen und Wohnen 10/1983; Archithese 6/1984; Casabella 503/1984; Quaderns d'Arquitectura i Urbanisme 160/1984; a + u, architecture and urbanism 176/1985; Lotus international 44/1985; Parametro 141/1985; AMC. Architecture – Mouvement – Continuité 6/1986; F. Werner u. S. Schneider, Neue Tessiner Architektur, Perspektiven einer Utopie, Stuttgart 1989; Schweizer Architekturführer 1920–1995, Band 3, 765, S. 308; P. Disch, Neuere Architektur im Tessin 1980–1995, Lugano 1996, S. 69.

Montagnola
Terrassenhäuser Corecco
via Matorell 7
1987–89
Mario Campi, Franco Pessina
Die Anlage besteht aus drei zum Tal hin terrassierten Wohneinheiten. Eine gerade, den ganzen Baukörper entlanggeführte Treppe definiert die jeweiligen Eingänge. Die Einheiten sind als Maisonette konzipiert, wobei die Räume um den Wohnraum mit doppelter Raumhöhe angeordnet sind. Eine Reihe verbindender Elemente (Bodenbelag, Balkone, Pergola) stellen den direkten Bezug zur landschaftlichen Umgebung mit der prachtvollen Aussicht auf den See her.
Lit.: Domus 715/1990; Faces 17/1990; Rivista Tecnica 5/1990; 10/1990; Atrium 4/1991; Ideales Heim 10/1991; Schweizer Architekturführer 1920–1995, Band 3, 766, S. 308; P. Disch, Neuere Architektur im Tessin 1980–1995, Lugano 1996, S. 121.

Grundschule Collina d'Oro, Ansichten

Terrassenhäuser Corecco, Ansicht und Schnitt

Tessin

Montagnola
Einfamilienhaus
via Arasio
1989–93
Mario Botta

Das an einem Hügel gelegene Haus öffnet seinen halbrunden, konvexen Wohnbereich zum Tal hin. Ein flacher, teilweise in den Boden versenkter Baukörper enthält einen Sportbereich mit Sauna und Schwimmbad und eine Garage für die Automobilkollektion des Bauherrn. Charakteristisches Element des von der geräumigen Terrasse aus zugänglichen Zwischengeschosses ist der tiefe Einschnitt der glasverkleideten Schlaf- und Wohnzonen, der zugleich das kompositorische Zentrum des Hauses bildet.

Lit.: P. Disch, Neuere Architektur im Tessin 1980–1995, Lugano 1996, S. 221

Monte Carasso
Richtplan für die Restrukturierung von Monte Carasso und Neubauten
1979–90
Luigi Snozzi
Mitarbeit: W. von Euw, C. Buetti, G. Groisman; G. Mazzi, M. Arnaboldi, M. Bähler, R. Cavadini

Die Arbeit nahm 1977 ihren Anfang mit der ersten Planung zum Umbau eines ehemaligen Klosters im Dorfzentrum. Als Alternative zu der ursprünglich vorgesehenen Dezentralisierung gegen die Peripherie hin schlug Snozzi eine etappenweise Erneuerung des Zentrums als Sitz der religiösen und zivilen Institutionen vor. Die vielfältigen geplanten Maßnahmen wurden 1979 in einem Richtplan von der Gemeinde gebilligt. Dazu gehören insbesondere der Bau einer Turnhalle (1984) und der Umbau des ehem. Klosters in eine Grundschule (1993); des weiteren entstanden das Bankgebäude der Raiffeisenbank (1984), ein Geschoßwohnungsbau an der Autobahn (1996) sowie mehrere Einfamilienhäuser; Snozzi erweiterte auch den Friedhof. In diesem wohl einmaligen Planungsprozeß hat der Architekt die Vorgaben des Gestaltungsplanes immer wieder aufgrund der einzelnen Bauten neu überprüft.

Lit.: Casabella 506/1984; 542–543/1988; 567/1990; Rivista Tecnica 12/1984; 3/1990; 12/1991; D. Bachmann und G. Zanetti, Architektur des Aufbegehrens. Bauen im Tessin, Basel 1985; Werk, Bauen und Wohnen 4/1985; AMC. Architecture – Mouvement – Continuité 12/1986; Archithese 2/1989; 4/1986; Bauwelt 41–42/1986; T. Boga, Tessiner Architekten, Zürich 1986; Architectural Record 4/1987; The Architectural Review, 1095/1988; du 11/1989; Abitare 290/1990; F. Werner und S. Schneider, Neue Tessiner Architektur, Persepktiven einer Utopie, Stuttgart 1989; Schweizer Architekturführer 1920–1995, Band 3, 648, S. 258; Luigi Snozzi, Monte Carasso, die Wiedererfindung des Ortes, Basel 1995; Schweizer Architekturführer 1920–1995, Band 3, 648, S. 258; C. Lichtenstein, Luigi Snozzi, Basel 1997; P. Disch, Neuere Architektur im Tessin 1980–1995, Lugano 1996, S. 74 ff. 176 ff., 234.

Tessin

Einfamilienhaus in
Montagnola

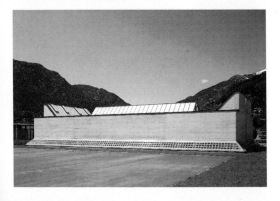

Monte Carasso:
Kloster
Bank
Turnhalle

Tessin

Morbio Inferiore
Mittelschule
via Franscini
1972–77
Mario Botta
Mitarbeit: E. Bernegger, R. Hunziker, L. Tami

Die Schule gilt als hervorragender Ausdruck von Bottas Entwurfsprinzipien und zugleich der zeitgenössischen Architektur der Region. Der Bau sollte zur Verbesserung eines durch wahllose Bebauung verunstalteten Gebietes beitragen; Botta gab dem Randgebiet zum Kulturland einen neuen Abschluß, indem er den Gebäudeblock der Schule in nord-südlicher Richtung als serielle Aneinanderreihung des Zellenmoduls (eine Konstruktions- und Dispositionseinheit, die auf der Vierergruppierung der Klassenzimmer beruht) entwickelte. Die zentrale Galerie verleiht den Verbindungswegen im Inneren eine räumliche Ordnung durch das von oben einfallende Tageslicht; im Kopfteil des Blockes liegen die Aula und die Bibliothek, während das Amphitheater als kompositorisches Verbindungselement zwischen dem Schulgebäude und dem in Bezug auf die Hauptachse leicht abgedrehten Volumen der Turnhalle dient.
Lit.: Rivita Tecnica 4/1973; 11/1975; 9/1979; Werk 1/1975; Lotus international 11/1976; 15/1977; Archives d'Architecture Moderne 12/1977; L'Architecture

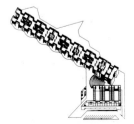

Mittelschule von
Morbio Inferiore

d'aujourd'hui 190/1977; AMC. Architecture-Mouvement-Continuité 1978, 45; Werk-archithese 1978, 13–14; a + u, architecture and urbanism 105/1979; 9/1986; Architettura Svizzera 46/1981; Architectural Record 6/1982; GA Architect 3/1984; Domus 579/1988; Schweizer Architekturführer 1920–1995, Band 3, 767, S. 309.

Morbio Inferiore
Einfamilienhaus
via Vacallo
1986–89
Mario Botta
In seinem Werk hat Botta immer wieder die kompositorischen Möglichkeiten des dreieckigen Grundrisses erprobt. Von diesem Haus an der Grenze zwischen Morbio Inferiore und Vacallo überblickt man die Ebene von Chiasso. Zwei große, einander überschneidende Bögen bilden den markanten Portikus des Eingangs, dem die auf den einzelnen Stockwerken liegenden Wohnräume zugewandt sind. Der dekorative Reichtum der Hauptfassade drückt sich in der besonderen Strukturierung des Backsteins aus, dessen exakte Anordnung der Fugen zur Helligkeit der Oberfläche beiträgt.
Lit.: GA Global Architecture 30/1990; A. Acocella, L'Architettura dei luoghi, Rom 1992; Mario Botta, Das Gesamtwerk, Band II, 1985–1990, Zürich 1994.

Einfamilienhaus

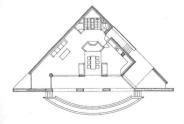

Morbio Superiore
Haus Corinna
via Vacallo
1962–63
Peppo Brivio
Der Entwurf dieses in einer vorwiegend landwirtschaftlich genutzten Zone liegenden Hauses basiert auf einem Modul von 90 x 90 cm. Seine Morphologie zeugt von einer skulpturalen Grundhaltung sowie kompromißloser Klarheit in der Wahl der Materialien: Mauerwerk aus Sichtbeton, Sonnenterrassen aus Eisenbeton, ungestrichenes Holz für die Fensterrahmen.
Von Brivios Werken aus der zweiten Hälfte der fünfziger Jahre sind ferner in Massagno die Apartmenthäuser Albairone (via Ceresio 5) und Cate (via Tesserete 3) zu erwähnen.
Lit.: J. Bachmann und S. von Moos, New Directions in Swiss Architecture, New York 1969; P. Disch (Hrsg.) 50 anni di architettura in Ticino 1930–1980, Bellinzona u. Lugano 1983; Schweizer Architekturführer 1980–1995, Band 3, 768, S. 310.

Morbio Superiore
Einfamilienhaus
1983–84
Mario Botta
Mitarbeit: G. Calderari, F. Robbiani
Das auf einem Hügel liegende Haus öffnet sich zum Tal hin mit einer leicht konkaven, silbern glänzenden Fassade; sie ist vom alternierenden Wechsel der einen Winkel von 45 Grad bildenden Backsteine geprägt und weist in der Mitte einen Einschnitt auf, der im Giebel des Oberlichts mündet. Dieses den Wechsel des Tageslichtes nutzende Element dokumentiert Bottas Bemühen um einen harmonischen Bezug zwischen Bauwerk und Landschaft und seine Bereitschaft zum typologischen und formalen Experiment, wobei der Fassadengestaltung und dem Material seine besondere Aufmerksamkeit gilt.
Lit.: Architectural Design 11–12/1984; GA Architect 3/1984; GA Houses 15/1984; Rivista Tecnica 7–8/1984; Architectural Record 4/1986; a + u, architecture and urbanism 1986, 184; Häuser 4/1986; Techniques & Architecture 377/1988; Schweizer Architekturführer 1920–1995, Band 3, 769, S. 310; P. Disch, Neuere Architektur im Tessin 1980–1995, Lugano 1996, S. 72.

Muzzano
Haus Filippini und Studio
via al Teglio 7
1968–70
Mario Campi, Franco Pessina
Das für einen Künstler gebaute Atelierhaus liegt auf einem schmalen und tiefen Grundstück zwischen der Felswand einer antiken Ruine und der Straße. Diese Situation führte zu einer linearen Anordnung der Innenräume. Mit ihrem Bau versuchten Campi und Pessina einmal mehr, die Interaktion zwischen Typus und Ort zu ergründen – eine Konstante ihrer Entwurfstätigkeit.
Gleichfalls in Muzzano steht das 1962–65 vom selben Architektenteam gebaute Haus Vanini.
Lit.: a + u, architecture and urbanism 9/1976; Rivista Tecnica 2/1973; M. Steinmann und T. Boga, Tendenzen. Neuere Architektur im Tessin, Zürich 1975; T. Boga, Tessiner Architekten 1960–1985, Zürich 1986; Schweizer Architekturführer 1920–1995, Band 3, 770, S. 311.

Tessin

Haus Corinna

Einfamilienhaus

Haus Filippini und Studio

Tessin

Muzzano
Haus Platis
via Ciusaretta
1979–82
Emilio Bernegger, Bruno Keller, Edy Quaglia

Die exakte geometrische Komposition bildet einen Kontrapunkt zur natürlichen, fließenden Umgebung und akzentuiert die landschaftsgestaltende Funktion des Baukörpers. Das am Dorfrand gelegene Haus ist repräsentativ für die Tessiner Architektur der späten siebziger Jahre; es hat einen dreieckigen Grundriß und auf der Bergseite eine Doppelmauer mit dem Erschließungssystem, welche zu den auf zwei Geschosse verteilten Räumen führt.

Unter den zahlreichen Einfamilienhäusern dieses Architektenteams seien hier das Haus Hochstrasser in Muzzano (via ai Ronchi) von 1990 und das Atelier Blick in Sant'Abbondio von 1992–93 erwähnt.

Lit.: Rivista Tecnica 2/1983; Archithese 3/1984; Parametro 141/1985; Werk, Bauen und Wohnen 9/1986; 3/1994; Schweizer Architekturführer 1920–1995, Band 3, 771, S. 311; P. Disch, Neuere Architektur im Tessin 1980–1995, Lugano 1996, S. 135.

Novazzano
Wohnsiedlung
via Ronco, Quartiere Casate
1988–92
Mario Botta
Bauleitung: F. Robbiani

Das Mittel der Wiederholung eines einheitlichen Gebäudetypus', welches Botta mehrmals bei früheren Reihenhäusern angewandt hat, wird in dieser Siedlung mit öffentlich geförderten Wohnungen konsequent durchgeführt. Die Anla-

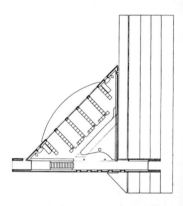

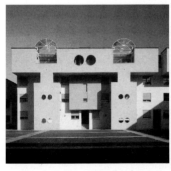

Haus Platis, Ansicht und Grundriß

Wohnsiedlung in Novazzano

ge verfügt über Gemeinschaftsbereiche (Arkaden, Piazza, gegen das Tal zu eine Wiese), die ihre Struktur bestimmen, und zeigt eine rhythmische Ordnung, die sich aus der Beziehung zwischen der Wohnzelle und dem Ganzen ergibt. Der Wechsel in der Farbgebung dient der Differenzierung der einzelnen Geschosse und strukturiert die Anlage im gesamten Kontext; sie entspricht überdies der heutigen Tendenz, beim Entwurf von Wohnanlagen alle Möglichkeiten zur Verbesserung der Wohnqualität auszuschöpfen.

Lit.: a + u, architecture and urbanism 1993, 279; Abitare 1994, 327; Schweizer Architekturführer 1920–1995, Band 3, 774, S. 313; P. Disch, Neuere Architektur im Tessin 1980–1995, Lugano 1996, S. 158.

Pregassona
Wohnblock
via delle Scuole 21 a
1985–87
Antonio Bassi, Giovanni Gherra, Dario Galimberti

Typologisch ist das in der heterogen bebauten Randzone von Lugano liegende Gebäude ein Laubenganghaus. Die Architektur greift einige traditionelle Elemente des kollektiven Wohnungsbaus (den Sockel, in Anspielung auf das Bossenwerk der Palazzi des 19. Jahrhunderts, den funktionalen Block mit Geländer und ohne Hauptgesims mit Dachtraufe, Loggien und Tympani aus jüngerer Zeit) in einer Art Collage wieder auf, stellt sie jedoch in den Dienst eines autonomen Werks.

Lit.: Premio internazionale di architettura Andrea Palladio, Mailand 1991; Habitat 1991, 22.

Wohnsiedlung in Novazzano

Wohnblock in Pregassona, Ansichten

Riva San Vitale
Gemeindeschulzentrum
via Settala
1962–73
Aurelio Galfetti, Flora Ruchat, Ivo Trümpi

Die drei Gebäude der Anlage (Grundschule, Kindergarten und Turnhalle) wurden in drei Etappen gebaut. Dem mit einem Arkadengang versehenen Hauptgebäude, das die Treppenaufgänge, Nebenräume und Unterrichtsräume für Fachunterricht enthält, sind die kammartig strukturierten Volumen der als autonome pädagogische Einheiten organisierten Klassenzimmer aufgesetzt. Die von zwei langen Mauern definierte Turnhalle liegt am Rande des Außenraums. Der von der Schule abgesonderte Kindergarten hat einen L-förmigen Grundriß und bildet einen gedeckten Hof.

Beachtenswert ist auch der 1968–70 vom selben Architektenteam gebaute Kindergarten der Gemeinde Viganello (via Guisan 10).

Lit.: Werk 1/1968; 11/1969; M. Steinmann u. T. Boga, Tendenzen. Neuere Architektur im Tessin, Zürich 1975; Rivista Tecnica 11/1981; P. Disch (Hrsg.), 50 anni di architettura in Ticino 1930–80, Bellinzona u. Lugano 1983; T. Boga, Tessiner Architekten 1960–1985, Zürich 1986; Schweizer Architekturführer 1920–1995, Band 3, 776, S. 314.

Riva San Vitale
Einfamilienhaus
via della Battuta
1971–73
Mario Botta
Mitarbeit: S. Cantoni

Das Haus ist exemplarisch für den Dialog, den Bottas Architektur mit der landschaftlichen Umgebung aufnimmt: Mit einer entschlossenen Geste ergreift es Besitz vom Territorium. Eine schlanke Passerelle aus Metall führt zum Eingang im Obergeschoß, während die Aushöhlung des Baukörpers, durch die die Aussicht ganz präzise eingerahmt und eine temporäre Raumhülle geschaffen wird, jeden Bezug zu traditionellen Öffnungen vermeidet und einen Maßstab etabliert, der sich mit der Umgebung auseinandersetzt und einen bewußten Widerspruch zu ihr bildet.

Lit.: Rivista Tecnica 8/1974; Domus 444/1975; The Architectural Review 941/1975; Werk, Bauen und Wohnen 2/1975; a + u, architecture and urbanism 69/1976; 9/1986; Casabella 414/1976; Lotus international 11/1976; Archives d'Architecture Moderne 12/1977; GA Document 1/1980; Architectural Design 5/1981; GA Architect 3/1984; Schweizer Architekturführer 1920–1995, Band 3, 779, S. 316.

Tessin

Schulzentrum Riva
San Vitale,
Ansichten

Einfamilienhaus

Tessin

Riva San Vitale
Wohnhaus mit Atelier
via dell'Inglese 3a
1973–74
Giancarlo Durisch
Mittelschule
via Vela
1980–82
Giancarlo Durisch, Giorgio Giudici

In den beiden Gebäuden wird Durischs Thematik deutlich, insbesondere seine Auffassung von der Geometrie als Ursprungselement der Architektur. Sein Eigenheim mit Atelier besteht aus zwei Volumen mit dreieckigem Grundriß; sie sind durch einen Innenhof getrennt, auf den die einzelnen Räume gehen. Die

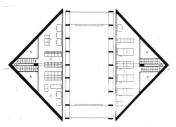

Schule hingegen besteht aus vier Volumen, die auf einem quadratischen Grundriß stehen und ein mit Laubengängen umgebenes Atrium bilden. Die Komposition wirkt sehr geschlossen, was noch durch antithetische Elemente betont wird, wie etwa die in der Diagonalen liegenden Zugänge und das runde Oberlicht des Atriums. Die Ordnung und die

Proportionen unterstreichen die Rationalität des Bauvorgangs; die kunstvolle Lichtführung und die Wahl der Materialien tragen zu der für Durisch charakteristischen Poetik des Schweigens bei.

Lit.: M. Steinmann und T. Boga, Tendenzen. Neuere Architektur im Tessin, Zürich 1975; a + u, architecture and urbanism 69/1976; L'Architecture d'aujourd'hui 190/1977; Lotus international 15/1977; 63/1989; P. Disch (Hrsg.), 50 anni di architettura in Ticino 1930–1980, Bellinzona u. Lugano, 1983; Rivista Tecnica 9/1984; T. Boga, Tesiner Architekten 1960–85, Zürich 1986; Schweizer Architekturführer 1920–1995, Band 3, 778, S. 315; 780, S. 316; P. Disch, Neuere Architektur im Tessin 1980–1995, Lugano 1996, S. 66.

Rivera
Kapelle
am Monte Tamaro
1990–97
Mario Botta

Die auf dem Abhang zur Magadinoebene errichtete Kapelle gehört zu den touristischen Einrichtungen des Monte Tamaro. Durch ihren eindrucksvollen Zugang nimmt sie den Dialog mit der Berglandschaft auf: Ein weit gespannter, gemauerter Brückenbogen mit einer schmalen Passerelle führt über den Abgrund; ein System von zum Hügel ansteigenden Rampen und Wegen mündet im Kirchplatz, von dem aus man in den Innenraum geleitet wird. Die andächtige Stimmung, welche das durch kleine, kreisförmige Öffnungen und durch Schlitze dringende Licht im Inneren hervorruft, wird noch gesteigert durch die Wandbilder von Enzo Cucchi.

Lit.: Schweizer Architekturführer 1920–1995, Band 3, 781, S. 317; P. Disch, Neuere Architektur im Tessin 1980–1995, S. 225.

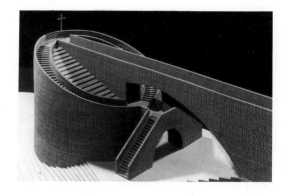

Gegenüber:
Wohnhaus mit Atelier, Ansicht und Grundriß
Mittelschule, Außenansicht und Innenhof

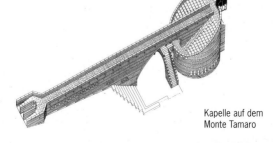

Kapelle auf dem Monte Tamaro

Tessin

Rovio
Haus Balmelli
San Vigilio
1955–57
Tita Carloni, Luigi Camenisch

Der Bau zeugt von der Fähigkeit der Architekten, die Sprache Frank Lloyd Wrights mit einer Bautradition zu vermitteln, welche sich am Kontext orientiert und regionale Bautechniken und Materialien einsetzt. Das hoch auf dem Hügel San Vigilio gelegene Haus paßt sich dem natürlichen Geländeverlauf an und entwickelt sich auf drei Ebenen mit einer Folge von spitzwinkligen Volumen, die das Profil des Daches bestimmen. Mauerwerk aus Bruchstein und Holz sind die bevorzugten Materialien.

Diese Grundhaltung prägt auch die Entwurfstätigkeit von Carloni und Camenisch in den sechziger Jahren; 1968 entstand ein weiteres Einfamilienhaus in Rovio in derselben Tradition. Völlig andere Architektursprachen – wenngleich nach wie vor vom Bemühen geprägt, sich ganz in den landschaftlichen Kontext einzufügen – zeigen hingegen einerseits das Haus der Architekten von 1985–86, ebenfalls in Rovio, und das in Zusammenarbeit mit Roberto Nicoli 1992–93 gebaute Haus Cereghetti in Salorino (via Croù).

Lit.: Werk 1/19 68; P. Disch (Hrsg.), 50 anni di architettura in Ticino 1930–1980, Bellinzona u. Lugano 1983; D. Bachmann und G. Zanetti, Architektur des Aufbegehrens, Bauen im Tessin, Basel 1985; T. Boga, Tessiner Architekten 1960–1985, Zürich 1986; Ticino hoy, Ausstellungskatalog, Madrid 1993; Schweizer Architekturführer 1920–1995, Band 3, 782, S. 317.

San Nazzaro
Municipio und Schule
1973–79
Luigi Snozzi
Mitarbeit: W. von Euw

Mit dem Komplex sollte ein neues Zentrum der Gemeinde entstehen, in das auch die Kirche und der Friedhof des Dorfes einbezogen wurden. Ein Fußweg neben der Verlängerung der bestehenden Stützmauer verbindet die einzelnen Teile der Anlage. Die Schule und die Gemeinderäume sind in einem einzigen Gebäude untergebracht, welches aus zwei Flügeln besteht, die einen erhöhten, auf den See orientierten Hof bilden. Der auch für kulturelle Veranstaltungen vorgesehene Gemeindeversammlungssaal im ersten Obergeschoß öffnet sich auf eine geräumige, unebene Terrasse, die als Foyer im Freien gedacht ist. Der als Abschluß des Hofes konzipierte Eckturm wurde nicht ausgeführt; somit fehlt das den Kirchturm am äußersten Ende des Komplexes kontrapunktisch ergänzende Element.

Lit.: Rivista Tecnica 4/1974; 10/1982; 3/1990; P. Disch (Hrsg.), 50 anni di architettura in Ticino 1930–1980, Bellinzona u. Lugano 1983; Ingegneri e Architetti Svizzeri 10/1983; T. Boga, Tessiner Architekten 1960–1985, Zürich 1986; Häuser 3/1987.

Tessin

Haus Balmelli

Gemeindezentrum
und Schule

Sorengo
Reihenhäuser
via Lugano
1987–89
Elio Ostinelli, Fabio Muttoni
Mitarbeit: N. Melchiorre, N. Ktenas, F. Ottardi, A. Scala

Die 32 parallel zu einem zentralen, öffentlichen Platz liegenden, dreigeschossigen Häuser sind mit vorfabrizierten Betonelementen gebaut worden (Bauzeit pro Einheit: 1 Woche). Der von Bäumen gesäumte und vom Rhythmus der Hausblöcke skandierte Weg mündet in den Bereich der gemeinschaftlich genutzten Einrichtungen.
Die von denselben Architekten 1988–90 gebaute Wohnsiedlung in Massagno (via privata Campagna) ist eine strukturelle und typologische Weiterentwicklung der Häuserzeile von Sorengo.
Lit.: Rivista Tecnica 5/1990; Ticino hoy, Ausstellungskatalog, Madrid 1993.

Stabio
Haus Medici („Casa Rotonda")
via Pietane 12
1980–82
Mario Botta
Mitarbeit: M. Pelli

Das runde Haus, einer der berühmtesten Bauten von Mario Botta, ist in die Landschaft des Mendrisiotto gestellt wie ein Objekt, welches formal jeden Dialog mit der es umgebenden Architektur verweigert. Die für Botta typischen Stilelemente – der Einschnitt in der Mitte, das Oberlicht, die zwischen Außenraum und Innenraum vermittelnden Terrassen – sind schlüssig in den Zylinderbau integriert. Die Volumetrie und der Einsatz einfacher Materialien wie etwa des Betonsteins knüpfen an die ländliche Bautradition an.
In nächster Nachbarschaft, via Platani 1, steht das von Botta 1965–67 gebaute Einfamilienhaus, welches eine eindeutige Hommage an Le Corbusier darstellt. Aus den Anfangsjahren (1961–

Reihenhäuser in Sorengo

63) des Architekten stammt das noch unter der Aufsicht von Tita Carloni entstandene Pfarrhaus von Genestrerio, bei dem schon Bottas Gespühr für die tektonische Wirkung des Materials sichtbar wird.

Lit.: Architecural Journal 5/1982; Architectural Record 7/1982; Architettura Svizzera 50/1982; Casabella 482/1982; Domus 626/1982; GA Houses 10/1982; Interni 323/1982; Rivista Tecnica 2/1982; Häuser 1/1983; GA Architect 3/1984; Architectural Design 3–4/1985; a + u, architecture and urbanism 9/1986; Techniques et Architecture 377/1988; Schweizer Architekturführer 1920–1995, Band 3, 788, S. 320; P. Disch, Neuere Architektur im Tessin 1980–1995, Lugano 1996, S. 67.

Torricella
Haus Tonini
1972–74
Bruno Reichlin und Fabio Reinhardt
Mitarbeit: A. Mercolli

Der Entwurf bezieht sich explizit auf die Villa Palladios – Urtypus der Villa schlechthin – nach der Interpretation von Wittkower und stellt eine kunstvolle Abstraktionsübung dar. Die Spur führt weiter zu Alberti, wobei das „Herz des Hauses" durch die Laterne und die Zimmer Licht erhält.

Lit.: M. Steinmann und T. Boga, Tendenzen. Neuere Architektur im Tessin, Zürich 1975; Rivista Tecnica 8/1975; a + u, architecture and urbanism 69/1976; L'Architecture d'aujourd'hui 190/1977; Lotus international 22/1979; Bauwelt 39/1980; Werk, Bauen und Wohnen 1–2/1980; Archithese 1/1982; P. Disch (Hrsg.), 50 anni di architettura in Ticino 1930–1980, Bellinzona u. Lugano 1983; T. Boga, Tessiner Architekten 1960–1985, Zürich 1986; Schweizer Architekturführer 1920–1995, Band 3, 790, S. 321.

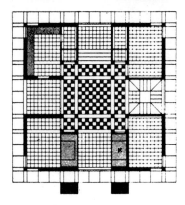

„Casa Rotonda" in Stabio

Haus Tonini, Ansicht und Grundriß

Tessin

Verscio
Haus Snider
Straße nach Cavigliano
1965–66
Luigi Snozzi und Livio Vacchini
Haus Cavalli
Straße nach Cavigliano
1976–78
Luigi Snozzi

Die beiden in einem kleinen Dorf am Eingang zum Centovalli gelegenen Einfamilienhäuser dokumentieren Snozzis Auseinandersetzung mit den historischen Gegebenheiten des Ortes. Das durch einen Hof mit den Nachbargebäuden verbundene Haus Snider bezieht sich auf eine für diese Gegend typische Hausform, auch wenn dabei die Andersartigkeit der eigenen Volumetrie unterstrichen und der Kontrast zum alten Dorfkern klar herausgearbeitet wird. Das Haus Cavalli zitiert das rechteckige Netz der historischen Dorfstruktur und setzt sich eindeutig gegen die fortschreitende Zersiedelung der Randgebiete zur Wehr, indem es den Zugangsweg als ein den engen Bezug zum Ort bestimmendes Element interpretiert.

Lit.: *Werk 12/1967; J. Bachmann und S. von Moos, New Directions in Swis Architecture, New York 1969; M. Steinmann und T. Boga, Tendenzen. Neuere Architektur im Tessin, Zürich 1975; a + u, architecture and urbanism 69/1976; Techniques & Architecture 1981, 339; Abitare 206/1982; D. Bachmann und G. Zanetti, Architektur des Aufbegehrens. Bauen im Tessin, Basel 1985; T. Boga, Tessiner Architekten 1960–1985, Zürich 1986; Häuser 3/1987; Architektur und Technik 9/1991; Rivista Tecnica 3/1990; 4/1992; Schweizer Architekturführer 1920–1995, Band 3, 656, S. 262.*

Viganello
Einfamilienhaus
via Albonago
1980–81
Mario Botta
Mitarbeit: C. Lo Riso, F. Robbiani

Haus Snider   Haus Cavalli

Tessin

Dieses Haus ist bezeichnend für eine Phase in der langen Entwurfstätigkeit von Botta und stellt – zusammen mit den früher ausgeführten Häusern von Pregassona (via Albostra 27) und Massagno (via Praccio) – eine typologische Variante des Einfamilienhauses vor. Es ist auf drei Seiten quasi eingegraben; der Zugangsweg führt zum Dreieck des Eingangs, einem dunklen Hohlraum, durch den man zu den von oben erhellten Innenräumen gelangt. Die Fassade gibt sich monumental und wird von den durch die unterschiedliche Oberflächengestalt hervorgerufenen Hell-Dunkel-Effekten strukturiert.

Lit.: Architectural Record 7/1982; GA Houses 13/1983; Lotus international 37/1983; The Architectural Review 1034/1983; GA Architect 3/1984; Rivista Tecnica 7–8/1984; a + u, architecture and urbanism 9/1986; P. Disch, Neuere Architektur im Tessin 1980–1995, Lugano 1996, S. 68.

Vira Gambarogno
Einfamilienhaus
Corognola
1984
Orlando Pampuri

Eine Neuinterpretation der klassischen Grundsätze führte dazu, daß das Haus auf einen massiven Betonsockel gestellt wurde, welcher nicht nur für Abstand zum steil abfallenden Gelände sorgt, sondern auch den Eingang, die Schlafräume und die technischen Nebenräume enthält. Auf dieser horizontalen Ebene stehen vier Stahlstützen, die das Aluminiumdach tragen und eine durchgehende, um die Wohnräume geführte Galerie bilden.

Lit.: Ticino hoy, Ausstellungskatalog, Madrid 1993; P. Disch, Neuere Architektur im Tessin 1980–1995, Lugano 1996, S. 81.

Einfamilienhaus in
Viganello

Einfamilienhaus in
Vira Gambarogno

Aktuelle Schweizer Architektur

Versuch einer Bestandsaufnahme
Von Roman Hollenstein

Die heroische Phase der zeitgenössischen Schweizer Architektur ist vorbei. Die wesentlichen theoretischen Punkte sind formuliert, die Positionen bezogen. Die Arbeiten von Botta, Snozzi, Herzog & de Meuron, Diener & Diener, Gigon & Guyer und Zumthor sind in Fachkreisen weit über die Schweiz hinaus bekannt. Was heute die helvetische Architekturszene beschäftigt, ist die Verfeinerung des seit den siebziger Jahren erarbeiteten Vokabulars. Gleichzeitig kann gegenwärtig – der Baukrise zum Trotz – eine reiche architektonische Ernte eingefahren werden. Wurden doch zwischen Basel und Chiasso noch nie so viele bedeutende Bauten von namhaften Schweizer Architekten fertiggestellt wie in jüngster Zeit. Aber auch die kritischen Stimmen mehren sich hierzulande. Von der Tessiner Architektur etwa, die seit der Zürcher ETH-Ausstellung „Tendenzen" von 1975 internationale Anerkennung genießt, behauptet man schon lange, daß sie sich in ihrer zur Maniera übersteigerten individuellen Interpretation der Moderne erschöpft hat. Als Beispiel wird Botta vorgeschoben. Doch gerade dessen neueste Werke auf helvetischem Boden, die im Spätsommer 1996 eingeweihte Bergkapelle am Monte Tamaro und das nur wenige Wochen später eröffnete Tinguely-Museum in Basel, beweisen, daß Innovationen innerhalb seines spezifischen Formenvokabulars durchaus möglich sind.

Einige Jahre nach den ersten Tessiner Erfolgen machte sich die Emanzipation der neuen Deutschschweizer Architektur bemerkbar. Die theoretischen Grundlagen wurden an der ETH Zürich im Umkreis von Aldo Rossi und Dolf Schnebli gelegt und waren das Resultat einer geschichtskritischen Auseinandersetzung mit der nüchternen Schweizer Moderne. Diese einer protestantisch-puritanischen Sachlichkeit verpflichtete neue Architektur trieb ihre ersten Knospen in Basel, wo die rigiden, gleichwohl aber bilderreichen Bauten von Herzog & de Meuron und Diener & Diener plötzlich in aller Munde waren. Wagten es Diener & Diener, das Erbe der Moderne aus einem reduziert minimalistischen Blickwinkel heraus neu zu sichten, so kämpften Herzog & de Meuron für eine künstlerisch inspirierte Architektur. Bereits in ihrem Sperrholzhaus in Bottmingen (1985) und der Ricola-Lagerhalle in Laufen (1987) fanden nicht nur bildhafte, sondern auch skulpturale, der Arte povera und der Minimal Art verwandte Aspekte eine neuartige baukünstlerische Umsetzung.

Diese beiden Basler Büros bildeten zusammen mit dem Theoretiker Martin Steinmann den Kern, an dem sich – lange nach der Solothurner Schule, der frühen Betonarchitektur von Gisel, Förderer und Paillard und den ersten Siedlungsbauten des Atelier 5 – eine neue Deutschschweizer Architektur zu kristallisieren begann. Das hielt allerdings die junge Zürcher Szene um Marcel Meili und Markus Peter, den in Haldenstein bei Chur tätigen Peter Zumthor, aber auch Patrick Devanthéry und Inès Lamunière in Genf nicht davon ab, betont eigene Positionen einzunehmen. Der nordalpine Diskurs schloß aber mehr und mehr die Tessiner aus. Erst Raffaele Cavadinis architektonische und urbanistische Umgestaltung von Iragna brachte diese wieder zurück ins schweizerische Bewußtsein.

Seit Anfang der neunziger Jahre hat sich die Schweizer Architektur weiter differenziert und konsolidiert. Dieser Vorgang ging Hand in Hand mit einer Verfeinerung des architektonischen Ausdrucks. Neben der künstlerisch-ästhetischen Anliegen verpflichteten Architektur eines Jacques Herzog oder Peter Zumthor finden sich – etwa im Schaffen von Metron oder Michael Alder – Bauten mit ethisch-sozialem Anspruch, aber auch Gebäude, die der Technik huldigen wie jene von Theo Hotz oder Rodolphe Luscher. Allen gemeinsam ist aber die Auseinandersetzung mit der modernen Tradition und die Absage an modische Spielereien der Postmoderne oder eines vordergründig verstandenen Dekonstruktivismus.

Als Hauptzentren des architektonischen Schaffens dürfen heute neben Basel und dem Tessin auch Zürich, Graubünden und die Métropole lémanique zwischen Montreux und Genf gelten. Aber auch in Bern – das lange mit dem Atelier 5 gleichgesetzt wurde – hat sich eine kreative Szene etabliert. Erinnert sei nur an Gartenmann, Werren und Jöhri, die im Berliner Spreebogen-Wettbewerb 1993 unter insgesamt 835 Eingaben den dritten Preis erzielten. Dazu kommen lebendige Nebenzentren wie die Ostschweiz, Luzern, Fribourg und das Wallis. Zwar überlagern sich in der multikulturellen, viersprachigen Schweiz die Einflüsse vielfach. Gleichwohl aber soll im folgenden die von Regionalismen geprägte Schweizer Architektur anhand eines architekturgeographischen Leitfadens betrachtet werden.

Basler Vielfalt

Nach wie vor die kreative Hochburg des Deutschschweizer Architekturschaffens ist Basel. Hier findet sich nicht nur die größte Dichte innovativer Architekten. Dieser Stadtkanton, der das Zentrum einer drei Länder umfassenden Agglomeration bildet, ist heute – anders als weite Teile der übrigen Schweiz – auch für internationale Architekten offen. Den Anfang machte der Basler Unternehmer Rolf Fehlbaum, der auf dem Vitra-Produktionsgelände unmittelbar jenseits der Grenze im südbadischen Weil am Rhein Grimshaw, Gehry, Hadid, Ando und Siza bauen ließ. Fehlbaum beauftragte zudem Frank Gehry mit dem Bau des Firmensitzes im basellandschaftlichen Birsfelden. Zur Zeit realisiert Richard Meier neben dem Schweizer Bahnhof die große Hofrandbebauung „Euregio", und die Spanier Cruz & Ortiz sind an einer benachbarten kommerziellen Bebauung an den Geleisen beteiligt. Der Tessiner Mario Botta schuf für die Union Bank of Switzerland (UBS) einen monumentalen, an eine Bastion erinnernden neuen Basler Hauptsitz. Botta realisierte außerdem im Auftrag des Chemieriesen Hoffmann-La Roche das 1996 eröffnete, direkt am Rhein gelegene Tinguely-Museum, das durch seine musealen Räume überzeugt, sich aber auch gut in die städtische Flußlandschaft einfügt.

Ein weiterer bedeutender Museumsbau, der die Schätze des Basler Kunsthändlers Ernst Beyeler, eine der weltweit bedeutendsten Privatsammlungen mit Kunst des 20. Jahrhunderts beherbergt, öffnete 1997 in Riehen seine Tore. Die elegante Hallenkonstruktion aus rotem Stein, Stahl und Glas wurde von Renzo Piano mit viel Gespür in den Landschaftspark des Berowergutes integriert. Es mag für viele schwer verständlich sein, daß zwei bedeutende Museumsbauten an auswärtige Architekten gegangen sind, obwohl sich Diener & Diener und Herzog & de Meuron mit Museumsbauten und -projekten in Berlin, Köln, München, London und New York einen Namen gemacht haben. Die Erfolge auf dem internationalen Parkett sind für die beiden führenden Basler Büros aber zweifellos wichtiger als die „verpaßten" Chancen zu Hause, zumal es für sie und ihre international weniger bekannten Kollegen in jüngster Zeit in Basel so viele attraktive Aufträge – Schulen, Wohnbauten, Bürohäuser – gab, daß hier nur die wichtigsten erwähnt werden können.

Mario Botta,
Tinguely-Museum,
Basel, 1996

Renzo Piano,
Sammlung Beyeler,
Riehen, Kanton
Basel-Stadt, 1997

Aktuelle Schweizer Architektur

So bauten Herzog & de Meuron auf französischem Boden, aber unmittelbar an der Grenze in Saint Louis, eine Sporthalle, die – typisch für die trinationale Lage Basels – von Schweizern exterritorial betrieben und genutzt wird. Weiter schufen sie zwei wegweisende Bauten für die Schweizerischen Bundesbahnen (SBB), eine der zur Zeit engagiertesten Bauherrinnen der Schweiz: nämlich das Lokomotivdepot auf dem Wolf – eine von kistenartigen Oberlichtern erhellte minimalistische Struktur von hoher künstlerischer Präsenz – und ein ebenfalls auf dem Wolf gelegenes Stellwerk. Dieses, ein mit Kupferbändern umwickelter Betonkubus, überzeugt durch seine geradezu skulpturale Erscheinung, die bald technizistisch, bald archaisch wirkt. Mit diesen Bauten beweisen Herzog & de Meuron, daß man große Architektur nicht nur auf dem Gebiet der gegenwärtig bei Baukünstlern besonders beliebten Kulturbauten realisieren kann.

Auch das Architektenduo Meinrad Morger und Heinrich Degelo befaßte sich jüngst mit Bahnarchitektur: Sie entwarfen den kubisch präzisen Prototyp einer neuen Stellwerkgeneration, der 1996 in Murgenthal (Kanton Aargau) realisiert werden konnte. Aber auch auf dem Gebiet des Urbanismus konnten sie jüngst einen vielbeachteten Eingriff ausführen, nämlich auf dem Areal der Kleinbasler Dreirosen-Schule, die sie um eine Dreifachturnhalle zu erweitern hatten. Die schwierige Ausgangssituation einer fragmentierten Hofrandbebauung und einer immissionsreichen Umgebung meisterten sie, indem sie die geforderte Turnhalle unter dem Pausenplatz versenkten und an der Klybeckstrasse einen Ideen der klassischen Moderne und der sechziger Jahre vereinenden Wohnblock errichteten, der zusammen mit dem rechtwink-

Jacques Herzog und Pierre de Meuron, Lokomotivdepot Auf dem Wolf, Basel, 1995

Jacques Herzog und Pierre de Meuron, Stellwerk Auf dem Wolf, Basel, 1994

Aktuelle Schweizer Architektur

lig dazu gesetzten Schultrakt den Hof fast ganz schließt und gleichzeitig das alte Schulhaus rahmt.
Auf dem Gebiet des Schulbaus haben sich auch Matthias Ackermann und Markus Friedli hervorgetan, und zwar mit dem Umbau der Garderoben des Gartenbades Bachgraben in ein pavillonartiges Schulhaus und dem Neubau des Ackermätteli-Schulhauses im Basler Stadtteil Kleinhüningen. Als baukünstlerisch konsequentester Beitrag auf diesem Gebiet aber darf die Erweiterung der Vogesen-Schule von Diener & Diener gelten. Die von strenger Einfachheit geprägte Architektur dieses Büros fand in einem die Trivialarchitektur der sechziger Jahre raffiniert verfremdenden Bürobau am Barfüsserplatz ihren wohl rigorosesten Ausdruck, während ihre in die ehemalige Warteck-Brauerei in Kleinbasel integrierte Wohn- und Geschäftsbebauung mit ihren sorgfältig proportionierten Außenräumen nicht nur urbanistisch überzeugt, sondern auch als Beispiel eines zukunftsgerichteten Umgangs mit historisch wertvoller Bausubstanz gelten darf. Damit führen Diener & Diener ihre in den achtziger Jahren in Kleinbasel gemachten Erfahrungen im Wohnungsbau weiter und bereichern so eine in Basel besonders erfolgreiche Baugattung, in der in jüngster Zeit vor allem Michael Alder seine Meisterschaft beweisen hat.

Mehr Aufsehen als die diskrete, auf die Bedürfnisse der Bewohner abgestimmte Architektur von Alder erregte Peter Zumthors kühne, bei der Bevölkerung um so heftiger umstrittene Reihenhaussiedlung Spittelhof in Biel-Benken mit den dunklen Fassaden und den begrün-

Meinrad Morger und Heinrich Degelo, Bebauung Dreirosen-Schule, Basel, 1996

Diener & Diener, Bebauung „Warteckhof", Basel, 1996

Diener und Diener, Erweiterung Vogesen-Schule, Basel, 1994/96

Gegenüber:
links:
Theo Hotz, Empa. Eidgenössische Materialprüfungs- und Forschungsanstalt, St. Gallen, 1996

rechts:
Theo Hotz, ABB-Forschungsgebäude „Konnex", Baden, Kanton Aargau, 1995

ten Dächern. Dieser für eine gehobene Käuferschicht gedachte Wohnungsbau als Ort exzentrischer Spielereien findet im Großraum Zürich einen Widerhall in der von Gigon & Guyer projektierten Bebauung Broelberg und in Calatravas Reihenhaussiedlung in Würenlingen. Diesen künstlerisch anspruchsvollen Projekten stehen die Arbeiten von Büros wie etwa Metron in Brugg oder Kuhn Fischer Partner in Zürich gegenüber, die mit möglichst einfachen Lösungen auf dem Gebiet des preisgünstigen und ökologischen Wohnungsbaus neue Standards zu setzen suchen.

Um formale und typologische Innovation im Wohnungsbau ging es hingegen dem in Zürich tätigen Basler Nachwuchsarchitekten Jakob Steib, der im basellandschaftlichen Zwingen ein 15 Wohnungen umfassendes holzverkleidetes Mehrfamilienhaus realisierte, in dem sich Aspekte des Reihenhauses, des Laubenganghauses und des Terrassenhauses auf raffinierte Weise durchdringen. Aber auch anderen jungen Architekten kommt das innovativen Ideen gegenüber offene Basler Ambiente zugute. So konnten etwa Peter Steinmann und Herbert Schmid für die Basler Mustermesse ein provisorisches Service Center errichten, das mit seiner gerahmten blauen Hauptfassade und den darin schwimmenden Fenstern wie ein großes Bild den Messeplatz beherrscht. Für einen definitiven Erweiterungsbau allerdings wandte sich die Messeleitung an den Zürcher Architekten Theo Hotz, der für seine technisch ausgereiften Architekturen aus Glas und Stahl in Baden, St.Gallen und Winterthur 1996 mit der Constructec-Preis genannten Europäischen Auszeichnung für Industriearchitektur geehrt wurde.

Zürcher Aufstieg

Obwohl die heute mehr als eine Million Einwohner zählende Agglomeration Zürich nicht nur die wirtschaftliche Lokomotive der Schweiz, sondern auch der Sitz der wichtigsten Architekturschule des Landes ist, galt sie lange als harter Boden für die Architektur. Die Gründe dafür sind vielfältig: Einerseits war der Immobilienmarkt bis zur jüngsten Wirtschaftsflaute überhitzt durch Spekulation. Andererseits streiten sich seit langem Bürgerliche und Linke in Sachen Baupolitik. Für Polarisation sorgte etwa das Projekt einer an den Hauptbahnhof anschließenden Geleisebebauung („Eurogate"), das sich in der Hand des Architekten Ralph Baenziger aus einer 1978 von Snozzi und Botta vorgelegten Idee zu einem amorphen Riesengebilde gewandelt hatte. Aus der Zusammenarbeit von Bauamt und Bauherren resultierten aber auch vorbildliche Gestaltungspläne, etwa für das von Kreis, Schaad & Schaad entworfene Gauss-Stierli-Areal. Dieses Projekt, das denkmalgeschützte Industriegebäude, neue Wohnbauten und einen runden Büroturm zu einem attraktiven Ganzen vereint, scheint aber die Rezession nicht zu überleben. Mehr Optimismus ist hingegen bei dem in Zürich-Nord auf einem ehemaligen Industrieareal geplanten neuen Stadtteil Oerlikon-Nord angesagt, obwohl auch hier das hochgemute Projekt Mitte 1997 noch nicht über die beiden filigranen Glaskörper Toro I und II von Theo Hotz hinaus gediehen ist.

Allen wirtschaftlichen Problemen zum Trotz erlebten die jungen Zürcher in den neunziger Jahren den Durchbruch. Heute besitzt die Stadt die wohl vielfältigste Szene des Landes. Neben den altgedienten Meistern Ernst Gisel und Theo Hotz findet sich eine Vielzahl jüngerer Architekten: Marie Claude Bétrix und Eraldo Consolascio sind vor allem durch ihre Salzburger Arbeiten bekannt geworden. In Salzburg steht auch das erste Wohn- und Geschäftshaus von Jean-Pierre Dürig und Philippe Rämi, die sich mit siegreichen Beteiligungen an internationalen Wettbewerben – etwa 1992 an jenem für eine neue Universität in Nikosia – einen Namen machten. Auch Marcel Meili und Markus Peter hatten – obwohl ihre in Biel geplante Holzfachschule hierzulande schon seit Jahren in aller Munde ist – ihren ersten großen Auftritt in Österreich, wo sie 1995 zusammen mit dem für viele unkonventionelle Holzkonstruktionen verantwortlich zeichnenden Churer Ingenieur Jürg Conzett im steirischen Murau eine kastenförmige Holzbrücke über die Mur errichteten.

Annette Gigon und Mike Guyer schließlich starteten ihre Karriere mit dem Kirchner-Museum in Davos. Bald schon erstaunten sie aber die Fachwelt mit ihrem Entwurf des Hyatt Hotel auf der Escherwiese in Zürich. Ihr als Blockrandbebauung mit zwei

Annette Gigon und Mike Guyer, Wohnsiedlung Broelberg, Kilchberg, Kanton Zürich, 1996

unterschiedlich thematisierten Innenhöfen konzipiertes Projekt zerrieb sich jedoch in den Auseinandersetzungen mit der Bauherrschaft, die für die eigenwilligen, stark künstlerisch geprägten Anliegen des Duos kein Gehör hatte. Dafür konnten sie am Broelberg im Zürcher Nobelvorort Kilchberg eine Wohnsiedlung realisieren. Die U-förmige, auf einen Innenhof ausgerichtete Anlage bereichert die vorstädtische Siedlungsstruktur um ein urbanes Element. Zu Diskussionen Anlaß gab hier vor allem die zusammen mit dem Künstler Harald Müller entwickelte, zum Hof hin rote, zur Landschaft hin aber dunkelbraune Einfärbung der Fassaden und die darauf scheinbar willkürlich arrangierten Fenster. Das Spiel von Form und Farbe prägt auch eine mediterran empfundene, Hof- und Terrassenhaus miteinander verbindende Wohnbebauung am gegenüberliegenden Seeufer in Erlenbach. Realisiert wurde sie von Lorenzo Giuliani und Christian Hönger, die sich jüngst mit einem ungewohnt abstrakt konzipierten Wohnhaus in der Zuger Gemeinde Unterägeri auf intellektuelle Art über das Bauen in der Schweiz geäußert haben.

Mehr Glück im Bereich Hotelarchitektur als Gigon & Guyer hatte die auf die gewissenhafte Erneuerung historischer Bauten spezialisierte Architektin Tilla Theus, die mehrere mittelalterliche Häuser am Rennweg mittels einem raffinierten, sich zwischen Scarpa und High-Tech-Ansätzen bewegenden Innenumbau zu einem Hotel vereinte. Weit über die Landesgrenzen hinaus zur Kenntnis genommen wurde aber vor allem der Um- und Erweiterungsbau des Hotels Zürichberg von Marianne Burkhalter und Christian Sumi. Besonders der durch einen unterirdischen Gang mit dem Altbau verbundene Neubautrakt fasziniert und irritiert zugleich. Der holzverkleidete ovale Baukörper, der sich wie ein Pavillon inmitten von Bäumen erhebt, überrascht

Marianne Burkhalter und Christian Sumi, Hotel Zürichberg, Zürich, 1995

Lorenzo Giuliani und Christian Hönger, Mehrfamilienhaus, Unterägeri, Kanton Zug, 1996

innen mit einer großen Oberlichthalle, von der aus eine spiralförmige Rampe zu den Zimmern führt. Die schleierartige Transparenz und die Farbigkeit hölzerner Bauten sind Themen, zu denen Burkhalter und Sumi durch das Studium der modernen Schweizer Holzarchitektur gefunden haben. Welch eigenständige Lösungen aus dieser Recherche resultierten, zeigen die Forstwerkhöfe, die sie 1993 – mit einem Blick zurück auf die Urhütte – in Turbenthal und Rheinau realisierten.

Der innovative Einsatz von Holz spielt auch in den Arbeiten von Meili und Peter eine entscheidende Rolle, selbst wenn ihr einziges bisher im Großraum Zürich vollendetes Werk ein Einfamilienhaus in Wallisellen ist, das aus einer über sieben massiven Quarzitpfeilern schwebenden Betonkiste besteht, und ihr Zürcher Park-Hyatt-Projekt, das von Gigon und Guyer an sie gegangen ist, von transparenten, transluzenten und opaken Beton- und Glasflächen lebt. Der 1990 siegreich aus einem Wettbewerb hervorgegangene viergeschossige Erweiterungsbau der Holzfachschule in Biel gilt schon vor der Fertigstellung als holzbautechnischer Meilenstein, kann doch die kastenartige Konstruktion mit einem Erschließungskern aus Beton gleichsam als Vereinigung von traditionellem Holzbau mit High-Tech-Errungenschaften bezeichnet werden. Der Baustoff Holz prägt aber auch die beiden seitlichen Perrondächer des Zürcher Hauptbahnhofs, die sie zusammen mit Axel Fickert und Kaschka Knapkiewicz entworfen haben. Die 200 m langen Bauwerke wirken dank den im Abstand von 40 m schräg gesetzten Betonstützen und der schleierartig mit Holzrosten verkleideten, lichthaltigen Dachkonstruktion erstaunlich leicht.

Nur einige hundert Meter weiter westlich entsteht 1997 ebenfalls im Auftrag der SBB ein sich blitzförmig den Bahngeleisen entlang ausbreitendes Bürohaus von Isa Stürm und Urs Wolf, das Teil eines größeren Bebauungsprojekts auf einem freigewordenen Bahnareal ist. Zu den überdurchschnittlichen Neubauten jüngster Zeit zählt aber auch Ueli Zbindens Stellwerkkubus beim Bahnhof Tiefenbrunnen. Während Ereignisse von architektonischem Interesse auf peripheren Bahnarealen stattfinden, wird es in der zentralen Innenstadt – nach Calatravas Erweiterung des Bahnhofs Stadelhofen und Martin Spühlers Wohn- und Geschäftsbebauung auf dem ehemaligen Bahnhof Selnau – für Architekten immer schwieriger, größere Neu-

Marcel Meili und Markus Peter, Einfamilienhaus, Wallisellen, Kanton Zürich, 1995

Aktuelle Schweizer Architektur

bauten zu errichten. Erwähnenswert ist aber der von Franz Romero und Markus Schaefle konzipierte Umbau von zwei Wohnhäusern aus den zwanziger Jahren am Stadelhofen zu einem Geschäftshaus, dessen Straßenfront durch einen neuen Eingangsbereich und einen formalen Vorgarten des Landschaftsarchitekten Dieter Kienast belebt wurde. Von der Materialsinnlichkeit und Detailliebe der neuen Zürcher Architektur zeugen aber auch die völlig neu gestaltete Hoffassade und der Hofpavillon.

Nur ein Architekt von Rang konnte jüngst in der Innenstadt größere Bauvorhaben realisieren: Theo Hotz. Nach dem Apollo-Haus und dem gläsernen Eckhaus am Löwenplatz überraschte er mit dem in einen engen Innenhof an der Nüschelerstrasse eingefügten Glaskubus des UBS-Konferenzzentrums Grünenhof und mit dem Mendelsohns Stromlinienarchitektur in die Sprache des High-Tech übersetzenden Modehaus „Feldpausch". Seine größten Triumphe aber feierte er außerhalb Zürichs. Dafür kam ein St. Galler Architekt, der der Pariser Beaux-Arts-Tradition und dem lateinischen Rationalismus verpflichtete Marcel Ferrier, beim Bau der griechisch-orthodoxen Kirche zum Zug. Sein von einem monumentalen weißen Zylinder überragter modernistischer Kubus ist nicht nur eine Antithese zu der zwischen Holzkonstruktionen und High-Tech changierenden Zürcher Gegenwartsarchitektur, sondern auch ein Gegenstück zu Miroslav Šiks Neubau des katholischen Kirchgemeindezentrums St. Antonius in Egg.

Marcel Ferrier, Griechisch-orthodoxe Kirche, Zürich, 1995

Miroslav Šik, Katholisches Kirchgemeindezentrum St. Antonius, Egg, Kanton Zürich, 1995

Aktuelle Schweizer Architektur

Der als Vordenker der sogenannten Analogen Architektur bekannt gewordene Šik, der soeben in Zürich ein städtisches Musikerhaus vollenden konnte, mußte allerdings das ursprünglich durch mehrere Pyramidendächer charakterisierte Projekt des Kirchgemeindezentrums im Laufe der sich von 1987 bis 1995 erstreckenden Planungs- und Bauzeit zu einem fast scheunenartig einfachen Gebäude redimensionieren. Nur zwei Kilometer von Šiks Kirchgemeindezentrum entfernt baut an der Endstation der Forchbahn in Esslingen Marc Angélil (der zusammen mit Martin Spühler die fünfte Erweiterung des Flughafens Kloten realisieren wird) mit Graham, Pfenninger und Scholl eine Bahnhof-, Wohn- und Geschäftsbebauung. Das erste realisierte Bürohaus, das bereits in der Planungsphase vom American Institute of Architects als ästhetisch und ökologisch zukunftsweisend bezeichnet wurde, läßt sich nur schwer einordnen. Zwar scheint das geknickte und von einem Giebeldach überdeckte Gebäude auf den ersten Blick mit Šiks Kirchgemeindezentrum verwandt zu sein. Doch distanziert es sich mit seinen den neuesten Erkenntnissen der Ökotechnik verpflichteten Stahl-Glas-Fassaden entschieden von der Melancholie der Analogen Architektur.

Angélil, Graham,
Pfenninger, Scholl,
Bahnhof Esslingen,
Kanton Zürich,
1997

Oliver Schwarz,
Fabrikationsgebäude, Ebikon, Kanton
Luzern, 1996

Annette Gigon und
Mike Guyer,
Erweiterung des
Kunstmuseums
Winterthur
(Provisorium), 1995

Führte Angélils städtebauliche Strategie auf der grünen Wiese zu einem organischen Konglomerat, so mußte Jean Nouvel beim Gestaltungsplan für das Sulzer-Areal in Winterthur die teilweise denkmalgeschützten Industrieanlagen in sein architektonisches und urbanistisches Konzept einbeziehen. Allein schon der Name Nouvel macht deutlich, daß in dieser Industriestadt am Ostrand der Agglomeration – anders als in Zürich – bauliche Aufbruchstimmung herrscht. Signalisiert wird sie etwa durch das von Gigon & Guyer realisierte Provisorium des Kunstmuseums, durch ein von Burkard, Meyer, Steiger aus Baden konzipiertes Turmhaus oder durch die von Oliver Schwarz geplante Erweiterung des Bahnhofgebäudes mittels einer transparenten, mit einem Glasdach weit über den Vorplatz ausgreifenden Architektur.

Aargauer Zwischenposition

In manchem vergleichbar mit Winterthur ist die am Westrand des Großraums Zürich gelegene Bäder- und Industriestadt Baden, nur daß man hier die zeitgenössische Architektur seit nunmehr gut zwanzig Jahren aktiv fördert. Heute gilt Baden als die eigentliche architektonische Vorzeigestadt des Kantons Aargau, der weitgehend unter dem Einfluß der beiden Agglomerationen Zürich und Basel steht und deswegen nur ansatzweise mit einer eigenen Architekturszene aufwarten kann. Obwohl die Badener Architektur ihre Blütezeit in den achtziger Jahren erlebte, entstehen hier weiterhin interessante Bauten, vorab auf dem ABB-Industrieareal, das als Baden-Nord dereinst das zukunftsorientierte Gegenstück zur malerischen Altstadt bilden soll. In diesem neu zu bauenden Stadtviertel dürften in den nächsten Jahren einige bemerkenswerte Architekturen entstehen. Bereits realisiert ist der Glasschrein des neuen Engineeringgebäudes „Konnex" von Theo Hotz (Abb. S. 385); und Anfang 1997 konnte mit der Realisierung der von Matti, Bürgi und Ragaz aus Bern entworfenen Wohn- und Geschäftsbebauung „Citypark" begonnen werden.

Theo Hotz ist nicht nur in Baden aktiv, auch auf dem Bahnhofareal von Aarau soll er bauen. Vermehrt finden in Aarau aber auch jüngere Architekten Gehör: So konnten Mathis Müller und Ueli Müller 1995 einen Werkhof realisieren, während das durch eine Autobahnpasserelle im Sevelen (Kanton St.Gallen) bekannt gewordene Duo Quintus Miller und Paola Maranta mit einem urbanistisch präzis gesetzten Baukörper den Wettbewerb für die Markthalle Färberplatz mitten in der Altstadt von Aarau für sich entscheiden konnten.

Als typisch für diesen dichtbesiedelten Kanton kann man das Büro Metron in Brugg bezeichnen, das sich dem preisgünstigen Wohnungsbau verschrieben hat. War anfangs das Prinzip der Mitbestimmung ein zentrales Anliegen, so manifestiert sich in dem jüngst in Lenzburg errichteten Mehrfamilienhaus, daß Metron sich nicht mehr nur für eine sozialverträgliche Ästhetik des Nötigen, sondern vermehrt auch für ökologische Anliegen stark macht. Verglichen mit ihren von einer betont ethischen

Aktuelle Schweizer Architektur

Metron, Mehrfamilienhaus, Lenzburg, Kanton Aargau, 1996

Santiago Calatrava, Reihenhaussiedlung, Würenlingen, Kanton Aargau, 1997

Haltung geprägten Bauten erscheint das neueste Werk von Burkhalter und Sumi, ein Mehrfamilienhaus in Laufenburg, als formal anspruchsvolles Gebäude, das allerdings nicht mit zukunftsweisenden Erneuerungen auf dem Gebiet des Wohnungsbaus aufwarten will. Ähnliches läßt sich auch von Santiago Calatravas Reihenhaussiedlung in Würenlingen sagen, einer Betonarchitektur, in der er kubistische Elemente mit Zitaten von Antoni Gaudí zusammenbrachte.

Ostschweizer Außenseitertum

Die Baukunst der Ostschweiz wird in der übrigen Schweiz noch immer kaum zur Kenntnis genommen. Zum einen, weil sich hier lange architektonisch nur wenig ereignete, zum anderen, weil Ostschweizer Architekten wie Marcel Ferrier oder Peter und Jörg Quarella sich kaum in den Mainstream helvetischen Bauens einordnen lassen. Seit den sechziger Jahren, als in St.Gallen mit dem Stadttheater von Claude Paillard und der Wirtschaftsuniversität von Förderer, Otto und Zwimpfer zwei der schönsten Betonarchi-

Aktuelle Schweizer Architektur

Peter und Jörg Quarella, Oberstufenschulzentrum, Jonschwil, Kanton St. Gallen, 1995

tekturen des Landes entstanden waren, konnte die Stadt mit keinen vergleichbaren Bauten mehr aufwarten, auch wenn die Bus-Wartehalle von Calatrava auf dem zentralen Bohl-Platz vor Ort viel zu reden gab und die preisgekrönte Glasarchitektur des Empa-Gebäudes von Theo Hotz (Abb. S. 385) zweifellos von außergewöhnlicher Qualität ist.

In den frühen achtziger Jahren bauten Peter und Jörg Quarella an der Sonnmattstrasse eine von Rossi beeinflußte Wohnbebauung, deren Formensprache sie anschließend beim Seehotel im thurgauischen Steckborn verfeinerten. Seither haben sich die beiden Architekten hin zu einer modisch-eleganten Neomoderne bewegt, die sich gelegentlich für ein dekonstruktivistisches Zitat erwärmen kann, wie etwa das Oberstufenzentrum Jonschwil (Kanton St. Gallen) und die Doppelturnhalle in Bühler (Kanton Appenzell Ausser-Rhoden) beweisen. Konstanter ist der architektonische Ausdruck im Werk von Marcel Ferrier, der sich mit dem Umbau des St.Galler Kunstmuseums und dem Neubau der griechisch-orthodoxen Kirche in Zürich (Abb. S. 389) als Modernist französischer Provenienz zu erkennen gegeben hat und der in den vergangenen Jahren eine Wohnsiedlung im St. Galler Stadtteil Stephanshorn und in Bischofszell (Kanton Thurgau) ein klar strukturiertes Betriebsgebäude realisiert hat, bei dem gezielt eingesetzte architektonische Elemente abstrakt-ornamentale Wirkungen erzeugen.

Mit Sporthallen und Schulbauten, vor allem mit dem einfachen Beton-Schindelbau der Primarschule Wies im appenzellischen Heiden, machte sich in den vergangenen Jahren auch Hubert Bischoff einen Namen. Die vielleicht schönste Ostschweizer Wohnbebauung neuesten Datums errichteten Kaderli und Wehrli aus St. Gallen in Form von sechs pavillonartigen Doppelhäusern in Amriswil (Kanton Thurgau). Noch puristischer, abstrakter und skulpturaler in seinem Minimalismus ist ein 1995 von Beat Consoni in Horn am Bodensee (Kanton Thurgau) in Form einer schwebenden Kiste realisiertes Wohnhaus aus Beton, Glas und Stahl. – Trotz solch vielversprechender Bauten können Sankt Gallen und die übrige Nordostschweiz – Appenzell, Thurgau und Schaffhausen – nicht mit einer vergleichbar engagierten Architekturszene aufwarten wie das benach-

Aktuelle Schweizer Architektur

Beat Consoni,
Einfamilienhaus,
Horn, Kanton
Thurgau, 1995

barte Vorarlberg. Diese findet ihr Pendant vielmehr im talaufwärts gelegenen Kanton Graubünden.

Bündner Selbstfindung

Während im österreichischen Vorarlberg das Einfamilienhaus am Anfang des architektonischen Aufschwungs stand, erlebte der Kanton Graubünden seine architektonische Selbstfindung dank öffentlicher Aufträge. Mit seinen minimalistischen Schutzbauten über römischen Funden in Chur und der Bergkapelle Sogn Benedetg in Sumvitg katapultierte der aus Basel zugewanderte Peter Zumthor die Bündner Architektur in der zweiten Hälfte der achtziger Jahre ins Rampenlicht. Mit Bauten, die zeitgemäß sind, ohne den Geist des Ortes zu verraten, schuf er ein Klima, das zur Gründung mehrerer kreativer Büros führte. Gegenwärtig findet sein neuestes Werk internationalen Beifall: die 1996 eröffnete Therme in Vals, ein von geheimnisvoller Lichtmagie geprägtes Felsenbad, das bei aller archaischen Kargheit mit einer Vielfalt suggestiver Räume aufwarten kann.

Heute zeigen sich außer Vals auch andere, vor kurzem noch ängstlich konservative Berggemeinden erstaunlich offen gegenüber dem zeitgenössischen Bauen. Verschiedene Wettbewerbe beflügelten vor allem den Nachwuchs: So bauten Valentin Bearth und Andrea Deplazes in Malix ein in den Abhang eingegrabenes, zum Tal hin aber völlig verglastes Schulhaus, das zusammen mit Zumthors Mehrzweckhalle einen kleinen Platz im urbanistischen Gewebe des eng bebauten Dorfes schafft. Von ihnen stammt auch eine bemerkenswerte Wohnbebauung in Masans, eine Stadtvilla in Chur, ein dreigeschossiger Holzrahmenbau in Scharans, ein Holzhaus im Weinbauerndorf Malans und eine sorgsam in das Bergdorf Tschlin integrierte Mehr-

Aktuelle Schweizer Architektur

Peter Zumthor,
Thermalbad Vals,
Kanton Graubünden, 1996

Valentin Bearth und
Andrea Deplazes,
Schulhauserweiterung, Malix,
Kanton Graubünden, 1994

Dieter Jüngling und
Andreas Hagmann,
HTL-Schulgebäude,
Chur, Kanton
Graubünden, 1993

zweckhalle. Außerdem realisieren sie eine Brücke zusammen mit Jürg Conzett, der sein Können zuvor schon in Murau bewiesen hat und von dem der filigrane, zusammen mit Andrea Branger konzipierte Traversiner Holzsteg stammt, der seit 1996 elegant die Schlucht der Via Mala überspannt.

Formale Einfachheit und primäre Materialien charakterisieren ganz allgemein die neue Bündner Architektur. So steht das von Conradin Clavuot in Beton errichtete Unterwerk Seewis wie ein kantiger Findling in einer Straßenschlaufe, während sich der 1996 von Rolf Gerstlauer und Inger Molne erbaute Forstwerkhof in Castrisch als ein heller aufrechter und ein dunkler liegender Körper aus Lärchenholz präsentiert. Ein geschupptes Fassadenkleid aus dünnen Kupferplatten hingegen verleiht dem aus drei modernistisch anmutenden Kuben zu einer skulpturalen Einheit zusammengefügten HTL-Schulgebäude von Dieter Jüngling und Andreas Hagmann in Chur einen Hauch architektonischer Poesie. Von ihnen stammt auch das am Steilhang über dem Churer Rheintal treppenartig abgestufte Schulhaus von Mastrils. Interessant sind zudem die von Gion A. Caminada in Duvin als dreigeschossiger Strickbau realisierte Schule, die in ihrem einfachen Realismus an eine Kinderzeichnung erinnert, sowie – als Exotikum – die von Werner Schmidt aus drei eiförmigen Betonschalen errichtete Kirche Cazis.

Schließlich muß hier noch auf den Sonderfall Davos verwiesen werden, wo Rudolf Gaberel einst die Moderne salonfähig gemacht hatte und wo in den vergangenen Jahren Gigon und Guyer mit dem Kirchner-Museum, dem Restaurant Vinikus und dem 1996 eröffneten Eisbahnhaus für frischen Wind sorgten. Das mit seiner zweischichtigen Holzfassade nach Südwesten sich öffnende Eisbahnhaus, das gemäß einem Farbkonzept des Zürcher Künstlers Adrian Schiess in leuchtendem Gelb gestaltet wurde, ordnet sich wie der Vorgängerbau, Gaberels 1991 abgebranntes Sportzentrum aus dem Jahr 1934, in die Tradition der Davoser Sanatoriumsarchitektur ein.

Innerschweizer Unbestimmtheit

Anders als in Graubünden konnte in der Innerschweiz keine wirklich eigenständige Sprache entstehen. Zwar bauten Hans-Peter Ammann und Peter Baumann den neuen Luzerner Bahnhof, zu dem Calatrava eine imposante Vorhalle beisteuerte. Eine Fortsetzung findet diese Prestigearchitektur nun in Jean Nouvels unmittelbar benachbartem Kultur- und Kongresszentrum, das bis zur Fertigstellung im Jahre 2001 schrittweise seiner Bestimmung übergeben werden soll. Aber auch jüngere Architekten kommen auf den Baustellen rund um das Luzerner Eingangstor zum Zug: So bauten Andi Scheitlin und Marc Syfrig, die 1995 zusammen mit Hans Steiner in Schwyz das ehemalige Zeughaus mittels eines dreigeschossigen möbelartigen Einbaus zum „Museum Forum Schweizer Geschichte" umwandelten, eine Betriebsleitzentrale in Form einer teilweise verspiegelten Kiste aus schwarz eloxiertem Aluminium, die auf einem Betonsockel ruht. Eine minimale Architektur in Form eines Mies'schen Glaswürfels errichtete sodann der Zürcher Oliver Schwarz in Ebikon (bei Luzern, Abb. S. 390). Scheitlin und Syfrig konnten 1997 außerdem mit einem Einfamilienhaus in Meggen und einer Schulhauserweiterung in Nottwil aufwarten. Schon vor ihnen hatten sich Daniele Marques und Bruno Zurkirchen mit vielbeachteten Villen und Schulbauten als die Stararchitekten der Innerschweiz einen Namen gemacht. Doch 1996 trennte sich das Erfolgsgespann. Zuvor aber entstanden noch zwei in ihrer formalen Folgerichtigkeit und in ihrer Auseinandersetzung mit dem Kontext überzeugende Schulhauserweiterungen in Greppen und Ruswil.

Die Berner Szene

Entfernt vergleichbar mit der Innerschweiz ist die Situation in Bern, wo seit Jahrzehnten das Atelier 5 die Szene beherrscht und immer wieder mit neuen Wohnsiedlungen aufwarten kann. Diese weisen zwar nicht mehr die konsequente

Daniele Marques und
Bruno Zurkirchen,
Schulhaus Ruswil,
Kanton Luzern, 1996

Aktuelle Schweizer Architektur

Andi Scheitlin und
Marc Syfrig
zusammen mit Hans
Steiner, Museum
Forum Schweizer
Geschichte,
Schwyz, 1995

Rolf Mühlethaler,
Einfamilienhaus,
Bern, 1994

Bauart Architekten,
Kindergarten
Morillon, Wabern-
Köniz, Kanton Bern,
1995

Haltung der legendären Halen-Siedlung auf, sind aber gleichwohl herausragende Beispiele zeitgenössischen Wohnbaus, wie dies etwa die Wohn- und Geschäftsbebauung Fischergarten in Solothurn oder die Siedlung Boll-Sinneringen demonstrieren. Urbanistische Themen beschäftigen aber auch die jüngere Generation. Matti, Bürgi und Ragaz realisieren in Baden-Nord die Bebauung „Citypark" und Nick Gartenmann, Mark Werren und Andreas Jöhri wußten sich – wie bereits erwähnt – im Berliner Spreebogen-Wettbewerb den stolzen dritten Platz zu sichern. Dieses Trio konnte 1997 im heimatlichen Bern einen bedeutenden Auftrag vollenden: das neue japanische Botschaftsgebäude, einen vierzig Meter langen, fernöstlich-diskret anmutenden Bau aus Sichtbeton und Granit.

In der Bundesstadt findet man noch andere Vertreter einer auf das sorgfältig durchdachte Einzelobjekt ausgerichteten Architektur. So hat etwa Rolf Mühlethaler in einem gründerzeitlichen Villenviertel ein Einfamilienhaus in Form eines schlichten Holzwürfels realisiert. Ebenfalls aus Holz besteht der Kindergarten Morillon in Wabern. Erbaut wurde er von den Bauart Architekten, die auf dem Bahnhofgelände der Westschweizer Universitätsstadt Neuenburg für das Bundesamt für Statistik ein den Geleisen folgendes, elegant geschwungenes Gebäude von 240 m Länge errichten.

Westschweizer Latinität

Bisher eher ruhig war die Architekturszene in der Romandie. Einzig Patrick Devanthéry und Inès Lamunière aus Genf

Aktuelle Schweizer Architektur

und der Lausanner ETH-Professor Martin Steinmann beteiligten sich an einer gesamtschweizerischen Architekturdiskussion. Sie sind auch maßgeblich beteiligt an der von der Genfer Architekturschule herausgegebenen Zeitschrift „Faces", die die innovativen Kräfte der französischen Schweiz zu bündeln sucht. Allmählich scheinen nun die architektonischen Bedingungen günstiger zu werden und scheint sich auch die öffentliche Hand – vorab in der allzu lange von einem dürftigen Postmodernismus geprägten Stadt Genf – für qualitätsvolles Bauen stark zu machen. Sichtbar wurde dies jüngst durch ein – vom Volk letztlich abgelehntes – Brückenprojekt über die Genfer Seebucht, vor allem aber durch den von Massimiliano Fuksas gewonnenen Place-des-Nations-Wettbewerb, an dessen Realisierung auch Peter Eisenman, Dominique Perrault, Rem Koolhaas und Coop Himmelblau mitwirken sollen.

Interessante Lösungen sind bereits im Bereich des Schulhausbaus zu verzeichnen. Den Auftakt machte 1993 die Primarschule Pré-Picot von Laurent Chenu und Pierre Jéquier; ein Jahr später war die modisch elegante Erweiterung der Ecole des Cropettes von Patrick Magnin vollendet. Von Devanthéry und Lamunière, die 1993 das Studentenheim am Boulevard de la Tour errichtet hatten, aber stammt die bedeu-

Massimiliano Fuksas, Bebauungsplan Place des Nations, Genf, 1995

Margrit Althammer und René Hochuli, Erweiterungsbau der Uhrenfabrik Corum, La Chaux-de-Fonds, Kanton Neuenburg, 1995

tendste Lösung. Es handelt sich dabei um das neue Schul- und Freizeitzentrum von Le Grand-Saconnex, das sich im Spannungsfeld zwischen dem eng verschachtelten Dorfkern, der baumbestandenen Rathaus-Bastion und biederen Wohnblöcken befindet. Aus der Analyse dieses städtebaulichen Gewebes entstand eine bipolare Komposition, die Funktionalität mit einer aus Formenspiel und Material entwickelten poetischen Gesamtwirkung verbindet.

Bei einem weiteren Schulhaus, das Devanthéry und Lamunière in Pully bei Lausanne direkt am See verwirklichen konnten, waren das einzigartige Panorama und die nautischen Bezüge die planerischen Ausgangspunkte. Unweit der Schule trifft man auf ein kleines Industriegebäude, das vor sechs Jahren von Jacques Richter und Ignacio Dahl Rocha vorbildlich in ein heute leider nicht mehr existierendes Privatmuseum umgebaut wurde. Mit einem Miethaus in Prilly gelang es diesen beiden Architekten 1995, den moderat modernen Lausanner Wohnblock der dreißiger Jahre mit den charakteristisch geschwungenen Balkonbändern neu zu interpretieren; im 1997 vollendeten Eos-Gebäude in Lausanne konnten sie Ideen der dreißiger und der sechziger Jahre unter dem Mantel einer lateinischen Eleganz vereinigen. Über die Romandie hinaus bekannt geworden sind Richter und Dahl Rocha durch ihr rundes Turmhaus am Boulevard Léopold Robert in Le Corbusiers Geburtsstadt La Chaux-de-Fonds. In der Uhrenmetropole im Neuenburger Jura realisierten außerdem die beiden jungen Zürcher Architekten Margrit Althammer und René Hochuli – auf Grund eines 1992 gewonnenen Wettbewerbs – für die Uhrenfabrik Corum einen Erweiterungsbau aus Sichtbeton, dessen verglaste Eingangsfront das Gebäude völlig transparent erscheinen läßt und nach dem Willen des Architektenduos die „Präzision und Ästhetik der Maschine" veranschaulichen soll.

Im Großraum Lausanne, wo neben Richter und Dahl Rocha noch weitere bemerkenswerte Architekten tätig sind, findet man zur Zeit die größte Vielfalt neuer Bauten und Projekte der Romandie. So kann der an der ETH Lausanne lehrende Pariser Architekt

Patrick Devanthéry und Inès Lamunière, Schul- und Freizeitzentrum, Le Grand-Saconnex, Kanton Genf, 1996

Aktuelle Schweizer Architektur

Patrick Berger in einer Parklandschaft am Genfersee bei Nyon seinen siegreichen Wettbewerbsentwurf für den neuen Uefa-Sitz verwirklichen. Weniger Glück hatte der heute wohl berühmteste Lausanner Architekt, der in New York tätige Bernard Tschumi, in seiner Heimatstadt mit dem 1988 ausgearbeiteten Wettbewerbsprojekt für die Neugestaltung des zentralen Vallée du Flon, über das er vier brückenartige Baukörper führen wollte. Anders als das heute noch verschlafene Flon-Tal erlebte das Vorstadtgebiet Dorigny-Ecublens in jüngster Zeit bedeutende Veränderungen. Hier konnten die Architekten Guy und Marc Collomb sowie Patrick Vogel vom Lausanner Atelier Cube 1994 das neue Chemie-Gebäude der Universität und zwei Jahre später das Tokamak-Forschungszentrum der ETH Lausanne vollenden.

Handelte es sich bei den früheren Arbeiten des Atelier Cube, das mit dem Neubau für einen Kunstkartenverlag in Schönbühl bei Bern als eines der wenigen Westschweizer Büros den Schritt über die Sprachgrenze schaffte, eher um einer armen Sprache verpflichtete Wohnbauten, so stehen ihre neuesten Werke – von der Bauaufgabe her durchaus nachvollziehbar – näher bei einer High-Tech-Ästhetik. Dieser fühlt sich auch der aus Zürich stammende, aber seit langem in Lausanne tätige Rodolphe Luscher verpflichtet, und zwar nicht nur bei technischen Bauten wie der nahe den beiden Großbauten des Atelier Cube sich erhebenden Fernmeldezentrale Lausanne-Ecublens. Von Luscher stammt auch die 1996 realisierte Erweiterung des 1964 von Max Bill für die Expo errichteten Théâtre de Vidy in Form eines japanisch anmutenden, weitgehend transparenten Glasschreins.

Einer ähnlichen Lösung bediente sich Jean-Luc Grobéty 1994 bei der Kantonalen Krankenpflegeschule in Fribourg. Er fügte gartenseitig an einen historischen Altbau einen Baukörper mit gläsernen, von Fensterbändern und markanten Gesimsen geprägten Fassaden an und schuf so ein reizvolles doppelgesichtiges Gebäude. Ein

Atelier Cube, ETH-Forschungszentrum Tokamak, Ecublens/Lausanne, 1996

Aktuelle Schweizer Architektur

Rodolphe Luscher, Erweiterung des Théâtre de Vidy, Lausanne, 1996

anderer Freiburger Architekt, Manfred Schafer, schuf 1995 mit der Cité du Grand Torry eine der vom Formalen her interessantesten Wohnbebauungen der jüngsten Zeit in der Schweiz. Nach Westen hin tritt sie mit fünf burgartigen Betontürmen in Erscheinung. An diese sind von einem internen Erschließungsweg durchdrungene Wohnblöcke angedockt, die unterschiedliche Wohnungstypen bieten.

Jean-Luc Grobéty, Erweiterung der Kantonalen Krankenpflegeschule, Fribourg, 1994

Manfred Schafer, Wohnbebauung Cité du Grand Torry, Fribourg, 1995

Walliser Selbstbewußtsein

Stärker als in der übrigen Romandie, wo sich nur ansatzweise – etwa bei Fonso Boschetti oder Vincent Mangeat – eine Auseinandersetzung mit Aldo Rossi und der Tessiner Architektur manifestiert hatte, machte sich diese im Wallis bemerkbar: in Christian Becks Erweiterung der Pfarrkirche von Mase, John Chabbeys Autobahnwerkhof in Charrat oder Jean-Luc Grobétys Theater Crochetan in Monthey. Heute allerdings kann man an der Rhone die neuesten Strömungen der Deutschschweizer

Aktuelle Schweizer Architektur

Jean-Gérard Giorla und Mona Trautmann, Ecole de Goubing, Sierre, Kanton Wallis, 1992

Architektur vor Originalen diskutieren: vor Peter Märklis asketischem Wohnblock am Kapuzinerweg in Brig und vor dem am Sonnenhang von Naters kubisch aus dem Fels vorspringenden Betonhaus von Peter Steinmann und Herbert Schmid. Aber schon 1994, bevor diese Bauten standen, konnte man in Jean-Gérard Giorlas und Mona Trautmanns neuem Schulhaus in Zermatt eine Auseinandersetzung mit der Handschrift von Roger Diener ausmachen, nachdem in der zwei Jahre zuvor in Sierre entstandenen Ecole de Goubing das lateinische Element noch sehr ausgeprägt in Erscheinung getreten war. Das holzverschalte Einfamilienhaus von Pierre Schweizer in Sion schließlich veranschaulicht mit seinen Sonnenblenden gleichsam die Vereinigung von Vincent Mangeats High-Tech-Wohnhaus in Monthey mit Ansätzen der neuen Bündner Holzarchitektur.

Tessiner Tendenzen

Obwohl gewisse Kritiker heute die Tessiner Architektur bereits als Geschichte betrachten, stößt man südlich des Gotthards noch immer auf eine lebendige Szene, die spätestens seit der Eröffnung der Accademia di architettura in Mendrisio wieder Aufwind spürt. Viel Beachtung gefunden haben hierzulande die 1996 eingeweihten Kapellen von Mario Botta in Mogno und am Monte Tamaro. Im Großraum Lugano sind zudem eine Vielzahl neuer Architekturen entstanden: Verwaltungsbauten von Botta in Cassarate und Paradiso, ein kleines, zwischen Dekonstruktivismus und High-Tech oszillierendes Bürohaus über einem Granitsockel von Viero Balmelli und Ivano Ghirlanda in Massagno, vor allem aber Wohnbauten. Antonio Bassi, Giovanni Gherra und Dario Galimberti errichteten einen siebengeschossigen Wohnblock mit Maisonnetten am Cassarate-Fluß, Mario Campi und Franco Pessina ein Mehrfamilienhaus an der Via Beltramina, dessen U-förmig einen zentralen Hof fassender Baukörper eine zeitgemäße Antwort auf den klassischen Wohnpalast italienischer Städte darstellt.

Aktuelle Schweizer Architektur

Livio Vacchini realisierte unterhalb des Bahnhofs von Lugano eine präzis in die parkartige Siedlungsstruktur eingefügt Stadtvilla, deren an der Fassade ablesbare dreidimensionale Rasterstruktur ein spannungsvolles Nebeneinander von Innen- und Außenräumen erzeugt. Vermag dieser ins üppige Grün eingebettete Solitär zu überzeugen, so erweist sich Vacchinis 1996 eingeweihtes Postgebäude in Locarno als problematisch. Der durch seine horizontal angeordneten Granit- und Spiegelbänder entmaterialisiert wirkende Monolith nimmt sich am Eingang zur Piazza Grande wie ein Fremdkörper aus. Die Auseinandersetzung mit dem gewachsenen Kontext ist Vacchinis Sache nicht. Sein Kollege Luigi Snozzi hingegen bewies mit seinen chirurgisch exakten Eingriffen ins urbanistische Gewebe von Monte Carasso, daß man im historischen Kontext bauen kann, ohne die gewachsenen Situationen zu negieren. Snozzis neuestes und größtes Werk in Monte Carasso ist die Wohnüberbauung Morenal. Die aus zwei Baukörpern bestehende Anlage rückt er wie eine Burg an die Autobahn. Mit einer langen, fünfgeschossigen, von schmalen Öffnungen rhythmisierten „Mauer" in L-Form und einem dahinter sich erhebenden neungeschossigen Riegel vermittelt sie dem von Süden kommenden Autofahrer ein einprägsames Bild.

In einem kleinen, als Auftakt zu einer eigenwilligen Reihenhaussiedlung in Monte Carasso gedachten Wohnturm verstand es Roberto Briccola, Snozzis strenge Sprache noch weiter zu vereinfachen. Mit einem kantigen Wohnblock aus Sichtbeton verwandelte Raffaele Cavadini in Gerra Piano den alten Dorfkern in ein überzeugendes Ensemble von harter Schönheit. In Iragna, einem vom Granitabbau lebenden Dorf, hingegen verstand es Cavadini, mit drei gezielten Interventionen – einem Rathaus, einer Abdankungskapelle und einer Platzgestaltung – zeitgenössische Moderne und jahrhundertealte Tradition, weißen Beton und grauen Stein, Bandfenster und schweres Mauerwerk zu einer neuen Einheit zu verschmelzen. Dieses Hauptwerk der Tessiner Architektur der neunziger Jahre, das sich entschieden von

Mario Botta, Kapelle am Monte Tamaro, Kanton Tessin, 1996

Livio Vacchini, Postgebäude, Locarno, Kanton Tessin, 1996

Aktuelle Schweizer Architektur

den oft hemmungslosen Eingriffen anderer Architekten unterscheidet, darf als bedeutender Beitrag im Bereich eines verantwortungsvollen, sich gleichwohl nicht anbiedernden Weiterbauens alter Dorfstrukturen gewertet werden. Ähnliches, allerdings in bescheidenerem Rahmen und mit einer Konstruktion aus Beton, Stahl und Glas, versuchten Franco und Paolo Moro in Avegno mit einem Kindergarten samt Mehrzwecksaal, den sie so zwischen die alten Steinhäuser einfügten, daß sich eine kleine Piazza bildete. Eine ähnlich subtile Lösung verspricht der im April 1997 publizierte Entwurf für den neuen Municipio in Cevio von Michele Arnaboldi und Gian Piero Respini: ein schlichter Kubus, der die einfachen Bauformen des Landstädtchens im Maggiatal neu interpretiert.

Neben solch kontextbezogenen Lösungen wird aber auch der individualistische Einzelbau weitergepflegt. So hat Renato Magginetti in Castione am Nordeingang zum Stadtgebiet von Bellinzona mit einem quer zur Bahnlinie und zur Kantonsstrasse gestellten Industriegebäude die Murata, die alte, das Tal absperrende Befestigungsmauer, neu thematisiert. Der Bau, der Werkstätten, Büros und Wohnungen umfaßt, gibt seine unterschiedlichen Funktionen nach außen hin durch den Wechsel von Sichtbeton und Holz zu erkennen. Burg, Mauer und Turm, die alten Solitärarchi-

Mario Campi und Franco Pessina, Mehrfamilienhaus, Lugano, Kanton Tessin, 1996

Raffaele Cavadini, Rathaus, Iragna, Kanton Tessin, 1996

Renato Magginetti, Industriegebäude mit Wohnungen, Castione, Kanton Tessin, 1993

tekturen von Bellinzona, inspirierten auch Botta, der ein Telecom-Verwaltungsgebäude als eine aus der Vorstadtsiedlung monumental herausragende Backsteinburg mit kreisförmigem Hof inszenierte. Von weitem bald wie eine Burg, bald aber auch wie eine Bergkapelle wirkt Pietro Boschettis Radarstation auf dem Monte Lema. Nur noch im übertragenen Sinn als Burg – als Bankenburg – bezeichnen kann man hingegen das im Industriegebiet von Manno nördlich des Flughafens von Lugano gelegene UBS-Verwaltungsgebäude „Suglio", mit dem Dolf Schnebli, Tobias Ammann und Flora Ruchat das bisher größte Gebäude des Tessins nach neuesten ökologischen Erkenntnissen realisieren. Ob dabei die architektonische Qualität den Dimensionen des Baukomplexes gerecht werden kann, wird sich wohl erst nach dessen Vollendung Ende 1997 erweisen.

Schlußbemerkung

Das Bauen in der Schweiz offenbart zur Zeit auf einem kleinen Territorium eine große Vielfalt des architektonischen Ausdrucks – sowohl formal und typologisch als auch bezüglich der Ästhetik. Begründen läßt sich diese Vielfalt durch die sich hierzulande mehrfach überlagernden Kulturzonen. Zugleich fällt auf, daß statt einfacher, sachlicher Bauten immer öfter solche mit gesteigertem künstlerischem Anspruch entstehen, bei denen das architektonische L'art pour l'art mitunter auf Kosten der Benutzer gepflegt wird. Die Entwicklung weist dabei in Richtung einer zunehmenden Abstraktion. Als Beleg dafür darf etwa die Vorliebe für monolithische Bauten oder für eine sich bald durch Schweigen, bald durch eine neue Rhetorik auszeichnende Architektursprache gelten. Diese Haltung gibt urbanistischen Auflösungstendenzen Vorschub, denn statt das städtische Gewebe zu festigen, drohen manche der neuen Architekturen dieses aufzubrechen. Das gilt nicht nur für die Innenstädte, sondern auch für den sich immer weiter ausdehnenden Siedlungsbrei zwischen Bodensee und Genfersee, eines der am stärksten verstädterten Gebiete Europas. Was diese amorphe Agglomeration heute dringender als schöne Bauten braucht, ist eine Konsolidierung des Bestandes, verbunden mit einer Reparatur der schlimmsten Schäden.

Literatur

Im folgenden werden übergreifende Publikationen zur Schweizer Architektur des 20. Jahrhunderts genannt.
Für viele der in diesem Buch erwähnten Architekten liegen Monographien über deren Lebenswerk oder Teile davon vor. Da sie einfach aufzufinden sind und rasch von neueren Publikationen überholt werden, sind sie in dieser Bibliographie nicht aufgeführt.

Alfred Altherr, Neue Schweizer Architektur. New Swiss Architecture, Teufen 1965

Architecture de la raison. La Suisse des années vingt et trente, Lausanne 1991

Dieter Bachmann, Gerardo Zanetti, Architektur des Aufbegehrens. Bauen im Tessin, Basel/Berlin/Boston 1985

Max Bill u.a., Moderne Schweizer Architektur 1925–1945, Basel 1947

David P. Billington, Robert Maillart und die Kunst des Stahlbetonbaus. Robert Maillart and the art of reinforced concrete, Zürich und München 1990

Werner Blaser, Architecture 70/80 in Switzerland, Basel 1981

Thomas Boga, Tessiner Architekten 1960–1985, Zürich 1986

Gerardo Brown-Manrique, The Ticino Guide, New York 1989. Deutsch: Architekturführer Tessin und Lombardei. Die neuen Bauten, Stuttgart 1990

J. Christoph Bürkle und Architektur Forum Zürich (Hrsg.), Junge Schweizer Architekten, 1997

Lucius Burckhardt, Moderne Architektur in der Schweiz seit 1900, Winterthur 1969

Construction, Intention, Detail. Fünf Projekte von fünf Schweizer Architekten. Five Projects of Five Swiss Architects, London/Zürich 1994.

Peter Disch, Architettura recente nel Ticino. Neuere Architektur im Tessin. 1980–1995. Mit einer Zusammenfassung der Jahre 1930–1980, Lugano 1996

Peter Disch (Hrsg.), Architektur in der deutschen Schweiz 1980–1990. L'Architecture récente en Suisse alémanique. L'Architettura recente nella Svizzera tedesca. Ein Katalog und Architekturführer, Lugano, 2. Auflage 1991

Peter Disch (Hrsg.), 50 anni di architettura in Ticino 1930–1980, Bellinzona und Lugano 1983

Docu Bulletin, offizielles Mitteilungsorgan der Schweizer Baudokumentation, Blauen

Köbi Gantenbein und Jann Lienhart, 30 Bauten in Graubünden, Zürich 1996

Jacques Gubler, Nationalisme et internationalisme dans l'architecture moderne de la Suisse, Lausanne 1975

Dorothee Huber, Architekturführer Basel, herausgegeben vom Architekturmuseum in Basel, Basel 1993

Literatur

Carmen Humbel, Junge Schweizer Architekten und Architektinnen, Zürich 1995

Hannes Ineichen, Tomaso Zanoni (Hrsg.), Luzerner Architekten 1920–1960, Zürich und Bern 1985

INSA. Inventar der neueren Schweizer Architektur 1850–1920. Inventario Svizzero di Architettura 1850–1920, Zürich und Bern 1982–, angelegt auf 10 Bände

Ulrike Jehle-Schulte Strathaus, Bauten im 20. Jahrhundert, Basel 1977

Stanislaus von Moos, Julius Bachmann, New Directions in Swiss Architecture, New York 1969

Stanislaus von Moos u.a., Neues Bauen in der Ostschweiz. Ein Inventar, St. Gallen 1989

Neues Bauen im Kanton Aargau 1920–1940, Hrsg. SIA Sektion Aargau u.a., Baden 1986

Neues Bauen in den Alpen. Architettura contemporanea alpina. Architekturpreis 1995. Hrsg. Christoph Mayr Fingerle. Basel/Boston/Berlin 1996

Neues Bauen in der Schweiz. Führer zur Architektur der 20er und 30er Jahre. L'Architecture Moderne en Suisse, Hrsg. Schweizer Baudokumentation, Blauen 1993

Robert Obrist, S. Semadeni, D. Giovanoli (Hrsg.), Construir – Bauen – Costruire, 1830–1980, Zürich und Bern 1986

B. de Sivo, L'architettura in Svizzera, Neapel 1968

G. E. Kidder Smith, Switzerland builds, New York/Stockholm 1950

Martin Steinmann, Irma Noseda, Zeitzeichen. Schweizer Baukultur im 19. und 20. Jahrhundert, Zürich 1988

Schweizer Architekturführer. Guide d'Architecture Suisse. Guide to Swiss Architecture. 1920–1990. Band 1, Nordost- und Zentralschweiz. Redaktion Christa Zeller, Hrsg. Willi E. Christen, Verlag Werk AG, Zürich, Verlagsgesellschaft des BSA, Société d'éditions de la FAS, 1992, 2. Auflage 1996

Schweizer Architekturführer. Guide d'Architecture Suisse. Guide to Swiss Architecture. 1920–1990. Band 2, Nordwestschweiz, Jura, Mittelland. Redaktion Christa Zeller, Hrsg. Willi E. Christen, Verlag Werk AG, Verlagsgesellschaft des BSA, Société d'éditions de la FAS, 1994

Schweizer Architekturführer. Guide d'Architecture Suisse. Guida dell'Architettura Svizzera. Guide to Swiss Architecture. 1920–1995. Band 3, Westschweiz, Wallis, Tessin. Redaktion Christa Zeller, Hrsg. Willi E. Christen, Verlag Werk AG/OEuvre SA, Verlagsgesellschaft des BSA, Société d'éditions de la FAS, 1996

Ticino hoy, Ausstellungskatalog, Madrid 1993

Hans Volkart, Schweizer Architektur, Ravensburg 1951

Frank Werner, Sabine Schneider, Neue Tessiner Architektur. Perspektiven einer Utopie, Stuttgart 1989

Verzeichnis der Architekten und ihrer Bauten

Gerade Ziffern verweisen auf Einträge mit Abbildungen, *kursive Ziffern* auf Erwähnungen im Text.

A

Alvar Aalto
Wohnhochhaus Schönbühl, Luzern 190

ACAU (G. Châtelaine und G. Tournier)
Uni Mail, Genf 278

Bruno Achermann
(siehe Max Germann und Bruno Achermann)

Matthias Ackermann und Markus Friedli
Schule, Basel 384
Ackermätteli-Schule, Basel *384*

Georges Addor
Großsiedlung Meyrin, Genf 265
Wohnsiedlung Cité de Lignon, Genf 264
Wohnsiedlung Parc de Budé, Genf 264

A.D.P. Architekten (Walter Ramseier, Beat Jordi, Caspar Angst und Peter Hofmann)
Wohnbebauung, Zürich 83

Architektengemeinschaft AKZ (Rudolf Steiger, Hermann Fietz, Max Ernst Haefeli, Hermann Weideli, Josef Schütz, Werner Max Moser, August Arter & Martin Risch, Robert Landolt, Gottlieb Leuenberger & Jakob Flückiger)
Kantonsspital, Zürich 64

Michael Alder
Doppelwohnhaus, Ziefen, Basel-Land 148
Einfamilienhaus, Bottmingen, Basel-Land 148
Haus Hinter den Gärten, Itingen, Basel-Land 148
Häuser im St. Alban-Tal, Basel 142
Mehrfamilienhaus Luzernerring, Basel 142
Wohnkomplex Vogelbach, Basel 142

Jean-Jacques Alt
(siehe Fonso Boschetti, Jean Jacques Alt, Gérald Iseli und François Martin)

Margrit Althammer und René Hochuli
Erweiterung Uhrenfabrik Corum, La Chaux-de-Fonds, Neuchâtel 398, *399*

Fausto Ambrosetti
Schulzentrum Pré-Picot, Genf 276

Hans-Peter Ammann
Neubebauung des Bahnhofareals, Luzern 192, 396

Tobias Ammann
Mehrfamilienhaus, Locarno-Monti, Tessin 344
UBS-Verwaltungsgebäude „Suglio", Manno, Tessin 356, *405*
Wohnsiedlung Büel, Baar, Zug 173
Zentrum Ruopigen, Littau, Luzern 182

Arnold Amsler
Erweiterung und Umbau Bahnhof Stadelhofen, Zürich 81
Wohn- und Geschäftshaus, Zürich *81*

Vreni Amsler
Wohn- und Geschäftshaus, Zürich 81

Raoul Andrey
(siehe Jean-Luc Grobéty, Raoul Andrey und Christian Sottaz)

Verzeichnis der Architekten und ihrer Bauten

Andry & Habermann
Renovation Volkshaus, Biel, Bern 154

Marc Angélil
Wohn- und Geschäftshaus, Esslingen, Zürich 390

Caspar Angst
(siehe A.D.P. Architekten)

René Antoniol und Kurt Huber
Museum Kartause Ittingen, Warth, Thurgau 91

Antonio Antorini
Mehrfamilienhaus Leonardo, Lugano, Tessin 320

Olivier Archambault, Françoise Barthassat und Enrico Prati
Place de l'Octroi, Carouge, Genf 274
Wohn- und Geschäftskomplex, Genf 274

Arcoop
Renovation der Siedlung Neubühl, Zürich 44
Wohnanlage Balberstrasse, Zürich 78
Wohnkomplex Manessehof, Zürich 78
(siehe auch Ueli Marbach und Arthur Rüegg)

Michele Arnaboldi
Haus Quattrini, Minusio, Tessin 359
Haus Righetti, Arcegno, Tessin 306
Municipio, Cevio, Tessin 405

Paul Artaria
Einfamilienhaus, Binningen, Basel-Land 146
(siehe auch Hans Schmidt und Paul Artaria)

August Arter & Martin Risch
(siehe Architektengemeinschaft AKZ)

Atelier 5
Büro-, Gewerbe- und Lagerhaus, Zollikofen, Bern 168
Erweiterung Amthaus, Bern 161
Erweiterung Kunstmuseum, Bern 162
Fabrik, Thun, Bern 168
Geschäftshaus Thalmatt, Herrenschwanden, Bern 165
Haus Citron, Carona, Tessin 330
Haus Merz, Môtier, Neuchâtel 216
Krankenheim Wittigkofen, Bern 162
Lehrerseminar, Thun, Bern 168
Psychiatrische Klinik, Münsingen, Bern 168
Reihenhäuser, Caviano, Tessin 330
Siedlung Boll-Sinneringen, Bern 397
Siedlung Flamatt I, II, III, Flamatt, Fribourg 216
Siedlung Halen, Halen, Bern 164
Siedlung Rainpark, Brügg, Bern 164
Siedlung Ried, Niederwangen, Bern 165
Siedlung Thalmatt I und II, Herrenschwanden, Bern 164
Vaucher-Gebäude, Niederwangen, Bern 168
Wohn- und Geschäftsbebauung Fischergarten, Solothurn, Bern 397

Atelier Cube (Guy und Marc Collomb, Patrick Vogel)
Chauderon Bridge Public Elevator, Lausanne, Waadt 230
Fachbereich Chemie EPFL, Ecublens, Waadt 226, 400
Hotel Jeunotel, Lausanne, Waadt 238
Institut für Plasmaphysik, Ecublens, Waadt 226
Kantonsarchiv, Chavannes, Waadt 222
La Grande Borde Extension, Lausanne, Waadt 238
Personenaufzug, Lausanne, Waadt 230
Tokamak-Forschungszentrum, Ecublens, Waadt 400
Wohnsiedlung Boissonet 1 und 2, Lausanne, Waadt 238
Wohn- und Geschäftshaus, Lausanne, Waadt 238

Atelier d'architectes (Vincent, Schwertz, Lesemann und Saugey)
Mehrfamilienhäuser, Genf 258

Paul Aubert
(siehe Camille Martin, Arnold Hoechel, Paul Aubert)

Aubry et Monnier & Partner
Schul- und Sportzentrum Le Deux Thielles, Le Landeron, Neuchâtel 215
Sitz der Kantonspolizei, Neuchâtel 215

Joseph Austermayer
(siehe Ch. Trivelli, J. Austermayer)

Verzeichnis der Architekten und ihrer Bauten

Marco d'Azzo
Mehrfamilienhaus, Lugano, Tessin 354

B

Viero Balmelli und Ivano Ghirlanda
Bürohaus, Lugano, Tessin 402

Balmer
(siehe Ziegler & Balmer)

Robert Bamert
Ecole polytechnique fédérale de Lausanne (EPFL), Ecublens, Waadt 226

Rudolf Bäny
(siehe Paul Mebes, Rudolf Bäny)

Ralph Baenziger
„Eurogate" am Hauptbahnhof, Zürich 385

Alfons Barth und Hans Zaugg
Ausbildungszentrum der Schweizer Bundesbahn, Murten, Fribourg 221
Haus Zaugg, Olten, Solothurn 152
Kantonsschule Extension, Solothurn 152
Oberstufenzentrum Auen, Frauenfeld, Thurgau 88
Säli-Schule, Olten, Solothurn 152
VEBO Rehabilitationszentrum, Oensingen, Solothurn 152

Marcellin Barthassat
(siehe Collectif d'architectes)

Françoise Barthassat
(siehe Olivier Archambault, Françoise Barthassat, Enrico Prati)

Antonio Bassi, Giovanni Gherra und Dario Galimberti
Wohnblock, Pregassona, Tessin 369, 402

Bauart Architekten
Bundesamt für Statistik, Neuenburg, Bern 397
Kindergarten Morillon, Wabern, Bern 397

Peter Baumann
Neubebauung des Bahnhofsareals, Luzern 192

Max Baumgartner
Gartenstadt Vieusseux, Genf 250

Hermann Baur
Bürgerspital, Basel 134
Gewerbeschule und Schule für Gestaltung, Basel 133
Grundschule auf dem Bruderholz, Basel 133
Siedlung Eglisee (Woba), Basel 124

Valentin Bearth und Andrea Deplazes
Schule, Malix, Graubünden 394
Wohnbebauung, Masans, Graubünden 394
Stadtvilla, Chur, Graubünden 394
Mehrzweckhalle, Tschlin, Graubünden 394

Eugène Beaudouin
Neuer Sitz des Bureau International du Travail, Genf 266
Quartier Vermont, Genf 265

Christian Beck
Mehrzweckgebäude, Les Evouettes, Wallis 285
Ste. Marie Madeleine, Mase, Wallis 285, 401

Herbert Beckhardt
Haus Staehelin, Feldmeilen, Zürich 180

Emil Bercher und Eugen Tamm
Hallenbad Rialto, Basel 129
Wohnsiedlung, Basel 129

Jacques Berger
(siehe Carlo Steffen, André Gallay und Jacques Berger)

Patrick Berger
Uefa-Sitz, bei Nyon, Waadt 400

Emilio Berngger, Bruno Keller und Edy Quaglia
Atelier Bick, Sant'Abbondio, Tessin 368
Haus Hochstratter, Muzzano, Tessin 368
Haus Platis, Muzzano, Tessin 368
Kulturzentrum „La Poste", Visp, Wallis 290

Hans Bernoulli
Getreidesilo, Basel 120
Siedlung Eglisee (Woba), Basel 124
Siedlung Eichliacker, Winterthur, Zürich 26
Siedlung Hirzbrunnen, Basel 122
Siedlung Im Vogelsang, Basel 122
Siedlung Unterer Deutweg, Winterthur, Zürich 26
Wohnkolonie, Zürich 40

Verzeichnis der Architekten und ihrer Bauten

Georges Berthoud
Wohnkomplex Les Grottes I, Genf 272
Wohnkomplex La Tourelle, Genf 262

Marie Claude Bétrix, Eraldo Consolascio und Bruno Reichlin
Berani Lagerhaus, Uster, Zürich 206
Fabrikgebäude der SFERAX, Cortaillod, Neuchâtel 206

Mario Bevilacqua, Jacques Dumas und Jean Luc Thibaud
Fachbereich Sozial- und Geisteswissenschaften II EPFL, Ecublens, Waadt 226

Angelo Bianchi
Hauptpost, Bellinzona, Tessin 320
(siehe auch Peter Disch, Angelo Bianchi)

Walter Bieler
Drostobelbrücke, Klosters, Graubünden 303
Langlau-Brücke, Scuol, Graubünden 302
Sagastäg-Brücke, Schiers, Graubünden 302
Servicestation und Autobahnüberführung, Sevelen, St. Gallen 96

Max Bill
Radio DRS, Zürich 47
Pavillon-Skulptur, Zürich 34
Théâtre de Vidy, Lausanne, Waadt 238
Uni Mail, Genf 278
Wohnhaus und Atelier Bill, Zumikon, Zürich 32
Wohnhaus und Atelier Bill, Zürich 47

Hubert Bischoff
Primarschule Wies, Heiden, Sankt Gallen 393, 394

Hans Bleiker
(siehe Walter Custer, Fred Hochstrasser, Hans Bleiker)

Peter Böcklin und Predrag Petrovic
Theater Am Stram Gram, Genf 276

Jürg Bohlen
Uni Mail, Genf 278

Frank Bolliger, Heinz Hönger und Werner Dubach
Modernisierung Städtisches Hallenbad, Zürich 48

Jacques Bolliger
Siedlung Meyrin, Genf 265
Wohnsiedlung Le Lignon, Genf 264
Wohnsiedlung Parc de Budé, Genf 264

Paul Bonatz
Kunstmuseum, Basel 130

Jean Marie Bondallaz
Gebäude am Place des Alpes, Genf 278
Wohn- und Geschäftshaus, Genf 278

André Bordigoni, Jean Gros und Antoine de Saussure
Quartier Vermont, Genf 265

Mario Borges, Alain Burnier und André Robert Tissot
Neuer Sitz des Informationszentrums des Internationalen Komitees vom Roten Kreuz, Genf 267

Fonso Boschetti, Jean-Jacques Alt, Gérald Iseli und François Martin
Fachbereich Biologie EPFL, Ecublens, Waadt 226

Pietro Boschetti
Radarstation, Monte Lema, Tessin 405

Oskar Bosshardt
Getreidesilo, Basel 120

Mario Botta
Ausstellungsraum und Wohnung, Zofingen, Aargau 119
Banca del Gottardo, Lugano, Tessin 353
Banque Bruxelles Lambert, Genf 277
Bergkapelle San Giovanni Battista, Mogno, Tessin 360, 402
Bibliothek des Kapuzinerklosters, Lugano, Tessin 353
Verwaltungsgebäude Caimato, Lugano, Tessin 354
„Casa Rotonda", Stabio, Tessin 376
Cinque Continenti, Lugano, Tessin 354
Einfamilienhaus, Breganzona, Tessin 324
Einfamilienhaus, Cadenazzo, Tessin 328
Einfamilienhaus, Cavigliano, Tessin 328
Einfamilienhaus, Cologny, 277

Verzeichnis der Architekten und ihrer Bauten

Einfamilienhaus, Daro, Tessin 337
Einfamilienhaus, Losone, Tessin 328
Einfamilienhaus, Montagnola, Tessin 362
Einfamilienhaus, Morbio Superiore, Tessin 362
Einfamilienhaus, Morbio Inferiore, Tessin 365
Einfamilienhaus, Origlio, Tessin *324*
Einfamilienhaus, Riva San Vitale, Tessin 370
Einfamilienhaus, Stabio, Tessin *377*
Einfamilienhaus, Viganello, Tessin *378*
Umbau eines Bauernhauses, Ligornetto, Tessin *340*
Handwerkszentrum, Balerna, Tessin 313
Haus Barchi, Manno, Tessin 356
Haus Medici, Stabio, Tessin 376
Kapelle am Monte Tamaro, Rivera, Tessin 373, *402*, 403
Mittelschule, Morbio Inferiore, Tessin 364
Pfarrei, Genestrerio, Tessin *377*
Staatsbank, Fribourg 220
Telekommunikationszentrum, Bellinzona, Tessin *321*, 405
Tinguely-Museum, Basel 144, *382*
Turnhalle, Balerna, Tessin *313*
Verwaltungsgebäude Ransila I, Lugano, Tessin 353
Verwaltungsgebäude der UBS, Basel 144, *382*
Wohnsiedlung, Novazzano, Tessin 368, *403*

Wohn- und Geschäftshaus, Bellinzona, Tessin 321
Wohn- und Geschäftshaus, Lugano, Tessin 354

A. Boyer
Aufzugsfabrik Schindler, Ebikon, Luzern *202*

Bracher, Widmer und Daxelhoffer
Kantonsbibliothek, Fribourg 217

Richard Bracher
(siehe Dagobert Keiser, Richard Bracher),

Maurice Braillard
Bebauungspläne, Genf *251*
Garage des Nations, Genf 249
Gartenstadt Vieusseux, Genf 250
Gemeindehaus und Schule, Onex, Genf 249
Mehrfamilienhaus, Genf 248
Maison Ronde, Genf 248
Wohnsiedlung Montchoisy, Genf 248
Schule, Mies, Waadt 249
Seilbahn, Salève (Frankreich) 249
Siedlung Eglisee (Woba), Basel 124

Adolf und Heinrich Bräm
Sihlpost, Zürich *48*

Franz Bräuning
Gewerbeschule und Schule für Gestaltung, Basel 133
Bürgerspital, Basel 134

Otto Brechbühl
Klinik Elfenau, Bern 156
Lory-Spital, Bern 156

Naturwissenschaftliche Institute der Universität, Bern 158
SUVA-Haus, Bern 158

Hans Brechbühler
Gewerbeschule, Bern 161

Georges Brera
Schule und pädagogisches Zentrum Parc Geisendorf, Genf 262
Tours de Carouge, Genf 262, *263*
Wohnkomplex La Tourelle, Genf 262

Marcel Breuer
Haus Koerfer, Ascona, Tessin *310*
Haus Staehelin, Feldmeilen, Zürich *180*
Geschäftsräume der Wohnbedarf AG Shop, Zürich 56
Zentrum für Mutter und Kind, Baldegg, Luzern *180*

Roberto Briccola
Wohnturm, Monte Carasso, Tessin *403*

Peppo Brivio
Haus in Bellinzona, Tessin 314
Haus Corinna, Morbio Superiore, Tessin 366
Mehrfamilienhäuser, Massagno, Tessin *366*
Seilbahnstation Orselina-Cardada, Locarno, Tessin *314*

Rino Brodbeck
Schule der Vereinten Nationen, Genf 268

Verzeichnis der Architekten und ihrer Bauten

Carlo Broggi
(siehe Nénot & Flegenheimer, C. Broggi, J. Vago und C. Lefèvre)

Richard Brosi
Postautohalle, Chur, Graubünden *293*
Schule, Untervaz, Graubünden *293*

Ch. Brugger
Berufsschule, Lausanne, Waadt 236
(siehe auch Ch. Thévenaz, Ch. Brugger und M. Maillard)

Frédéric Brugger
Berufsschule, Lausanne, Waadt 236
Fachbereich Sozial- und Geisteswissenschaften I EPFL, Ecublens, Waadt *226*
Kodak-Verwaltungsgebäude, Lausanne, Waadt 236
Oberstufenzentrum Elysée, Lausanne, Waadt *236*
(siehe auch Edouard Catella, Frédéric Brugger und Partner)

Fred G. Brun
Kantonsspital, Chur, Graubünden *296*

Ugo Brunoni
Bibliothek im Quartier Les Pâquis, Genf 270
Le Corbusier-Schule, Genf 273
Sainte Trinité, Genf *273*

Walter Büchler
Städtische Tennisanlage, Bellinzona, Tessin 318

Arthur Bugna und Georges Candilis
Französische Schule, Genf 266

Jacques Bugna
Hôtel de Police, Genf 274

Elsa Burckhardt
Wohnkolonie Heslibach, Küsnacht, Zürich 18
Freibad Oberer Letten, Zürich 60

Ernst F. Burckhardt
Einfamilienhaus Erlenbach, Zürich 14
Freibad Oberer Letten, Zürich 60
Johanneskirche, Basel 132
Siedlung Eglisee (Woba), Basel 124
Wohnkolonie Heslibach, Küsnacht, Zürich 18
Wohn- und Geschäftshaus Pestalozzi, Zürich 14

Erwin Bürgi
Schulhaus Felsberg, Luzern 190

Urs Burkard, Adrian Meyer und Max Steiger
Bürogebäude, Aarau, Aargau 104
Crédit Suisse, Lenzburg, Aargau *108*
Geschäftshaus mit Wohnungen, Baden, Aargau 108
Kantonsschule, Wohlen, Aargau 118
Schul- und Dorfzentrum Höchi, Baden, Aargau 108
Turmhaus, Winterthur, Zürich *391*
Wohn- und Geschäftshaus, Baden, Aargau 108

Marianne Burkhalter und Christian Sumi
Forstwerkhöfe, Turbenthal und Rheinau, Zürich 20, *388*
Hotel Zürichberg, Zürich 387
Mehrfamilienhaus, Laufenburg, Aargau 392
Schule, Laufenburg, Aargau 114
Wohnhaus, Eglisau, Zürich *20*
Wohnhaus mit Atelier, Langnau am Albis, Zürich 20

Alain Burnier
(siehe Mario Borges, Alain Burnier und André Robert)

Oskar Burri
Wohnhäuser, Zumikon, Zürich 30

Bruno Buser
Wohnkomplex Wiesengarten, Basel 140

Pierre Bussat
Haus Jeanneret-Reverdin, Cology, Genf 248
Villa Bédat, Vandoeuvres, Genf 248

Claude Butty
(siehe Collectif d'architectes)

C

Sandro Cabrini und Gianmaria Verda
Einfamilienhaus, Carabbia, Tessin 328
Kulturzentrum „La Poste", Visp, Wallis 290

Verzeichnis der Architekten und ihrer Bauten

Santiago Calatrava
Bus-Wartehalle, St. Gallen *393*
Erweiterung und Umbau Bahnhof Stadelhofen, Zürich 81
Gemeinschaftszentrum Bärenmatte, Suhr, Aargau 117
Geschäftsgebäude, Suhr, Aargau 117
Kantonsschule, Wohlen, Aargau 118
Neubebauaung des Bahnhofsareals, Luzern 192, *396*
Reihenhaussiedlung, Würenlingen, Aargau *385, 392*
Umbau Cabaret Tabourettli und Theater Fauteuil, Basel 142

Peter Calonder
Um- und Erweiterungsbau des Bündner Kunstmuseums, Chur, Graubünden 294

Luigi Camenisch
Haus Balmelli, Rovio, Tessin 374

Alberto Camenzind
Internationales Konferenzzentrum, Genf 266
Mittelschule, Bellinzona, Tessin 316
Neuer Sitz des Bureau International du Travail, Genf 266
Radio der italienischen Schweiz, Lugano-Besso, Tessin 316
Wohnhaus und Garage La Panoramica, Massagno, Tessin 356

Gion A. Caminada
Schule, Duvin, Graubünden *396*

Marc Camoletti
Hotel Cornavin, Genf *252*

Camoletti & Hauserman
Renovation Maison Clarté, Genf 254

Mario Campi und Franco Pessina
Abteilung für Chemie, ETH, Zürich 53
Bezirksschule, Caslano, Tessin 332
Einfamilienhaus, Oberägeri, Zug 174
Haus Baudino, Davesco, Tessin 338
Haus Boni, Massagno, Tessin 358
Haus Felder, Lugano, Tessin 352
Haus Filippini, Muzzano, Tessin 366
Haus Kress, Breganzona, Tessin 325
Haus Maggi, Arosio, Tessin 306
Haus Polloni, Origlio, Tessin 358
Haus Vanini, Muzzano, Tessin 366
Kapelle Madonna di Fatima, Giova, Graubünden 299
Reihenhäuser, Massagno, Tessin 358
Reihenhäuser, Massagno, Tessin 359
Restaurierung Castello Montebello, Bellinzona, Tessin *322*
Terrassenhäuser Corecco, Montagnola, Tessin 361
Verwaltungsgebäude IBM, Zürich 84
Wohnblock, Lugano, Tessin 352, *402, 404*

Georges Candilis
(siehe Arthur Bugna und Georges Candilis)

Louis Carbonnier
(siehe François Wavre und Louis Carbonnier)

Tita Carloni
Haus Balmelli, Rovio, Tessin 374
Haus Cereghetti, Salorino, Tessin 374
Einfamilienhaus, Rovio, Tessin 374
Gemeindeschule, Stabio, Tessin 349
Gewerkschaftshaus, Lugano, Tessin 349
Pfarrhaus, Sorengo, Tessin *338*
San Giovanni Battista, Gnosca, Tessin *338*
(siehe auch Architektenkollektiv Carloni-Denti-Moretti)

Architektenkollektiv Carloni-Denti-Moretti
Sozialwohnungen Cereda, Balerna, Tessin 349
(siehe auch Tita Carloni)

Edouard Catella, Frédéric Brugger und Partner
Siemens Vewaltungszentrum, Renens, Waadt 243

Emmanuel Cattani
(siehe Jean Nouvel, Emmanuel Cattani und Partner)

Eugenio und Agostino Cavadini
Krankenhaus „la Carità", Locarno, Tessin 347
Carmelo Santa Teresa Klinik, Brione sopra Minusio, Tessin 347
San Rocco-Krankenhaus, Lugano, Tessin 347

Verzeichnis der Architekten und ihrer Bauten

Raffaele Cavadini
Bauten in Iragna, Tessin 403, 404
Haus Calzascia, Gerra Piano, Tessin 345, 403
Haus Juri, Ambri, Tessin 304
Haus Kalt, Locarno-Monti, Tessin 344

Eugène Cavalli und Ami Golay
Maison du Paon, Genf 248

Piero Ceresa
Städtische Tennisanlage, Bellinzona, Tessin 318

Joseph Cerutti
(siehe Janos Farago, Joseph Cerutti)

John Chabbey und Michel Voillat
Autobahnwerkhof, Charrat, Wallis 401
Haus Cretton, Fully, Wallis 287
Umbau der Pfarrkirche, Martigny, Wallis 286

René Chapallaz
Villa Fallet, La Chaux-de-Fonds, Neuchâtel 206
Villa Jaquemet, La Chaux-de-Fonds, Neuchâtel 208
Villa Stotzer, La Chaux-de-Fonds, Neuchâtel 208

G. Châtelaine
(siehe ACAU)

Laurent Chenu
Schulzentrum Pré-Picot, Genf 276, 398
Verwaltungsgebäude Firmenich, Meyrin-Satigny, Genf 282
Zollgebäude, Bardonnex, Genf 282

Mario Chiattone
Palazzo Bianchi, Lugano, Tessin 346

Rudolf Christ
Kunstmuseum, Basel 130

Willi E. Christen
Hauptpavillon des Zoologischen Gartens, Zürich 79
Scheune Juchhof, Zürich 79

Albert Cingria, François Maurice und Jean Duret
Sportzentrum Vernets, Genf 263

Conradin Clavuot
Unterwerk Seewis, Graubünden 395

Pierre Clemençon, Daniel Herren und Andrea Roost
Zentrum für Geistes- und Sozialwissenschaften „Unitobler", Bern 163

Collectif d'architectes (Marcellin Barthassat, Claude Butty, Gabriele Curonici und Jacques Menoud)
Renovation Freibad Pâquis, Genf 256
Umbau eines Bauernhofes, Landecy, Genf 281

Guy und Marc Collomb
(siehe Atelier Cube)

Eraldo Consolascio
(siehe Marie Claude Bétrix, Eraldo Consolascio, Bruno Reichlin)

Beat Consoni
Wohnhaus, Horn, Thurgau 393, 394

Jürg Conzett
Holzsteg, Via Mala, Graubünden 395

Raymond Coquoz
Umbau der Pfarrkirche, Martigny, Wallis 286

Cramer-Jaray-Paillard
Mehrfamilienhaus, Zürich 72
Pfarreizentrum Horgen, Zürich 73
Protestantische Kirche und Gemeindezentrum Saatlen, Zürich 72–73
Siedlung In der Au, Zürich 67
Stadttheater, St. Gallen 94
Swisscontrol, Flughafen Zürich-Kloten 73

Cruz & Ortiz
Geschäftshaus, Basel 381

François Cuenod
Einfamilienhaus, Puplinge, Genf 283

Curjel & Moser
Kirche Fluntern, Zürich 34
Reiheneinfamilienhäuser, Basel 121
St. Michael, Zug, Zürich 176
St. Paulus, Luzern 176
Universitätsgebäude, Zürich 37
Villa Boveri, Baden, Aargau 105
Villa Burghalde, Baden, Aargau 105
Villa Langmatt, Baden, Aargau 105
Villa Müller, Zürich 34
(siehe auch Karl Moser)

Verzeichnis der Architekten und ihrer Bauten

Gabriele Curonici
(siehe Collectif d'architectes)

Maurice Currat
Verwaltungsgebäude Firmenich, Meyrin-Satigny, Genf 282
Zollgebäude, Bardonnex, Genf *282*

Walter Custer, Fred Hochstrasser und Hans Bleiker
Bauten der Fa. Heberlein, Wattwil, St. Gallen 97

D

Ignacio Dahl Rocha
(siehe Jacques Richter und Ignacio Dahl Rocha)

Daxelhoffer
(siehe Bracher, Widmer und Daxelhoffer)

Heinrich Degelo
(siehe Meinrad Morger und Heinrich Degelo)

Gioconda De Min
(siehe Metron)

Denti
(siehe Architektenkollektiv Carloni-Denti-Moretti)

Georges Descombes
Parc En Sauvy, Lancy, Genf 280

Patrick Devanthéry und Inès Lamunière
Renovation Strandbad Bellerive, Lausanne, Waadt 234
Renovation Turmhaus Bel-Air Métropole, Lausanne, Waadt *230*
Schule, Pully, Waadt 399

Schul- und Freizeitzentrum, Le Grand-Saconnex, Genf 398, *399*
Studentenwohnheim, Genf 279

Diener & Diener
Ausbildungszentrum des Schweizerischen Bankvereins, Basel 139
Bürogebäude an der Hochstrasse, Basel *139*
Bürohaus am Barfüsserplatz, Basel 384
Bürohaus Fides, Basel 138
Erweiterung Vogesenschule, Basel 384
"Hammer I und II", Basel *139*
Mehrfamilienhaus mit Bankfiliale, Basel 138
Umbau Architekturmuseum, Basel *139*
Verwaltungsgebäude am Picassoplatz, Basel 138
Wohn- und Geschäftshaus (ehem. Warteck-Brauerei), Basel 384
Wohn- und Gewerbehäuser, St.Alban-Rheinweg, Basel 138

Peter Disch und Angelo Bianchi
Mittelschule, Bedigliora, Tessin 314

Werner Dolder
(siehe Otto Schärli Sen., Werner Dolder und Augusto Guidini)

Jean Pierre Dom und François Maurice
Bürogebäude, Genf *264*
Verwaltungsgebäude der Fédération des Syndicats Patronaux, Genf 264
Wohnsiedlung in Aïre, Genf 264

Genossenschaftswohnungen Les Ailes, Genf 264

Gustav Doppler und Sohn
Antoniuskirche, Basel 120

Thedy Doppler
Restaurierung Antoniuskirche, Basel 121

Otto Dreyer
Pfarrkirche St. Josef Maihof, Luzern 189
Zentralbibliothek, Luzern 189

Werner Dubach
(siehe Frank Bolliger, Heinz Hönger und Werner Dubach)

Charles Dubois
Gewerbeschule, Lausanne, Waadt *231*
Hauptbahnhof, Lausanne, Waadt 230

Georges Pierre Dubois
Adolph Saurer AG, Arbon, Thurgau 88

Markus Ducommun
Schulhaus Brühl, Solothurn 153

Fernand Dumas
Pfarrkirche St. Peter und Paul, Fontenais, Jura 204
Universität Miséricorde, Fribourg 218

Jacques Dumas
(siehe Mario Bevilacqua, Jacques Dumas und Jean Luc Thibaud)

William Dunkel
Einfamilienhaus, Kilchberg, Zürich 16

Verzeichnis der Architekten und ihrer Bauten

Wohnhaus am Holbeinplatz, Basel 16

Jean Duret
Genossenschaftswohnungen Les Ailes, Genf 264
Wohnsiedlung in Aïre, Genf 264
(siehe auch Albert Cingria, François Maurice, Jean Duret)

Arthur Dürig
Bürgerspital, Basel 134
Gewerbeschule und Schule für Gestaltung, Basel 133

Giancarlo Durisch
Alterswohnen La Serena, Lugano, Tessin 350
Büro- und Geschäftshaus, Lugano, Tessin 351
Mittelschule, Riva San Vitale, Tessin 372
Teatro sociale, Bellinzona, Tessin 371
Telekom-Zentrum, Giubiasco, Tessin 371
Wohnhaus mit Atelier, Riva San Vitale, Tessin 372

Jean Marc Duvoisin
Personenaufzug, Lausanne, Waadt 230

E

Ernst W. Ebersold
Mehrfamilienhaus, Bern 160

Karl Egender
Geschäftshaus Sihlgarten, Zürich 51
Hallenstadion, Zürich 50
Johanneskirche, Basel 132
Schule und Museum für Gestaltung, Zürich 48
Siedlung Eglisee (Woba), Basel 124
Volkshaus Limmathaus, Zürich 50

Hans Eggstein und Walter Rüssli
Verwaltungsgebäude, Luzern 193

Werner Egli und Hans Rohr
Erweiterung der Bezirksschule, Baden, Aargau 110
Wohnsiedlung, Baden, Aargau 110
Wohnsiedlung Büel, Baar, Zug 173

Hugo Ehrlich
Villa Karma, Clarens, Waadt 223

Eberhard Eidenbenz
Haus Staehelin, Feldmeilen, Zürich 180

Ernst Engeler
Kantonales Gymnasium, Locarno, Tessin 341
UBS-Verwaltungsgebäude „Suglio", Manno, Tessin 356, *405*

Fritz Engler
Wohn- und Atelierhaus, Wattwil, St. Gallen 98

Eppler, Maraini und Partner
Renovation Verwaltungsgebäude der Städtischen Werke, Baden, Aargau 106

Hermann Eppler und Stephan Mäder
Sitz der Architekturschule, Winterthur, Zürich 24

Jean Erb
(siehe Jacques Lozeron und Jean Erb)

Hans Erni, Josef Gärtner und Paul Gässner
Haus Erni und Atelier, Eggen, Luzern 180

Jakob Eschenmoser
Adolph Saurer AG, Arbon, Thurgau 88
Coaz-Hütte, Pontresina, Graubünden 301
Schutzhütte auf Mont Bertol, Arolla, Wallis *301*

Hans Escher
(siehe Roland Gross, Hans Escher, Robert Weilemann)

F

Emil Fahrenkamp
Albergo Monte Verità, Ascona, Tessin 308

Janos Farago und Joseph Cerutti
Wohn- und Geschäftshaus, Genf 270

Jacques Faravel
Umbau der Pfarrkirche, Martigny, Wallis 286

Jacques Faverger
Gewerbeschule, Lausanne, Waadt *231*

Marcel Ferrier
Betriebsgebäude, Bischofszell, Thurgau 393
Griechisch-orthodoxe Kirche, Zürich 389
Modernisierung und Erweiterung Natur- und Kunstmuseum, St. Gallen 96
Wohnbebauung, St. Gallen *393*

Verzeichnis der Architekten und ihrer Bauten

Hermann Fietz
(siehe Architektengemeinschaft AKZ)

Walter Fischer und Partner (Kuhn, Fischer und Hungerbühler)
Wohnbebauung Brahmshof, Zürich 82
(siehe auch Kuhn, Fischer und Partner)

Hans Fischli
Fabrik der Feller AG, Horgen, Zürich 16
Geschäfts- und Lagerhaus der Möbelgenossenschaft, Basel 136
Haus Schlehstud, Meilen, Zürich 20
Kinderdorf Pestalozzi, Trogen, Appenzell 101
Siedlung Gwad, Wädenswil, Zürich 23
Villa Guggenbühl, Herrliberg, Zürich 21

Julien Flegenheimer
Bahnhof Cornavin, Genf 252
(siehe auch Nénot & Flegenheimer, C. Broggi, J. Vago und C. Lefèvre)

Karl Fleig
Wohnhochhaus Schönbühl, Luzern 190

Jakob Flückiger
(siehe Gottlieb Leuenberger & Jakob Flückiger)

Fondation des Immeubles pour les Organisations Internationales (FIPOI)
Neuer Sitz des Informationszentrums des Internationalen Komitees vom Roten Kreuzes, Genf 267

Walter M. Förderer
Heiligkreuzkirche, Chur, Graubünden 292
Hochschule für Wirtschafts- und Sozialwissenschaften, St. Gallen 94
Schulhaus Im Gräfler, Schaffhausen 87
Kantonsschule, Schaffhausen 87

Benno Fosco, Jacqueline Fosco-Oppenheim und Klaus Vogt
Lehr- und Forschungsgebäude der ETH, Zürich 52
Reihenhäuser an der Limmat REZ, Zürich 78

R. Frank
Haus Koerfer, Ascona, Tessin *310*

Ivo Frei
Fachbereich Chemie EPFL, Ecublens, Waadt 226

Robert Frei
Einfamilienhaus, Puplinge, Genf 283
Wohnkomplex Les Grottes I, Genf 272

Frey & Schindler
Badeanstalt, Olten, Solothurn 152

Peter Frey
Geschäftsgebäude, Suhr, Aargau 117

Max Frisch
Freibad, Letzigraben, Zürich *60*

Albert Froelich
Krematorium, Luzern 184

Franz Füeg
Katholische Kirche und Pfarreizentrum, Meggen, Luzern 194

Massimiliano Fuksas
Wettbewerb Place des Nations, Genf 398, *399*

Walter Furrer
(siehe Robert Rittmeyer und Walter Furrer)

G

Rudolf Gaberel
Bahnhof, Davos, Graubünden 296
Dorf-Garage, Davos, Graubünden 296
Ehem. Sanatorium Regina Alessandra, Davos, Graubünden 295
Hochgebirgsklinik Zürcher Heilstätte, Davos, Graubünden 296
Kantonsspital, Chur, Graubünden *296*
Schule, Davos, Graubünden 296

Bernard Gachet
(siehe Patrick Mestelan und Bernard Gachet)

André und Francis Gaillard
Internationales Konferenzzentrum, Genf 266

Aurelio Galfetti
Gemeindeschulzentrum, Riva San Vitale, Tessin 370
Hauptpost, Bellinzona, Tessin 320
Haus Rotalinti, Bellinzona, Tessin 316
Kantonsschule, Losone, Tessin 345

Verzeichnis der Architekten und ihrer Bauten

Kindergarten, Viganello, Tessin *370*
Mehrfamilienhäuser Al Portone, Bellinzona, Tessin *320*
Mehrfamilienhäuser Bianco e Nero, Bellinzona, Tessin *320*
Mehrfamilienhaus Leonardo, Lugano, Tessin *320*
Städtisches Freibad, Bellinzona, Tessin *318*
Städtische Tennisanlage, Bellinzona, Tessin *318*
Umbau Castello Castelgrande, Bellinzona, Tessin *322*
Wohn- und Geschäftshaus Ulysse, Lausanne, Waadt *240*

Dario Galimberti
(siehe Antonio Bassi, Giovanni Gherra, Dario Galimberti)

André Gallay
(siehe Carlo Steffen, André Gallay, Jacques Berger)

Frédéric Gampert
Gartenstadt Vieusseux, Genf *250*

Nick Gartenmann, Mark Werren and Andreas Jöhri
Japanische Botschaft, Bern *397*

Josef Gärtner
(siehe Hans Erni, Josef Gärtner und Paul Gässner)

Josef Gasser und Gottfried Wielandt
Gewerbeschule, Luzern *190*

Paul Gässner
(siehe Hans Erni, Josef Gärtner, Paul Gässner)

W. Gattiker
Aufzugsfabrik Schindler, Ebikon, Luzern *202*

Frank O. Gehry
Vitra Verwaltungsgebäude und Shop, Birsfelden, Basel-Land *146*, *381*

Werner Gehry
Universitätszentrum ETH-Hönggerberg, Zürich *53*

Charles Eduard Geisendorf
Erweiterung Maschinenlabor ETH, Zürich *52*

Max Germann und Bruno Achermann
Personalhaus der Gotthardraststätte, Schattdorf, Uri *203*
Renovation Eidgenössisches Getreidelager, Altdorf, Uri *202*

Bruno Gerosa
Hochschule für Wirtschafts- und Sozialwissenschaften, St. Gallen *94*

Rolf Gerstlauer und Inger Molne
Forstwerkhof, Castrisch, Graubünden *395*

Giovanni Gherra
(siehe Antonio Bassi, Giovanni Gherra und Dario Galimberti)

Ivano Gianola
Haus Arnaboldi, Balerna, Tessin *314*
Haus Bernasconi, Balerna, Tessin *314*
Haus des Ursulinenordens, Mendrisio, Tessin *335*
Wohnblock, Pregassona, Tessin *335*
Umbau des Centro Tognano, Coldrerio, Tessin *335*
Haus Rusconi, Castel San Pietro, Tessin *332*
Kindergarten, Balerna, Tessin *314*

Annette Gigon und Mike Guyer
Bebauung Broelberg, Kilchberg, Zürich *385*, *386*, *387*
Eisbahnhaus, Davos, Graubünden *299*, *396*
Erweiterung Kunstmuseum, Winterthur, Zürich *24*
Kirchner Museum, Davos, Graubünden *298*
Provisorium des Kunstmuseums, Winterthur, Zürich *391*
Restaurant Vinikus, Davos, Graubünden *299*

Frédéric Gilliard und Frédéric Godet
Gewerbeschule, Lausanne, Waadt *231*
Siedlung Eglisee (Woba), Basel *124*
Wohnsiedlung Prélaz, Lausanne, Waadt *231*

Jean Gérard Giorla
Bergrestaurant, St. Luc, Wallis *290*
„La Terrasse", Sierre, Wallis *290*
Schule, Zermatt, Wallis *402*

Giorgis
(siehe Mondada & Giorgis)

Michel Girardet
Neuer Sitz des Informationszentrums des Interna-

Verzeichnis der Architekten und ihrer Bauten

tionalen Komitees vom Roten Kreuzes, Genf 267

Ernst Gisel
Atelier Gisel, Zürich 70
Doppeleinfamilienhaus, Erlenbach, Zürich *30*
Hallenbad, Meilen, Zürich 21
Jugendherberge, Zürich 70
Kantonalbank, Herisau, Appenzell 100
Kinderdorf Pestalozzi, Trogen, Appenzell 101
Kirche, Effretikon, Zürich *197*
Kirche, Oberglatt, Zürich *197*
Kirche, Reinach, Basel-Land *197*
Klosterschule, Engelberg, Obwalden 198
Kongresszentrum und Sportzentrum, Davos, Graubünden 298
Ökumenisches Kirchen- und Begegnungszentrum, Steinhausen, Zug 174
Parktheater, Grenchen, Solothurn 150
Reformierte Kirche, Rigi-Kaltbad, Luzern *197*
Reihenhäuser, Vaduz, Fürstentum Liechtenstein *102*
Schulhaus Letzi, Zürich 70
Schulhaus Steinboden, Eglisau, Zürich 70
Schulzentrum Mühleholz, Vaduz, Fürstentum Liechtenstein *102*
Seniorenheim Stampfenbach, Zürich 70
Stadelhofer Passage, Zürich *81*
Theater, Schaan, Fürstentum Liechtenstein *102*
Universitätsgebäude, Zürich 37
Wohnhaus Gisel, Zumikon, Zürich 32
Wohnhäuser mit Atelier, Zumikon, Zürich *32*
World Trade Center, Zürich 70

Giorgio Giudici
Mittelschule, Riva San Vitale, Tessin 372

Lorenzo Giuliani und Christian Hönger
Wohnhaus, Unterägeri, Zug 387
Wohnungsbau am Seeufer, Erlenbach, Zürich 387

Frank Gloor
(siehe Felix Schwarz und Frank Gloor)

Frédéric Godet
(siehe Frédéric Gilliard, Frédéric Godet)

Ami Golay
(siehe Eugène Cavalli und Ami Golay)

Regina und Alain Gonthier
Studentenzentrum Bühlplatz, Bern 164
Wohnungsbau, Hünibach-Thun, Bern *164*

Jean Graf
Schulhaus, Niederurnen, Glarus *171*

Max Graf
Kinderdorf Pestalozzi, Trogen, Appenzell 101

Graham, Pfenninger und Scholl
Wohn- und Geschäftshaus, Esslingen, Zürich 390

Jean-Luc Grobéty
Sportzentrum, Porrentruy, Jura *287*
Kantonale Krankenpflegeschule, Fribourg 400, 401
(siehe auch Jean-Luc Grobéty, Raoul Andrey und Christian Sottaz)

Jean-Luc Grobéty, Raoul Andrey und Christian Sottaz
Théâtre du Crochetan, Monthey, Wallis 287, *401*

Mischa Groh
Bildhaueratelier, Comano, Tessin 336

Jean Gros
(siehe André Bordigoni, Jean Gros und Antoine de Saussure)

Roland Gross, Hans Escher und Robert Weilemann
Schule, Zürich 72

Groupe Y
Umbau eines Bauernhofes, Landecy, Genf 281

Otto Gschwind
Siedlung Oberstrass, Zürich 40

Edmond Guex und Gerd Kirchhoff
Grundschule, Genf 266

Cedric Guhl, Max Lechner, Walter Philipp und Paul Kollbrunner
Schulzentrum, Amriswil, Thurgau 88

Verzeichnis der Architekten und ihrer Bauten

Augusto Guidini
(siehe Otto Schärli Sen., Werner Dolder, Augusto Guidini)

Marcel Gut
(siehe Max Richter, Marcel Gut)

Esther und Rudolf Guyer
Kaserne, Bremgarten, Aargau 112
Tagungszentrum Kartause Ittingen, Warth, Thurgau 91

Lux Guyer
Frauenwohnkolonie Lettenhof, Zürich 41
Haus Mendel, Küsnacht, Zürich 17
Haus Sunnebüel, Küsnacht, Zürich 17
Rebhaus, Küsnacht, Zürich 17
Villa Im Düggel, Küsnacht, Zürich 17

Mike Guyer
(siehe Annette Gigon und Mike Guyer)

Adolphe Guyonnet
Quartier Vermont, Genf 265

H

Janez Hacin
Verwaltungsgebäude Hewlett-Packard III, Meyrin-Satigny, Genf 282

Max Haefeli
(siehe Otto Pfleghard, Max Haefeli)

Max Ernst Haefeli
Farbhof Housing, Zürich 58
Freibad Allenmoos, Zürich 60
Geschäftshaus Zur Palme, Zürich 74
Haus Baumann, Küsnacht-Goldbach, Zürich 18
Haus Ernst, Kilchberg, Zürich 18
Haus Heberlein, St. Gallen 98
Haus Koellreuter, Küsnacht-Goldbach, Zürich 18
Rotach-Musterhäuser, Zürich 42
Schwimmbad Im Moos, Schlieren, Zürich 60
Verwaltungsgebäude der Eternit AG, Niederurnen, Glarus 171
(siehe auch Max Ernst Haefeli, Werner Max Moser, Rudolf Steiger)
(siehe auch Architektengemeinschaft AKZ)

Max Ernst Haefeli, Werner Max Moser und Rudolf Steiger
Kongresshaus, Zürich 58
Menschenaffenhaus, Zoologischer Garten, Zürich 58
Neuapostolische Kirche, Genf 259
Freibad, Aarau, Aargau 104
Siedlung Neubühl, Zürich 44
Wohnanlage Hohenbühl, Zürich 58
(siehe auch Architektengemeinschaft AKZ)

Leo Hafner
Kantonalbank, Zug 78

Fritz Haller
Ausbildungszentrum der Schweizerischen Bundesbahn, Murten, Fribourg 221
Erweiterung Kantonsschule, Solothurn 153
Fabrikgebäude USM, Münsingen, Bern 166
Haus Hafler, Solothurn 153
Höhere Technische Lehranstalt, Brugg-Windisch, Aargau 112
Kantonsschule, Baden, Aargau 108
Schule, Solothurn 153
Schulzentrum Wasgenring, Basel 136

Nicolaus Hartmann
Bahnhof, Poschiavo, Graubünden 301
Kraftwerk, Küblis, Graubünden 300

Moritz Hauser
Wohnhäuser, St. Gallen 93

Hauserman
(siehe Camoletti & Hauserman)

Walter Henauer und Ernst Witschi
Alte Börse, Zürich 43

Alexander Henz
Ecole polytechnique fédérale de Lausanne (EPFL), Ecublens, Waadt 226

Daniel Herren
(siehe Pierre Clemençon, Daniel Herren und Andrea Roost)

Hermann Herter
Tramwartehallen, Zürich 38
Städtisches Hallenbad, Zürich 48

Verzeichnis der Architekten und ihrer Bauten

Schweizerische Nationalbank, Luzern 184
Sportanlage Sihlhölzli, Zürich 48
Tramdepot, Zürich 48
Strandbad Wollishofen, Zürich 48

Michel Herteux
Verwaltungsgebäude Montbrillant, Genf 274

G. Herting
Gemeinschaftszentrum Bärenmatte, Suhr, Aargau 117

Jacques Herzog und Pierre de Meuron
Einfamilienhaus, Therwil, Basel-Land 141
Lokomotivdepot und Stellwerk Auf dem Wolf, Basel 141, 383
Restaurierung Haus Schaeffer, Basel 128
Sporthalle, Saint Louis (F) 383
Umbau und Erweiterung Wohn- und Bürohaus SUVA, Basel 140
Wohnhaus entlang einer Scheidemauer, Basel 140
Wohnhaus mit Theaterraum, Bottmingen, Basel-Land 148
Wohn- und Geschäftshaus, Basel 141
Wohn- und Geschäftshaus Schwitter, Basel 140

Fred Hochstrasser
(siehe Walter Custer, Fred Hochstrasser und Hans Bleiker)

Arnold Hoechel
Kantonale Universitätsklinik, Genf 260

Mehrfamilienhaus, Genf 257
Siedlung Eglisee (Woba), Basel 124
(siehe auch Camille Martin, Arnold Hoechel, Paul Aubert)

Hans Hofmann
AJAG-Verwaltungsgebäude, Zürich 58
First Church of Christ, Scientist, Zürich 58
Genossenschaftswohnungen, Zürich 56
Rheinkraftwerk, Birsfelden, Basel-Land 146
Siedlung Eglisee (Woba), Basel 124
Siedlung Stadtrain, Winterthur, Zürich 26
Mustermesse, Basel 146

Peter Hofmann
(siehe ADP)

Hans Hohloch
Schulhaus Lindberg, Winterthur, Zürich 29

Denis Honegger
Universität Miséricorde, Fribourg 218

Jean Jacques und Pierre Honegger
Mehrfamilienhaus Avenue Weber, Genf 258
Mehrfamilienhaus Deux-Parcs, Genf 258
Mehrfamilienhaus Frontenex Parc, Genf 258
Wohnsiedlung Parc de Budé, Genf 264

Heinz Hönger
(siehe Frank Bolliger, Heinz Hönger, Werner Dubach)

Emil Hostettler
Schweizerische Landesbibliothek, Bern 158

Theo Hotz
Buchbinderei, Mönchaltorf, Zürich 22
Eigentumswohnungen Wetzikon-Robenhausen, Zürich 22
„Empa"-Gebäude, St. Gallen 385, 393
Erweiterung Messe Basel 385
Fernmeldebetriebszentrum Herdern, Zürich 76
Feuerwehrstation, Meilen, Zürich 22
Geschäftshaus, Löwenplatz, Zürich 76
Geschäftshaus Apollo, Zürich 76
Geschäftshaus Feldpausch, Zürich 77, 389
Geschäftshaus Marti AG, Zürich 76
"Konnex"-Gebäude, Baden, Aargau 385, 391
Lok-Remise Mülligen, Schlieren, Zürich 23
Postzentrum Mülligen, Schlieren, Zürich 22
Toro I und II, Zürich 386
Wohnhaus Raussmüller/Welti, Zürich 77
UBS-Konferenzzentrum Grünenhof, Zürich 77, 389

Hans Howald
Gemeindesaal, Niederurnen, Glarus 171

Hans und Annemarie Hubacher
Siedlung Rietholz, Zollikerberg, Zürich 30

Carl Hubacher
Siedlung Neubühl, Zürich 44

Verzeichnis der Architekten und ihrer Bauten

Teehaus Mühlehalde, Zürich-Witikon, Zürich *14*
Zett-Haus, Zürich *46*

Kurt Huber
(siehe René Antoniol und Kurt Huber)

Hungerbühler
(siehe Walter Fischer und Partner)

Christian Hunziker
Einfamilienhaus, Puplinge, Genf *283*
Wohnkomplex Les Grottes I, Genf *272*

Jakob Hunziker
Einfamilienhaus, Puplinge, Genf *283*

I

Karl Indermühle
Friedenskirche, Bern *160*
Reformierte Kirche, Grenchen, Solothurn *160*
Schulhaus Stapfenacker, Bern *160*

Peter Indermühle
Erweiterung Schulhaus Stapfenacker, Bern *160*

Ingenieurbüro Eglin Ristic AG
Restaurierung Antoniuskirche, Basel *121*

Otto Ingold
Mehrfamilienhäuser Sonnenhof, Bern *157*
Volkshaus, Bern *156*

Gérald Iseli
(siehe Fonso Boschetti, Jean-Jacques Alt, Gérald Iseli und François Martin)

Peter Issler
Siedlung Rietholz, Zollikerberg, Zürich *30*

Itten + Brechbühl
Technopark, Zürich *84*

Arnold Itten
Kurhotel Bella Lui, Crans-Montana, Wallis *284*
Wohnhaus und Atelier, Steffisburg, Bern *166*

J

Augusto Jäggli
Radio der italienischen Schweiz, Lugano-Besso, Tessin *316*

Jaray
(siehe Cramer-Jaray-Paillard)

Emil Jauch
Schulhaus Felsberg, Luzern *190*
Schulhaus Matt, Hergiswil, Nidwalden *201*

Charles-Edouard Jeanneret
(siehe Le Corbusier)

Pierre Jeanneret
Maison Clarté, Genf *254*
Villa Jeanneret, Corseaux, Waadt *224*

Bruno Jenni
Pfarreizentrum, Lenzburg, Aargau *114*

Pierre Jéquier
Schulzentrum Pré-Picot, Genf *276*, *398*

Didier Jolimay
Verwaltungsgebäude Firmenich, Meyrin-Satigny, Genf *282*

Beat Jordi
Zentrum für Mutter und Kind, Baldegg, Luzern *180*
(siehe auch ADP)

Dominique Julliard
Wohnsiedlung Le Lignon, Genf *264*
Wohnsiedlung Parc de Budé, Genf *264*

Dieter Jüngling und Andreas Hagmann
HTL-Gebäude, Chur, Graubünden *395*
Schule, Mastrils, Graubünden *395*

K

Kaderli und Wehrli
Doppelwohnhäuser, Amriswil, Thurgau *393*

Josef Kaufmann
Schweizerische Landesbibliothek, Bern *158*

Jacques Kehrer
Evangelisch reformierte Kirche, Zug *176*

Dagobert Keiser und Richard Bracher
Ehem. Kinderheilstätte Heimeli, Unterägeri, Zug *176*

Bruno Keller
(siehe Emilio Berngger, Bruno Keller, Edy Quaglia)

Adolf Kellermüller
Bauten der Georg Fischer AG, Schaffhausen *86*
First Church of Christ, Scientist, Zürich *58*
Genossenschaftswohnungen, Zürich *56*

Verzeichnis der Architekten und ihrer Bauten

Siedlung Eglisee (Woba), Basel 124
Siedlung Eichliacker, Winterthur, Zürich 26
Siedlung Selbsthilfe, Winterthur, Zürich 26
Siedlung Stadtrain, Winterthur, Zürich 26
Siedlung Unterer Deutweg, Winterthur, Zürich 26

Dieter Kienast
Vorgarten Geschäftshaus, Zürich 388

Gerd Kirchhoff
(siehe Edmond Guex und Gerd Kirchhoff)

Paul Kollbrunner
(siehe Cedric Guhl, Max Lechner, Walter Philipp und Paul Kollbrunner)

Paolo Kölliker
Schule Bünzmatt, Wohlen, Aargau 119
Wohnsiedlung Unter der Halde, Würenlingen, Aargau 118

Arthur Kopf
Einfamilienhaus, St. Gallen, 92

Marie Christine und Pierre Kössler, Claude Morel, mit Eric Lauper und Pierre Ruedin
Jugendherberge, Genf 273

Kreis, Schaad & Schaad
Gauss-Stierli-Areal, Zürich 386

Karl Krebs
(siehe Alfred Möri und Karl Krebs)

Krebs und Müller
Naturhistorisches Museum, Bern 158

Kuhn, Fischer & Partner (W. Fischer und G. Scherrer)
Wohnquartier Herti V, Zug 179
(siehe auch Walter Fischer & Partner)

Gody Kühnis
Einfamilienhaus, Sargans, St. Gallen 338
Mehrfamilienhaus, Trübbach, St. Gallen 338

Karl Kündig
Siedlung Sunnige Hof, Zürich 66

Kündig & Oetiker
Siedlung Erismannhof, Zürich 40

Beda Küng
Umbau Cabaret Tabourettli und Theater Fauteuil, Basel 142

August Künzel
Siedlung, Basel 130
Siedlung Hirzbrunnen, Basel 122
Siedlung Im Vogelsang, Basel 122

Gérard Kupfer
Schule der Vereinten Nationen, Genf 268

L

Eduard Ladner
Katholische Kirche, Schellenberg, Fürstentum Liechtenstein 102

Inès Lamunière
(siehe Patrick Devanthéry, Inès Lamunière)

Jean Marc Lamunière
Gewächshaus, Botanischer Garten, Genf 269
Haus Jeanneret-Reverdin, Cologny, Genf 248
Mehrfamilienhaus, Genf 268
Schule der Vereinten Nationen, Genf 268
Tours de Lancy, Genf 269
Villa Bédat, Vandoeuvres, Genf 248
Wohn- und Geschäftshaus, Genf 268

Robert Landolt
(siehe Architektengemeinschaft AKZ)

Robert Lang und Hans Loepfe
Verwaltungsgebäude der Städtischen Werke, Baden, Aargau 106

Edi und Ruth Lanners
Abdankungskapelle und Krematorium, Baden, Aargau 107
Katholische Kirche, Baden, Aargau 107

Erik Lanter
Erweiterung Kantonsschule, Winterthur, Zürich 27

Eduard Lanz
Volkshaus, Biel, Bern 154

Eric Lauper
(siehe Marie Christine und Pierre Kössler)

Henri Lavanchy
Villa Karma, Clarens, Waadt 223

Verzeichnis der Architekten und ihrer Bauten

Alphonse Laverrière
Friedhof Bois-de-Vaux, Lausanne, Waadt 230
Hauptbahnhof, Lausanne, Waadt 230
Turmhaus Bel-Air Métropole, Lausanne, Waadt 230
Villa La Sauvagère, Lausanne, Waadt 230
Wohn- und Geschäftshaus, Lausanne, Waadt *230*

Max Lechner
(siehe Cedric Guhl, Max Lechner, Walter Philipp und Paul Kollbrunner)

Le Corbusier (Charles-Edouard Jeanneret)
Centre Le Corbusier, Zürich 74
Filmtheater La Scala, La Chaux-de-Fonds, Neuchâtel 212
Maison Clarté, Genf 254
Villa Fallet, La Chaux-de-Fonds, Neuchâtel 206
Villa Favre-Jacot, Le Locle, Neuchâtel 214
Villa Jaquemet, La Chaux-de-Fonds, Neuchâtel 208
Villa Jeanneret, Corseaux, Waadt 224
Villa Jeanneret-Perret, La Chaux-de-Fonds, Neuchâtel 208
Villa Schwob, La Chaux-de-Fonds, Neuchâtel 210
Villa Stotzer, La Chaux-de-Fonds, Neuchâtel 208

Peter Leemann
Pfarreizentrum Horgen, Zürich 73
Protestantische Kirche und Gemeindezentrum Saatlen, Zürich 72
Mehrfamilienhaus, Zürich 72

Siedlung Heuried, Zürich *30*
Siedlung Hirzenbach, Zürich 30
Swiss Control, Flughafen Zürich-Kloten 73
Umbau und Erweiterung Opernhaus, Zürich 72
Wohnbebauung Grüzefeld, Winterthur, Zürich 30

Camille Lefèvre
(siehe Nénot & Flegenheimer, C. Broggi, J. Vago und C. Lefèvre)

Lesemann
(siehe Atelier d'architectes)

Leu
Bürgerspital, Basel 134

Gottlieb Leuenberger & Jakob Flückiger
Wohnkolonie Dreispitz, Zürich 66
(siehe auch Architektengemeinschaft AKZ)

Hans Leuzinger
Gebirgshütte, Braunwaldalp, Glarus 170
Gemeindesaal, Niedernurnen, Glarus 171
Kunsthaus, Glarus 170
Schulhaus, Niedernurnen, Glarus *171*

Hans Loepfe
(siehe Robert Lang, Hans Loepfe)

Adolf Loos
Villa Karma, Clarens, Waadt 223

Jacques Lozeron und Jean Erb
Kantonale Universitätsklinik, Genf 260

Rodolphe Luscher
Erweiterung Théâtre de Vidy, Lausanne, Waadt 238, 401
Fernmeldezentrale der PTT, Ecublens, Waadt 228
Kindertagesstätte, Lausanne, Waadt 240

M

Stephan Mäder
(siehe Hermann Eppler und Stephan Mäder)

Renato Magginetti
Industriegebäude, Castione, Tessin 405

Patrick Magnin
Erweiterung Ecole des Cropettes, Genf 398

M. Maillard
(siehe Ch. Thévenaz, Ch. Brugger und M. Maillard)

Robert Maillart
Aquaedukt bei Le Châtelard, Finhaut, Wallis 284
Eidgenössisches Getreidelager, Altdorf, Uri 202
Fußgängerbrücke über die Töss, Winterthur, Zürich 28
Magazzini generali, Chiasso, Tessin 334
Postamt, Zürich 48
Rossgrabenbrücke, Schwarzenburg, Bern 166
Salginatobelbrücke, Schiers, Graubünden 302
Sanatorium Regina Alessandra, Davos, Graubünden 295
Schwandbach Brücke, Schwarzenburg, Bern *166*

Sportanlage und Städtisches Hallenbad, Zürich 48
Thurbrücke Felsegg, Henau, St. Gallen 92
Universitätsgebäude, Zürich 37
Val-Tschiel Brücke, Donath, Graubünden 303
Verwaltungsgebäude Crédit Suisse, Genf 256
Vessybrücke, Genf 283

Vincent Mangeat
Haus Annaheim, Rossemaison, Jura 204
Haus Ritz, Monthey, Wallis 288
Kantonsschule, Nyon, Waadt 242
Schule, Tannay, Waadt 244
Swisscontrol-Gebäude, La Dôle, Waadt 228

Maraini
(siehe Eppler, Maraini und Partner)

Paola Maranta
(siehe Quintus Miller, Paola Maranta und Christoph Mathys)

Ueli Marbach und Arthur Rüegg
Wohn- und Geschäftshaus, Basel 139
(siehe auch Arcoop)

Bruno Marchand
Tours de Lancy, Genf 269
Wohn- und Geschäftsgebäude, Genf 268

Peter Märkli
Einfamilienhaus, Sargans, St. Gallen 338
Mehrfamilienhaus, Trübbach, St. Gallen 338
Stiftung La Congiunta, Giornico, Tessin 338
Wohnblock, Brig, Wallis 402

Daniele Marques und Bruno Zurkirchen
Einfamilienhaus, Sursee, Luzern 196
Erweiterung Schulhaus, Büren, Nidwalden 200
Erweiterung Schulhaus, Greppen, Luzern 396
Erweiterung Schulhaus, Ruswil, Luzern 396
Haus Hodel, Meggen, Luzern 196
Haus Kraan-Lang, Emmenbrücke, Luzern 180
Wohn- und Geschäftshaus, Luzern 194

Angelo Martella
San Giovanni Battista, Gnosca, Tessin 338

Camille Martin, Arnold Hoechel und Paul Aubert
Gartenstadt Aïre, Genf 250

François Martin
(siehe Fonso Boschetti, Jean Jacques Alt, Gérald Iseli und François Martin)

Christoph Mathys
(siehe Quintus Miller, Paola Maranta, Christoph Mathys)

Matti, Bürgi and Ragaz
Wohn- und Geschäftshaus „Citypark", Baden, Aargau 391, 397

François Maurice
(siehe Albert Cingria, François Maurice und Jean Duret sowie Jean Pierre Dom und François Maurice)

Julius Maurizio
Kinderspital, Basel 125
Freibad Eglisee, Basel 125

Paul Mebes und Rudolf Bäny
Bauten der Georg Fischer AG, Schaffhausen 86

Berhard Meier
Kantonales Gymnasium, Locarno, Tessin 341

Otto Meier
(siehe Ernst Mumenthaler und Otto Meier)

P. Meier
(siehe K. Scherrer, P. Meier)

Armin Meili
Infanterie-Kaserne Allmend, Luzern 186
Kunst- und Kongresshaus, Luzern 186
Wohn- und Geschäftshaus, Luzern 186

Marcel Meili und Markus Peter
Erweiterung der Holzfachschule, Biel, Bern 156
Einfamilienhaus, Wallisellen, Zürich 388
Park-Hyatt-Hotel, Zürich 388
Perrondächer des Hauptbahnhofs, Zürich 388

Jacques Menoud
(siehe Collectif d'architectes)

Patrick Mestelan und Bernard Gachet
Baufachschule FVE, Tolochenaz, Waadt 244

Verzeichnis der Architekten und ihrer Bauten

Schulzentrum Grand-Champ, Gland, Waadt 228

Metron (Ueli Rüegg, Franz Roth und Gioconda De Min)
Büro- und Wohngebäude Stahlrain, Brugg, Aargau 112
Ecole polytechnique fédérale de Lausanne (EPFL), Ecublens, Waadt 226
Kantonsspital Aarau, Aargau *112*
Mehrfamilienhaus, Lenzburg, Aargau *392*
Siedlung Loh, Mülligen, Aargau 116
Siedlung Oepfelbaum, Stetten, Aargau 116
Siedlung Zelgli, Windisch, Aargau 116

Fritz Metzger
Katholische Kirche, Oberuzwil, St. Gallen 92
St. Felix und Regula, Zürich 66
St. Franziskus, Basel 66
St. Karl, Luzern 188

Rudolf Meuli
(siehe Fritz Stucky, Rudolf Meuli)

Pierre de Meuron
Restaurierung Haus Colnaghi, Riehen, Basel-Stadt 126
(siehe auch Jacques Herzog und Pierre de Meuron)

Adrian Meyer
(siehe Urs Burkard, Adrian Meyer und Max Steiger)

Hannes Meyer
Arbeiterwohnungen, Balsthal, Solothurn *151*
Genossenschaftssiedlung Freidorf, Muttenz, Basel-Land 148
Kinderheim, Mümliswil, Solothurn 151

Richard Meyer
Bürogebäude „Euregio", Basel *381*

R. Meyer
Haus Koerfer, Ascona, Tessin 310

Frédéric Mezger
Alterswohnungen in der Gartenstadt Vieusseux, Genf 251
Gartenstadt Vieusseux, Genf 250

Quintus Miller, Paola Maranta und Christoph Mathys
Markthalle Färberplatz, Aarau, Aargau *391*
Servicestation und Autobahnüberführung, Sevelen, St.Gallen 96

Henry Minner
Mehrfamilienhaus, Genf 256

Rudolf Mock
Wohnhaus „Parkhaus Zossen", Basel *137*

Renzo Molina
Hauptpost, Bellinzona, Tessin 320

Henry Mollet
Modernisierung Volkshaus, Biel, Bern 154

Mondada & Giorgis
Fachbereich Pharmazie EPFL, Ecublens, Waadt *226*

J.P. Mongeaud
Warenhaus Jelmoli, Zürich 54

Monnier
(siehe Aubry et Monnier & Partner)

Eugène Monod
Hauptbahnhof, Lausanne, Waadt 230
Villa La Sauvagère, Lausanne, Waadt 230

Claude Morel
(siehe Marie Christine und Pierre Kössler)

Moretti
(siehe Architektenkollektiv Carloni-Denti-Moretti)

Meinrad Morger und Heinrich Degelo
Dreirosenschule, Basel 383
Mehrfamilienhaus, Basel 145
Stellwerk, Murgenthal, Aargau *383*

Alfred Möri und Karl Krebs
Evangelisch-reformierte Lukaskirche und Gemeindehaus, Luzern 188

Franco und Paolo Moro
Einfamilienhaus, Coldrerio, Tessin 333
Einfamilienhaus, Gordola, Tessin 333
Kindergarten, Avegno, Tessin 405
Reihenhäuser, Cavigliano, Tessin 333
Seniorenheim, Russo, Tessin 333

Heinz Moser
Feuerwehrstation, Meilen, Zürich 22

Verzeichnis der Architekten und ihrer Bauten

Karl Moser
Antoniuskirche, Basel 121
Badischer Bahnhof, Basel 120
Bauten der Georg Fischer AG, Schaffhausen 86
Evangelisch-reformierte Kirche, Zug 176
Kunstmuseum, Zürich 33
Postgebäude, Baden, Aargau 105
Sitz der Schweizerischen Kreditanstalt, Luzern 184
St. Joseph, Basel 121
St. Paul, Basel 121
(siehe auch Curjel & Moser)

Werner Max Moser
Doppelwohnhaus in der Eierbrecht, Zürich 45
Evangelisch-reformierte Kirche Altstetten, Zürich 60
Freibad Allenmoos, Zürich 60
Freibad Im Moos, Schlieren, Zürich 60
Haus Fleiner, Zürich 45
Siedlung Eglisee (Woba), Basel 124
Siedlung Neubühl, Zürich 44
Verwaltungsgebäude der Eternit AG, Niederurnen, Glarus 171
Villa Hagmann, Zürich 45
Wohnsiedlung Farbhof, Zürich 58
(siehe auch Architektengemeinschaft AKZ sowie auch Max Ernst Haefeli, Werner Max Moser und Rudolf Steiger)

Carl Mossdorf
Aufzugsfabrik Schindler, Ebikon, Luzern 202
Siedlung Geissmatt, Luzern 185

Rolf Mühletaler
Einfamilienhaus, Bern 397

Hans von der Mühll
Siedlung Eglisee (Woba), Basel 124
Siedlung Hirzbrunnen, Basel 122

Henri Robert von der Mühll
Mehrfamilienhaus La Chandoline, Lausanne, Waadt 232
Valency-Quartier, Prilly, Waadt 232

Erwin Müller
Kunstmuseum, Zürich 33

Hanspeter Müller
Mehrfamilienhaus Luzernerring, Basel 142
Wohnkomplex Vogelbach, Basel 142

Mathis und Ueli Müller
Werkhof, Aarau, Aargau 391

Wolfgang Müller
Kindergarten, Schaffhausen 87

Alfredo Mumenthaler
Uni Mail, Genf 278

Ernst Mumenthaler und Otto Meier
Genossenschaftshaus Neuweg, Basel 130
Kinderheim, Riehen, Basel-Stadt 130
Siedlung Drei Linden, Basel 130
Siedlung Eglisee (Woba), Basel 124

Fabio Muttoni
(siehe Elio Ostinelli und Fabio Muttoni)

N

Hannibal Naef
Bat'a-Kolonie, Möhlin, Aargau 114
Papierfabrik Schelling, Rümlang, Zürich *115*

Joachim Naef, Ernst Studer und Gottfried Studer
Heilpädagogisches Zentrum, Altdorf, Uri 202
Kirche, Buchrain, Luzern *172*
Kollegiumskirche, Sarnen, Obwalden 198
Pfarreizentrum, Buttikon, Schwyz 172
Pfarreizentrum St. Martin, Thun, Bern *172*
Sekundarschule und Gemeinschaftszentrum, Sachseln, Obwalden *199*

Robert Naef
Hallenstadion, Zürich 50

Roland Naegeli
Wohnkomplex Vogelbach, Riehen, Basel-Stadt 142

Nénot & Flegenheimer, Carlo Broggi, Joseph Vago und Camille Lefèvre
Palais des Nations, Genf 252

Pier Luigi Nervi
Neuer Sitz des Bureau International du Travail, Genf 266

Eduard Neuenschwander
Kantonsschule Rämibühl, Zürich 70

Verzeichnis der Architekten und ihrer Bauten

Richard Neutra
Haus Bucerius, Brione sopra Minusio, Tessin *311*
Haus Rentsch, Wengen, Bern *311*
Villa Tuia, Ascona, Tessin *310*

Roberto Nicoli
Haus Cereghetti, Salorino, Tessin *374*

Pierre Nierlé
Kantonale Universitätsklinik, Genf *260*
Klinik Beau-Séjour, Genf *260*

Jean Nouvel, Emmanuel Cattani und Partner
Fabrikgebäude Cartier, Villeret, Bern *168*
Kultur- und Kongresszentrum, Luzern *186, 396*
Sulzer-Areal, Winterthur, Zürich *391*

O

Paul Oberrauch
Siedlung Eglisee (Woba), Basel *124*
Siedlung Hirzbrunnen, Basel *122*

Jean Jacques Oberson
Schule und Bibliothek im Quartier Les Pâquis, Genf *270*
Verwaltungsgebäude Firmenich, Meyrin-Satigny, Genf *282*
Verwaltungsgebäude Hewlett-Packard III, Meyrin-Satigny, Genf *282*
Zollgebäude, Bardonnex, Genf *282*

Robert Obrist & Partner
Frauenschule, Chur, Graubünden *293*
Mehrfamilienhaus mit Atelier, St. Moritz, Graubünden *302*
Postautohalle, Chur, Graubünden *293*
Schule, Untervaz, Graubünden *293*

Alfred Oeschger
Schulhaus Kappeli, Zürich *54*
Schweizerische Landesbibliothek, Bern *158*

Heinrich Oeschger
Schulhaus Kappeli, Zürich *54*

Oetiker
(siehe Kündig & Oetiker)

Offices des Constructions Fédérales (OCF)
Zollgebäude, Bardonnex, Genf *282*

A. Olivet
Warenhaus, Genf *248*

Luca Ortelli
Kantonsarchiv, Bellinzona, Tessin *324*

T. Osolin
Restaurierung Haus Colnaghi, Basel *126*

Elio Ostinelli und Fabio Muttoni
Reihenhäuser, Sorengo, Tessin *376*
Wohnsiedlung, Massagno, Tessin *376*

Rainer und Leonhard Ott
Erweiterung Altersheim Steig, Schaffhausen *87*
Reihenhäuser Surbeckstieg, Schaffhausen *87*

Rolf Otto
Hochschule für Wirtschafts- und Sozialwissenschaften, St. Gallen, *94*

P

Claude Paillard
Wohnbebauung Grüzefeld, Winterthur, Zürich *30*
Pfarreizentrum Horgen, Zürich *73*
Protestantische Kirche und Gemeindezentrum Saatlen, Zürich *72*
Siedlung Heuried, Zürich *30*
Siedlung Hirzenbach, Zürich *30*
Stadttheater, St. Gallen, *94*
Swiss Control, Flughafen Zürich-Kloten *73*
Umbau und Erweiterung Opernhaus, Zürich *72*
(siehe auch Cramer, Jaray und Paillard)

Orlando Pampuri
Einfamilienhaus, Vira Gambarogno, Tessin *379*

Manuel Pauli
Kaserne, Bremgarten, Aargau *112*

Louis Payot
Wohnsiedlung Meyrin, Genf *265*
Wohnsiedlung Cité de Lignon, Genf *264*

René Pedrazzini
Seilbahnstation Orselina-Cardada, Locarno, Tessin *314*

Heinrich Peikert
Reihenhäuser, Zug *177*

Verzeichnis der Architekten und ihrer Bauten

Jean Perrelet, Laurent Stalé und Pierre Quillet
Berufsschule, Lausanne, Waadt 236

Franco Pessina
(siehe Mario Campi und Franco Pessina)

Markus Peter
(siehe Marcel Meili und Markus Peter)

Predrag Petrovic
(siehe Peter Böcklin und Predrag Petrovic)

W. Pfeiffer
Fußgängerbrücke über die Töss, Winterthur, Zürich 28

Cristina Pfister
Restaurierung der Rotach-Musterhäuser, Zürich 42

Hans und Kurt Pfister
Kunstmuseum, Zürich 33

Otto und Werner Pfister
Bahnhof Enge, Zürich 39
Bürohaus SUVA, Luzern 183
Gartenstadt Im Kapf, Zürich 36
Kantonales Verwaltungsgebäude, Zürich 41
Kantonsschule, Winterthur, Zürich 41
Nationalbank, Zürich 38
Peterhof, Zürich 38
Sanitas-Verwaltungsgebäude, Zürich 41
Schwesternschule, Zürich 41
Schulzentrum, Zürich 37
St. Annahof, Zürich 38
Staudamm, Wägital, Schwyz 105
Verwaltungsgebäude der NOK, Baden, Aargau 105
Verwaltungsgebäude der Rentenanstalt, Zürich 41
Wohnkolonie Bergheim, Zürich 36

Otto Pfleghard und Max Haefeli
Ehem. Sanatorium Regina Alessandra, Davos, Graubünden 295
Münzhof, Zürich 34
Warenhaus Brann, Zürich 34
Warenhaus Jelmoli, Zürich 54

Walter Philipp
(siehe Cedric Guhl, Max Lechner, Walter Philipp und Paul Kollbrunner)

Mario Piatti
Arbeiterwohnheim „Casa Maria", Dietlikon, Zürich 14

Renzo Piano
Sammlung Beyeler, Basel 382

Marc Piccard
Strandbad Bellerive, Lausanne, Waadt 234

Louis Plüss
Kirche, Effretikon, Zürich 197
Kirche, Oberglatt, Zürich 197
Kirche, Reinach, Basel-Land 197
Reformierte Kirche, Rigi-Kaltbad, Luzern 197
Klosterschule, Engelberg, Obwalden 198

Franco Ponti
Einfamilienhaus, Bellinzona, Tessin 315
Einfamilienhaus, Biogno, Tessin 330
Einfamilienhaus, Vezia, Tessin 330
Siedlung San Michele, Caslano, Tessin 330

Gilles Porret
Uni Mail, Genf 278

Enrico Prati
(siehe Olivier Archambault, Françoise Barthassat und Enrico Prati)

Q

Edy Quaglia
(siehe Emilio Berngger, Bruno Keller, Edy Quaglia)

Peter und Jörg Quarella
Oberstufenzentrum, Jonschwil, St. Gallen 393
Doppelturnhalle, Bühler, Appenzell 393
Seehotel, Steckborn, Thurgau 393
Wohnbebauung, St. Gallen, 393

Francis Quétant
Mehrfamilienhaus, Genf 255
Neuapostolische Kirche, Genf 259
Villa Meyer, Cologny, Genf 255
Villa Ruf, Genf 255

Pierre Quillet
(siehe Jean Perrelet, Laurent Stalé und Pierre Quillet)

R

W. Rafflenbeul
Umbau und Erweiterung Opernhaus, Zürich 73

Verzeichnis der Architekten und ihrer Bauten

Walter Ramseier
(siehe A.D.P. Architekten)

Carl Rathgeb
Wohnkolonie Dreispitz, Zürich 66

Bruno Reichlin und Fabio Reinhart
Autobahnmotel Mövenpick, Bellinzona, Tessin 323
Haus des Friedensrichters, Sornico, Tessin 323
Haus Pellanda, Biasca, Tessin 323
Haus Tonini, Torricella, Tessin 377
(siehe auch Marie Claude Bétrix, Eraldo Consolascio und Bruno Reichlin)

Fabio Reinhart
(siehe Bruno Reichlin und Fabio Reinhart)

Gian Piero Respini
Municipio, Cevio, Tessin 405

Jacques Richter und Ignacio Dahl Rocha
Eos-Gebäude, Lausanne, Waadt 399
Mehrfamilienhaus, Prilly, Waadt 399
Multifunktionaler Komplex Espacité, La Chaux-de-Fonds, Neuchâtel 212, 399

Max Richter und Marcel Gut
Fachbereich Physik EPFL, Ecublens, Waadt 226
Mädchenpensionat Valmont, Lausanne, Waadt 237

Martin Risch
(siehe August Arter & Martin Risch)

Robert Rittmeyer und Walter Furrer
Kantonale Psychiatrische Heilanstalt, Herisau, Appenzell 100
Kunstmuseum und Stadtbibliothek, Winterthur, Zürich 24
Verwaltungsgebäude der Gebr. Volkart, Winterthur, Zürich 24

Roni Roduner
Atelier-Haus, Arzo, Tessin 307
Haus Strahm, Villars-sur-Glâne, Fribourg 307
Mehrzweckgebäude, Martigny, Wallis 307

Roland Rohn
Aufzugsfabrik Schindler, Ebikon, Luzern 202
Bauten der Dätwyler AG, Altdorf, Uri 202
Erweiterung Betriebsgebäude Hoffmann-La Roche, Basel 130
Fabrikgebäude der Brown Boveri AG, Baden, Aargau 106
Kollegienhaus der Universität, Basel 132
Warenhaus Jelmoli, Zürich 54

Hans Rohr
(siehe Werner Egli und Hans Rohr)

Franz Romero und Markus Schaefle
Geschäftshaus, Zürich 388

Andrea Roost
(siehe Pierre Clemençon, Daniel Herren und Andrea Roost)

Alfred Roth
Aufstockung Maschinenlabor ETH, Zürich 52
Doldertalhäuser, Zürich 56
Einkaufszentrum Schönbühl, Luzern 190
Haus de Mandrot/Haus Roth, Zürich 65
Haus Roth und Atelier, Zürich 56
Haus van de Velde I, II, Oberägeri, Zug 174
Schulanlage Riedhof, Zürich 70
Sommerhaus, Mammern, Thurgau 90

Emil Roth
Doldertalhäuser, Zürich 56
Jugendherberge „Im Rohrbuck", Fällanden, Zürich 14
Siedlung Eglisee (Woba), Basel 124
Siedlung Neubühl, Zürich 44

Franz Roth
(siehe Metron)

Hans Jörg Ruch
Um- und Erweiterungsbau des Bündner Kunstmuseums, Chur, Graubünden 294

Flora Ruchat
Gemeindeschulzentrum, Riva San Vitale, Tessin 370
Kindergarten, Chiasso, Tessin 334
Kindergarten, Viganello, Tessin 370
Städtisches Freibad, Bellinzona, Tessin 318
UBS-Verwaltungsgebäude „Suglio", Manno, Tessin 356, 405

Verzeichnis der Architekten und ihrer Bauten

Pierre Ruedin
(siehe Marie Christine und Pierre Kössler)

Werner Rüeger
Erweiterung und Umbau Bahnhof Stadelhofen, Zürich 81

Arthur Rüegg
(siehe Ueli Marbach und Arthur Rüegg)

Ueli Rüegg
(siehe Metron)

Claire und Oscar Rufer
Wohnkomplex La Tourelle, Genf 262

Walter Rüssli
(siehe Hans Eggstein, Walter Rüssli)

Isidor Ryser
Kantonales Gymnasium, Locarno, Tessin 341
Mehrfamilienhaus, Locarno-Monti, Tessin 344
Wohn- und Geschäftshaus, Baden, Aargau *111*
Zentrum Ruopigen, Littau, Luzern 182

S

Otto Rudolf Salvisberg
Bauten der Dätwyler AG, Altdorf, Uri 202
Bezirksspital, St-Imier, Jura *156*
Betriebsgebäude Hoffmann-La Roche, Basel 130
Bürohaus Bleicherhof, Zürich 62
Haus Barell, Basel 130
Haus Favre, Biel, Bern *158*
Haus Salvisberg, Zürich 62
Kinderspital, Zürich 62
Klinik Elfenau, Bern 156
Lory-Spital, Bern 156
Maschinenlabor und Heizwerk der ETH, Zürich 52
Naturwissenschaftliche Institute der Universität, Bern 158
Schweizerische Volksbank, Solothurn 152
SUVA-Haus, Bern 158
First Church of Christ, Scientist, Basel 130

Alexandre Sarrasin
Sammelbecken Les Marécottes, Salvan, Wallis 285
Trient-Brücke, Vernayaz, Wallis 285
Vispa-Brücke, Stalden, Wallis 285

Alberto Sartoris
Buchhandlung Selhofer, Lausanne, Waadt 232
Ehem. Motel Les Blonnaisses (heute Intereurope), Cully, Waadt 226
Haus Chamaley, Lutry, Waadt *241*
Innenausbau Cercle de l'Ermitage, Epesses, Waadt *225*
Haus De Grandi und Atelier, Corseaux, Waadt 225
Haus Morand-Pasteur, Saillon, Wallis 288
Industriegebäude der Fa. Keller, Saint-Prex, Waadt 243
Mehrfamilienhaus Les Toises, Lutry, Waadt 241
Notre-Dame du Bon Conseil, Lourtier, Wallis 286
Villa Huber, Saint-Sulpice, Waadt 244
Volkshaus, Vevey, Waadt 246
Wohnhaus, Montreux, Waadt 242
Wohn- und Geschäftshaus, La Tour-de-Peilz, Waadt *241*

Marc Joseph Saugey
Filmtheater Le Paris/Manhatten, Genf *261*
Hôtel du Rhône, Genf 260
Mont-Blanc Center und Filmtheater Plaza, Genf 260
Verwaltungsgebäude, Genf *261*
Wohnbauten, Genf 260, 261
Wohn- und Geschäftshaus Terreaux-du-Temple, Genf *261*
(siehe auch Atelier d'architectes)

Antoine de Saussure
(siehe André Bordigoni, Jean Gros und Antoine de Saussure)

Chantal Scaler
Wohn- und Geschäftshaus, Genf 274

Carlo Scarpa
Haus Zentner, Zürich 76

Walter Schaad
Schulhaus Matt, Hergiswil, Nidwalden 201

Jacques Schader
Kantonsschule Freudenberg, Zürich 49

Manfred Schafer
Cité du Grand Torry, Fribourg 401

Verzeichnis der Architekten und ihrer Bauten

Otto Schärli Sen., Werner Dolder und Augusto Guidini
Siedlung der Allgemeinen Baugenossenschaft, Luzern 185

J. E. Schaudt
Warenhaus Jelmoli, Zürich 54

Franz Scheibler
Siedlung Selbsthilfe, Winterthur, Zürich 26

Andi Scheitlin und Marc Syfrig
Betriebsleitzentrale, Luzern 396
Einfamilienhaus, Meggen, Luzern 396
"Museum Forum Schweizer Geschichte", Schwyz 396, 397
Schulhauserweiterung, Nottwil, Luzern 396

G. Scherrer
(siehe Kuhn, Fischer und Partner)

K. Scherrer und P. Meier
Siedlung Eglisee (Woba), Basel 124

Schindler
(siehe Frey & Schindler)

Ernst Schindler
Einfamilienhaus Rudwies, Egnach, Thurgau 90

Walter Schindler
Schul- und Freizeitzentrum, Schaan, Fürstentum Liechtenstein 102

Max Schlup
Bürohaus, Biel, Bern 155
Champagne-Schulhaus, Biel, Bern 155
Kongresshaus, Biel, Bern 155

Claudio Schmidt
UBS-Verwaltungsgebäude "Suglio", Manno, Tessin 356, 405

Hans Schmidt
Isolierstation Bürgerspital, Basel 134
(siehe auch Hans Schmidt, Paul Artaria)

Hans Schmidt und Paul Artaria
Appartementhaus für alleinstehende Frauen, Basel 126
Atelier- und Wohnhaus Wenk, Basel 126
Haus Colnaghi, Basel 126
Haus Huber-Zweifel, Basel 128
Haus Im Schlipf, Basel 126
Haus Riesen, Basel 129
Haus Schaeffer, Riehen, Basel-Stadt 128
Haus Schmidt-Kohl, Binningen, Basel-Land 146
Siedlung Eglisee (Woba), Basel 124
Siedlung Haslerain, Basel 129
Siedlung Im Höfli, Basel 129
Siedlung Neubühl, Zürich 44
Siedlung Schorenmatten, Basel 124

Werner Schmidt
Schule, Cazis, Graubünden 395

Dolf Schnebli
Erweiterung Schulanlage Kappelerhof, Baden, Aargau 111
Grundschule, Littau, Luzern 182
Kantonales Gymnasium, Locarno, Tessin 341
Kindergarten, Bissone, Tessin 341
Kindergarten, Locarno, Tessin 341
Mehrfamilienhaus, Locarno-Monti, Tessin 344
Schule Bünzmatt, Wohlen, Aargau 119
Schulzentrum, Breganzona, Tessin 341
UBS-Verwaltungsgebäude "Suglio", Manno, Tessin 356, 405
Villa Meyer, Zürich 80
Wohnsiedlung Büel, Baar, Zug 173
Wohn- und Geschäftshaus, Baden, Aargau 111
Wohnsiedlung Unter der Halde, Würenlingen, Aargau 118
Zentrum Ruopigen, Littau, Luzern 182

Hermann Schneider und Otto Tschumper
Hotel Rigihof und Post, Zürich 46

Josef Schütz
Wohnkolonie Dreispitz, Zürich 66
(siehe auch Architektengemeinschaft AKZ)

Felix Schwarz und Frank Gloor
Volkshaus Limmathaus, Zürich 50

Oliver Schwarz
Erweiterung des Bahnhofsgebäudes, Winterthur, Zürich 391

Verzeichnis der Architekten und ihrer Bauten

Pierre Schweizer
Einfamilienhaus, Sion, Wallis 402

Schwertz
(siehe Atelier d'architectes)

Otto H. Senn
Einfamilienhaus, Riehen, Basel-Stadt 137
Erweiterung Kantonsbibliothek, Fribourg 217
Universitätsbibliothek, Basel 137
Wohnhaus „Parkhaus Zossen", Basel 137

Walter Senn
Einfamilienhaus, Basel 137

Service des Travaux de la Ville de Genève
Freibad Pâquis, Genf 256

Werner Siegfried
Wohn- und Geschäftshaus, Luzern 186

Hermann Siegrist
Siedlung Leimenegg, Winterthur, Zürich 28

Miroslav Šik
Kirchgemeindezentrum, Egg, Zürich 398, 390
Musikerhaus, Zürich 390

Giancarlo Simonetti
Einfamilienhaus, Puplinge, Genf 283

Luigi Snozzi
Casa patriziale, Carasso, Tessin 329
Haus Bernasconi, Carona, Tessin 330
Haus Bianchetti, Locarno-Monti, Tessin 343
Haus Cavalli, Verscio, Tessin 379
Haus Diener, Ascona, Tessin 312
Haus Kalman, Brione sopra Minusio, Tessin 326
Haus Snider, Verscio, Tessin 378
Haus Walser, Loco, Tessin 343
Mehrfamilienhaus Bianchini, Brissago, Tessin 327
Municipio und Schule, San Nazzaro, Tessin 374
Pfarreizentrum, Lenzburg, Aargau 114
Richtplan für die Restrukturierung und Neubauten, Monte Carasso, Tessin 362, 403, 404
Verwaltungsgebäude Fabrizia, Bellinzona, Tessin 317
Wohnkomplex Heschl, Agarone, Tessin 343

Christian Sottaz
(siehe Jean-Luc Grobéty, Raoul Andrey, Christian Sottaz)

Philippe Spahni
Uni Mail, Genf 278

Martin Spühler
Mehrzweckbebauung, Romanshorn, Thurgau 90
Seniorenheim, Zürich 82
Wohnbebauung Bahnhof-Selnau-Areal, Zürich 82
Stadelhofer Passage, Zürich 81
Wohn- und Geschäftshaus, Zürich 82

Laurent Stalé
(siehe Jean Perrelet, Laurent Stalé und Pierre Quillet)

Mart Stam
Einfamilienhaus, Arcegno, Tessin 305
Einfamilienhaus, Hinterfingen, Bern 305

Christian Stamm
Restaurierung der Rotach-Musterhäuser, Zürich 42

Renato Stauffacher
Kulturzentrum „La Poste", Visp, Wallis 290

Carlo Steffen, André Gallay und Jacques Berger
Hôtel de Police, Genf 274
Verwaltungsgebäude Montbrillant, Genf 274

Adolf Steger
Schule und Museum für Gestaltung, Zürich 48
Siedlung Eglisee (Woba), Basel 124
Volkshaus Limmathaus, Zürich 50

Jakob Steib
Mehrfamilienhaus, Zwingen, Basel-Land 385

Wilfrid und Katharina Steib
Historisches Museum, Baden, Aargau 110
Museum für Gegenwartskunst, Basel 140
Schweizerisches Paraplegikerzentrum, Nottwil, Luzern 196
Seniorenheim, Riehen, Basel-Stadt 140
Wohnkomplex Wiesengarten, Basel 140

Max Steiger
Wohnkolonie Dreispitz, Zürich 66
(siehe auch Urs Burkard, Adrian Meyer, Max Steiger)

Verzeichnis der Architekten und ihrer Bauten

Peter Steiger
Haus an der Bergstrasse, Zürich 56
Kinderspital, Zürich 62

Rudolf Steiger
Geschäftshaus Zur Palme, Zürich 74
Haus an der Bergstrasse, Zürich 56
Haus Sandreuter, Riehen, Basel-Stadt 122
Kinderspital, Zürich 62
Kurhotel Bella Lui, Crans-Montana, Wallis 284
Montagewerk von General Motors, Biel, Bern 154
Mühlehalde Tea Room, Zürich-Witikon, Zürich 14
Wohnsiedlung Farbhof, Zürich 58
Zett-Haus, Zürich 46
(siehe auch Architektengemeinschaft AKZ)
(siehe auch Max Ernst Haefeli, Werner Max Moser und Rudolf Steiger)

Flora Steiger-Crawford
Haus Sandreuter, Basel 122
Kurhotel Bella Lui, Crans-Montana, Wallis 284

Albert Heinrich Steiner
Krematorium Nordheim, Zürich 65
Markus-Kirche, Zürich 65
Mehrfamilienhaus, Zürich 55
Siedlung Heiligfeld, Zürich 67
Universitätszentrum ETH-Hönggerberg, Zürich 53
Wohnhaus Hauser, Zürich 55

Rudolf Steiner
Goetheanum, Dornach, Solothurn 150

Peter Steinmann und Herbert Schmid
Mustermesse Service Center, Basel 385
Betonhaus, Naters, Wallis *402*

Oskar Stock
Siedlung Gwad, Wädenswil, Zürich 23

Heinrich Strickler
Ecole polytechnique fédérale de Lausanne (EPFL), Ecublens, Waadt 226
Wohn- und Geschäftshaus, Zürich 74
(siehe auch Team 2000)

Werner Stücheli
Bürohaus „Zur Bastei", Zürich 68

Fritz Stucky und Rudolf Meuli
Terrassenhaussiedlung, Zug 178

André Studer
Geschäftshaus Zur Palme, Zürich 74

Ernst und Gottfried Studer
(siehe Joachim Naef, Ernst Studer und Gottfried Studer)

Isa Stürm und Urs Wolf
Bürohaus, Zürich 388

Baubüro der Sulzer AG
Gebäude auf dem Fabrikareal der Sulzer AG, Winterthur, Zürich 24

Christian Sumi
(siehe Marianne Burkhalter und Christian Sumi)

Suter & Suter
Bürohochhaus Lonza, Basel 134
Ciba-Bauten, Basel 135
Gebäude auf dem Fabrikareal der Sulzer AG, Winterthur, Zürich 24
Innenausbau der Börse, Basel *135*
Neue Börse, Zürich *43*
Textilfabrik Beldona, Widnau, St.Gallen 98

T

Jean Taillens
Hauptbahnhof, Lausanne, Waadt 230

Carlo Tami
Kantonsbibliothek, Lugano, Tessin 348
Sacro Cuore, Bellinzona, Tessin 348

Rino Tami
Hallenbad, Lugano, Tessin *348*
Haus Nadig, Maroggia, Tessin 348
Kantonsbibliothek, Lugano, Tessin 348
Mehrfamilienhaus, Lugano, Tessin 348
Radio der italienischen Schweiz, Lugano-Besso, Tessin *316*
Sacro Cuore, Bellinzona, Tessin 348
Tunnelportale Autobahn Airolo - Chiasso, Tessin 304
Wohnturm, Lugano, Tessin 348
Wohn- und Geschäftshaus, Filmtheater Corso, Lugano, Tessin 348

Verzeichnis der Architekten und ihrer Bauten

Eugen Tamm
(siehe Emil Bercher, Eugen Tamm)

Team 2000 (Scherer, Strickler und Weber)
Terrassenhaussiedlung Mühlenhalde, Brugg-Umiken, Aargau *218*

Tilla Theus
Hotel, Zürich *387*

Ch. Thévenaz, Ch. Brugger und M. Maillard
Erweiterung der Kantonalbank, Lausanne, Waadt *235*

Jean Luc Thibaud
(siehe Mario Bevilacqua, Jacques Dumas, Jean Luc Thibaud)

Alberto Tibiletti
Centro Macconi, Lugano, Tessin *350*

Giorgio und Michele Tognola
Einfamilienhaus, Losone, Tessin *346*

G. Tournier
(siehe ACAU)

Mona Trautmann
Schule, Zermatt, Wallis *402*

Charles Trivelli und Joseph Austermayer
Wohn- und Geschäftshaus Montchoisi, Lausanne, Waadt *232*
Galéries Sainte-Luce, Lausanne, Waadt *232*

Ruggero Tropeano
Restaurierung der Rotach-Musterhäuser, Zürich *42*
Technopark, Zürich *84*

Ivo Trümpy
Gemeindeschulzentrum, Riva San Vitale, Tessin *370*
Kindergarten, Viganello, Tessin *370*
Städtisches Freibad, Bellinzona, Tessin *318*

Paul Truniger und Fritz Vogt
Traktorenfabrik Hürlimann, Wil, Sankt Gallen *98*

Jean Tschumi
Verwaltungsgebäude Nestlé AG, Vevey, Waadt *246*

Urs Tschumi
Verwaltungsgebäude Montbrillant, Genf *274*

Otto Tschumper
(siehe Hermann Schneider und Otto Tschumper)

Maurice Turrettini
Verwaltungsgebäude Crédit Suisse, Genf *257*

V

Livio Vacchini
Arbeiterwohnheim „Casa Maria", Dietlikon, Zürich *14*
Architekturbüro, Locarno, Tessin *342*
Casa patriziale, Carasso, Tessin *329*
Centro Macconi, Lugano, Tessin *350*
Einfamilienhaus, Contra, Tessin *336*
Ferienhaus, Vogorno, Tessin *337*
Grundschule „ai Saleggi", Locarno, Tessin *342*
Grundschule Collina d'Oro, Montagnola, Tessin *360*
Hauptpost, Locarno, Tessin *342, 403*
Haus Fumagalli, Ascona, Tessin *312*
Haus Snider, Verscio, Tessin *378*
Kantonsschule, Losone, Tessin *345*
Lido, Ascona, Tessin *311*
Mehrzweckhalle, Losone, Tessin *345*
Stadtvilla, Lugano, Tessin *403*
Umbau und Erweiterung Albergo Monte Verità, Ascona, Tessin *308*
Verwaltungsgebäude Fabrizia, Bellinzona, Tessin *317*
Wohnhaus Vacchini, Ascona, Tessin *336*

Joseph Vago
(siehe Nénot & Flegenheimer, C. Broggi, J. Vago und C. Lefèvre)

Georges Van Bogaert
Mehrfamilienhaus, Genf *268*
Wohn- und Geschäftshaus, Genf *268*
Tours de Lancy, Genf *269*
Schule der Vereinten Nationen, Genf *268*

Gianmaria Verda
(siehe Sandro Cabrini und Gianmaria Verda)

Louis Vial
Wohnsiedlung Montchoisy, Genf *248*

Louis Vincent
Gartenstadt Vieusseux, Genf *250*
Mehrfamilienhaus Frontenex Parc, Genf *258*

Verzeichnis der Architekten und ihrer Bauten

(siehe auch Atelier d'architectes)

Ernst und Paul Vischer
Bürgerspital, Basel 134
Geschäftshaus der Bâloise-Versicherung, Fribourg 218

Patrick Vogel
(siehe Atelier Cube)

Emil Vogt
Sitz der Schweizerischen Kreditanstalt, Luzern 184

Fritz Vogt
(siehe Paul Truniger, Fritz Vogt)

Klaus Vogt
(siehe Benno Fosco, Jacqueline Fosco-Oppenheim und Klaus Vogt)

Michel Voillat
(siehe John Chabbey, Michel Voillat, Raymond Coquoz, Jacques Faravel)

W

Paul Waltenspühl
Eternitfabrik, Payerne, Waadt *171*
Schule Les Palettes, Grand-Lancy, *263*
Schule und pädagogisches Zentrum Parc Geisendorf, Genf 262
Sporthallenkomplex, Genf 262
Tours de Carouge, Genf 262, *263*
Wohnkomplex La Tourelle, Genf 262

Max Wandeler
Wohnhochhaus Schönbühl, Luzern 190

François Wavre und Louis Carbonnier
Einfamilienhaus, Neuchâtel 215

Weber
(siehe Team 2000)

Friedrich Wehrli
Evangelisch-reformierte Kirche, Zug 176

Hermann Weideli
(siehe Architektengemeinschaft AKZ)

Carl Weidemeyer
Haus Hahn, Ascona, Tessin *310*
Haus Oppenheimer, Ascona, Tessin 310
Haus Tutsch, Ascona, Tessin 310
Teatro San Materno, Ascona, Tessin 308

Robert Weilemann
(siehe Roland Gross, Hans Escher, Robert Weilemann)

Hans Weissenborn
Eckhaus, Basel 129

Widmer
(siehe Bracher, Widmer und Daxelhoffer)

Alfons Wiederkehr
Kantonalbank, Zug 178

Gottfried Wielandt
(siehe Josef Gasser, Gottfried Wielandt)

Robert Winkler
Laden der Wohnbedarf AG, Zürich *56*
Wohnhaus und Atelier Bill, Zürich 47

Ernst Witschi
(siehe Walter Henauer und Ernst Witschi)

Z

Jakob Zäslin
Wohnkomplex Wiesengarten, Basel 140

Hans Zaugg
(siehe Alfons Barth und Hans Zaugg)

Ueli Zbinden
Stellwerk, Zürich *388*

Albert Zeyer
Atelierhaus Blaesi, Luzern 187
Dula-Schulhaus, Luzern 187

Ziegler & Balmer
Bauten der Fa. Heberlein, Wattwil, St. Gallen 97

Otto Zollinger
Villa Streiff, Küsnacht-Goldbach, Zürich 18

Eduard Züblin
Eidgenössisches Getreidelager, Altdorf, Uri 202

Peter Zumthor
Atelier Zumthor, Haldenstein, Graubünden 300
Erweiterung der Schule, Churwalden, Graubünden *295*
Kapelle Sogn Benedetg, Somvix/Sumritg, Graubünden 303
Multifunktionales Zentrum, Malix, Graubünden *300*
Reihenhaussiedlung Spittelhof, Biel-Benken, Basel-Land 146, *384*

Schutzbauten für römische Funde, Chur, Graubünden 294
Seniorenwohnhaus, Chur, Graubünden 294
Thermalbad, Vals, Graubünden *300,* 395
Um- und Erweiterungsbau des Bündner Kunstmuseums, Chur, Graubünden 294
Zusammengebaute Häuser, Haldenstein, Graubünden 300

Annalisa Zumthor-Cuorad
Kapelle Sogn Benedetg, Somvix, Graubünden 303

Rudolf Zürcher
Geschäftshaus, Zürich 58
Menschenaffenhaus, Zoologischer Garten, Zürich 58

Bruno Zurkirchen
(siehe Daniele Marques und Bruno Zurkirchen)

Jakob Zweifel
Ecole polytechnique fédérale de Lausanne (EPFL), Ecublens, Waadt 226
Personalhäuser des Kantonsspitals, Glarus 170

Schwesternhaus des Kantonsspitals, Zürich *64*
Wohn- und Geschäftshaus, Zürich *64*
Wohn- und Geschäftshaus, Zürich 74

F. Zwicky
Aufzugsfabrik Schindler, Ebikon, Luzern *202*

Hans Zwimpfer
Hochschule für Wirtschafts- und Sozialwissenschaften, St. Gallen, 94
Kantonsschule, Schaffhausen 87

Verzeichnis der Orte

Aarau 104, 391
Airolo 304
Altdorf 202
Ambri 304
Amriswil 88, 394
Arbon 88
Arcegno 305, 306
Arosio 306
Arzo 307
Ascona 308–312
Avegno 405

Baar 173
Baden 105–111, 385, 391, 397
Baldegg 180
Balerna 313, 314
Basel 120–145, 381, 385
Bedigliora 314
Bellinzona 314–324, 405
Bern 156–164, 397
Biel 154,156
Biel-Benken 146, 384
Binningen 146
Birsfelden 146, 381
Bischofszell 393
Boll-Sinneringen 397
Bottmingen 148
Breganzona 324
Bremgarten 112
Brig 402
Brione s/ Minusio 326
Brissago 327
Brugg 112
Brugg-Windisch 112
Brügg 164
Büren 200
Buttikon 172

Cadenazzo 328
Carabbia 328

Carasso 329
Carona 330
Caslano 330, 331
Castel San Pietro 332
Castione 405
Castrisch 395
Cavigliano 333
Cazis 395
Cevio 405
Charrat 401
Chavannes 222
Chiasso 334
Chur 292–294, 395
Clarens 223
Coldrerio 335
Cologny 248
Comano 336
Contra 336
Corseaux 224, 225
Cortaillod 206
Crans-Montana 284
Cully 226

Daro 337
Davesco 338
Davos 295–298, 396
Dietlikon 14
Dornach 150
Duvin 395

Ecublens 226–228, 400, 401
Egg 390
Eggen 180
Emmenbrücke 180
Engelberg 198
Erlenbach 14, 387
Esslingen 390

Fällanden 14
Finhaut 284

Flamatt 216
Fontenais 204
Frauenfeld 88
Fribourg 217–220, 401

Genf 248–279, 398
Gensingen 152
Gerra Piano 403
Giornico 338
Giova 299
Gland 228
Glarus 170
Gnosca 338
Grenchen 150
Greppen 396

Haldenstein 300
Halen 164
Heiden 393, 394
Henau 92
Hergiswil 201
Herisau 100
Herrenschwanden 164
Horgen 16
Horn 394

Iragna 404, 405

Kilchberg 16, 385–387
Küblis 300
Küsnacht 18
Küsnacht-Goldbach 18
Küsnacht-Itschnach 17
La Chaux-de-Fonds 206–213, 398, 399
La Dôle 228
Lancy 280
Landecy 281
Langnau a. Albis 20
Laufenburg 114, 392

Verzeichnis der Orte

Lausanne 230–240, 399, 400, 401
Le Grand-Saconnex 398, 399
Le Locle 214
Lenzburg 114, 392
Les Evouettes 285
Ligornetto 340
Littau 182
Locarno 341, 342, 403
Locarno-Monti 343, 344
Losone 345, 346
Lourtrier 286
Lugano 346–354, 402, 403, 404
Lutry 241
Luzern 183–194, 396

Malix 394
Mammern 90
Manno 356, 405
Martigny 286
Masans 394
Mase 401
Massagno 356, 358
Mastrils 395
Meggen 194, 196, 396
Meilen 20, 21, 22
Meyrin-Satigny 282
Minusio 359
Mogno 360, 403
Möhlin 114
Montagnola 360–362
Monte Carasso 362, 403, 404
Monte Lema 405
Monte Tamaro 373, 403
Monthey 287, 288, 401
Montreux 242
Morbio Inferiore 364, 365
Morbio Superiore 366
Müllingen 116
Mümliswil 151
Münsingen 166
Murgenthal 383
Murten 221
Muttenz 148
Muzzano 366, 367

Naters 402

Neuchâtel/Neuenburg 214, 215, 398
Niederurnen 171
Nottwil 196, 396
Novazzano 368, 403
Nyon 242, 400

Oberägeri 174
Oberurwil 92
Oiten 152

Pontresina 301
Pregassona 369, 402
Prilly 399
Pully 399
Puplinge 283

Renens 243
Rheinau 388
Riehen 122, 126, 128, 130, 142
Rigi-Kaltbad 197
Riva San Vitale 370–372
Rivera 373, 402, 403
Romanshorn 90
Rossemaison 204
Rovio 374
Ruswil 396

Saillon 288
Saint Louis (F) 382
Saint-Prex 243
Saint-Sulpice 244
San Nazzaro 374
Sarnen 198
Schaan 102
Schaffhausen 86–87
Schattdorf 202, 203
Schellenberg 102
Schiers 302
Schlieren 22
Schwarzenburg 166
Schwyz 396, 397
Scuol 302
Seewis 395
Sevelen-Werdenberg 96
Sierre 290
Sion 402
Solothurn 152, 153, 397
Sorengo 376
St. Gallen 92–96, 385, 393

St. Moritz 302
Stabio 376
Steckborn 393
Steffisburg 166
Steinhausen 174
Stephanshorn 393
Suhr 117
Sumvitg/Somvix 303

Tannay 244
Tolochenaz 244
Torricella 377
Trogen 101
Tschlin 394
Turbenthal 388

Unterägeri 176, 387

Vaduz 102
Vals 394
Verscio 378
Vessy 283
Vevey 246
Via Mala 395
Viganello 378
Villeret 168
Vira Gambarogno 379
Visp 290

Wabern 398
Wädenswil 23
Wallisellen 388
Warth 91
Wattwil 97–98
Widnau 98
Wil 98
Winterthur 24–30, 391
Wohlen 118
Würenlingen 118, 385, 392

Zermatt 402
Zofingen 119
Zollikofen 168
Zug 176–179
Zumikon 30–33
Zürich 33–84, 386–390
Zürich-Oerlikon 50, 76
Zürich-Seebach 65
Zürich-Wiedikon 82
Zürich-Wollishofen 44
Zwingen 385

Bildnachweis

Das Abbildungsmaterial wurde freundlicherweise zur Verfügung gestellt von:
Acau-G. Châtelaine-G. Tournier, A.D.P., AG Bündner Kraftwerke Klosters, Michael Alder, Belen Alves Ferreira und Nicola Pfister, Architekturmuseum Basel, Archiv Asea Brown Boveri, Michele Arnaboldi, Atelier 5, Atelier Cube, Kantonsbank von Herisau, Christian Beck, Walter Bieler, Peter Böcklin, Jacques Bolliger, Jean Marie Bondallaz, Mario Borges, Mario Botta, Ugo Brunoni, Marianne Burkhalter und Christian Sumi, Büro Ammann und Baumann, Büro Archambault, Barthassat und Prati, Büro Barth und Zaugg, Büro Bassi, Gherra und Galimberti, Büro Bernegger und Quaglia, Büro Bétrix, Consolascio, Büro Burkard, Meyer, Steiger, Büro Campi und Pessina, Büro Catella, Brugger und Associates, Büro Chabbey und Voillat, Büro Clemençon, Herren, Roost, Büro Diener & Diener, Büro Disch und Bianchi, Büro Eggstein und Rüssli, Büro Egli und Rohr, Büro Fosco, Oppenheim, Vogt, Büro Germann und Achermann, Büro Gigon und Guyer, Büro Guhl, Lechner und Partner, Büro Hochstrasser und Bleiker, Büro Hubacher und Maurer, Büro Keller, Cabrini, Verda, Büro Kössler, Kössler und Morel, Büro Kuhn, Fischer und Hungerbühler, Büro Edi und Ruth Lanners, Büro Marques und Zurkirchen, Büro Metron, Büro Miller und Maranta, Büro Morger und Degelo, Büro Naef, Studer und Studer, Büro Nouvel, Cattani und Partner, Büro Obrist und Partner, Büro Paillard und Leemann, Büro Wilfrid und Katharina Steib, Büro Suter & Suter, Santiago Calatrava, Alberto Camenzind, Tita Carloni, Raffaele Cavadini, Archiv Cartier, Laurent Chenu, Willi Christen, Collectif d'architectes (Barthassat, Brunn, Butty, Menoud), Marco d'Azzo, Georges Descombes, Patrick Devanthéry und Inès Lamunière, Markus Ducommun, Giancarlo Durisch, Archiv Eidgenössische Denkmalpflege, Jakob Eschenmoser, Archiv Eternit, Archiv Feller, Marcel Ferrier, Archiv Georg Fischer, Walter Förderer, Aurelio Galfetti, Archiv Motors Suisse, Ivano Gianola, Jean Gérard Giorla, Ernst Gisel, Archiv Goetheanum, Regina und Alain Gonthier, Hans Grelling, Mischa Groh, Archiv GTA, ETH Zürich, Esther and Rudolf Guyer, Fritz Haller, Archiv Heberlein, Archiv Hoffmann-La Roche, Theo Hotz, Laurie Hunziker, Archiv Hürlimann, Ulrike Jehle-Schulte Strathaus, Beat Jordi, Winfried Kleine-Möllhoff, Eduard Ladner, Jean Marc Lamunière, Rodolphe Luscher, Davide Macullo, Archiv Magazzini Generali Punto Franco, Maillart Library ETH, Vincent Mangeat, François Maurice, Marcel Meili und Markus Peter, Patrick Mestelan und Bernard Gachet, Robert Monnier, Franco und Paolo Moro, Stiftung Monte Verità, Erwin Müller, Eduard Neuenschwander, Office du patrimoine historique de la République et Canton du Jura, Luca Ortelli, Elio Ostinelli, Rainer und Leonhard Ott, Orlando Pampuri, Fabio Reinhart, Jacques Richter und Ignacio Dahl Rocha, Roni Roduner, Alfred Roth, Arthur Rüegg, Alberto Sartoris, Chantal Scaler, Walter Schindler, Max Schlup, Dolf Schnebli, Archiv Schule und Museum für Gestaltung, Luigi Snozzi, Marina Sommella Grossi, Martin Spühler, Stadtbibliothek Winterthur, Carlo Steffen, Albert Heinrich Steiner, Rino Tami, Giorgio und Michele Tognola, Livio Vacchini, Archiv Vitra, Paul Waltenspühl, Peter Zumthor, Jakob Zweifel.

Besonderer Dank geht an Peter Disch, Max Graf, Urs Graf, Jacques Gubler und Ruggero Tropeano, die ihre persönlichen Archive zugänglich gemacht haben.

Bildnachweis

Wir danken den Photographen Sergio Anelli, Andenmatten und Schwendimann, Forti Anhorn, Yves André, Ruedi Bass, Willi Baus, Wolf Bender, Stefania Beretta, Natale Bernasconi, Reto Bernhardt, Jacques Berthet, F. Bertin, Therese Beyeler, Leonardo Bezzola, Walter Binder, Monica Bischof, Kurt Blum, Nadine Bolle, Philippe Bonhôte, Pierre Boss, Christian Brand, Roland Brändli, Lilian Brosi, Balthasar Burkhard, Enrico Cano, Marco D'Anna, Jean Philippe Daulte, Max Doerfliger, Bernard Dubuis, Marius Durand, Alberto Flammer, Terence du Fresne, Hans Finsler, Foto Alrège, Foto L. Bacchetta, Foto Battaglia, Foto Brunel, Foto Comet, Foto O. Darbellay, Foto G. Klemm, Fotostudio Lucas, Fotostudio Lutry, Foto Swissair, Foto Vicari, Foto Zimmermann, Tanja Fritschi, Reto Führer, Paolo Fumagalli, Martin Gasser und Christoph Eckert, Hans Eggermann, Guillaume Estoppey, Jean Pierre Flury, Henri Germond, Emile Gos, A. Grandchamp, Peter Grünert, Grundriss + Schnitt, H. Hänggi, Walter Hauser, Adriano Heitmann, Heinrich Helfenstein, Hannes Henz, Lucien Hervé, Eduard Hueber, Ralph Hut, Hansruedi Jutzi, Roger Kaisel, Atelier Kinold, Klaus Kinold, Peter Kopp, Toni Küng, Ferit Kuyas, Franco Lafranca, Hermann Linck, Patrik Marcet, Franco Mattei, Fritz Maurer, J. Meier, André Melchior, Daniel Meyer, Jean Mohr, N. Monkewitz, Harry Moor, Christian Moser, Bernhard Moosbrugger, André Muelhaupt-Buehler, Irma Müller-Eschmann, Pino Musi, Gino Pedroli, Paolo Pedroli, Otto Pfeifer, Marco Pfister, Fausto Pluchinotta, Jean-Blaide Pont, Pius Rast, Hans Rath, Roy Robel, Viktor Rödelberg, Paolo Rosselli, O. Ruppen, F. Schenk, Rudolf Schmutz, Daniel Schönbächler, Hans Schönwetter, Wolf Schuoeter, Hans Peter Siffert, Filippo Simonetti, Wolfgang Siol, Philippe Spahni, Michael Speich, Rudolf Steiner, Matthias Thomann, Deidi von Schaewen, Ruedi Walti, Charles Weber, Michael Wolgensinger, Alo Zanetta, Reinhard Zimmermann.

Alle Abbildungen des Essays „Aktuelle Schweizer Architektur" wurden, soweit nicht anders vermerkt, freundlicherweise von den Architektenbüros zur Verfügung gestellt, mit Ausnahme der Photographien auf Seiten 386, 387 links, 388, 390 unten, 392 oben und 397 oben, die Heinrich Helfenstein freundlich zur Verfügung stellte.

Photographen: Pino Musil, Como (382 oben), Michel Demance (382 unten), Margherita Spiluttini (383, aus „Herzog & de Meuron 1989–1991", Basel 1996), Ruedi Walti, Basel (384 oben), Disch Photograph, Basel (384 Mitte und unten), Markus Fischer, Zürich (385 rechts), Marcel Ferrier (389 oben), Erich Schär, St. Gallen (393), Henry Pierre Schultz (395 oben), Christian Kerez (395 unten), Daphné Iseli (397 Mitte), Reto Baer, bauart Architekten, Bern (397 unten), Olivier Currat (398 oben, aus „Place des Nations, Genève", Basel 1996), F. Bertin (400), Mario del Curto, Lausanne (401 oben), Yves Eigenmann, Fribourg (401 unten rechts), J.–B. Pont (402), Enrico Cano (403 links), Guido Baselgia, Baar (404 unten), Pier Brioschi, Bellinzona (405).

Zum Schluß eine kollektive Danksagung, da es anders nicht möglich wäre, an alle Personen und Institutionen, die mit Material, Rat und Hilfe zur Photodokumentation beigetragen haben.